동남아시아 한인

도전과 정착 그리고 미래

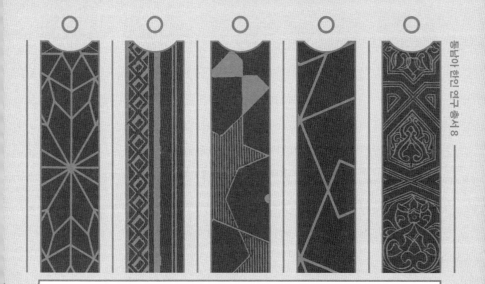

동남아시아 한인

도전과 정착 그리고 미래

김지훈 · 김홍구 · 채수홍 · 홍석준 · 엄은희 · 김동엽 · 이요한 · 김희숙 지음

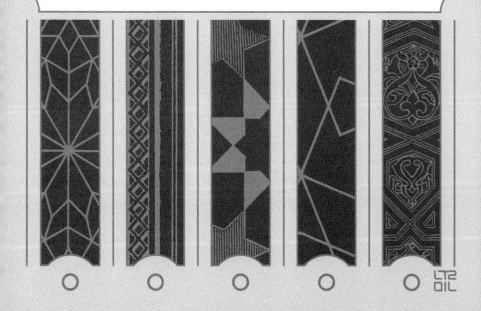

눌민

차례

동남아시아의 한인 사회
현지와 동반성장하는 공동체

김지훈,[1] 김홍구, 채수홍

동남아시아(이하 동남아) 한인 사회의 과거, 현재, 미래의 핵심적 특징은 무엇일까? 동남아 한인 사회는 한국학 혹은 재외한인 연구의 관점에서 다른 지역Region 한인 사회와 어떤 면에서 차이가 나는가? 다시 말해, 동남아의 한인 사회는 동북아, 남아시아, 중앙아시아, 중동, 동유럽, 서유럽, 남미, 북미, 오세아니아, 아프리카 등 다른 지역의 한인 사회와 어떻게 구분될까? 학제 간 연구로서 동남아 한인 사회 연구는 사회과학 분야의 이주 연구Migration Studies에 어떠한 이론적, 실증적 기여

1   2019년 싱가포르국립대(National University of Singapore, NUS) 아시아연구원(Asia Research Institute, ARI)은 김지훈에게 Visiting Senior Research Fellowship을 통해 싱가포르의 사회학자, 인류학자, 지리학자, 교육학자와 교류하며, 이 글의 문제의식을 발전시킬 기회를 주었다. 특히, 사회학자 K.C. 호(K.C. Ho) 교수와 인류학자 L.L. 탕(L.L. Thang) 교수에게 감사한다.

를 할 수 있는가? 한인공동체를 연구하는 것은 국제지역 연구 혹은 동남아 지역 연구에서 어떠한 의미를 갖는가?

이 글에서는 밀스(C. Wright Mills 1959)가 '사회학적 상상력'이라고 명명한 개념의 방법론적 요체인 시공간적 비교 및 개인과 공공을 연결 짓는 이해를 염두에 두면서 이러한 질문에 답하고자 한다. 위의 질문은 크게 세 가지 요지로 축약해 답할 수 있을 것 같다.

첫째, 20세기 후반기부터 진행된 세계화의 가속화로 지역 간 상호 연계성과 의존성이 심화하는 현대사회의 맥락에서, 동남아와 한국이 '동시적으로 동반성장'해왔다는 것이다. 그 결과 동남아의 한인 사회는 세계 여타 지역의 한인 사회 사례와 비교할 때 가장 두드러진 상향 성장을 보이고 있다. 한국과 동남아의 사회적, 경제적, 문화적 발전이 두 지역 간 상호의존 속에서 동시에 이루어지며 동남아 한인 사회의 성장을 견인하고 있는 것이다. 이 책『동남아시아 한인: 도전과 정착 그리고 미래』의 시작은 이와 같은 시대적 배경에서 가능해졌다.

둘째, 재외한인 사회가 20세기 후반기부터 더욱 다양화되고 있다는 것이다. 따라서 정착 이민자와 그 후속 세대, 순환 체류 주재원과 그 자녀 세대, 뿐만 아니라 이전과 다른 유형의 이주자에 대한 연구가 함께 그리고 동시에 필요한 시점이다. 학계에서 통용되는 개념과 범주를 고려하되, 한인 해외 이주의 역사성과 현실성까지 염두에 두는 이주자 개념화와 범주화의 재고가 실행되어야 하는 것이다. 동남아 한인 사회는 다양한 성격의 이주자가 초국적transnational 특성을 띠는 공동체를 구성하는 양상을 파악하기에 적합한 대상이다. 이 책은 이러한 연구의 첫걸음이라는 의미를 갖는다.

셋째, 이 책은 동남아 한인 사회의 사례를 통해 이민 연구, 재외한인 연구, 동남아 지역 연구의 비어있는 교차점을 채우려는 시도라는 것이다. 각 장의 글은 동남아 각국 한인 사회의 다양한 초국적 특성을 면밀하게 고찰함으로써 여러 관련 연구 분야에 새로운 사례를 제공하고 다학제적 연구를 촉진하려는 문제의식을 공유하고 있다.

이상에서 요약한 『동남아시아 한인』의 의미와 이를 뒷받침하는 주장을 보다 상세하게 살펴보자.

먼저, 첫 번째 논지와 관련해 한국과 동남아의 경제적 동반성장이 동남아 한인 사회의 확대와 어떻게 긴밀히 연계되는지를 검토해보겠다. 일찍이 한국을 '아시아의 다음 거인Asia's Next Giant'으로 손꼽으며 후기산업사회late capitalism의 대표적 성공 사례로 극찬한 암스덴(Alice Amsden 1989)은 한국 경제발전의 비결을 주로 한국 사회 내부에서 찾았다. 그녀의 논의에서 아쉬운 점은 1980년대 중반 이후 가속화된 한국의 후기 산업화와 21세기 들어 세계적 도약을 이끈 발판이 된 한국 기업의 세계화가 처음부터 지금까지 동남아와의 긴밀한 연계 속에 진행되었다는 점을 경시한 것이다. 실제로 한국 해외직접투자FDI의 시초는 삼림·석유 등의 자원 개발을 목적으로 당시 '선구자'적 한인 기업가가 주목한 동남아였고, 구체적으로는 목재업에 투자한 1968년의 인도네시아 사례를 들 수 있다(전제성 2010; 서지원·전제성 2017: 306).

동북아와 동남아의 경제적 성공 요인이나 두 지역 사이 연계성에 관한 연구는 세계은행(World Bank 1993)의 연구 전후로 경제발전의 정치경제학과 발전사회학을 연구하는 학자들의 주요 주제이기도 했다(e.g. Wade 1990). 세계은행은 후기 발전 국가인 한국·일본·대만·싱가포르·홍콩뿐만 아니라 말레이시아·인도네시아를 포함한 동북아와 동남아 여러 국가가 20세기 후반기에 이룩한 경제성장의 요인을 파악하고자 했다. 이 과정에서 수출 지향적 산업화, 높은 인적 자본 투자, 산업화의 종잣돈을 내부에서도 조달할 수 있도록 한 높은 국내 저축률과 이를 가능하게 한 정부 및 공공의 역할 등이 '동아시아의 기적East Asian Miracle'을 만들어냈다고 주장한다. 이러한 가설에서 경시되는 사실은 역내 모범 국가들이 글로벌 생산체계 내에서 상호 밀착 관계를 형성하며 아시아의 기적을 가능하게 했다는 점이다. 20세기 후반기부터 계속 경제적으로 밀접한 관계를 맺으며 동반 성장한 한국-베트남, 일본-태국의 사례가 대표적이다(e.g. Ichikawa et al. 1991; 채수홍 2017). 한국의 경우에도 이른바 'IMF 사태'라고 통칭되는 1997~1998년 아시아 경제위기는 역설적으로 동남아 국가와의 관계를 약화시키기보다 더욱 밀착시키는 결과를 낳았다. 2010년대부터 2020년 현재까지, 한국과 동남아 사이 글로벌 생산체계의 밀착도는 지속적으로 상향 추세에 있다. 대對동남아 한국 FDI 추세, 동남아 진출 한국 기업 수, 한국-동남아 간 수출입 규모(한국무역협회 2020)가 보여주는 최근 20년간의 경향은 우리의 주장에 부합한다. 같은 맥락에서, 한국과 동남아 사이의 이주 또한 일방향이 아닌 양방향으로 가속화되고 있다.

이처럼 한국과 동남아 국가가 동반성장하면서 한인의 동남아 이주가 늘고 이 과정에서 동남아 한인 사회도 지속적으로 팽창하고 있다는 근거는 크게 두 가지다.

첫째, 동남아 국가 대부분에 거주하는 한인은 20세기 후반기부터 지속적으로 증가해왔다는 것이다. 1970년 1만 명 수준이던 동남아 한인은 오일위기와 제1차, 제2차 인도차이나전쟁 직후인 1980년 5,482명으로 잠시 감소한 것을 제외하고는 1990년 1만 3,861명, 1999년 4만 463명, 2009년 28만 5,936명, 2019년 36만 4,276명으로 빠르게 성장해왔다(외교부 각 년도).[2] 동남아만큼 20세기 후반기부터 현재까지 지속적으로 한인이 증가한 지역은 찾아보기 어렵다.[3]

둘째, 한국과 동남아 사이 수출입 비중, 한국의 무역흑자 규모, 한국의 대동남아 진출 기업 수에서 동남아가 차지하는 중요도와 비중은 동기간 타지역을 압도하고 있다. 이는 한국과 동남아의 경제적 밀착과 동반성장을 말해주는 근거다. 주지하다시피, 20세기 후반까지 한국의 수출 대상국 1위는 미국이었고, 20세기 후반 이후부터는 중국이 그 자리를 대신하고 있다. 이 기간에 동남아 지역은 한국의 수출 대상으로 점점 순위를 높여 중국에 이어 두 번째 자리를 차지하게 되었다. 대한무역협회 자료에 따르면, 2017년 기준 한국의 대對아세안ASEAN(동남아시아국가연합) 수출은 952억 달러로 동기간 한국의 총수출 가운데 16.6퍼센트를 차지하며, 24.8퍼센트인 중국 다음이다. 대對유럽연합EU

---

2 1960년대부터 1980년대까지 베트남전쟁, 베트남의 캄보디아 및 라오스 침공, 한국과 베트남의 국교 단절 등으로 인도차이나반도 국가의 경우 한인 수가 0명이었던 시기가 있다는 점을 고려할 필요가 있다.

3 우리 주장의 비교 대상이 되는 동남아 이외의 지역(서유럽, 동유럽, 중앙아시아, 남미, 북미 등)의 경우 원자료인 참고문헌의 외교부(각 년도) 자료를 참고할 것.

28개국 전체 국가 수출 9.4퍼센트나 대미 수출 12.0퍼센트보다 그 규모가 훨씬 크다(박번순 2018: 9). 2010년도 한국의 지역별 수출 구성이 중국 25퍼센트, 아세안 11.4퍼센트, 미국 10.7퍼센트, 유럽연합 11.5퍼센트였다는 점(박번순 2018: 표 5)을 고려하면, 21세기 들어 한국에 동남아의 중요성은 점점 커지고 있음을 알 수 있다. 더욱이 한국이 동남아를 상대로 기록한 흑자 규모만 따지면 동남아 지역은 순위 이상의 중요성을 가지고 있다.[4]

이와 같은 한국과 동남아 사이 경제적 연계, 또는 이와 같은 한국-동남아 사이 경제적 연계는 인적 연계를 수반하며 동남아 한인 사회의 지속적 성장을 이끌었다. 21세기의 글로벌 수준 및 지역 수준의 경제적 상호연결성은 한인-동남아인의 쌍방향 이주를 통해 그 연결성과 밀착성을 더욱 강화하고 있는 것이다.

이제 다양한 유형의 한인 이주가 초국적 한인공동체를 형성하고 있다는 이 책의 두 번째 주장의 근거를 보다 상세하게 살펴보자. 왜 동남아 사회에서 다양한 유형의 한인이 두드러지게 목격되는가? 동남아 한인의 대다수는 예컨대 글로벌 기업에서 일하기 위해서, 본사가 동남아에 진출하면서, 청년기의 이런저런 경험을 쌓기 위해 한국을 떠날 때는 스스로를 이민자라고 생각하지 않지만 시간이 지나면서 현지에 정착하는 특성을 보인다(Kim 2012; 김지훈 2019; 서지원·전제성 2017).

---

4   우리 주장의 비교 대상이 되는 동남아 이외의 지역(중앙아시아, 동유럽, 서유럽, 남미, 북미 등)의 무역 및 수출입 통계의 경우, 박번순(2018)과 한국무역협회(2020)의 원자료를 참고할 것.

이주 연구는 과거나 현재나 1세대 이민자의 '귀국 신화myth of return'에 주목해왔다(e.g. Al-resheed 1994; Shuval 2000). 동남아 한인 1세대 이주자도 예외가 아니다. 하지만 동남아는 외국인의 정착settlement을 허용하는 이민정책이 제도적으로 서서히 만들어진 국가가 대부분이라는 지역적 특수성이 있다. 이 특수성을 통해 한인의 영주화도 점차 가능해졌다. 물론 동남아 내에서도 국가별로 영주권이나 시민권 제도에는 차이가 있지만, 전반적으로 영주권이나 시민권의 소유 여부와는 별개로 최소한 그에 준하는 거주 여건을 누리며 오랜 기간 동남아 현지에서 정주하고 있는 한인 규모는 날로 커지고 있다(김지훈 2019; 채수홍 2017). 싱가포르·말레이시아·필리핀 등으로 단기 유학성의 조기유학을 선택한 자녀의 부모가 그 국가에서 사업비자나 은퇴비자를 받는 등의 방식으로 실천하는 영주화(Kim 2010, 2012; 김도혜 2019; 홍석준·성정현 2009)나 한국 기업 주재원으로 정주하다가 이후 본인의 사업을 위해 사실상 그 국가에 정착하는 싱가포르·베트남·인도네시아·필리핀 등의 한인이 그 대표적 사례다. 이 가운데 유학-이민 간의 연결 고리가 생성되는 전자의 경우는 고학력자의 이민을 받아들이는 국가가 반기는 대표적 이주자 유형임에 주목할 필요가 있다(김지훈·이민경 2011; Waters 2005).

이와 함께, 오늘날 동남아가 한국 대기업의 생산 거점, 중소기업의 글로벌화 거점, 기업들이 동남아 내외에서 공장 이전과 재이전을 거듭하며 위계화하고 있는 글로벌 생산사슬global production chain의 전략적 거점이라는 점을 인식해야 한다. 이러한 환경에서 한국계 기업과 동반해 현지에 진출한 한인을, 단기 체류 후 본국 귀국을 전제로 거주하는

1980년대까지의 '기업의 국제화' 시기에 형성된 매우 좁은 의미의 '주재원'(e.g. Black et al. 1992) 개념으로는 이해하기가 힘들어지고 있다. 실제로도 변화된 상황에 맞게 주재원 출신 현지 정착자가 점차 많아지고 있으며 이들이 여러 동남아 국가에서 한인 사회의 주류로 활동하고 있다.

한국계 대기업 주재원이 3~5년 단위로 반복적 순환 이주를 하는 경우가 많다는 점도 동남아 한인 사회에서 빼놓을 수 없는 특징이다. 이와 비교해, 한국계 중소기업의 경우에는 글로벌 생산체계의 형성 및 변형, 현지 국가의 인력 구조에 보다 밀착되어있다. 일례로, 한국에서 인도네시아로 이전한 한국계 봉제기업이 베트남으로, 다시 미얀마로 재이전하며 해당 기업 한인을 인도네시아·베트남·미얀마로 이주시킬 수 있다. 이 밖에도 싱가포르의 경우처럼 외국계 글로벌 기업에 종사하는 전문직 한인이 해외 취업을 통해 해당국 한인 사회의 주요 구성원이 되는 사례도 있다(김지훈 2019).

이주 연구, 사회학, 지리학, 인류학, 경영학 등 글로벌 이동성global mobility을 주요 연구주제로 삼는 서구 학계에서는 20세기 후반기부터 주재원에 관한 연구가 제법 있었다(e.g. Black et al. 1992; Scott 2006). 반면, 한국 학계에서는 주재원 혹은 글로벌 기업 전문직 이주자가 연구 대상으로 주목받지 못했다. 동남아 한인의 특수성을 고려할 때, 이러한 한계를 극복하기 위해 사회학, 인류학, 지리학 분야에서 최근 이루어지고 있는 엘리트 이민 연구의 성과를 적극 반영할 필요가 있어 보인다(e.g. Ong 1999; Waters 2012). 이를 통해 동남아의 새로운 주류로서 주재원을 비롯한 한인 이주자를 변화된 상황에 맞게 다시 조망하고 정의해야 할 것이다. 이와 같은 점을 염두에 둘 때, 동남아 한인 사회의 주요 구성원인 주재원과 주재원 출신 정착자를 연구하는 것은 재외한인 연구, 동남아 지역 연구, 이주 연구 분야 모두에서 긴요한 과제다. 이것은 사회학자 에릭 코헨(Erik Cohen 1977)이 말한 '주재원 중심사회 expatriate communities'의 동남아 사례를 재외한인을 중심으로 논의하는 작업이기도 하다.

다른 한편, 동남아 한인의 다양성을 재외한인의 이주사 연구와 관련해 논의하고 그 함의를 파악해볼 수도 있을 것이다. 한인의 근현대 대규모 이민의 시초를 1903~1905년의 미국 하와이 이주 사례로 삼고, 대한제국 말기와 일제강점기 한인의 해외 정착과 공동체 형성을 별도의 이주 유형으로 구분하고, 이들 이주 한인 1세대의 3~4세대 이상의 한인 후손을 디아스포라 한인으로 정의한다면, 재외한인의 첫 세대는 로빈 코헨(Robin Cohen 1997)이 말한 디아스포라diaspora형 한인 사회를 형성했다고 말할 수 있다.[5] 1900년대 초기에 미국으로 이민한 한인, 일제강점기에 중국·일본 등에 정착한 한인, 역시 일제강점기에 연해주를 거쳐 중앙아시아를 포함한 구소련 지역으로 이산離散한 한인이 형성한 공동체가 그 사례다(윤인진 2004). 일제강점기와 제2차 세계대전기에 싱가포르, 말레이시아, 인도네시아 등지에 정착한 한인

---

5 동남아뿐 아니라 전 세계에 퍼져 있는 화인(華人)과 중국계 이민자는(또는 화인이나 중국계 이민자는) 로빈 코헨(Robin Cohen 1997)이 말하는 상업 디아스포라 유형의 대표 사례다. 일본인의 동남아 정주 또한 그 역사가 깊다.

의 일부도 이 유형에 부합한다. 일제강점기와 제2차 세계대전기 동남아 한인 잔류자에 대한 연구는 매우 희소하여 학계의 일부에만 알려져 있기도 하다. 구한말, 일제강점기, 제2차 세계대전 시기 전후에 정착한 한인이 주축인 한인 사회는 오늘날 '디아스포라형' 한인 사회라고 부를 수 있으며, 이들 국가에서는 이민 3~4세대 이상의 한인이 주요 구성원으로 자리 잡고 있다.

베네딕트 앤더슨이 말한 '상상의 공동체'(Anderson 1991)의 개념을 적용한다면, 동남아 일부 국가의 한인 사회는 디아스포라형 한인 구성원이 이미 등장했거나, 가까운 미래에 상당 규모로 존재할 가능성이 크다. 물론 IT 기술의 혁신적 발전과 보편화를 통해 글로벌 동시성과 연계성을 경험하고 있는 오늘날 재외한인에게 그들 스스로 한인이라는 '상상의 공동체'에 속해있다는 소속감과 정체성을 형성하는 기반은 이용이 용이해지고 저렴해진 미디어와 인터넷 기술일 것이다. 이러한 것을 기반으로 세계적으로 인기를 끄는 한류와 한국 문화는 디아스포라 한인에게 한국인이라는 소속감을 갖게 하고 있다. 그 규모는 작아도, 재외한인 사회는 한국이 20세기 후반 들어 급격한 경제적, 사회문화적 성장을 이루면서 모국에 대한 자부심과 소속감을 갖게 되었다. 이로써 재외한인들이 한국어 구사 능력을 습득하고 유지하는 등 모국에 대한 긍정적 정체성을 유지한 채 현지에 정착하는 것이 가능해지고 있다.

이처럼 이주는 역사적 연계성, 기술 발전, 사회변화를 모두 반영하는 흐름을 형성한다(Haas et al. 2020). 이 책이 다루고 있는 한인 이주도 한국과 동남아 지역 간 이주 흐름의 특수성을 반영하고 있다. 특히 20세기 후반 이래 한인의 해외 이주는 동남아 한인 사회 형성과 밀접하게 연계되어있다. 제2차 세계대전, 베트남전쟁, 1980년대 이후 한국 기업의 동남아 진출, 1997년 한국의 경제위기는 동남아 한인 사회 형성과 확대에 큰 영향을 끼쳤다. 규모는 정확히 파악되지 않지만, 제2차 세계대전 종전 이후 동남아 국가에 잔류해 정착한 한인이 싱가포르·인도네시아 등지에 존재하기도 한다.[6] 베트남전쟁은 많은 한인이 직접 동남아를 접하게 했을 뿐만 아니라, 민수民需 조달과 관련한 일에 종사하다가 종전 후 인접 동남아 국가로 재진출하는 한인을 등장시켰다. 한국의 상당수 기업을 무너뜨린 IMF 위기는 동남아 주재원들이 현지 국가에 정착·영주하게 하는 계기를 제공한 바 있다.

지금부터는 이 글의 세 번째 주요 주장과 관련해, 동남아 한인 사회 연구가 이주 연구와 동남아 지역 연구에 어떠한 기여를 할 수 있는지 살펴보도록 하겠다. 이를 세밀히 살펴보기 위해서는 먼저 전 지구적 수준의 이민정책, 20세기의 한인 이민사, 이에 따른 이주이론의 주요 전환을 간략하게나마 들여다볼 필요가 있다. 또한 이러한 전환에서 확인된 주요 쟁점이 재외한인 연구, 특히 동남아 한인 사회 연구에 주는 함의를 논하면서 이 책의 필진들이 현지조사를 기반으로 제기하는 주

---

6 동남아 초기 교민의 인터뷰 자료에 근거를 둔 논문이나 자료에 따르면, 일제강점기에 정착한 한인에 대한 기록뿐만 아니라, 제2차 세계대전 이후 만들어진 한인회의 구성원 중에서 주재원도 일제강점기 교민의 후손도 아닌 분들에 대한 언급도 있다. 한인으로서 모임을 함께했지만, 본인의 정착과정을 드러내고 싶지 않았던 한인 중 제2차 세계대전을 계기로 현지에 정착한 한인이 어느 정도 규모를 형성했을 가능성을 지적하고 싶다. 이와 관련한 자세한 사항은 역사학자나 후속세대의 연구 과제로 남기기로 하자.

장과 연결시킬 필요가 있다.

1990년대와 2000년대 초반은 이주-이민 이론 패러다임의 전환기였다. 현대를 '이주의 시대The Age of Migration'라 명명한 캐슬과 그의 동료 (Castles and Miller 1993; Haas, Miller, Castles 2020)의 책이 처음 발간된 시기는 공교롭게도 이민·이주 연구의 새로운 패러다임으로 초국적 이주transnational migration이론과 분절적 동화segmented assimilation이론이 등장한 때와 거의 일치한다. 분절적 동화이론은 사회학 저널을 중심으로, 초국적 이주이론은 학제간 학술지(Global Networks와 Ethnic and Racial Studies 등)를 중심으로 논쟁을 제기하면서 사회학·인류학·지리학 등 전체 사회과학 분야에 이민과 이주에 대한 사고의 전환을 요구했다. 신新이론의 주창자 다수는 본인들 스스로가 이민 1세대 혹은 이민 2세대이자 학자로서 이민자와 이민공동체에 대한 현장 연구를 기반으로 한 이주자 중심의 이론과 이민 출신 국가 및 수용 국가 모두를 주요 맥락으로 고려하는 이론을 제안했다. 이민 수용 국가 중심의, 동화주의 중심의 기존 패러다임에 도전한 것이다.

이 가운데 초국적 이주이론의 초기 주창자는 주로 인류학자로, 미국의 이민자 집단에 대한 협력 연구를 통해 이민 국가의 영주권이나 시민권을 취득한 이민자, 즉 이민 수용 국가에 상당한 정도로 뿌리를 내린 집단이 출신 국가의 정치, 경제, 사회 문제에 적극적으로 참여하고 영향력을 행사한다는 점에 주목했다. 이들은 "동시에 두 사회에 상당한 정도로 뿌리내리며 사는 사람들"의 이런 행위를 'transmigant' 혹은 'transnational migrant'라는 개념으로 포착해야 한다고 주장

했다(Basch et al. 1994; Schiller et al. 1992).[7]

한편, '분절적 동화이론'은 사회학자 포르테스Alejandro Portes와 주Min Zhou가 제안한 것이다. 이들은 당시까지 상식적으로 받아들여지던 동화이론에 근본적 문제를 제기했다(Portes and Zhou 1993). 이 기념비적 연구를 통해 궁극적으로 이민자들이 출신 국가의 언어와 문화 등을 완전히 벗고 이민 국가의 언어와 문화 등을 적극적으로 수용하는 것이 바람직하다는 전제를 가진 '동화이론'의 몰락이 시작되었다.

분절적 동화이론의 주창자들은 미국으로 이민한 1세대 이민자와 그 2세대가 특정 지역에서 사회경제적 배경이 상이한 선주민 미국인 집단에 적극적으로 '동화'되는 것을 선택하느냐, 아니면 동화를 집단적으로 회피하느냐에 따라 매우 대조적이며 역설적인 결과가 나타날 수 있다는 사실을 비교연구를 통해 드러냈다. 예를 들어, 저소득 비주류 미국인 집단에 적극적으로 동화하는 특정 신규 이민공동체의 경우 계층의 하향이동을 경험하거나 미국 사회의 하류 집단으로 '동화'되는 반면, 본국의 언어와 문화 등을 유지하려 노력하며 미국 사회에서 동화를 회피한 또 다른 일부 신규 이민공동체의 경우 오히려 중산층으로 상향 이동할 가능성이 크다는 점을 밝혀냈다(Portes and Zhou 1993).

이러한 이론적 발전과 전환의 함의를 제대로 파악하기 위해서는 제국주의 시대부터 대규모로 진행된 이민과 관련한 몇 가지 중요한 역사

---

7   트랜스내셔널 이주이론 또는 초국적 이주이론과 관련한 더 자세한 연구나 동남아 한인 사회의 트랜스내셔널 이주 경향 또는 초국적 이주 경향에 대해서는 본 연구진의 후속 단행본을 참고할 것.

적 사실을 이해할 필요가 있다. 미국·캐나다·호주 같은 '전통적 이민 국가'의 경우, 20세기 전반기와 1960~1970년대까지 아시아 출신 이민 자에 대한 제도적·법적 차별을 유지했다. 미국의 경우 외교관·교사· 학생 등의 일부 직업을 제외하고 중국인 이주노동자의 미국 이주를 제 한한 중국인 이민 배제법Chinese Exclusion Act(1882년 시행)과 관련 후속 법 을 1943년까지 유지했다.[8] 20세기 전반기 동안 중국인 외 여타 아시아 인의 미국 이민도, 중국 외 여타 아시아 국가 출신의 미국 이민도 법적 으로 허용되지 않거나 제한적이었다(Castles and Miller 2009). 그 결과 20세기 전반기 미국 이주는 대서양을 건너간 백인계 유럽인이 주였다. 한인의 경우도 마찬가지여서 1903~1905년의 하와이 이민 이후로는 미국 이주가 제도적으로 불가능해져 20세기 전반기와 중반기는 한인 이민사에서 실질적 공백기로 남아있다. 미국에서는 1965년 이민법 개 정 이후에야 아시아계 이민자가 급격히 유입되어 아시아계 이민공동체 가 형성되기 시작했다. '백호주의白濠主義'라고도 불리는 호주의 유럽계 백인 이민 선호정책 역시 오랫동안 지속되었고, 캐나다도 유사한 역사 를 가지고 있다.

한인의 해외 이주를 이해하는 방식에도 이와 같은 서구중심주의 와 동화주의의 영향이 오랫동안 지속되고 있다. 독립 이후 한국 사 회가 최소한 10여 년의 실질적 해외 이주 공백기가 존재했다는 점과

---

8   Pub L. 47−126 (Session1; 22 Stat. 58). 원자료: https://govtrackus.s3.amazonaws.com/
    legislink/pdf/stat/22/STATUTE−22−Pg58c.pdf (검색일 2021.01.29.)

1990년대 한국의 사회주의국가와의 수교를 통한 것이었다는 점을 염두에 두면 미국과 같은 전통적 이민 국가에서 최소한 영주권을 취득한 이주자만을 '이민자'라고 부르며, 학업이나 직장과 관련해 해외에 이주하는 한인은 '유학생', '주재원', '체류자' 등 현지 국가 거주 자격이나 직업을 기반으로 분류하는 한국식 범주화가 근래까지 이어져 온 것이다. 이런 범주화가 동화주의적, 혈통 중심적, 국적 중심적이라는 사실을 인식할 필요가 있다.

시대의 변화를 고려하되 기존의 틀과 새로운 틀까지 동시에 고려하는 관점에서 말하자면, 20세기 전반기와 중반기 동안 이루어진 한인의 대규모 이주는 '디아스포라'형이었다. 일제강점기 중국·일본으로의 이주, 1960년대 남미국가로의 농업이민, 1970년대 광부와 간호사를 중심으로 한 서독으로의 초청 노동이민을 거치며 디아스포라형 한인 사회가 형성되었다. 서독 이민의 사례는 '초청 이주 후 정착형' 한인 사회라고 부를 수도 있겠다. 이 유형은 1980년대 중동으로 건너가 이주노동자로만 일하고 거의 대부분 귀국한 한인 유형('초청 단기 이주노동자')과는 구분된다. 반면 남미국가와 서독으로 농업이민과 노동이민을 간한인은 다수가 당시 한국에서 상대적으로 고학력 엘리트층이었고, 그일부는 현지 국가에 정착한 후 미국으로 재이주해 갓 형성 중이던 로스앤젤레스와 시카고 한인공동체의 주요 구성원이 되기도 했다(국가기록원 n.d.). 여러 대륙을 넘나든 이들 한인은 일종의 '재이주 한인'으로 유형화할 수 있겠다.

동남아 한인의 주류는 지금까지 살펴본 한인 유형과는 구분되는 독특한 성격을 지닌다는 점에서 재외한인 동남아 연구의 중요성이 크다. 20세기 후반기부터 현재까지 한인 이주의 주류는 영주권을 취득하지 않지만 실질적으로는 정주와 마찬가지의 삶을 이어가는 '체류sojourning 형 이주'거나 주재원이 행하는 '순환이주'다. 우리는 국제연합UN과 국제이주기구IOM는 이주자를 1년 이상 본국이 아닌 국가에서 거주하는 사람으로 정의한다는 점을 기억할 필요가 있다(김지훈·이민경 2011: 75; IOM 2005). 국제기구의 정의에 따르면, 1년 이상의 유학생, 3~5년 사이의 해외 주재원 모두 이주자로 분류한다. 국제기구의 포괄적 정의는 유학생이 유학 국가에 정착해 영주권이나 시민권을 취득해 이민자가 되는 유학생-전문직 연계성이나, 주재원이 자신이 주재했던 국가에 정착해 이민자가 되는 전문직 이주를 포괄한다. 이 정의는 최근의 해외 이주 흐름과 이론에도 적합하다고 할 수 있다. 동남아 한인 사회는 이런 새로운 흐름의 한인 이주를 가장 도드라지게 보여주거니와 이주자 중심의 유형화와 범주화가 필요함을 드러내기에도 적절한 대상이다.

이주자 중심의 이해를 위해서는 이주자의 주체적 행위와 실천에 내재된 초국적 성격을 방법론적으로 중시할 것을 강조하는 '아래로부터의 초국가주의transnationalism from below'는 그 자체로 중요한 연구방법론이며, 동남아 한인과 한인 사회를 분석하는 데 필요한 연구방법론이다. 아래로부터의 초국가주의는 이주자의 초국적 실천과 과정을 분석하는 데서 "초국가주의는 다면적이고, 다중-로컬multi-local 과정process"임을 전제로, "로컬 수준에서 권력 관계, 문화구성, 경제적 상호작용, 사회조직을 살펴보는 '분석적 도구analytical optic'"로서 '아래' 혹은 '현장'에 기반을 둔 방법론적 접근의 중요성을 강조한다(Smith and Guarnizo 1998: 6). 다시 말해, 아래로부터의 초국가주의는 현장 연구에 기반을 둔 이론화와 방법론의 산물이기도 하지만, 이주자의 실천이 역사적으로 변화하고 있음을 반영하는 것이기도 하다. 사실, 역사적으로 근대국가에서 여권旅券과 물리적 국경이 작동하기 시작하고 이민정책과 제도가 수립된 지 겨우 100년 남짓 되었을 뿐이다. 한국의 경우 1903~1905년 하와이 이민 출항지인 인천 월미도에 있는 한국이민사박물관에 가면 큰 종이 위에 한문으로 쓴 대한제국 시기의 집조執照(여권)가 전시되어있다. 한문 두루마리 한 장으로 된 여권을 소지하고 배를 타고 건너갔던 시기와 전자여권을 소지하고 항공기로 해외여행과 이주를 할 수 있는 오늘날과 100년 정도의 기간이 길다고 하면 길고, 짧다고 하면 짧다. 이러한 시차는 기술과 사회가 지난 100년간 급변했음을 고려하는 이주 연구가 필요함을 상기시킨다.

여권의 탄생은 그리 오래되지 않았지만, 20세기 이후로 시민권citizenship의 개념 정의는 국경 안에서만 볼 때도 국적과 공민권에서부터 복지권과 환경권에 이르기까지 확대되고 변화해왔다. 국적 체제 역시 전 지구적 관점에서 보자면, 한국처럼 단일 국적을 고수하는 국가도 있고, 복수 국적을 허용하는 국가도 있다. 이런 점을 고려하면, 재외한인 연구는 한국과 이민 대상국 양국의 제도와 정책을 모두 살펴볼 필요가 있다. 동남아 국가는 영주권이나 시민권의 취득 가능성이 차별적이다. 영주권을 허용하는 국가, 영주권에 준하는 장기거주비자 혹은 영주권과 비슷한 역할을 하는 은퇴비자를 도입한 국가, 영주권 허용이 실질적으로 봉쇄되어있는 국가에 이르기까지 그 편차는 다양하다. 이뿐 아니라 일부 국가는 자국이 선호하는 이민자를 유치하려 경쟁적으로 유사한 정책을 도입한다는 점도 염두에 둘 필요가 있다. 싱가포르의 외국인 유치정책이 그 대표적 사례일 것이다(김지훈 2006, 2010, 2019). 이민자의 전략으로서 '유연한 시민권flexible citizenship'의 형성(Ong, 1999)이나 다중 정체성 및 소속감 또한 이와 같은 현실을 반영한 개념으로 잘 알려져 있다.

이민 제도와 체계의 변화 역시 한인의 글로벌 이동에서 새로운 흐름을 만들어내며 동남아 한인 사회의 역동성을 키워왔다. 동남아에는 최근 등장한 신新유형의 한인이 한인 사회의 주요 구성원으로 자리한다. 특히 1990년대와 2000~2010년대에 출현한 이민 유형으로 주목해야 할 몇 가지를 간략히 소개할 필요가 있겠다. 영어와 중국어를 필두로 한 자녀의 언어 습득과 국제학교 교육을 통해 '문화 자본'을 추구하는 '교육 이주'(Kim 2010; Okazaki and Kim 2018), '삶의 질'을 추구하는 '은퇴이주', 새로운 인생의 기회를 추구하는 '체류 연장형 이주'가 대표적이다. 물론 이들이 서로 결합한 유형도 존재한다.

지금까지 살펴본 이민과 이민공동체 유형을 한인 이주와 동남아 한인 사회에 적용해보면 몇 가지 부류를 상정할 수 있다. 첫째, 싱가포르·말레이시아·필리핀·태국은 2000년대 중반 정점을 이룬 교육 이주의 대표적 국가들이다. 필리핀은 현재도 대학생을 포함한 청년층이 영어 능력을 높이려 징검다리로 다녀오는 대표적 단기유학 대상 국가다. 둘째, 50세 이상의 일정 자산 소유자에게 '은퇴이민' 장기비자를 발급하는 말레이시아, 필리핀, 태국, 싱가포르는 중장년층의 이민 선택지가 될 수 있다. 그러나 실제 사례를 살펴보면, 싱가포르는 은퇴이민보다는 글로벌 인재global talent 이민이 주다. 필리핀과 말레이시아는 은퇴이주비자를 통해 자녀의 교육 이주와 본인의 사업 시도를 도모하는 경우가 많다. 셋째, '유랑형' 이주는 한국계 중소기업이 대규모로 이전된 인도네시아·베트남·미얀마 등에서 대기업 주재원뿐만 아니라, 중소기업 경영자와 관리자, 자영업 종사자의 유입과 정착을 통해 한인 사회에서 계급적 다양성과 분화를, 한인 사회 내 공동체 수준에서 긴장과 갈등을 낳았다(채수홍 2003). 넷째, 한인 규모의 확대와 정착 한인의 증가는 현지에서 연애를 통한 결혼으로 상당 규모의 다문화가정을 형성하고 있다. 이들이 현지에 살면서 경험하는 초국적 현상과 이들의 자녀가 한인 사회의 미래에 어떤 영향을 미칠 것인지는 향후 면밀하게 탐색되어야 할 연구주제다. 동남아 현지의 다문화가정은 한국의 남성이 결혼 중개업체나 종교단체를 매개로 베트남, 필리핀, 캄보디아 등지의 여성과 결혼해 형성하는 한국의 '다문화 가족'과 여러모로 대칭된다.

마지막으로, 이 책의 연구방법론에 대해 간략히 언급해야겠다. 각 장 필진들의 학문적 배경은 사회학, 인류학, 정치학, 지리학 등으로 다양하지만 모두 동남아 지역 연구 학자로서 방법론과 이론적 포용성을 공유하고 있다. 지역 연구자로서 필진들은 장기간의 현지조사를 통한 자료 수집과 분석을 중시하였다. 또한 전공 국가에 대해서는 본인의 학문분과뿐 아니라 인접 인문사회과학 전공자의 연구에 대한 이해가 중요하다는 점을 인식하고 있다. 이처럼 이 책『동남아시아 한인』

은 동남아 지역을 전공하는 학자로서 적게는 10년, 길게는 30년 넘게 한국동남아학회와 연구 모임을 중심으로 활동해온 전문가가 본인 전공 국가의 한인 사회에 대해 집필했다는 특장이 있다. 필진들은 집필을 위해 한국학중앙연구원의 지원 기간은 물론이고 이후에도 정기적으로 토론을 진행해왔다. 이러한 공동 노력을 바탕으로 필진들은 각각 전문적으로 연구하고 있는 국가의 한인과 한인 사회에 대한 단독 저서를 출간할 계획이며, 이 공동 저서는 개별 필자들의 단독 저서에 앞서 동남아 각국의 한인 사회를 축약적으로 소개하려는 목적을 가지고 있다.

『동남아시아 한인: 도전과 정착 그리고 미래』의 구성은 다음과 같다. 1부와 2부는 동남아시아 국가 내 한인 사회의 다양성에 거시적 수준에서 큰 영향을 끼친 제2차 세계대전과 이후 '냉전'에서 기인한 한국과 동남아 국가 간 이동 제한과 가능을 기준으로 나뉜다. 주지하듯, 자본주의 서부 진영과 사회주의 동부 진영은 전 지구적 차원에서 이민과 이주의 흐름migration flow을 제한했다. 이뿐만 아니라, 주요 서구 이민 국가에서 이민정책의 변화는 공교롭게도 냉전 시대인 1960년대와 1970년대에 있었다. 이주 흐름은 이민정책과 더불어 이주체제를 형성하는 주요 변수다. 특히 냉전 시대는 다른 지역의 경우와 마찬가지로 동남아 한인 사회의 형성, 확대, 다양성에 지대한 영향을 주었다.

1부에서는 동남아 국가 중에서 싱가포르, 말레이시아, 태국, 인도네시아, 필리핀을 다룬다. 큰 틀에서 보자면, 이들 국가는 (브루나이와 동티모르와 함께) 냉전 시기 자본주의 서부 진영에 속한다. 제2차 세계대전과 이후 독립전쟁 혹은 독립을 둘러싼 갈등과 내전을 경험한 국가도 있다. 수카르노 정부 인도네시아는 냉전 시기에 서구 제1세계와 동구 제2세계에 중립적이며 독립적인 제3세계 진영의 선두에 섰지만, 수하르토 정부가 들어서면서 권위주의적 자본주의국가로 일찍이 이행된 점을 고려해 1부에 배치했다.

2부에서 다루는 베트남, 라오스, 캄보디아 등 인도차이나 지역과 미얀마는 사회주의국가 혹은 권위주의국가로 내전과 지역 내 전쟁을 20세기 후반기에 경험한 바 있다. 이후 글로벌 생산체계에 적극적으로 또는 소극적으로 편입되면서 한인 기업의 현지 진출을 통한 한인 사회의 형성 혹은 변화를 경험하기도 했다. 특히 베트남의 한인 사회에 대한 이해가 2부의 다른 국가를 이해하는 데도 도움이 될 것으로 보아 베트남을 2부 첫 장에 배치했다.

1부의 1장에서 사회학자 김지훈은 글로벌 도시국가인 싱가포르의 한인 사회가 다른 동남아 국가와 뉴욕·런던 같은 글로벌 도시의 한인 사회와 어떤 차이점과 유사점이 있는지에 주목한다. 그는 싱가포르 한인 사회를 싱가포르 정부의 이민정책 및 발전정책과 정착 한인의 사회경제적 배경을 근거로 하여 한인 사회 형성기, 주재원 사회 팽창기, 이주 한인 다양화기, 글로벌 이민 사회기 네 개 시기로 나누어 살펴보고 있다. 좀 더 크게 보자면, 20세기 후반기는 한국 기업 주재원이 한인의 동남아 이주에서 주류가 된 '순환이주 주재원 사회expatriate society'로 간주할 수 있다. 21세기 시점의 싱가포르 한인 사회는 뉴욕시의 맨해튼 지역이나 런던의 중심지 '1, 2구역Zone 1, Zone 2'의 한인 사회와 유사한 유학생, 주재원, 글로벌 기업 전문직, 이민자 등이 공존하는 '글로벌 도시 이민 사회'로 분류된다. 김지훈은 이러한 분류를 준거 삼아 '순환 이주 주재원 사회'와 '글로벌 도시 이민 사회'를 관통하는 싱가포르 한인 사회의 공동체가 갖는 사회문화적 특징을 탐색한다. 이를 위해 연령, 젠더, 이주 이력, 직업, 소득, 여타 사회인구학적 배경이 각양인 한인 구성원을 인터뷰하고 관찰한 결과를 분석하고 있다. 이 분석을 토대로 싱가포르 사회와 싱가포르 한인 사회에 대해 '조용하고 치열한 사회'라는 공유된 인식이 존재함을 주장한다.

2장에서 인류학자 홍석준은 말레이시아 한인 사회를 말레이시아의 대표적 이주정책인 'MM2HMalaysia My 2nd Home' 즉 '말레이시아 마이 세컨드 홈 프로그램과 빗장 공동체gated community'로서의 한인 사회라는 개념을 중심으로 고찰하고 있다. 특히 말레이시아 이주정책의 문화적 특징과 의미를 살펴보고, 이를 한국인의 말레이시아로의 은퇴이주와 연관시켜 사회문화적 맥락에 따라 기술·분석하고 있다. 그럼으로써 말레이시아 이주정책이 갖는 특징과 의미 및 한국인의 말레이시아로의 은퇴이주가 갖는 특성과 의미를 이해하고자 시도하고 있다. 나아가 말레이시아 현지인에게 한인 사회가 이른바 '빗장 공동체'로 인식되는 현실과 한인 사회의 대응을 말레이시아 현지인과 한인의 상호작용이라는 관점에서 서술하고 있다. 이를 통해 말레이시아 이주정책과 한국인 은퇴이주자의 만남이 사회문화적 맥락에서 어떠한 의미를 지니는지, 그리고 말레이시아 현지인에게 말레이시아 한인 사회가 어떻게 인식되고 있는지를 '빗장 공동체'로서 한인 사회의 특성과 연계해 설명하고 있다.

3장에서 정치학자 김홍구는 태국에 관해 다루었다. 태국에서 한국인의 본격적인 정착은 제2차 세계대전 이후 시작되었지만 한인이 크게 늘어난 것은 1980년대 중반 이후부터이며, 한인 사회의 성격은 점차 '체류자 중심 이민 사회'로 이행해가는 양상을 띤다. 1980년대 후반 한국 정부의 해외여행 자유화 조치로 태국을 방문하는 한국인 관광객이 급증하면서 관광산업 관련 한인의 태국 진출이 늘었고, 한·태 경제협력 관계가 증진되면서 상사 주재원 및 투자업체 직원의 진출도 크게 증가했다. 또한 2000년대 초에는 초국가주의 현상으로서 '한인들의 대규모 이주'가 나타났는데, 이는 1990년대 동아시아 경제위기를 겪으면서 태국에서 본격화된 지역협력에서 기인하는 것이었다. 김홍구는 재태 한인의 이주 현상을 하나의 틀 속에서 분석하기 위해 거시적 측면에서 초국가주의적 문화의 흐름이라 전제하고, 일반적으로 디아스포라 연구에서 공통적으로 고찰하는 주제들—이주·적응·정체성—을 재태 한인(교민과 체류자)의 경험에 적용해보는 것을 목적으로 삼는다. 이런 목적을 달성하기 위해 한인들이 태국으로 이주하게 된 동기와 과정, 일상적 삶 속 한인들의 생활양식과 정체성, 한인과 현지인 사이 관계와 갈등 양상, 한인의 현지 사회에 동화되는 과정과 초국적 정체성에 대해 잠정적으로 파악해본다. 마지막으로, 앞으로 태국 한인 사회의 변화 추세에 영향을 미칠 긍정적 요인과 부정적 요인도 예상해본다.

4장에서 지리학자 엄은희는 한-동남아 관계에서 1호라는 수식어가 많이 붙는 나라 인도네시아를 연구 국가로 하고 있다. 한국과 동남아 간의 교류는 주로 경제적 측면에서 수출입 및 투자를 통해 본격화되었는데, 인도네시아의 경우 교민에 의해 직접 발굴된 독립운동가 장윤원을 인도네시아 이주의 기원으로 삼는다는 점에서 차별성을 지닌다고 지적한다. 또한 독립과 근대화를 향한 탈식민화가 진행되면서 한국과 인도네시아 양국은 매우 이른 시기부터 경제적 관계를 발전시켰는데, 이는 인도네시아가 풍부한 자원과 인구를 보유하고 있어 한국과의 경제적 상보성이 매우 높았기 때문이다. 제1호 산림 개발 분야 해외직접투자(FDI 1968), 제1호 해외 생산 플랜트 수출(1973), 제1호 해외 직접 유전개발(1981) 등을 필두로 한국 기업과 한인이 인도네시아에 큰 규모로 진출했다. 이후 1980년대 말부터는 신발·의류·봉제 등 노동집약적 산업 부문에 대한 한국 기업의 인도네시아 투자도 두드러졌으며, 2000년대 이후 인도네시아의 정치가 안정되고 7퍼센트대의 경제 고성장이 이어지면서, 제조업 부문을 넘어 소비·유통·에너지·문화 등 산업 전 분야에서 한국 기업의 투자가 실행되었다. 엄은희는 이러한 양국 교류사를 기술하면서 2017년 문재인 정부의 신新남방정책이 발표된 국가 인도네시아와 한국의 지속적 교류와 발전의 가능성을 전망하고 있다.

5장에서 정치학자 김동엽은 이주 시기별 필리핀 한인의 성격과 국가 정체성을 분석한다. 한인의 필리핀 이주는 크게 세 시기, 즉 1970년 이전, 1970~1980년대, 1990년 이후로 구분할 수 있다. 시기별 이주자들의 유형과 성격에서는 차이가 나타나는데, 이것은 이민 송출국인 한국과 이민 수용국인 필리핀의 경제적 위상 변화에 따른 한인들의 인식 변화와 깊이 관련되어있다고 김동엽은 분석한다. 1970년 이전 필리핀 이주 한인들은 대체로 열악한 한국의 사회경제적 환경에서 벗어나 당시 보다 선진적인 필리핀 사회로의 이주를 선택했다. 1970~1980년대에는 대체로 특별한 자격이나 여건을 갖춘 기업 주재원, 국제기구 종사자, 선교사 등 보다 진취적인 입장에서 필리핀에 이주한 한인들이 주였다. 1990년 이후에는 다양한 부류의 사람들이 필리핀에 이주했고, 그 수도 급증했다. 수많은 관광객과 어학연수생이 몰려들면서 여행업, 숙박업, 요식업 등 연관 업종에 종사하는 한인들이 늘어났다. 흥미롭게도 시기별 한인 이주자들의 국가 정체성은 떠나온 한국의 국제적 위상에 따라 변화하는 것을 볼 수 있다. 즉 한국의 국제적 위상이 낮을 때는 필리핀에 대한 국가 정체성이나 초국적 정체성을 추구하고, 한국의 국제적 위상이 높을 때는 한국에 대한 국가 정체성을 추구하는 것이다. 또 다른 측면에서 현지인과 결혼하고 필리핀에서 자녀를 키우는 한인의 경우에는 대부분 필리핀 국가 정체성을 자녀에게 전수하고 있다. 현지인과 결혼하는 등 특별한 경우를 제외하고 필리핀 한인 대부분은 한국 국적을 소지한 채 외국인 신분으로 필리핀에 거주하고 있으며, 필리핀에서의 삶도 한국의 상황과 밀접한 관련을 맺고 있는 것을 볼 수 있다.

2부의 첫 장이자 6장에서 인류학자 채수홍은 동남아에서 가장 빠르게 성장한 한인공동체인 베트남 한인 사회를 다루고 있다. 한국과 베트남이 수교한 지 30년이 채 되지 않았지만 20여만 명의 한인이 베트남에 거주하고 있는 것으로 추산된다. 베트남 한인 사회의 규모가 이처럼 단기간에 커진 것은 도이머이Doi Moi(혁신) 이후 베트남 경제가 발전하는 과정에서 한국 기업의 투자가 쇄도했기 때문이다. 이와 같은 양적 성장은 필연적으로 질적 변화를 수반했으며, 무엇보다 한인 사회 내부의 사회경제적 분화를 이끌어 내었다. 동질적 종족 정체성을 기반으로 형성된 베트남 한인 사회 내부에도 삶의 조건과 경험이 다른 이질적 집단이 출현하게 되었으며, 이들이 서로 구분되는 문화를 향유하고 정치를 실현하면서 협력과 갈등이 생겨나고 있다. 채수홍은 이러한 현상에 주목해 베트남 한인 사회의 역사적 형성과 분화 과정을 기술하고, 한인 사회 문화에서 발견되는 이질성과 동질성에 대해 언급하고 있다. 아울러 현지에서 한인과 베트남인의 관계 맺기가 갖는 특징과 이의 시대적 변화도 짚어내고 있다. 끝으로, 이와 같은 설명을 토대로 베트남 한인 사회가 가까운 미래에 어떻게 변화할 것인지 가늠해보고 있다. 전체적으로, 글은 베트남 한인 사회의 역사적 형성과 시대별 한인의 삶을 소개하고 여기에 투영된 빛과 그림자를 보여주면서 한인 공동체의 지속가능성과 미래를 논하고 있다.

7장에서 정치학자 이요한은 파리협정Paris Accord(내전 종식 협정) 직후인 1992년경 시작되어 약 30년의 역사를 갖는 캄보디아 한인 사회에 관해 이야기한다. 글은 캄보디아 한인 이주사를 정리하고 이주 시기별 한인 사회 유형의 변화와 특성에 주목하고 있다. 캄보디아 한인 이주사는 초기(1992~2000), 이민 성장기(2000~2008), 이민 침체기

(2009~2013), 이민 재확장기(2014~현재) 네 시기로 구분할 수 있다. 캄보디아는 한인에게 선교·관광·투자 지역으로써 복합적 이주 대상 국가이자, 기회와 위험이 공존하는 국가다. 캄보디아 한인이 1만 명을 돌파함에 따라 규모의 경제가 가능해졌지만, 양적 성장과 달리 한인공동체를 주도할 만한 기관이나 네트워크 역량이 부족하다는 문제점 또한 안고 있는 것이다. 이요한은 이러한 분석을 바탕으로 최근 한인의 캄보디아 이주가 비교적 젊은 세대의 유입이라는 긍정적 측면과 함께 시엠립 한인 가이드의 퇴출 등 현지 정착 환경의 불확실성도 커지고 있다고 지적한다.

이어 8장에서 이요한은 라오스 한인 사회가 1995년 한국과의 (재)수교 전후로 형성되기 시작해 다른 동남아 국가 한인 사회에 비해 역사가 짧은 편이나 2010년대 들어 급격히 팽창해가는 특징을 보여준다고 주장한다. 글은 라오스 한인 사회의 현상과 변화에 초점을 맞추고 있다. 이를 위해 한인의 라오스 이주 동기, 한인 사회의 기본구조, 한인 사회의 성장 과정과 특징을 정리해 기초데이터를 정립하면서, 라오스 한인의 역사, 경제 활동, 적응, 정체성, 사회적 관계를 포괄적으로 분석한다. 분석을 토대로 글은 라오스 한인 사회의 역사를 이주 초기(1990~2009)와 이주 확산기(2006~2019)로 구분하면서, 이주 초기에는 공관 주재원을 중심으로 한 소수 교민 사회의 특성을 보였으나, 이주 확산기에는 투자와 관광 분야에서 한인의 거주가 증가하면서 교민 사회가 팽창하고 그 결과 교민 상호 간 친밀감이 감소하는 경향을 보인다는 점을 밝히고 있다. 그 사례로 라오스 정부가 2008년 한국인 입국자를 대상으로 무비자를 제공하고, 2014년 한국의 한 TV 프로그램에서 라오스가 관광지로 소개됨으로써 한인의 라오스 유입과 정착이 급증하는 과정을 중점적으로 소개하고 있다. 결론적으로, 글은 라오스 한인 사회가 이러한 성장에도 불구하고 한인 사회 내부 경쟁의 심화, 크지 않은 장기 체류자 비중, 부진한 한국 기업 진출 등의 요인이 라오스 한인 사회의 영속성에 부정적 환경을 조성하고 있다고 진단한다.

마지막 장인 9장에서 인류학자 김희숙은 미얀마 한인 사회를 다룬다. 글은 근래 그 규모가 커지면서 가시화되고 있는 미얀마 한인 사회의 분화 현상과 현지 한인이 통상 '로컬'로 지칭하는 현지인 및 현지 사회에 대한 인식, 한인과 현지인 간의 관계에 관해 기술하고 있다. 미얀마에 한인이 진출하기 시작한 것은 1988년 미얀마 군부가 사회주의체제를 공식적으로 포기하고 경제를 개방하면서부터다. 그러나 체제 전환 이후에도 외국인 기업에 불리하게 작용하는 법과 제도의 제약으로 인해 미얀마에 진출하는 한인은 많지 않았다. 그러나 개혁개방정책이 본격적으로 추진된 2011년 이후 미얀마로 향하는 한인이 급증함에 따라, 봉제업체가 주류를 차지했던 초기와 달리 개혁개방 이후 미얀마 한인 사회의 내적 구성과 미얀마 현지인과 한인 사이 관계에서 적지 않은 변화가 나타나고 있다. 한인회를 중심으로 비교적 응집력을 가진 공동체로 유지되었던 미얀마 한인 사회는 이주 시기와 개별 한인의 사회경제적 배경, 문화적 지향성에 따라 점차 작은 단위의 사회집단으로 세분화하는 양상을 띤다. 이와 같은 현상은 미얀마의 개혁개방 이후 한인이 진출할 수 있는 분야는 매우 다양해졌지만 영세한 한인이 접근할 수 있는 기회는 그 폭이 점차 좁아지고 있는 데서 기인한다. "현지인 파트너를 잘 만나야 성공한다"라는 미얀마 한인의 파트너 담론은, 이런 점에서 점차 불균등해지는 기회 구조 안에서 한인이 현지 사회를 인식하는 방식과 기대 및 좌절을 동시에 반영하고 있다고 김희숙은 분석한다.

『동남아시아 한인: 도전과 정착 그리고 미래』는 한국학중앙연구원의 '2016 한국학 특정 분야 기획연구: 해외 한인 연구사업' 지원을 받아 출판하게 되었다. 우선 사업 담당자인 한국학진흥사업단의 이정우 선생님께 감사드린다. 이 책의 연구자들은 2016년부터 2018년까지 매년 여름방학과 겨울방학 동안 두 차례 이상씩 동남아 현지를 방문해 한인 사회에 대한 자료를 모으고 인터뷰를 진행했다. 현지조사 과정에서 자료 수집, 인터뷰, 설문조사에 응해주신 재외한인 모든 분과 연구에 적극 협조해주신 각국 공관, 한인 기업, 한인 단체에도 이 자리를 빌려 감사의 뜻을 전한다.

본 과제 연구팀의 주관 기관인 (사)한국동남아연구소는 국내 최고의 재외한인 연구단체인 (사)재외한인학회와 함께 과제를 수행해왔다. 또한 국내의 여러 동남아 전문연구기관(서울대 아시아연구소, 부산외대 동남아지역원(아세아연구원), 서강대 동아연구소)과 학술회의를 개최해 연구 결과의 전문성을 높였다. 모든 관계자 여러분과 연구성과 발표에 여러 도움이 되는 의견을 제시해주신 외부 전문가에게 감사드린다.

본 연구팀은 책임연구원, 공동연구원, 전임연구원, 연구보조원으로 구성되었다. 연구에 참여한 모든 분, 특히 3년 동안 연구를 보조해주신 채현정 교수(현 덕성여대 글로벌융합대학 문화인류학 전공), 서울대 인류학과 석사졸업생 류수경, 장예지, 김수현 조교께 감사드리며, 이 책의 출판을 담당해주신 도서출판 눌민 관계자분들께도 각별히 사의를 표한다.

1부

자본주의체제 국가에서
한인 사회의 특징과 전망

1장

싱가포르

순환이주 주재원 사회에서 글로벌 도시 이민 사회로[1]

김지훈

1. 글로벌 도시국가 싱가포르와 싱가포르 한인 사회: '조용하고 치열한' 사회

싱가포르 한인 사회의 중요한 특징은 무엇일까? 동남아시아의 다른 한인 사회와 북미나 유럽 국가 혹은 뉴욕이나 런던과 같은 글로벌 도시의 한인 사회와는 각각 어떤 차이점과 유사점이 있을까? 이두 질문에 대해 답하는 것이 이 글의 목적이고, 이 두 질문과 답은

---

1 본 연구는 Asia Research Institute, National University of Singapore의 Visting Senior Research Fellowship의 지원을 받았다. 본 장은 김지훈(2019)의 학술 논문의 일부를 일반 독자를 위하여 수정 보완한 것임을 밝히며, 연구방법론과 연구참여자에 대한 보다 자세한 사항은 김지훈(2019)을 참고할 것. 2020년 3월 코로나19 확산 직전까지 이루어진 연구조사를 기반으로 코로나 이전 시기까지 다루었다.

서로 연결되어있다고 본다. 필자가 보기에는 오늘날 싱가포르 한인 사회는 20세기 후반부터 큰 변화를 경험했는데, 이 큰 변화는 세계 및 동남아 다수 국가의 한인 사회의 변화와 공통된 요인에 근거한다. 그러나 싱가포르 사회의 특징과 한인 사회 구성원의 조응적 변화는 여느 다른 한인 사회와 구분되는 특징을 동시에 갖도록 했다. 따라서 싱가포르 한인 사회는 21세기 현재 시점의 동남아를 포함한 아시아의 다른 한인 사회 그리고 서구의 한인 사회와 비교했을 때 주목할 만한 특징을 갖고 있다.

필자는 이민과 이주 전문가로서 싱가포르, 런던, 뉴욕에서 각각 5년 이상 살면서 싱가포르, 뉴욕, 런던의 한인 사회를 접해온 경험을 가지고 단일 사례연구로서 싱가포르 한인 사회를 바라보고 분석했음을 먼저 밝히면서 이 글을 시작하는 것이 독자를 위해 좋을 것 같다. 이 글의 1차 연구자료는 필자가 2017년에서 2019년 말까지 싱가포르에서 수집한 자료를 근거로 하지만, 이전 시기에 필자가 싱가포르에 살면서 혹은 연구하면서 수행한 경험도 녹아있다. 필자는 1999년부터 2002년까지 3년간 그리고 2006년부터 2007년 사이 약 1년 9개월 동안 싱가포르에서 살면서 싱가포르 한인에 대한 연구를 수행한 바 있다(김지훈 2006, 2010; Kim 2010, 2011, 2012, 2015). 한국으로 주 거주지를 옮긴 2010년 이후에도 1~2년에 한 번 이상 싱가포르를 방문할 때마다 2주에서 2개월 정도 머물며 관련 연구를 수행한 경험도 있다(김지훈 2014, 2019; Kim 2016). 싱가포르를 주로 연구하였지만, 같은 기간 동안 자카르타와 하노이의 한인 사회에 관한 연구를 각각 수행한 경험도 있고, 동남아 한인 사회를 연구하는 기간과 겹치는 시기에 뉴욕과 런던에서 오랫동안 거주한 경험은 비교의 관점과 다중적 시각multiple perspectives으로 싱가포르 한인 사회를 바라보는 필자의 시각에 반영되어 있다.

간략하게 이 글의 주장을 요약하자면, 20세기 싱가포르 한인 사회는 같은 시기 다수의 다른 동남아시아 한인 사회나 전통적 이민 국가traditional immigrant state가 아닌 국가에 위치한 글로벌 도시의 한인 사회에서 쉽게 볼 수 있는 특징을 갖고 있는데, 나는 이를 '순환이 주 주재원 사회expatriate society'라는 개념으로 부르고자 한다. 그 예로 는 20세기의 파리와 현재 홍콩의 한인 사회를 들 수 있을 것이다. 그러나 21세기 오늘날, 싱가포르 한인 사회는 뉴욕시의 맨해튼 지역이나 런던의 중심지에 해당하는 Zone 1, 2구역, 다시 말해 북미 와 유럽을 대표하는 글로벌 도시 중에서도 그 중심지역의 한인 사회와 유사하다. 나는 이를 '글로벌 도시 이민 사회'라고 이름 짓고 싶다. 공교롭게도 2020년 전후 맨해튼의 한인 인구와 싱가포르의 한인 인구는 규모가 비슷하다. 한국 안에서 가장 비슷한 지역을 꼽 자면 좁은 의미에서의 강남 지역이 별도의 국가로 존재한다고 상상 해보면 비슷할 것 같다. 물론, 1970년과 2020년의 강남 둘 다를 의 미하며 그 변화가 엇비슷한 시기에 이루어진 역사적 변화도 '상상 의 공동체로서의 강남 공화국'과 유사하다. 싱가포르 한인 사회는 지난 반세기 동안 글로벌 도시이자 부유한 소규모 국가로 발전한 싱가포르의 경제적 발전과 양극적 이민정책을 반영하고 있다(Yeoh

2006). 물론, 전세계 글로벌 도시의 양극화 경향 역시 싱가포르와 싱가포르 한인 사회의 여러 단면에서 관찰할 수 있다.

그렇다면 '순환이주 주재원 사회'와 '글로벌 이민 사회'를 관통하는 싱가포르 한인 사회의 공동체 수준의 사회문화적 특징은 무엇일까? 나는 이를 '치열하고도 조용한 사회'라고 생각한다. 아래 인용문은 38년간 싱가포르에 거주한 한 원로의 생각이자, 필자가 만난 많은 다른 한인이 비슷한 의미의 다른 방식으로 표현한 말과도 궤를 같이한다고 본다.

> 싱가포르는 눈에 보이지 않는 경쟁이 치열한 사회예요. 각자가 살아가는 경쟁, 살아남기 위한 투쟁. 이런 거가 있기 때문에 다이나믹한 그런 한인 사회가 형성되지 못했어요. [...] 자기한테 올인을 해야 되니까. [...] 바깥에서 보면 다 편안하고, 즐거운 삶을 살고, 행복한 삶을 살고, 그런 것처럼 보이지만 각자 개인에서 보면, 엄청난 생활 스트레스에 힘든 게 있으니까, 다른 생각을 할 수가 없어요. 친구들이 "여기서 졸면 죽는다"라고 하죠.
>
> **[싱가포르기 때문에 그렇다는 건가요?]**
>
> 그렇죠. 오늘 그냥 넘어가면 내일 금방 표가 나니까. [...] 내가 여기 말고… 인도네시아나 그렇지 않으면 태국이나 필리핀이나 이 근처로 월남이나 이런 데를 가서 살면서 사업을 했었으면 더 큰 기회가 있지 않았을까 하는 생각이 들어요.
>
> − A 씨, 70대, 남성, 사업가, 영주권자

싱가포르에서 비교적 짧은 기간 동안 살아온 다양한 연령대와 직업군의 한인 남녀를 만났을 때나, 30년 이상 거주해온 한인 사회 주요 원로를 만났을 때나, 쉽게 들을 수 있는 이야기 중 하나는 A 씨가 언급한 것처럼 싱가포르와 싱가포르 한인 사회는 '치열한' 사회이며 '조용한' 사회라는 것이다. 2020년 현재 시점에서 싱가포르 한인 사회를 보자면 한인 사회 구성원은 직업, 소득, 연령, 이주 이력 등 사회학자나 사회과학자들이 중요하게 여기는 사회인구학적 배경 면에서 매우 다양화되었다. 그럼에도 불구하고 싱가포르 사회와 싱가포르 한인 사회에 대해서 한인들이 '조용하고 치열한 사회'라는 공유된 인식을 갖고 있다는 점은 흥미롭고, 싱가포르 한인 사회의 과거와 현재에 대해 보다 더 자세히 살펴볼 단초가 된다.

동남아시아 지역의 거점으로서, 다른 동남아 국가의 연계성과 전 지구적 차원의 글로벌 도시로서 싱가포르는 주류 한인의 비즈니스의 지역적 범위, 한인공동체적 특성, 그리고 비교 대상이 되는 준거집단에 대한 표현으로도 잘 드러난다. 이에 대해서 좀 더 자세히 살펴보자.

싱가포르 한인들의 준거 집단은 글로벌하다. 해외 생활 45년 중 38년을 싱가포르에서 거주한 70대 초반의 성공한 사업가로 은퇴와 노후 준비를 꼼꼼히 해온 싱가포르 영주권자 A 씨의 표현에서도 드러나듯, 싱가포르 한인들의 싱가포르와 싱가포르 한인 사회에 대한 언급은 싱가포르 자체로만 이루어지지 않는다. 대개 미국을 포함한 서구 선진국, 주변 동남아 국가와 한국을 중요한 비교의 준거로 삼는다. 두 명의 한인회장이 서로 법적 정당성을 주장하며 미국 법정에서 소송을 벌이는 뉴욕 한인회(Semple and Ham 2015)나 한인회장직을 두고 갈등과 반목을 하는 베트남(채수홍 2017), 한국의 미디어에도 자주 등장하는 한인 관련 사건·사고가 잦은 필리핀 등 동남아 국가의 한인 사회도 함께 언급되는 것은 다른 국가의 한인 사회에 대한 단순한 관심 때문만이 아니다. 더 중요한 이유는 민족경제ethnic economy 중심의 자영업자가 수적 다수를 차지하지 않고, 대다수 한인이 본인이 일하고 있는 기업이나 사업이 한국, 동남아, 남아시아 등 아시아권 다른 국가에 직접 연계된 싱가포르 소재 기업의 비즈니스 영역이 반영된 것이기도 하다. 여기에 더하여, 싱가포르 한인 사회 구성원 중 상당수는 본인 혹은 자녀가 유학, 주재원 및 기타 해외 경험을 가지고 그 직간접 체험에서 근거를 찾고, 때로는 주변 지인들과 싱가포르 사회와 글로벌 이동에 대한 지식과 노하우를 집합적으로 쌓고, 나누며, 축적하는 싱가포르 한인 사회의 공동체적 특성을 반영하는 것이기도 하다.

한인공동체 차원의 구별짓기는 싱가포르 한인 사회의 안과 밖을 가로지른다. 여러 국가를 비교하면서 싱가포르와 싱가포르 한인 사회의 특징에 대해서 설명하는 싱가포르 한인 다수는 다른 국가의 한인 사회와는 '격'이 다르다고 생각한다. 이는 싱가포르 중산층 한인들에게서 더욱 두드러지며, 싱가포르 거주 한인 전체에게서 볼 수 있는 다른 국가 거주 한인과의 '구별 짓기' 방식이기도 하다.

한편으로는 가까운 한인들끼리 현지 생활, 자녀 교육, 커리어에 대한 지식을 긴밀하게 공유하면서도, 동시에 '조용하고 치열한 사회'라고 바라보는 한인들의 인식은 다양한 구성원 집단으로 이루어진 싱가포르 한인 사회를 이해하는 데 있어서, 적어도 20세기 최후반기 시점의 주류 한인 공동체에는 매우 적실한 개념이며 여전히 싱가포르 한인 사회의 가장 중요한 특징 중 하나라고 본다.

싱가포르 한인 사회의 변화를 먼저 인구사회학적 지표를 중심으로 간략히 살펴보자. 재외한인 규모 면에서 싱가포르는 미미한 수준의 '흔한' 국가에서 '주요' 국가로 변화했다. 2020년대 초반 현재 시점의 싱가포르 한인 사회는 지난 약 20여 년 동안 두드러진 양적, 질적 변화를 경험했다. 첫째, 1990년대 기간 동안 3,000~5,000명 내외 수준이던 한인 규모는 2000년대 들어 매년 점증하기 시작하여 2010년대 초반부터 2만 명을 넘어섰고, 2019년 기준으로 2만 1,406명의 한인이 거주하여 재외한인 규모에 있어서 전 세계 18위, 동남아에서 베트남, 인도네시아 다음으로 가장 큰 한인 사회를 형성하였다(외교부 2019). 둘째, 현지 국가 영주권과 시민권을 보유한 한인 규모를 비교한다면 싱가포르는 동남아 국가 중 가장 큰 규모의 한인공동체를 형성했다. 2000년대부터 한국 기업 주재원으로 대표되는 순환이주형 한인 외에도 싱가포르 영주권과 시민권을 취득한 한인의 규모가 점점 커지면서 영주이민형 한인이 주류층의 다른 한 축으로 자리 잡으면서 공동체 수준에서 이민 사회로 변모하고 있기 때문이다. 셋째, 한인 사회 구성원의 다양화가 점점 더 두드러지고 있다. 이는 2000년대 초중반부터 과거 시

기와는 구분된다. 이주 동기나 인구사회학적 배경에서의 한인 구성
원의 다양화라고 요약할 수 있다. 넷째, 싱가포르, 한국, 제3국을 이
동하는 순환이주, 재이주 한인들의 지속적인 유출입도 이루어지고
있다. 이 네 번째 특징은 전 지구적 수준의 글로벌 도시로서 싱가포
르의 특성인 영어 사용 한인의 글로벌 기업 종사자 증가와 유학생
및 글로벌 이주 2세대 한인의 증가, 다시 말해 전 지구적 수준의 글
로벌 한인 세대의 등장 및 싱가포르 거주 글로벌 한인 규모의 확대
와 궤를 같이한다.

   다음 장에서는 글로벌 한인 세대 등장의 모태가 된 순환이주 주
재원 사회 유형과 본 연구의 연구 방법에 대해서 간략히 살펴본다.
이어지는 장에서 21세기 현재 시점에서 보기에는 '조용하고 치열
한' 사회라는 공유된 인식이 존재하는 싱가포르 한인 사회가 그간
어떻게 형성, 변화해왔는지를 시기별로 자세히 살펴보자.

2. 싱가포르와 동남아 한인 사회의 원형
: 순환이주 주재원 공동체와 글로벌 이민 한인 사회

이민·이주 연구migration studies는 현대 사회학의 시작과 함께하며,
21세기 현재 사회과학 전반에 있어 가장 중요한 연구주제로 손꼽
한다. 100년 전 발간된 사회학 연구의 고전 중 하나로 손꼽히는 '미
국과 유럽의 폴란드계 농민 연구'는 이민 연구의 기원이면서, 미국

과 폴란드 두 나라에 장기간 체류하면서 양국에서 방대한 질적 자료를 수집한 초국적transnational, 다현장multi-sited 연구 방법의 기원이 되는 '원조'격 연구이기도 하다(Thomas and Znaniecki 1918~1920). 순환이주 주재원 공동체와 글로벌 노마드global nomade에 대한 사회학자의 관심 또한 역사가 깊다(Cohen 1977). 본 연구는 장기간의 현지조사를 바탕으로 글로벌 도시이자 도시국가인 싱가포르에서 이주자로서 살아가는 한인의 인식, 경험과 실천에 주목하여 싱가포르 한인 사회에 대한 분석을 시도하고자 한다. 글로벌 도시의 노동시장 구조와 글로벌 기업의 고용 관행은 대조적인 사회계층의 이주를 추동하고 이주자에게 영향을 준다(Sassen 1991, Yeoh 2006). 또한, 개인과 공동체 수준의 초국적 이동성과 이동 궤적은 역동적이며 다면적인 과정이다.

본 연구에서 현재 싱가포르 한인 사회의 공동체적 특징을 잘 보여주는 이념 유형ideal type이자, 글로벌 도시의 한인 사회 연구에도 중요한 개념으로 사용될 수 있는 잠재력을 갖고 있는 '글로벌 이민 한인 사회' 유형은 이전 시기 싱가포르 한인 사회의 유형이자 또 다른 이념 유형인 '순환이주 주재원 사회' 유형과 더불어 다른 동남아의 한인 사회, 나아가 재외한인 사회를 분석하고 연구하는 데 유용한 개념으로 생각한다.[2] 글로벌 이민 한인 사회 유형은 싱가포르,

---

2 이 점에서 다루고 있는 '글로벌 이민 한인 사회'와 '순환이주 주재원 사회' 등 재외한인 사회의 주요 개념에 대한 자세한 내용은 김지훈(2022)을 참고할 것.

런던, 뉴욕과 같은 글로벌 도시의 한인뿐만 아니라 신규 이민자 민족공동체에서도 쉽게 찾아볼 수 있다.

19세기와 20세기 전반기 동안 디아스포라를 통해 초기 한인 사회가 형성되고 오랫동안 유지된 일본, 구소련 지역 국가, 중국 등의 한인 사회('디아스포라형' 한인 사회), 1960~1970년대 광부, 간호사 등 초청 노동 이주자를 바탕으로 형성된 독일 등의 한인 사회('초청 이주 후 정착형' 한인 사회), 농업 이주를 경로로 인근 국가로 재이주 혹은 직업 전환을 통해 한인 사회가 형성된 남미의 한인 사회('이민·재이민형' 한인 사회)와도 구분되는 한인 이주 유형으로서의 가치가 있을 것이라 본다(윤인진 2014; Min 1990, 2001).

싱가포르 한인 사회의 주류와 비주류를 이루는 한인 구성원들의 사회계급적 배경과 생애 단계도 중요하게 다루며 분석할 필요가 있고, 특히 이민 2세대 중 싱가포르 출신이 아닌 제3국에서 출생한 후 이주한 글로벌 한인도 주목할 필요가 있다. 한국의 주요 대학 출신 중산층 주재원이 주류를 차지하던 2000년대 초반까지의 순환이주 주재원과 그 가족이 공동체의 주류로 구성된 '순환이주 주재원 사회'는 싱가포르뿐만 아니라 전 세계 다수를 차지하는 비이민 국가(전통적 이민 국가가 아닌 국가)에서 태어나거나 자란 글로벌 한인 2세와 3세가 상당한 규모를 이루었다. 이들은 싱가포르의 글로벌 기업에서 일하는 한인 중 주목할 만한 규모의 집단군을 형성했다. 따라서 다양한 계급적, 직업적 이주 이력을 가진 한인들의 유입을 통해 구성원의 다양화가 이루어진 싱가포르의 한인 사회 맥락에서, 한인들이 개인, 가족, 집단 수준에서 실천하는 상호작용의 특징을 잘 포착하는 연구 방법을 채택해야 하는 것은 물론 장기간의 현지조사를 수반하는 질적 연구가 필요하다.

본 연구의 가장 중요한 자료원은 싱가포르에서 장기간의 현지조사를 수행하는 동안 수집한 개별 심층 인터뷰 자료in-depth interview이다. 필자는 본 연구를 위해 2017년 2월, 2018년 1월과 8월, 2019년 1월, 7~8월, 그리고 10월에 걸쳐 여섯 번의 현지조사를 수행하면서 60명 이상의 개인 심층 인터뷰, 10명 이상의 전문가 인터뷰를 수행했다.

본 연구에서는 한인 단체장을 포함한 모든 연구 참여자를 익명으로 표기한다. 이는 연구 윤리상 필요하지만, 싱가포르 한인 사회 구성원 사이에 적절하다고 받아들여지는 '프라이버시'의 범위가 한국 사회보다 훨씬 더 넓고 민감하다는 점에서 공인으로 간주할 수 있는 단체장의 경우도 익명으로 처리한다. "한 다리 건너면 다 아는 한인 사회"라는 말이 늘 회자되는데, 바로 그런 이유로 본인이나 가족 신상에 대해서 매우 민감해하기 때문이다.

3. 글로벌 도시국가 싱가포르의 한인 사회 변화
: 한인 사회의 형성과 구성원의 다양화

싱가포르 한인 사회는 어떻게 형성되고 변화되어왔을까? 1980년

표 1 싱가포르 한인 사회의 유형별 · 시기별 구분

유형	순환이주 주재원 사회		글로벌 이민 한인 사회	
세부 유형	한인 사회 형성기	주재원 사회 팽창기	이주 한인 다양화기	글로벌 이민 사회기
연도	1960년대~ 1970년대	1980년대~ 1990년대 중반	1990년대 후반 ~2000년대	2010년대 ~현재
싱가포르 한인 사회 주요 구성원과 특징	극소수의 한인 영주자 및 체류자	한국 대기업 파견 주재원과 그 가족 중심 한인 사회. 건설업 남성 노동자와 전자산업 여성 노동자 일부 대규모 유입	조기유학 청소년 및 학부모 대규모 유입. 주재원 · 유학생 출신 영주권 취득자 증가	영주권 취득자 및 영주권자가 시민권 전환 증가. 이주 2세대 및 3세대 한인 가시화. 글로벌 기업 근무 한인 증가

표 2 싱가포르 한인 수(1968~2019)

연도	1968	1970	1975	1980	1985	1990
총계	34	59	261	809	5,583	2,485
시민권자	–	–	–	–	–	–
영주권자	5	5	8	25	32	33
체류자	29	54	253	784	5,551	2,452

연도	1995	2001	2005	2011	2015	2019
총계	3,768	4,960	6,952	16,650	19,450	21,406
시민권자	19	90	44	106	257	447
영주권자	181	470	1058	1878	2423	2646
체류자	3,570	4,360	5,850	14,666	16,770	18,313

출처: 외교부 재외동포현황(1968~1990), 재외동포현황(1991~1999), 재외동포현황(2001~2019)에 근거하여 저자가 재구성
* 원자료는 1968년부터 1991년까지는 매년, 이후부터는 격년으로 발간되었고, 매년 자료는 전년도 말 기준임

까지 500명 미만의 한인들이 거주하던 싱가포르가 2010년대부터
2만 명 이상의 다양한 배경을 가진 한인들이 거주하게 된 변화를
파악하기 위해, 싱가포르 한인 사회의 시기별 구분과 특징, 그리고
한인 사회 변화의 주요 동인을 살펴보고자 한다.

21세기 싱가포르 한인 사회는 한국 기업의 세계화와 글로벌 한
인 이주 그리고 글로벌 도시이자 도시국가인 싱가포르의 발전전략
과 이민정책이 비슷한 시기에 조응하여 한인 사회가 형성되고 변화
하였다.

1960~1990년대 중반:
'순환이주 주재원 사회', 한인 사회의 형성기와 주재원 사회 팽창기

싱가포르의 이주정책은 싱가포르가 말라야 연방으로부터 독립
한 1965년부터 1970년대까지는 외국인 이민정책 자체가 미비한
시기였고, 싱가포르 독립 이전에 정착한 극소수 한인만이 영주권
과 체류 허가를 취득하여 거주하였다. 싱가포르 정부가 물류 중심
지, 아시아태평양 지역 본부 역할을 하는 글로벌 기업의 유치, 금
융중심지정책 등의 발전전략을 통해 경제성장을 추구한 1980년대
와 1990년대의 경우, 한국 기업과 글로벌 기업의 전문직 파견자들
과 그 가족이 편리하게 정주할 수 있는 제도를 갖추었지만, 영주권
과 시민권 부여 등 시민권정책은 투자자 영주권 제도와 국제결혼
배우자에 대한 영주권 제도를 제외하고는 대체로 제한적이었다. 이

러한 이유에서 1960년대에서 1990년대 중반까지는 10년 이상 싱가포르에 거주하면서 자영업과 사업을 하는 한인은 싱가포르 영주권이나 시민권 소지 여부와 관계없이 '교포'로 간주되곤 했다(한경구 1996). 싱가포르의 산업정책과 지역적·글로벌 생산체계와도 관련성이 있다. 예를 들어, 선박 수리업의 경우 싱가포르에서 페리로 40분 정도 거리인 인도네시아 바탐에 주 사업장을 두고, 목재업의 경우 목재의 벌목과 1차 가공은 인도네시아와 말레이시아에 주 사업장을 두고, 국제적 판매와 유통은 싱가포르 사무실에서 하는 방식으로 운영하는 한인 관련 사업체도 많았다.

1960년대와 1970년대 시기 동안은 한국 기관과 기업 주재원 이외의 이주 흐름이 미미하여 한인 이주의 실질적 '공백기'가 상당 기간 존재했다. 해외여행 자유화 조치가 시행된 1980년대 중반까지는 한국 사회에서 일반인의 경우 해외에 나가는 것 자체가 어려웠다. 동시에 싱가포르는 엄격한 국경 통제와 이주 관리가 이루어지고 있었다는 점을 상기할 필요가 있다. 따라서 해외여행 자유화가 이루어진 시기 이후 한국인 방문객은 늘어날 수 있었지만, 무비자 체류 기간 이상으로 싱가포르에 체류하는 것은 직장 생활이나 사업을 할 수 있는 합법적 이주 허가 체류자만 가능했다. 따라서 1990년대 중반까지는 한국 기업 주재원 한인이 그 규모와 한인 사회 내의 영향력 측면 모두에서 주류를 차지하고 있었다.

그 존재가 잘 알려지지 않았지만, 이 시기에 싱가포르에 건너온 주요 구성원 집단 중에서 1980년대 한국의 인력송출을 통해 싱가

포르의 글로벌 전자회사 공장에서 근무한 한인 여성 이주노동자들
도 존재한다.[3] 그중 일부는 주로 싱가포르인 남성 배우자와 국제결
혼을 한 후 정착한 것으로 추정된다.

'순환이주 주재원 사회' 유형의 한인 사회는 1990년대 중반까지
의 싱가포르 이민정책과 싱가포르 거주 한인의 특징에 근거한다.
당시까지 싱가포르 영주권이나 시민권을 취득할 수 있는 한인은 드
물었고, 한인 주재원이 다수를 이루고 있었다. 대다수가 한국계 대
기업이나 공공기관에서 3년 내외의 기간 동안 파견되고 이후 한국
이나 다른 국가로 다시 발령을 받는 주재원 근무자와 그 가족으
로 구성되어있었다. 재외한인과 관련한 자료가 최초로 집계 발간된
1968년부터 1991년 사이 싱가포르에 거주하는 한인은 전체 30명
수준에서 2,807명으로 증가하였지만, 영주권자의 경우 다섯 명에
서 33명으로 30명 내외 수준을 20년 이상 유지하였다(〈표 2〉 참고).
1990년을 기점으로 파악한다면 싱가포르의 한인 중 단지 1.3퍼센
트 정도만이 영주권을 보유하고 있었다(외교부 1990). 기업 주재원의
경우 대개 몇 년 단위로 후임자가 교체되기 때문에 현지인과는 제
한적인 사회관계를 유지하지만 다른 한인 사회 구성원과 인맥, 학
맥, 업무 연관성 등으로 강한 연계관계를 유지한다. 또한, 파견된 업
무 중심으로 일과 삶을 영위하기 때문에 현지인과는 얕은 수준의

---

3 1980년대 일부 연도에는 한국 기업이 수주한 싱가포르 내 건설 현장에 한인 노동자가 수천 명 규모로 유
  입되었으나, 대부분 남성으로 이루어진 건설 노동자는 계약 기간 종료와 더불어 귀국했다.

관계를 유지하게 된다. 현재에도 상당수의 한국 대기업들이 주재원을 3~5년 단위로 파견하고 있고, 이들이 싱가포르 한인의 주요 구성원 중 하나라는 점은 여전히 적실하다.

1990년대 후반~2000년대: 이주 한인 다양화·분화기

1990년대 후반부터 2000년대 후반까지 약 10여 년간은 싱가포르 한인 사회가 팽창하고 구성원 면에서 다양화가 이루어진 시기이다. 이전 시기까지 '순환이주 주재원 사회' 유형 시기였다면, 이 시기에는 조기유학 가족과 유학생 등 교육 이주자 등 새로운 유형의 이주자가 급격하게 유입된 시기이고, 순환 근무를 연장하면서 장기간 근무해온 주재원 중 사업과 현지 기업 근무를 통해 정착을 시도하는 한인이 두드러지게 늘어난 시기이기도 하다. 아울러 글로벌 기업과 싱가포르 기업에서 전문직으로 일하는 한인들도 상당한 규모로 유입되었다.

한인 사회의 규모 확대는 싱가포르 정부가 비슷한 시기 추진한 이주·이민정책과 발전전략의 전환, 그리고 새로운 기회 구조와 서로 맞물려 가능하였다. 1990년대 중반까지 외국인에 대한 영주권 부여는 투자이민제도가 대표적이었으며, 이는 상당한 자산가가 아니면 시도하기 어려웠다. 1994년 기준으로는 100만 싱가포르 달러를 투자하는 등 싱가포르 경제발전에 기여가 가능하다고 인정되는 고학력 전문직을 심사 후 한정적으로 인정한 바 있다(한경구 1996:

116).[4] 한인들이 전문인력 비자 소지자와 영주권자가 될 수 있게 한 제도적 변화는 1997년 외국인재유치정책 도입으로 시작되었다(김지훈 2006; Ng 2010). 외국인재유치정책의 일환으로 고학력 전문직 외국인과 싱가포르에서 중고등학교를 마치거나 대학(원)에 진학한 외국인에 대해 적극적으로 영주권을 부여했는데, 이는 한인들이 영주권을 획득할 실질적 기회와 제도를 제공하였다. 1995년 한인 싱가포르 영주권자는 181명에 불과했는데, 1999년 358명으로 두 배가량 증가하고, 2000년대 들어 해마다 150명 정도씩 꾸준히 증가하여 2011년에는 2,000명 수준에 근접하였다. 이 정책은 2013년 무렵 변화를 맞게 되는데(임시연 2016; Yeoh and Lam 2016), 이 시기 동안 주요 구성원 집단의 변화와 특징을 자세히 살펴보자.

2000년대 이후 싱가포르 한인 사회에서 가장 중요한 변화는 글로벌 기업에서 일하는 한인들의 증가다. 이들은 한국에서 싱가포르에 직접 오는 경우도 있지만, 이주 경로에 있어서 초중고등학교부터 학부와 대학원 기간 중 상당 기간을 영어권 국가에서 공부하고 생활한 후 싱가포르에 진출한 경우가 많아서 영어와 서구 문화에도 상대적으로 익숙하다. 아울러 미국, 캐나다, 호주, 뉴질랜드 등의 국가에서 성장한 이민 1.5세대와 2세대 한인들이 싱가포르 소재의 글로벌 기업으로 일하러 오는 경우도 적지 않다.

---

4   2019년 현재 투자자 영주권 취득을 위해서는 250만 싱가포르 달러 이상을 기업에 투자하거나 싱가포르 정부가 승인한 펀드에 투자하여야 한다.

주재원 출신 정착자 증가는 한국 사회 변동과 관련이 깊다. 1997년 아시아 경제위기에 이어 기업 구조조정과 고용 유연화 등 한국 사회의 변동은 현대 한국 사회에 매우 충격적인 영향을 끼친 분수령과 같은 시기이고, 이러한 파고는 싱가포르 한인 사회에도 영향을 미쳤다. 대기업 집단의 해체, 대다수 기업의 구조조정은 해외에 진출한 주재원들에게도 큰 영향을 미쳤고, 수재원 출신 상당수는 사업과 이직을 통해 정착을 시도했다. 현재 싱가포르에서 사업과 자영업을 영위하는 상당수의 한인이 주요 대기업 주재원 출신으로 싱가포르에서 근무한 경험을 살려 1990년대 후반과 2000년대에 사업을 시작한 한인들이다. 일례로 2017년 현재 삼성 주재원 출신 'OB' 모임은 약 300명 정도 된다고 한다. 싱가포르에 건설업, 무역업, 선박·해운업, 석유화학업 등 주재원을 다수 파견한 현대, 쌍용, SK, LG, 대우 등 다른 재벌기업집단 주재원 출신들도 상당 규모가 될 것으로 추정한다. 1997년 이전의 주재원 수를 넘는 규모의 주재원 출신 한인이 거주하는 것이다.

2000년대 싱가포르 한인 사회의 주요 변화 중 조기유학 가족을 포함한 교육 이주자의 등장을 빼놓을 수 없다. 영어와 중국어를 동시에 배울 수 있는 학업 환경, 이 시기 공립학교의 경우 매우 저렴한 학비, 그리고 당시 한국 사회의 조기유학 열풍으로 인해 싱가포르는 한국인 조기유학 대상지로 각광받았다(김지훈 2007, 2010, 2014; Kim 2010, 2015; Okazaki & Kim 2018; Park & Bae 2009). 싱가포르의 조기유학생 규모는 정확히 산출하기는 어렵지만, 가장 고점이었던 2008년 기준으로 초중고 재학생만 최소 2,000~3,000명 수준은 될 것으로 추정된다.[5] 2006~2007년 동안 조기유학 가족이 한인 사회의 가장 큰 쟁점 중 하나로 부상하였고, 싱가포르 대사관에서 당시 국제학교를 대상으로 수집한 자료는 한국인 학생이 주요 학교당 100명을 초과하는 경우가 많았다(Kim 2010). 그러나 2000년대 후반부터 싱가포르의 부동산 가격과 렌트비 상승에 따른 급격한 생활비 증가와 2010년대 초반부터 가시화된 공립학교 입학의 어려움과 학비 인상 등으로 인해 공립학교 재학생들의 경우 학업 종료 기간까지만 머물 뿐 신규 진입자들은 드물다. 2010년대에 들어서는 싱가포르 소재 국제학교와 사립학교에 다니고자 하는 부유층 가족만이 일부 유입되고 있는 것으로 보인다.

한류와 한인 경제의 성장은 2000년대와 2010년대에 걸친 주요 특징이면서 한인들의 영주화의 촉매제로 작용하였다. 싱가포르를 포함한 동남아 지역에서의 한류 열풍은 이주 한인에게 호의적인 기회 구조와 수용 맥락contexts of reception을 제공하였다(Heisler 2008). 실제로 싱가포르의 한류에 관한 조사를 살펴보면, 싱가포르인이 한국에 대해 가지고 있는 이미지는 전체적으로 긍정적이며, 특히 소득수준이 높고 연령대가 낮을수록 한국을 긍정적으로 인식하는 경향이 있다(심두보 2010: 314). 싱가포르에서 한류는 문화적 현상에

---

5   상당 기간 동안 한국 정부 자료는 개별 국가가 아니라 동남아 범주로만 수집되었고, 이 수치는 싱가포르, 말레이시아, 필리핀을 포함한다(Kim 2010; 홍석준·성정현 2009). 싱가포르 정부의 경우 이민·이주와 관련한 국가별 자료는 비공개 원칙을 고수하고 있기 때문에 추정치만 가능하다.

만 그친 것이 아니라, 한인의 현지 정착을 위한 사업 기회로도 작동하였다.

한식당의 증가는 현지 거주 한인들과 관광객, 출장자 등 한인 사회와 한인 방문자를 주요 고객으로 하는 한인 민족경제ethnic economy에 의존한 것이 아니라는 점과 싱가포르 상가 임대료가 비싸다는 맥락은 한인타운과 한인 민족경제 확대에 구조적 제약으로 작용하고 있다는 점을 주지할 필요가 있다. 현재 한인타운은 1980년대 중반부터 2000년대 초반까지 10여 개 미만의 한국 식당이 중앙업무지역CBD과 탄종파가Tanjong Pagar 지역을 비롯한 시내 중심가 지역에 산포되었던 과거와는 다른 양상을 보인다. 2017년 현재 약 300개의 한식당이 싱가포르 정부에 등록되어있으며, 그중 200개 정도가 한인들이 직접 운영하고 있는 것으로 파악된다. 2000년대 후반 이후부터는 한식당, 한국 마트, 한국 미장원 등 한국 관련 업체가 싱가포르의 주요 호텔, 쇼핑센터, 관광지역 및 업무지역 대부분에 포진되어있다. 근래에는 새로운 쇼핑몰 계획 단계에서부터 한식당 입점이 결정된다. 탄종파가 지역의 경우 40~50개의 한식당과 주점이 밀집되어있고, 대표적인 한인 거주지역 중 하나인 부킷 티마Bukit Timah 지역 소재의 쇼핑몰에는 20여 개의 한식당, 학원 등 한인 편의시설이 밀집되어있다.

싱가포르의 상가와 토지는 가격이 비쌀 뿐만 아니라 외국인, 영주권자, 시민권자 등 체류 신분에 따라 구매 자격에 제한되거나 취득세율이 차등적으로 적용된다. 도시국가로서 개발 가능한 토지가

제한적일 뿐만 아니라 도시 개발은 정부의 강력한 관리하에 이뤄
지고 있어 한인 상가가 밀집된 한인타운을 형성하는 것이 어려운
환경임에도 불구하고 소규모의 한인타운이 기존 상업지역인 싱가
포르 중심가 중 한 곳과 한인 밀집 거주지역 인근에 형성되었다. 다
시 말해, 한인 민족경제의 규모는 크지 않고 싱가포르인 고객이 중
심이 되었지만, 그 규모는 2000년대와 2010년대 들어 가시적으로
성장했다.

2010년대~현재: 이주의 다양화와 글로벌 이민 사회기

외국인에 대한 지나친 우대가 싱가포르인을 역차별한다는 사회적
불만이 총선에서 집권당인 인민행동당People's Action Party에 대한 역대
가장 낮은 지지율로 나타남에 따라 보다 선별적인 영주권 및 시민
권 부여 정책으로 선회한 싱가포르 정부의 이민정책(Yeoh and Lam
2016)은 싱가포르 한인 사회에 중요한 변화를 가져다준 것으로 보
인다. 2010년대 초중반 변화한 이민정책은 적극적인 유치정책에
서 벗어나 싱가포르 정부의 재량권을 활용하여, 이전 시기보다 더
까다롭게 고용비자Employment Pass, 이하 EP, 영주권Permanent Residence, 이하 PR
과 시민권을 부여하고, 공립학교의 학비, 부동산 취득세율 등 대우
에 있어서 거주 자격별로 차등을 크게 하고 있다. 이전 시기에는 별
어려움이 없이 EP를 발급받을 수 있었던 소득자의 경우에도 EP가
아니라 S Pass(소득 및 직업에 있어서 고학력 고소득자인 EP와 저소득 노동

이주를 위한 노동허가Work Permit, 이하 WP로 나누었으나 그 사이에 해당하는 고용자격 비자로 신설됨)를 발급받게 되고 이전 시기에는 별 어려움 없이 PR을 받을 수 있었던 EP 보유자들의 영주권 취득이 어렵게 되었다. 매우 흥미롭게도, 이러한 정책 변화에 따라 싱가포르 장기거주 한인들은 보다 더 적극적으로 영주권과 시민권을 취득하는 방식으로 대응하고 있다는 점이다.

2010년대의 주요 변화 중 하나는 비非한국계 글로벌 기업에서 일하는 한인의 규모가 한국계 기업 파견 주재원 규모 이상이라는 점이다. 싱가포르 정부는 적극적인 지원을 통해 글로벌 기업을 유치해오고 있으며, 이는 싱가포르 경제와 발전전략의 주요 근간 중 하나이다. 따라서 글로벌 기업 종사 한인은 앞으로도 싱가포르 한인 사회의 주요 구성원 집단으로 유지될 것으로 보이는데, 지난 10여 년 사이 글로벌 기업에서 일하는 한인의 규모와 이주 배경은 변화하고 있다.

글로벌 기업 한국 지사에서 파견된 주재원들은 대부분이 한국 출신 한인이지만, 글로벌 기업 본사 파견 주재원의 경우 영어권 국가 출신 한인 2세나 해외 대학에서 학위를 딴 후 채용된 한인 등 글로벌 이주 경험을 갖춘 한인들이 다수이다. 현지 채용 인력의 경우 급여와 혜택 등에 있어서 다양한 스펙트럼이 있다. 특히, 한국 소재 글로벌 기업에 근무하는 여성 중에서 본인 주도의 해외 커리어와 자녀 교육을 동시에 추구하기 위해 싱가포르 근무를 지원하는 경우도 많다. 글로벌 기업 종사자의 경우 재직 중 싱가포르 영주권을 적극적으로 지원한 영주이민 한인이 한 축을 차지하고 있다.

다양한 업종의 글로벌 기업 중에서도 금융, IT, 바이오 등 지식기반산업 중심으로 상당한 규모의 한인이 일하고 있다. 특히 금융업종의 경우 리먼 브라더스Lehman Brothers 파산으로 촉발된 글로벌 금융위기 시기인 2008년 이전에 비해 싱가포르의 글로벌 위상이 격상되어 한인 종사자 규모가 역시 주목할 만큼 커지고 있다. 금융, 외환, 채권, 선물 시장 등 싱가포르의 핵심 업종 중 하나인 금융업계의 글로벌 기업에 종사하는 한인 규모도 작지 않다. 2017년 현지 조사를 통해 필자가 추산하기에는 한국계 금융기업 주재원을 제외하고 글로벌 금융기업에만 500명 이상이 종사하고 있는 것으로 보인다.

2010년대 싱가포르 한인 사회에 새로 등장하거나 주목할 정도의 규모로 성장한 주요 구성원이 된 이주 집단으로 서비스업종의 청년 이주자, 유학생 그리고 싱가포르 조기유학 경험 청년층을 주목할 필요가 있다.

또 다른 중요한 변화 중 하나는 신규 유입되는 청년층 이주자의 양극화이다. 전 시기까지는 저임금 노동 인력 해당국에 한국이 포함되지 않았으나, 2013년부터 호텔서비스업 종사자의 WP 발급 대상 국가에 한국이 포함되었다. 청년층 이주자의 양극화는 싱가포르 한인 사회의 현재와 미래를 조망할 수 있는 핵심적인 특징이기 때문에 자세하게 다루어질 필요가 있다.

서비스업종의 청년 이주자는 대개 WP 소지자로 호텔과 고급 레스토랑에서 근무하는 20대 청년 한인들이다. 정확한 수는 알 수 없지만, 현지 전문가들의 의견을 토대로 추산하면 2015~2019년 사이 연인원 기준으로 3,000명 내외로 파악된다.[6] 서비스직 청년 이주자들은 2000년대 중후반 조기유학 가족의 대규모 유입에 버금가는 규모의 한인 사회 구성원 집단이 된 것으로 보인다. 싱가포르 대부분의 호텔, 호텔 내부 식당과 라운지에서 한인 청년들이 일하는 것을 쉽게 볼 수 있을 정도로 많기 때문이다. 본 연구에 참여한 청년들에 따르면, 대개 주당 5~6일, 하루에 10시간에서 12시간 정도 일하고, 1~2년 차의 경우 추가 근무 수당을 포함하여 1,400~1,600싱가포르달러 수준의 급여를 받고 있다. 싱가포르의 높은 월세와 생활 물가 수준을 고려하면 열악한 수준의 근로 조건으로 일하고 있음을 알 수 있다.

여느 다른 동남아 국가 한인 사회에 비해 두드러진 한인 구성원 집단이 유학생인데, 유학생 역시 주요 구성원으로 자리 잡았지만, 연령대와 구성은 변화했다. 2000년대 기간 초중고 과정의 조기유학생이 유학생의 내부분을 차지하였다면, 2010년대부터는 조기유학생은 급감하고 학부와 대학원 유학생이 많아졌다. 유학생의 경우 싱가포르국립대학교National University of Singapore, 난양이공대학교Nanyang Technological University, 싱가포르 경영대학교Singapore Management University 등

---

6 2020년 초부터 전 세계를 강타한 코로나19 팬데믹은 특히 호텔업을 포함한 관광업계에 직격탄을 날렸다. 이에 따라 관광업에 종사하는 싱가포르의 청년 이주자는 수입 감소와 실직 등으로 큰 경제적, 직업적 타격을 입은 것으로 보인다. 따라서 코로나와 청년 이주에 대한 후속 연구가 필요한 것으로 보인다.

주요 국립대학에 재학하고 있는 학생들이 각 대학에 100명 이상 규모로 존재하고 있을 뿐만 아니라, 해외 대학의 원격학위 과정 수업을 운영하는 사립교육기관Private Educational Institute, PEI[7]에 편입하거나 진학하는 경우도 포함한다. 싱가포르 소재 학위 과정에 재학하고 있는 학생 수는 500~1,000명 내외 규모로 추산된다.

필자가 최근 현지조사를 통해 파악한 새로운 한인 이주자 집단은 조기유학생 출신 청년층이다. 2000년대 후반과 2010년대 초반 무렵, 조기유학생 본인들이 싱가포르 공립 초중고를 상당 기간 거친 후 공립 고등학교에 재학, 졸업하거나 싱가포르의 대학으로 진학한 경우 싱가포르 정부에서 선별적으로 영주권 신청 기회를 제공하였고, 이들 중 상당수는 이때 영주권을 취득하여 싱가포르 한인 영주권자 증가에 있어 중요한 한 축을 차지하고 있다. 이들은 이민 2세대 청년층, 최근 청년 이주자와 더불어 한인 청년층의 중요한 구성원이다. 2000년대 기간 동안 단신 조기유학생이나 어머니 동반 유학생은 주재원 규모에 버금가는 주요 구성원이었음을 고려하면, 2020년 현재 20대와 30대 초반 한인의 경우 영주권자의 대다수는 주재원 출신을 포함하여 현지에서 사업과 자영업을 하면서 영주권을 취득한 중장년층과 그 자녀 세대, 국제결혼 한인, 그리고 2000년대 조기유학 온 청소년 중 싱가포르에서 중고등학교와 대학

---

7 PEI는 캠퍼스를 갖춘 대학이 아니라 영국, 미국, 호주 등 해외 대학의 원격학위 취득에 필요한 수업을 제공하는데, 대부분 상가나 오피스 건물 일부에서 운영되며 대학보다는 학원에 더 가깝다.

과정을 이수한 후 현지에서 취업한 청년층, 글로벌 기업에 근무하면서 영주권을 취득한 고학력 전문직 한인 등 네 집단이 중요한 구성원 집단으로 다수를 이룬다.

4. 맺음말: 싱가포르 한인 사회의 쟁점과 미래

싱가포르 한인 사회의 형성과 변화 그리고 공동체 수준의 한인 사회의 특징과 인식에 대해 살펴보았다. 싱가포르 한인 사회는 반세기 동안 양적 팽창과 세부 구성원 집단의 변화를 동시에 경험했다. 본 연구는 싱가포르 한인 사회의 변화를 세부적으로 살펴보자면 네 시기로 구분하는 것이 유용하며, 전시기적으로 볼 때 싱가포르 한인 사회는 '순환이주 주재원 사회' 유형에서 '글로벌 이민 한인 사회' 유형으로 변화하고 있음을 제시하였다. '순환이주 주재원 사회' 유형의 한인 사회는 싱가포르의 산업화와 세계화 그리고 한국 기업의 세계화에 따라 글로벌 도시국가 싱가포르와 동남아에 진출한 한국 기업과 한인의 증가에 따라 한국 기업 주재원과 그 가족이 한인 사회 주류가 되면서 형성되었다. 기업 주재원과 그 가족이 현재에도 주요 구성원 중 하나이나, 필자는 싱가포르 한인 사회가 '글로벌 이민 한인 사회' 유형으로 전환되었다고 본다. 순환이주 주재원 집단 외에도 다양한 다른 국가에서 이주 이력이 있는 글로벌 한인 1.5세대, 2세대와 서구 국가 거주 경험을 한 한국인이 글로벌 기업 전문직으로 이주해오고, 싱가포르에서 장기거주한 한인과 싱가포르에서 초중고와 대학을 다니며 성장한 청년층이 싱가포르 영주권과 시민권을 취득하여 정착하고 있다는 점이 2000년대 후반과 2010년대를 포함한 현재까지의 주된 특징이다.

싱가포르 정부가 1997년 이후 추진한 외국인재유치정책을 포함한 이민정책과 2000년대와 2010년대 추진한 혁신경제기반 글로벌 도시 발전정책은 전문직 이주, 교육 이주 그리고 장기거주 한인의 영주화가 가능한 제도적 기반을 마련하였다. 한국 사회의 조기유학 붐, 한국과 서구 출신의 고학력 한인 전문직의 글로벌 기업 진출, 한국 대기업 주재원 출신의 현지 사업과 취업을 통한 영주화는 싱가포르 한인 사회 규모를 확대시키고 다양화하게 했다.

싱가포르 사회와 싱가포르 한인 사회 공동체에 대해 '조용하고 치열한 사회'라는 공유된 인식이 존재한다. 직업, 소득, 연령, 젠더, 이주 이력, 기타 사회인구학적 배경 면에서 다양한 한인 구성원이 공통적으로 이 같은 인식을 공유하는 점은 흥미롭다. 이러한 공유된 인식뿐만 아니라, 다양한 한인 사회 구성원 세부집단별로 집단 간 교류가 최소화되며 분절화되고 있다는 관찰과 경험 역시 주목할만하다. 이러한 경험은 글로벌 도시의 노동시장 구조와 글로벌 기업의 고용 맥락하에서 한국계 대기업, 글로벌 기업, 싱가포르 기업에서 일하는 한인, 교육 이주 가족, 유학생, 국제결혼 한인 등 한인 사회 주요 구성원 집단을 포괄하는 싱가포르 한인의 인구 구조적 특성을 고려하여 설명할 필요가 있다. 생애 첫 직장 경험 혹은 첫 글로벌 기업 경험을 하는 청년층 그리고 아동기와 학령기 자녀를 둔 중장년층 한인은 생애 단계별로 핵심적인 커리어 과업과 가족 과업에 몰입할 필요가 크다는 점은 공동체 수준에서는 얇고 좁은 선택적 도구적 교류를 실천하는 주요 이유로 해석할 수 있다.

고학력 전문직에 매우 호의적이었던 싱가포르 이민정책이 싱가포르 내부 정치적 이유에서 2013년 전후 재검토된 점(Yeoh and Lam 2016; 임시연 2016)은 한인 사회에 역설적인 영향을 미치고 있는 것으로 보인다. 싱가포르인 중심 혹은 반(反)이민 정책으로의 부분적 전환이 이미 영주권을 취득한 한인들이 싱가포르 시민권을 신청하는 경향이나 EP 소지자 중 영주권을 신청하는 싱가포르로 뿌리를 더욱 깊이 내리는 경향이 뚜렷해지고 있다. 특히 싱가포르 영주권을 소유한 한인 2세대 남성 자녀는 싱가포르의 병역 의무를 이행하여야 하며, 싱가포르 병역을 이행한 한인 남성들도 한국 시민권을 유지한다면 한국에서의 병역 의무 역시 이행하여야 하는 등 '경직된 시민권 체제'를 유지하고 있는 한국-싱가포르 간의 이주 맥락, 즉 '유연한 시민권'(Ong 1999) 제약을 받는 이주체제 아래에서 이민 사회화가 이루어지고 있다. 이는 '이주의 시대'로 상징되는 현재의 세계 사회에서 글로벌 시민권 이론에 대한 함의가 적지 않고, 싱가포르 한인 사회의 미래를 조망하는 데도 핵심적 이슈 중 하나로 향후 추가적인 연구가 필요하며, 다른 지역 혹은 국가와의 비교연구의 가치도 큰 영역이라 생각한다.

청년 이주자를 포함한 싱가포르 한인 청년세대와 60대 이상 한

인 노년세대 역시 싱가포르 한인 사회의 재생산을 위해 두 축을 이
룬다는 점에서 한인 사회의 미래를 조망하는 데 핵심적인 연구대상
으로 주목할 필요가 크다. 싱가포르 한인 사회의 주요 구성원으로
가시화되고 있는 청년세대와 노년세대 한인은 아직 미완의 연구 영
역으로 향후 후속 연구가 필요하다.

김지훈. 2006. "싱가포르의 외국인재 유치정책(Foreign Talent Scheme)." 『동아시아 브리프』 1(4): 50-57.

_____. 2007. "급증하는 싱가포르 조기유학." 동아시아의 오늘과 내일 특집기획 35회. 『경향신문』. 10월 27일.

_____. 2010. "싱가포르의 교육 산업화와 교육 이주." 『동아시아 브리프』 5(4): 46-51.

_____. 2011. "체류자 아내/어머니로 살아가기: 싱가포르 거주 한국인 기혼 직장 여성의 일과 가족 양립 문제에 대한 탐색적 연구." 『동남아시아연구』 21(1): 217-246.

_____. 2014. "초국적 이주로서의 조기유학: 싱가포르의 한국인 조기 유학생 추적 조사를 통한 이동성(mobility) 유형화." 『동남아시아연구』 24(2): 207-251.

_____. 2017. "글로벌 이민 추세와 한국의 선택." 코리아컨센서스연구원(편). 『코리아 컨센서스: 민주주의와 평화』: 170-181.

_____. 2019. "글로벌 도시국가 싱가포르 한인사회:순환이주 주재원 사회에서 글로벌이민 한인사회로." 『동남아시아연구』 29(4): 223-266.

심두보. 2010. "싱가포르의 한국에 대한 인식." 한국동남아연구소(편). 『동남아의 한국에 대한 인식』. 서울: 명인문화사: 313-349.

싱가포르 한인회. 2013. 『싱가포르 한인 50년사』. 서울: 이지출판.

외교(통상)부. 1968~1990. 『재외동포현황』.

_____. 1991~1997. 『재외동포현황』.

_____. 1999~2019. 『재외동포현황』.

윤인진. 2014. 『코리안 디아스포라 : 재외한인의 이주, 적응, 정체성』. 서울: 고려대학교출판부.

이승은. 2014. "글로벌 도시국가 싱가포르의 한인사회 : '이주'와 '정착'의 역사 및 전망." 『한중미래연구』 2: 135-165.

임시연. 2016. "싱가포르 외국인 고급인력의 코스모폴리탄 정체성과 시민권 연구." 서울대학교 박사학위논문.

채수홍. 2017. "하노이 한인사회의 형성, 분화, 그리고 미래." 『한국문화인류학』 50(3): 125-174.

한경구. 1996. 『세계의 한민족: 아시아·태평양』. 서울: 통일원.

홍석준·성정현. 2009. "조기유학 대상지로 동남아시아를 선택하는 한국인 부모들의 동기 및 사회문화적 배경에 대한 연구." 『사회과학연구』 20(4): 239-262.

황인원·김형종·김지훈. 2012. "말레이시아와 싱가포르의 고등교육정책 변화의 정치경제적 함의." 『동남아시아연구』 22(3): 123-167.

Cohen, Erik. 1977. "Expatriate Communities." *Current Sociology* 24(3): 5-133.

Heisler, Barbara S. 2008. "The Sociology of Immigration: From Assimilation to Segmented Assimilation, from the American Experience to the Global Arena." C. Brettell and J. Hollifield (eds.). *Migration theory: Talking across disciplines.* New York and London: Routledge: 83-111.

HSBC. 2016. *Expat Explorer: Achieving Ambitions Abroad.* London: HSBC Holdings Plc.

Kim, Jeehun. 2009. "Managing Intergenerational Family Obligations in a Transnational Context: Korean Professional and Educational Migrant Families in Singapore." Doctoral Thesis, Oxford University.

_____. 2010. "'Downed' and Stuck in Singapore: Lower/Middle Class

South Korean Wild Geese (Kirogi) Children in Public School." *Research in Sociology of Education* 17: 271–311.

—————. 2012. "Remitting 'filial co-habitation': 'Actual' and 'virtual' co-residence between Korean professional migrant adult children couples in Singapore and their elderly parents." *Ageing and Society* 32(8): 1337–1359.

—————. 2015. "The "Other Half" Goes Abroad: The Perils of Public Schooling in Singapore." A. Lo, N. Abelmann, S. Kwon, and S. Okazaki (eds.). *South Korea's Education Exodus: The Life and Times of Early Study Abroad.* Seattle: University of Washington Press: 103–122.

—————. 2016. "A Case Study on Work Experience of Professional Koreans in Singapore." *The Southeast Asian Review* 26(3): 1–45.

Min, Pyong Gap. 1990. "Problems of Korean Immigrant Entrepreneurs." *International Migration Review* 24(3): 436–455.

—————. 2001. "Korean Immigrants and the Challenge of Adjustment." *Contemporary Sociology* 30(4): 377–379.

Ng, P. T. 2010. "Singapore's Response to the Global War for Talent: Politics and Education." *International Journal of Educational Development* 31(3): 262–268.

Okazaki, Sumie and Kim, Jeehun. 2018. "Going the Distance: Transnational Educational Migrant Families in Korea." in De Guzman, M., Brown, J. and Edwards, C. *Parenting from Afar.* New York: Oxford University Press: 321–338.

Olds, Kris. 2007. "Global Assemblage: Singapore, Foreign Universities, and the Construction of a 'Global Education Hub'." *World Development* 35(6): 959–975.

Ong, Aihwa. 1999. *Flexible Citizenship: The Cultrual Logics of Transnationality.* London: Duke University Press.

Sassen, Saskia. 1991. *The Global City: New York, London, Tokyo.* Princeton, NJ: Princeton University Press.

Semple, Kirk and Jiha Ham. 2015. "Venerable Korean American Group in New York Descends Into Chaos." *The New York Times.* May 25. https://www.

nytimes.com/2015/05/26/ nyregion/with-dispute-venerable-korean-american-association-descends-into-mayhem.html

Thomas, William I. and Znaniecki, Florian. 1918~1920. *The Polish Peasant in Europe and America*. Boston: Richard G. Badger.

Yeoh, Brenda. S. A. 2006. "Bifurcated labour: The unequal incorporation of transmigrants in Singapore." *Tijdschrift voor Economische en Sociale Geografie* 97(1): 26-37.

Yeoh, Brenda. S. A and Theodora Lam. 2016. "Immigration and Its (Dis) Contents: The Challenges of Highly Skilled Migration in Globalizing Singapore." *American Behavioral Scientist* 60(5-6): 637-658.

2장

말레이시아

'MM2H'를 통해 본 '빗장 공동체'로서의 한인 사회[1]

홍석순

1. 머리말

한국인의 말레이시아로의 은퇴이주와 말레이시아 이주정책

최근 한국 사회에서는 고령화 사회가 급속도로 진행되면서 은퇴를 앞두고 있는 한국인들 중 평화롭고 안락한 노후를 동남아시

---

[1] 이 글은 동남아시아 한인과 한인 사회 연구팀이 속한 (사)한국동남아연구소가 재외한인학회, 서울대 사회과학연구원 신흥지역연구사업단과 공동으로 주최한 2019년 한국학진흥사업단 해외한인연구사업 학술대회(주제: 동남아 한인 사회 모자이크-정체성과 이주정책을 중심으로, 일시: 2019년 5월 31일 (금) 13:00~18:00, 장소: 서울대학교 신양학술정보관 III 16-1동 406호)에서 발표용 초고로 작성한 것을 이후 대폭 수정, 보완한 것이다.

아 지역에서 보내기 위해 '은퇴이주'[2]를 고려하는 경향이 나타나고 있다. 현재 말레이시아와 필리핀, 태국을 위시로 한 동남아시아로의 한국인 은퇴이주자들의 숫자는 날로 증가하는 추세에 있다. 이에 이 글에서는 은퇴자들이 이민을 고려하는 국가 중 하나인 말레이시아의 이민정책의 특징과 의미를 'MM2H', 즉 '말레이시아 마이 세컨드 홈Malaysia My 2nd Home, 이하 MM2H' 프로그램을 중심으로 고찰함으로써 말레이시아의 이민정책과 한국인 은퇴이주자들의 만남이 사회문화적 맥락에서 어떠한 의미를 지니는지를 밝혀보고자 한다.

2000년대 이후 말레이시아는 한국의 명예퇴직 또는 은퇴자들의 주종을 이루는 50대와 60대에 속하는 한국 사람들이 가장 선호하는 은퇴이주 대상국으로 부각되었으며 이러한 추세는 2010년 이후 더욱 가속화되고 있다.

말레이시아는 이슬람을 신봉하는 말레이인을 비롯하여 화인과 인도계, 사라왁의 이반족Iban, 사바의 까다잔족Kadazan, 그리고 오랑아슬리orang asli라 불리는 원주민 등 문화적 다양성과 종족적 복합성을 지닌 다양한 종족들이 살아가고 있는, 소위 '다문화사회 multicultural society'이며, 이 역사와 전통을 오랫동안 보유해온 국가이

---

2 이 글에서는 '은퇴이민'이라는 용어 대신 '이주'라는 개념을 사용하여 국제이주의 한 유형으로 '은퇴이주'라는 용어를 사용하기로 한다. 이는 동남아시아 은퇴이주자들이 대부분 국적의 변화를 통한 영구적인 의미의 이주, 즉 '이민'보다는 장기체류를 위한 '이주'의 측면이 강하다고 보기 때문이다(김동엽 2009: 240 참조).

기 때문에 한국인 은퇴이주자들을 포함한 외국인에 대한 혐오감이나 거부감, 또는 경계심이 상대적으로 적은 나라로 알려져 있다(임은진 2016 참조). 이런 이유로 말레이시아는 외국인들이 선호하는 은퇴이주 대상 국가에서 수위를 차지하고 있다.

또한, 말레이시아의 상대적으로 높은 경제 수준과 안정된 물가, 안전성이 보장된 치안 상태, 공용어로서 영어 사용 가능, 그리고 다문화multiculture, 다종족multiethnicity, 다종교multireligion 등의 다양하고 복합적인 문화적 특성이 비교적 저렴한 가격으로 노후 생활을 안락하고 편안하게 보내기를 희망하는 한국인들에게 최적지로 인식되고 있기 때문이다.

그러나 은퇴이주가 증가하면서 성공적인 이주로 인식되는 경우도 있지만, 반대로 은퇴이주에 대한 정보를 충분히 준비하지 못한 채 성급하게 말레이시아로 이주를 감행한 사람들이 말레이시아 현지에서 제대로 적응하지 못하고 다시 한국으로 돌아오는, 이른바 '역이주' 또는 '역이민' 현상도 나타나고 있어, 이 역시 간과할 수 없는 엄연한 현실로 다가오고 있다.

이러한 현상은 은퇴이주에 대한 막연한 기대로 정확하고 충분한 정보를 갖고 철저히 준비하지 못한 한계와 또 부정확한 정보를 바탕으로 이주를 결정하는 데서 비롯된 것이다. 이런 문제점은 기대에 미치지 못하여 다시 돌아오면 되는 단순한 결정의 문제가 아니라 노후의 인생 설계를 재설계해야 하는 과제에 직면하게 된다는 점에서 심각한 어려움을 초래할 수 있다.

따라서 이 글에서는 말레이시아 이주정책의 문화적 특징과 그 의미를 살펴보고, 이를 한국인들의 말레이시아로의 은퇴이주와 연관시켜 사회문화적 맥락에 따라 기술, 분석함으로써 말레이시아 이주정책의 특징과 의미 및 한국인들의 말레이시아로의 은퇴이주의 특징과 의미를 이해하고자 한다. 말레이시아로의 은퇴이주는 특별한 형태의 인간 이동, 또는 인적 교류와 이동이라고 할 수 있다. 그것은 '사회이동과 계급, 그 멜로드라마' 사이의 변증법적 상호작용을 보여주는 좋은 사례라 할 수 있다(에이블만 2014 참조). 이는 한국과 말레이시아를 잇는 중요한 문화 현상으로 자리 잡을 것으로 예측된다.

말레이시아를 대표하는 슬로건은 '진정한 아시아Truly Asia'이다. 말레이시아를 방문한 적이 있는 사람들은 'Malaysia, Truly Asia'라는 문구를 거리와 상점 등지에서 쉽게 발견할 수 있다.

말레이시아가 '진정한 아시아'라는 말은, 말레이시아가 '아시아의 축소판'이라는 뜻이다. 문화적 다양성과 민족적 복합성으로 널리 알려진 아시아 문화의 진수가 말레이시아에 집약되어있다는 말이다. '아시아 문화 모자이크Asian cultural mosaic'는 말레이시아에서 '말레이시아 문화 모자이크Malaysian cultural mosaic'라는 축약어로 구현되어 있다.

'진정한 아시아', 즉, '아시아 문화 모자이크'의 '진정한' 축소판이 바로 오늘날 말레이시아를 대표하는 슬로건으로 자리 잡고 있는 것이다. 이러한 '진정한 아시아, 말레이시아'에서 은퇴 이후 노후 생활을 즐기기 위해 한국인들을 비롯한 수많은 외국인 은퇴이주자들이 말레이시아를 방문하고 있다.

한국인들의 말레이시아 입국 요인으로 조기유학과 부동산 투자와 더불어 최근 각광을 받기 시작한 것이 은퇴이주라고 말할 수 있다. 말레이시아 정부는, 소위 MM2H 프로그램을 통해 안락한 은퇴 생활을 위해 말레이시아를 찾아오라고 대대적으로 홍보해왔다. 외국인 은퇴이주자들을 유치하기 위해 정부가 발 벗고 나선 것이다. 특히 한국인들을 주요 타깃으로 삼고 말레이시아로의 은퇴이주를 희망하는 한국인들의 방문이나 체류를 적극 권장하고 있다. 이는 이 글에서 말레이시아의 이주정책의 특징과 의미를 MM2H를 중심으로 다루고자 한 주요 이유 중 하나이기도 하다.

최근 한국에서도 외국인 은퇴이주자들의 천국으로 불리는 말레이시아로의 은퇴이주 수요가 증가하고 있다. 특히 말레이시아는 50대 한국인들이 가장 선호하는 은퇴이민 대상국이다. 따라서 한국인들의 말레이시아로의 은퇴이주를 위한 정보 제공의 필요성 역시 증대하고 있다. 하지만 한국인들의 말레이시아로의 은퇴이주 수요에 비해 관련 정보는 매우 미흡한 실정이다. 또한 말레이시아 이주정책의 특징과 의미에 대한 정확한 정보는 턱없이 부족하다고 할 수 있다.

이에 이 글은 이러한 수요에 학술적으로 부응하기 위해 한국인들의 말레이시아로의 은퇴이주의 특징과 의미에 대해 고찰하고자 한다. 이를 위해 말레이시아 이주정책의 핵심이라 할 수 있는 MM2H 프로그램의 특징과 의미를 한국인들의 말레이시아로의 은퇴이주라는 사회문화적 맥락 속에서 살펴보고, 이를 통해 한국인들의 말레이시아로의 은퇴이주의 사회문화적 특징과 의미에 대한 이해를 제고하고자 한다.

이 글은 말레이시아의 대표적인 한인타운인 쿠알라룸푸르의 '암빵'과 '몽끼아라' 지역, 조호바루와 말라카, 페낭, 사바주의 꼬따끼나발루 한인 사회의 한국인 은퇴이민자들을 대상으로, 말레이시아로의 한국인 은퇴이민의 특징과 의미를 고찰함으로써 이민과 관련된 한국인들의 말레이시아에서의 생활의 이면을 들여다보고자 한다. 이를 위해 MM2H의 특징과 의미를 그 내용과 실천에 주목하여 고찰하고, 그 이상과 현실을 은퇴이민자와 현지 교민들을 대상으로 한 인터뷰 내용에 대한 기술과 분석을 통해 맥락적으로 파악하고자 한다.

동남아시아의 여러 나라들은 이미 오래전부터 다양한 이주 관련 프로그램을 제공할 것을 표방하면서 외국인 은퇴이주자들을 유치하고자 노력을 경주해왔다(김동엽 2009: 236 참조). 그중에서 말레이시아는 정부 주도로 외국인 은퇴이주자들을 유치하는 데 성공한 나라로 알려져 있다.

한국인들의 말레이시아로의 이주와 말레이시아 이주정책 사이의 상호관계와 한국과 말레이시아 사이의 이주를 통한 인적, 사회문화적 교류와 협력의 특징과 의미를 제대로 이해하기 위해선 비자 문제에 대한 이해가 매우 중요하다.[3] 양국 간의 교류와 협력의 핵심에는 비자 문제를 둘러싼 다양하고 복합적인 쟁점과 과제가 놓여 있다.

말레이시아는 1996년부터 은퇴비자를 발행하기 시작하였는데, 1998년 50명에 불과하던 은퇴비자 수급자 숫자가 2001년에는 800명을 기록했고, 2006년까지 동반 가족을 제외하고도 총 8,700명에게 은퇴비자가 발급된 것으로 알려져 있다. 2008년 세계 금융위기 이후 2010년 이후부터 현재까지 이러한 경향이 더욱 강화된 양상으로 전개되고 있다.

이와 같이 말레이시아 정부의 적극적인 유치정책과 한국 사회의 고령화와 조기은퇴 또는 명예은퇴 등을 비롯하여 은퇴이주자의 증가는 말레이시아로의 은퇴이주 현상이 한국 사회 내에서 일종의 '문화 현상'으로 자리 잡을 가능성을 높이고 있는 점을 부인하기 어려울 것이다(김동엽 2009: 235; 김현정 2013; 시미즈 2009 참조).

기존 연구에 대한 검토

은퇴이주에 관한 최근 국내외의 연구 동향이나 연구 배경을 살펴보면, 은퇴이주에 관한 그간의 연구들은 주로 직장생활과 관련하여

---

3 한국과 말레이시아 사이에는 비자면제협정이 체결되어있어 양국 국민들 모두 무비자 출입국이 가능한 상황이다(안정국 2008: 74). 비자 없이 여권으로 최대 3개월(90일)간 체류가 가능하다.

도시에 머물던 도시 직장인들이 은퇴 후 농촌으로 이주하는 귀농 현상에 집중되어있는데(박공주·김양희·박정윤 2007; 박공주·윤순덕·강경하 2006; 서규선·변재면 2000; 윤순덕·강경하·박공주·이정화 2005; 윤순덕·박공주 2006 등 김동엽 2009: 235에서 인용), 이러한 현상은 "그동안 한국 사회의 산업화 과정에서 공동화되었던 농촌으로의 인구 유입과 더불어 침체된 농촌경제의 활성화라는 한국 정부의 정책적 목적과도 부합하는 측면이 있다"(김동엽 2009: 235)라는 해석이 가능할 것이다.

그러나 최근 은퇴이주 대상으로 해외로 눈을 돌리는 경향이 강화되고 있으며, 이에 대한 소개와 상업적 비즈니스가 점차 활성화됨에 따라 은퇴이주 대상지로 동남아시아가 급부상하고 있다. 한국인 은퇴이주자들에게 동남아시아가 은퇴이주 대상으로 선호되는 데는 은퇴 후에 보장받게 될 제한된 소득으로 보다 안락하고 편안한 삶을 추구하려는 합리적 선택이라는 메커니즘이 작동하고 있는 것으로 해석된다. 은퇴이주 동향을 살펴보면, 국가 간 소득 격차가 클수록 이주 가능성이 높은 것으로 나타난다(Toyota 외 2006; 김동엽 2009: 235에서 인용).

기존의 이주·이민정책에 관한 연구들은 대개 전통적 이주 목적국인 미국, 캐나다, 호주 등 서구 세계를 중심으로 논의되어왔다. 특히 신자유주의의 영향이 강하게 작동하는 과정에서 시장경제 논리에 따른 시민권의 상품화 및 이주민의 등급화에 관한 연구는 이들 주요 이주 목적국의 이주·이민정책을 연구하는 최신의 경향을 주도해왔다(Shachar and Hirschl 2014; Džankič 2018; Tanasoca 2016, 김도혜 2019: 125에서 재인용).

반면, 동남아시아 국가들은 비숙련 노동자를 서구 세계로 송출하는 주요 이주 송출국으로 인식되어왔다. 이런 이유로 동남아시아 국가들과 관련된 이주 연구들은 비숙련 이주노동자로 국경을 넘는 사람들에 대한 연구들이 주종을 이루었다(파레냐스 2009; Phongpaichit 1997, 김도혜 2019: 125에서 재인용). 동남아시아 국가 이주 정책에 대한 연구 역시 국가가 자국민들을 이주노동자로 파견하기 위해 어떻게 조직적으로 해외인력송출 업무를 담당해왔는가에 대한 연구들이 주로 이루어져 왔다(Rodriquez 2010; Guevarra 2010, 김도혜 2019: 125에서 재인용).

최근 캄보디아와 라오스, 인도네시아 등지에서 말레이시아, 태국 등으로 입국하는 비숙련 이주노동자의 수가 증가함에 따라 이주 문제 연구자들은 이들 동남아시아의 이주 목적 국가가 외국인 비숙련 노동자들에 대해 취하는 인권 탄압과 착취의 문제를 심도 있게 연구하기 시작하였다(Tran and Crinis 2018; Kaur 2014; Bylander and Reid 2017, 김도혜 2019: 125-126에서 재인용).

몇 년 전부터 국내 학계에서도 국제 이주에 대한 관심이 크게 부상하여 각광을 받았다. 전 지구적 이주의 흐름, 이주가 전 세계 국가와 사람들에게 미치는 영향에 대한 이론적, 방법론적 관심 역시 매우 크다(카슬·밀러 2013). 이러한 국제이주에 대한 관심을 반영하듯이, 국내 학계와 출판계에서는 이러한 국제이주의 전 지구적 영향에 대한 분석을 다룬 책이 이미 몇 년 전에 번역, 출간된 바 있다. 그 대표적인 것이 『이주의 시대』와 『이주Migration』라는 책이다.

『이주의 시대』는 The Age of Migration(제4판)을 옮긴 것이다. 국제 인구 이동 연구 분야의 권위자인 스티븐 카슬과 마크 J. 밀러는 전 지구적인 이주의 흐름, 이주가 전 세계 국가와 사람들에게 미치는 영향에 관한 이론적 연구 및 최신 정보를 제공하고자 이 책을 썼다 (카슬·밀러 2013).

이 책에서 저자들은 국제이주 관련 이론 및 개념 설명으로 시작 하여 1945년 이전부터 현재까지 전 세계의 국제이주 현황을 살펴 보고, 이주와 국가적 통제, 안보, 종족적 소수자, 정치 등의 관계를 분석했다. 총 13개의 장에서 각 주제에 대한 내용과 더불어 관련 통 계 및 이주 흐름을 보여주는 지도, 별도의 박스로 다룬 구체적인 사 례 등을 소개하여 독자들의 이해를 도왔다.

한편, 2012년 당시 전 세계 인구의 약 3퍼센트(약 2억 2,000만 명) 는 자신이 태어난 기원 국가를 떠나 다른 국가에서 살아가고 있다 고 한다. 3퍼센트라는 수치가 그다지 높지 않을 뿐만 아니라 이주 의 주체는 주로 개인이기 때문에 이주 및 이주자와 관련된 사회 현 상은 자칫 간과될 수도 있다. 그러나 이주 당사자가 개인이라고 할 지라도 그들의 삶의 궤적과 상황은 정착한 국가는 물론 그들의 기 원 국가에도 다양한 방식으로 영향을 미치고 있다. 즉, 이주 및 이 주자와 관련된 사회 현상은 나머지 97퍼센트에 해당하는 비이주자 들의 삶과도 밀접하게 연결되어있으며, 글로벌화와 더불어 그 영향력은 더욱 확대되고 있다. 한국의 상황도 크게 다르지 않다. 해외에서 들어오는 이주노동자와 결혼 이주자는 물론이고, 이른바 고숙련 이주자라고 불리는 기업가 및 연구가, 유학생과 관광객, 한국에서 해외로 이주하는 사람들의 수도 크게 증가하고 있다. 단일민족 국가로서 오랜 역사적 전통을 이어온 한국 사회는 지금 다문화 사회로의 큰 전환기를 맞고 있는 것이다(새머스 2013).

이와 같은 이주의 시대를 맞이하여 국제이주 현상과 관련 정책에 관한 이론 및 실천의 문제들을 심도 있고 정확하게 파악하는 것이 시급히 요구되고 있으나, 유감스럽게도 한국에서 이주 현상을 이론적으로 깊이 있게 분석한 개론서는 무척이나 부족한 실정이다. 이에 이주에 대한 이해의 폭을 넓히고, 무엇보다 이주의 사회성과 공간성에 대한 관심을 높이고자 『이주』(2013)가 출간되었다. 특히 『이주』는 이주에 대한 개념적·이론적 접근을 강조하는데, 구체적으로 장소, 스케일, 영역 등과 같은 공간적 개념을 차용하여 지리학적 접근을 강조한다(새머스 2013: 12-14). 나아가 정치학, 사회인류학, 사회학 등 다학문적 차원에서 국제 이주에 대한 다양한 이론과 관점, 이주와 노동, 이주 통제의 지정학적 경계, 경제, 이주와 시민권 및 소속의 지리 등에 관한 주제를 종합적이며 비판적으로 다루고 있다(새머스 2013). 또한 글상자를 통한 다양한 사례 제시와 용어해설 등은 이주에 대한 독자들의 이해를 한층 돕고 있다.

최근에 국제이주, 특히 은퇴이주에 관한 흥미로운 논문이 출간되었다. 이 논문(김도혜 2019)은 "환영할만한" 은퇴이주자의 탄생이라는 제목하에 필리핀, 말레이시아, 태국의 비자정책을 중심으로 이들 국가가 어떻게 외국의 은퇴자들, 특히 유럽, 북미, 일본의 은퇴자들을 '환영할만한' 이주자로 규정하고 이들의 자국으로의 이주를 독려하게 되는지를 고찰하고 있다. 나아가 한국의 사례를 들어 실제 은퇴이주 비자가 어떻게 현장에서 국가행위자가 의도치 않은 이주민을 양산해내는지를 살펴보고 있다.

이 논문은 '이동성 레짐regime'이라는 개념을 활용하여 동남아시아 이동성 레짐이 한국의 경제, 사회, 문화적 맥락에서 형성된 한국인의 욕망과 만나 만들어내는 특수한 상황, 그리고 그에 대한 이들 국가들의 대응을 살펴봄으로써 비자정책이 이해당사자들의 갈등과 조정을 통해 끊임없이 변화해나가는 과정을 밝혀내고자 했다.[4] 은퇴이주와 비자정책이 서로 관련지어 그 메커니즘의 특성과 함의를 고찰했다는 점에서 동남아시아 비자정책과 은퇴이주 사이의 상호관계 및 상호작용의 특징과 의미를 이해하는 데 도움을 줄 수 있는 흥미로운 연구라고 평가될 만하다(김도혜 2019: 124-

---

4 최근 이동, 이동성, 이동성 레짐, 모빌리티(mobility) 등에 대한 인문사회과학적 관심이 크게 일고 있다. 모빌리티 관련 저서들과 논문들이 상당수 발간되었다(존 어리(2014)를 비롯하여 모빌리티 관련하여 최근에 발간된 저서들을 참조할 것). 이러한 개념들을 적절히 활용하여 말레이시아의 이주정책과 이민·이주 관련 현상과 주제에 대한 이론적, 방법론적, 사례 연구적 접근을 시도할 필요가 있다. 이러한 과제들은 한인들의 말레이시아로의 이주사와 이주의 사회문화적 특징과 의미를 파악하는 데도 매우 중요한 함의가 있다고 생각한다. 말레이시아 한인 디아스포라의 정체성과 이주정책 사이의 상호관계 및 상호작용을 기술, 분석하는 데도 중요한 시사점을 제공해줄 것으로 믿는다. 향후 이러한 개념들을 적절히 활용하여 말레이시아 한인과 한인 사회의 역사와 문화를 기술, 분석하는 데 적용해볼 계획을 갖고 있다.

125 참조).

하지만 이러한 국제이주 관련 서적과 논문의 출간에도 불구하고, 한국 사회에서 말레이시아로의 은퇴이주 현상에 관한 연구를 포함한 동남아시아로의 한국인들의 은퇴이주에 관한 이론적, 방법론적 연구와 사례연구는 아직도 여전히 시작 단계에 머물고 있는 것이 사실이다. 국제이주 관련, 특히 말레이시아를 비롯한 동남아시아로의 한국인들의 국제이주에 관한 연구가 보다 체계적인 연구로까지 진행되기 위해선 앞으로 이에 관한 더욱더 많은 학술적, 실천적 관심과 지원이 이루어져야 할 것이다.

이런 점에서 국내의 명예은퇴자들을 포함한 은퇴자들을 수용하려는 국내외적 유치경쟁은 주목을 끈다. 특히 말레이시아 정부에서 정책적 차원에서 이들을 적극 유치하려는 정책의 수립 및 실행은 더욱 중요한 의미를 지닌다. 이들을 타깃으로 한 말레이시아 정부의 정책이 어느 정도 효과적으로 이루어질 것인가를 말레이시아의 이민정책과 한국인 은퇴이주자들과 연계해서 분석하는 학술적, 실천적 작업이 필요하고 중요한 이유가 바로 이 때문이다.

연구 방법

이 글의 주된 연구 방법은 문헌조사와 현지조사이다. 이 글에서는 문헌조사와 현지조사를 병행하여 실시함으로써 말레이시아로의 은퇴이주의 사회문화적 특징과 의미에 대한 일차적 자료의 수집과 분류, 정리를 기초로 이를 분석, 해석하는 과정에 기존 문헌 연구에 대한 비판적 검토 결과와 기존 연구성과에 대한 비판적 분석과 해석을 포함시켜 1차 자료와 2차 자료에 대한 기술과 분석의 융합적 연구를 시도했다. 이를 통해 한국인들의 말레이시아로의 은퇴이주의 사회문화적 특징과 그 의미를 심층적으로 이해하고자 했다.

이 연구의 수행을 위해 우선 이민정책과 관련된 문헌조사를 실시했다. 사전에 이민박람회 관련 인터넷 자료 역시 적극 활용했다. 이와 같이 이 글에서는 문헌 연구와 더불어 질적 연구 방법을 주로 활용했다. 특히, 실제 말레이시아로 은퇴이주를 떠난 사람들이나 말레이시아 행정기관을 찾아 연구에 도움이 될 만한 자료를 수집하여 이에 대한 기술, 분석을 시도하였다.

앞서 언급한 바와 같이, 이 글에서 은퇴이주에 관한 기존 연구의 검토는 은퇴이주에 관한 이론적 배경 및 기존 선행연구들에 대한 비판적 검토를 위주로 살펴보았다. 이를 위한 연구 방법으로는 우선적으로 문헌조사에 바탕을 둔 문헌 연구가 필수적이다. 나아가 이를 바탕으로, 말레이시아로의 한국인 은퇴이주의 사회문화적 특징과 의미를 고찰하기 위해선 현지조사가 필수적으로 요구된다.[5]

---

[5] 현지조사에는 심층 인터뷰와 관찰 등이 포함된다. 참여 관찰은 시간상의 제약으로 말미암아 현실적으로 거의 불가능하다고 판단하기에 심층 인터뷰와 관찰에 집중하여 자료를 수집하고, 그에 대한 분석과 해석에 집중하고자 했다.

이 글에서는 문헌 연구와 현지조사의 질적 방법을 적절히 융합하여 활용함으로써 은퇴이주의 사회문화적 특징과 의미, 동향과 흐름, 나아가 전망에 대한 자료의 타당성과 신뢰도를 높이고자 했다. 또한 말레이시아 이주 관련 정책에 대한 문헌조사를 수행하고, 이를 현지조사를 통해 확인, 재확인하는 과정을 거쳤다. 한국인들의 말레이시아로의 이주 관련 문헌자료의 수집 및 분석을 수행하였으며, 나아가 관련 인터넷 자료 역시 적극 활용하고자 했다. 나아가 MM2H에 관한 기존 연구 검토는 인터넷 자료와 문헌조사, 그리고 현지조사를 통해 이루어졌으며, 그에 따라 관련 자료에 대한 수집, 분석 및 정리 작업이 수행되었다.

은퇴이주 국가로서의 말레이시아에 대한 연구를 위해 이 글에서는 질적 연구 방법을 적극 활용하였다. 특히 실제 말레이시아로 은퇴이주를 떠난 사람들이나 말레이시아 행정기관을 찾아 연구에 도움이 될 만한 자료를 얻어야 하므로, 인터뷰 방법을 중점적으로 활용하였다. 인터뷰는 질적 연구에서 가장 흔히 이용되는 자료 수집 형태로 정보를 유도해내기 위해 사전에 계획하고 형식화한 것이다. 이러한 인터뷰를 활용하여 실제 현지인들의 생생한 조언이나 깊이 있는 정보를 수집하였다.

주요 정보 제공자key informants의 시간을 고려하여 인터뷰가 너무 길어지지 않도록 하기 위해 질문에 대한 사전 준비와 인터뷰 계획을 사전 조직화했다. 인터뷰를 통해 얻을 수 있는 정보는 전적으로 정보 제공자들informants에 의해 제공되기 때문에, 인터뷰 시 정보 제공자가 질문의 의미를 명확히 알아듣고 의미 있는 대답을 얻을 수 있도록 준비하였으며, 애매모호하고 혼란을 야기할 수 있는 질문은 가급적 피하고자 했다.

이러한 질적 연구 방법을 사용함으로써 양적 자료를 통한 정보 수집보다 심층적이고 질적인 결과를 얻을 수 있었다. 연구 주제의 특성상 이전 자료를 통한 실제 인터뷰를 통해 정보를 얻어야 하기 때문에 현지답사 이전에 관련 전문가나 인터뷰 대상자들에게 도움을 요청하였으며, 새롭게 얻게 되는 정보나 특별한 사항에 대해 중점을 두면서 진행하였다. 사전 조사한 내용 이외의 새로운 내용을 알게 되면서 자료의 양이 풍부해질 수 있으므로 인터뷰를 진행하는 동안 그런 점들을 유념하도록 했다.

이러한 질적 연구 방법은 자료의 수집, 정리, 분석과 해석을 위해 매우 중요한 의미를 지닌 것이다. 이 글을 위한 본격적인 현지조사는 2018년 8월 7일(화)부터 13일(월)까지 약 1주일간, 그리고 2019년 1월 25일(금)부터 2월 3일(일)까지 약 10일간에 걸쳐 쿠알라룸푸르의 암빵과 몽끼아라 지역의 한국인 이주자들을 대상으로 집중적으로 수행되었다.

현지조사 기간 중에 쿠알라룸푸르 행정청을 방문하여 관계자들과 인터뷰를 실시하였다. MM2H 비자와 관련한 행정을 담당하고 있는 쿠알라룸푸르의 행정 담당자를 만나 말레이시아에서 은퇴 이주를 위한 이민정책이 실제로 어떻게 이루어지는지에 관해 심층적인 인터뷰를 실시하였다. 또한 말레이시아에 거주하고 있는 현지 교민들과의 심층 인터뷰를 통해 말레이시아 이민정책의 특징과 의미에 대해 알아보았다. 현지 교민들과의 인터뷰를 위해선 은퇴이주 관련 정책에 대한 정보와 자료를 제공하는 대표적인 사이트인 cafe.naver.com/mymalaysia의 자료 내용을 적극 활용하되, 그 자료의 타당도와 신뢰도를 높이기 위해 이를 비판적 관점에서 크로스체킹을 한 후에 활용하기도 했다.[6]

이 글에서는 은퇴이주 정책 및 관련 자료 역시 적극 활용하고자 했다. 통계청, 외교통상부, 말레이시아 관광청, 기타 인터넷 자료 등을 이용하여 말레이시아의 은퇴이주 정책과 통계조사 내용과 자료의 성격에 대해 알아본 후 이를 정리, 분석함으로써 말레이시아가 어떤 이민정책을 택하고 있고 타국에 비해 어떤 장점이 있는지 등에 관해서도 조사를 실시했다.

은퇴이주에 관한 문헌조사도 병행하여 실시하였다. 은퇴이주라는 개념은 경제가 발전하며, 여유로운 노후를 즐기고 싶은 사람들의 욕구에서 시작되었다. 2000년대 이후로, 급속히 늘어나고 있는 은퇴이주는 아직도 자료와 문헌 등이 많이 부족한 실정이다. 그럼에도 불구하고 비교적 최근에 몇 개의 논문들이 나오고 있는 실정이기에 논문 및 다양한 정보를 조사하여 충분한 정보의 양을 확보하고자 했다. 해외이민박람회를 방문하여 관계들과 인터뷰를 실시

---

6   이 연구의 결과는 말레이시아를 새로운 은퇴이주 대상지로 삼고자 말레이시아를 찾는 한국인 은퇴이주자들에게 말레이시아 이민정책에 관한 기본적인 정보를 제공하는 기초 자료로 활용될 것이다.

하였으며, 국내에서 개최된 해외이민박람회를 방문하여 담당자와 인터뷰를 실시하고 인터넷에서 찾을 수 없는 자료는 담당자와의 심층 인터뷰를 통해 관련 정보와 자료를 확보하고자 했다.

2. 말레이시아 이주정책의 특징과 의미: MM2H의 이상과 현실을 중심으로

MM2H의 일반적 특징

MM2H는 말레이시아 정부가 일정 자격 요건을 갖춘 외국인들에게 Multi-Entry Social Visit Pass를 발행해주는 것이다. 번역하자면, 복수 방문증/장기거주증 정도의 의미를 지닌 용어가 될 것이다. 말레이시아에는 정확한 의미의 투자이민제도는 없지만 MM2H 프로그램을 통해서 워킹비자 없이도 외국인들이 말레이시아에 오랫동안 자유롭게 체류할 수 있는 기회를 보장해준다. Social Visit Pass는 처음에는 10년짜리가 발급되고 그 이후에 10년 단위로 재연장이 가능하다. 재연장을 위해 의무적으로 체류해야 하는 기간이 없다는 장점이 있다. 이런 이유로 많은 한국인이 이것을 말레이시아 투자비자/이민비자라고 이해하는 경우가 있지만, 사실 국적은 바뀌지 않는 장기거주증이라고 보는 것이 더 합당할 것이다.

MM2H 비자의 특징은 민족(종족, 인종), 종교, 성별, 나이에 상관없이 모든 외국인에게 신청의 기회가 열려 있으며 배우자와 미혼인

21세 미만의 자녀를 동반할 수 있고, 60세 이상 신청자의 직계 부모를 동반(6개월 단위로 갱신 필요)하는 것이 가능하다는 점이다. 의무거주기간이 없으며 언제든 부담 없이 방문과 거주가 가능하다는 점도 중요한 특징이다.

MM2H 신청 조건은 1) 만 50세 미만의 경우에는 현금자산 50만 링깃(한화 약 1억 4,000만 원) 이상 및 월 소득증명 1만 링깃(한화 약 280만 원)이며, 2) 만 50세 이상인 경우에는 현금자산 35만 링깃(한화 약 1억 원) 이상 및 월 소득증명 1만 링깃(한화 약 280만 원) 이상이다.

신청자는 말레이시아의 워킹비자가 없으므로 월 소득증명은 당연히 말레이시아를 제외한 다른 곳에서 발생하는 소득으로 증명하면 된다.

MM2H 심사 기간은 신청 후에 약 6개월 정도의 심사 기간이 소요되고, 승인 시에는 일정 금액을 말레이시아 현지 계좌에 예치해야 한다.

MM2H 예치금 금액은 1) 만 50세 미만인 경우에는 30만 링깃(1년 후 15만 링깃까지 주택구입, 자녀교육, 의료비 명목으로 인출 가능)이다. 단, 최소 15만 링깃을 계좌에 항상 예치해 두어야 한다. 2) 만 50세 이상인 경우에는 15만 링깃(1년 후 5만 링깃까지 주택구입, 자녀교육, 의료비 명목으로 인출 가능)이다. 단, 최소 10만 링깃을 계좌에 예치해두어야 한다.

MM2H 혜택은 1) 말레이시아에서 주택 구입 시 은행 대출을 받을 수 있다. 2) 말레이시아 내 상속세와 증여세가 면제된다. 3) 자동차 구입 때 면세(한 대에 한함). 4) 외국인 가사도우미 신청 때 장기비자 발급 5) 자녀들의 학생비자 발급 등이다.[7]

MM2H 비자 보유자로서 현지 법인 설립이 가능하다. 하지만 말레이계 직원을 최소 한 명 이상 고용해야 하며, 사업체를 운영하는 경영 이사를 고용해야 MM2H 비자로 현지 사업이 가능하다.

MM2H 비자는 2018년 말까지 한국, 중국, 일본, 방글라데시, 인도, 파키스탄, 대만, 영국 등을 포함한 131개국에서 온 4만 명 이상의 외국인이 신청한 것으로 집계되었다.[8]

MM2H 프로그램은 은퇴 이후 말레이시아로 이주하고자 하는 사람들을 위해 다양한 이주 정착 서비스를 제공하기 위해 기획되어 실시된 말레이시아 이주정책의 일부이다. 10년 장기 체류비자와 거주공간과 차량을 구입할 때 받는 세금면제 등은 MM2H가 제공하는 수많은 혜택 중 일부에 불과하다. 수천 명의 은퇴자가 이미 현지의 친절한 이웃, 교민들과 더불어 행복한 생활을 영위하고 있는 것으로 보도되고 있다. 말레이시아에서의 은퇴 생활은 한국인들에게 새로운 삶이자 색다른 추억을 선사할 것으로 받아들여지고 있다.

정부가 나서서 말레이시아로의 은퇴이주를 적극 장려하는 데는

---

7 출처: Malaysia My Second Home Programme official websit http://www.mm2h.gov.my.
(http://atozgroupblog.com/221545725148)

8 https://blog.naver.com/ggumim/221476294669

그만한 이유가 있다. 그리고 외국인들이 안락한 노후 생활지로써 말레이시아를 선택하는 데도 그럴만한 특별한 이유가 있다. 우선 여가 생활에 적합한 열대성 날씨를 들 수 있다. 둘째, 급격하게 부상하는 아시안 커뮤니티를 들 수 있고, 셋째 가족 여행지로서의 매력적인 조건이다. 즉 상대적으로 적은 비용으로 질 높은 생활을 추구하기에 적합한 지역으로 한국인 은퇴이주자들에게 말레이시아가 인기를 끌고 있는 것이다.

필리핀, 인도네시아 등에 비해 생활비가 다소 비싸지만, 상대적으로 치안상태와 영어 통용도가 높은 수준이며, 다문화, 다종족의 특성으로 인해 의식주 문화가 다양하고, 한국에 비해 골프 등 레저스포츠 시설이 풍부하고 저렴하기 때문에 이웃 동남아 국가들과 비교해 은퇴이주지로서의 조건에 손색이 없는 것으로 정평이 나 있다.

또한 꾸준한 한류 열풍으로 인해 한국인과 한국 문화에 대한 현지인들의 호의적인 평가, 이슬람을 신봉하는 무슬림인 말레이인을 비롯하여 화인과 인도계, 사라왁주의 이반족, 사바주의 까다잔족, 그리고 오랑아슬리라 불리는 원주민 등 문화적 다양성과 종족적 복합성을 지닌 다양한 종족들이 살아가고 있는, 소위 '다문화사회'이자 '다종족사회'이기 때문에 한국인 은퇴이주자들도 '외국인'이라는 주변의 시선을 받지 않고 비교적 쉽게 현지에 정착할 수 있다는 것도 큰 장점으로 꼽히고 있다.

말레이시아의 수도인 쿠알라룸푸르의 '암빵'이나 '몽끼아라'는 한국 교민들이 가장 선호하는 지역으로, 말레이시아의 코리아타운 Korea Town 으로 불리는 '암빵 에비뉴'에는 한국 상점이 모여 있고 한국 대사관 주위에 말레이시아 화인 자본이 한국의 건설업체와 손잡고 개발 중인 복합주거단지가 현재 분양 중이다. 또한 동양의 진주라고 불리는 페낭은 해양 생활과 운치 있는 경관을 좋아하는 은퇴자라면 고려해볼 만한 아름다운 지역이다. 스쿠버 다이빙, 등산 등 다양한 레저생활을 저렴한 비용으로 즐길 수 있다.

말레이시아의 의료 서비스 수준은 그 시스템과 의료 전문인력의 숙련도 측면에서 세계적인 평가를 받아 세계 3위의 의료관광지로 선정되었다. 말레이시아는 무엇보다도 자연경관이 빼어나고 생활비가 저렴하며 영어를 공용어로 사용하고 있어 은퇴이주자들을 유치하기에 매우 좋은 환경을 갖춘 나라이다.

더욱이 MM2H 프로그램은 말레이시아 정부가 여유로운 노후 생활을 즐기고자 하는 외국의 은퇴자들을 유치하기 위해 기획한 것으로 이 프로그램을 통해 은퇴이주를 준비하는 사람들은 몇 가지 조건을 충족하면 다양한 혜택을 누리며 편안한 노후 생활이 가능하다. 현재까지 약 1,500명의 한국인이 MM2H 비자를 발급받아 말레이시아에 거주 중이다.

한편, 한국인들의 말레이시아 입국 요인으로 조기유학과 부동산 투자와 더불어 최근 각광받기 시작한 것이 은퇴이주라고 할 수 있다. 말레이시아 정부는 MM2H 프로그램을 통해 안락한 은퇴 생활을 위한 탁월한 선택으로 말레이시아를 찾아오라고 대대적으로 홍보해왔다. 외국인 은퇴이주자들을 유치하기 위해 정부가 발 벗고 나선 것이다. 특히 한국인들을 주요 타깃으로 삼고 말레이시아로의 은퇴이주를 희망하는 한국인들의 방문이나 체류를 적극 권장하고 있다. 이 글에서는 말레이시아의 이주정책의 특징과 의미를 바로 이 MM2H를 중심으로 다루고자 한다.

MM2H는 일종의 장기거주비자라는 개념과 동일시된다. 말레이시아에는 이민제도가 없어 거주를 위해서는 노동비자를 필수로 요한다. 하지만 MM2H를 통하면 노동비자 없이도 어느 정도 수준의 경제력만 증명되면 장기거주를 허가받을 수 있다.[9] 이는 한마디로 말레이시아를 제2의 고향으로 여기는 외국인들의 은퇴이주를 유치하고자 하는 말레이시아 정부의 야심 찬 정책이다. 2006년에는 총 65건의 한국인 MM2H 비자 신청이 있었다. 이 제도가 처음 도입되었던 2001년 이후 2006년 말까지 6년간 모두 213명의 한국인이 이 프로그램에 참여한 데 반해, 2007년 한 해 동안에는 152명이 비자를 신청하였다. 2008년에는 매달 약 700명 정도의 한국인들이 이 프로그램에 지원 신청을 하고 있다. 이처럼 한국인들에게

---

9 참고로, MM2H 프로그램은 기준 시한인 5년이 완료된 후에도 본인이 사회비자를 갱신하거나 이후 한 달이 채 안 걸리는 수속을 밟을 수 있다. 개인은 최근 5년 동안 10만 링깃(한화 약 3,500만 원)을 갖고 있거나 외국에서 7,000링깃 이상의 고정 수입이 있는 사람이며, 가족은 50살 이상으로, 최근 5년 동안 15만 링깃을 갖고 있거나 외국에서 1만 링깃 이하의 고정 수입이 있는 사람이 가족 구성원에 포함된 경우다. 50살 이하는 최근 5년간 매년 30링깃을 갖고 있거나 외국에서 1만 링깃 이하의 고정 수입이 있는 사람을 포함해야 한다. 이들은 여권용 사진 두 장과 여권 사본, 신분증명서, 결혼/출생증명서, 수입증명서, 재무문서, 학생비자, 고용허가서, 유효한 의료보험증서 등이 필요하다. 신청서 양식은 이민국, 말레이시아 여행사나 말레이시아 관련 공무 대리 사무실에 제출하면 된다.

MM2H의 인기는 해를 거듭할수록 높아지고 있다.

MM2H 프로그램은 은퇴 이후 말레이시아로 이주하고자 하는 사람들을 위해 다양한 이주 정착 서비스를 제공한다. 우선 주택 구입 시 특전이 있다. 주택 구입을 알선하고 임대료 할인 등의 혜택을 준다. 또한 주택 입주 시 필요한 전화와 인터넷, 아스트로Astro(위성 TV) 등의 설치 서비스를 제공하기도 한다.

MM2H의 특징과 그 변용

여기에서는 말레이시아 은퇴이주의 특징과 그 의미를 MM2H의 허상과 실제를 중심으로 살펴보고자 한다. 특히 이 점을 MM2H의 특징과 그 변용이라는 관점에서 고찰하고자 한다. MM2H는 한국인들의 조기유학 현상과 밀접한 관련을 맺고 있다.

말레이시아의 조기유학 여건은 최근 은퇴이민과 밀접하게 연관되고 있다. 즉 조기유학의 통로로 원하는 국제학교에 입학시키기 어려운 경우, 부모가 아예 은퇴이민을 선택하여 장기거주하면서 원하는 국제학교에 자녀를 입학시키는 것이다.

이 외에도 자녀의 돌봄과 관련하여 MM2H가 변용되어 나타나는 경우도 있다. 한국에서 자녀를 돌보기 어려운 상황에 놓이게 된 경우 자녀를 조기유학 명목으로 홈스테이 가정에 맡기는 대안을 선택하는 것이다. 이런 은퇴이주와 조기유학의 관계에 대해 한 한인회 관계자(48세, 남성)는 다음과 같이 말한다.

조기유학으로 말레이시아를 찾는 사람들은 생활소득이 중하 정도 되시는 분들, 특히 부부가 맞벌이하시는 분들이 많더라고요. [...] 요새 유학이라는 게, 옛날에나 공부하려고 유학 가지, 요새는 공부하려고 유학 가는 사람이 몇 명이나 있습니까. 부모가 케어가 안 되니까 애들을 외국에다가 갖다 버리는 겁니다. 미국이나 캐나다는 돈이 많이 드니까 안 되죠. 가만히 따져보니까 동남아시아의 말레이시아와 싱가포르에서는 영어를 한다더라. 거기 싸니까 거기로 보내자. 그렇게 되는 겁니다. 그래서 한국인들이 말레이시아로 많이 왔고, 그래서 말레이시아 교민 경제는 좋아졌죠.

— L 씨, 58세, 남성, 한인회 관계자, 거주 20년 차

이와 같은 현상은 결국 자녀의 부적응 양상과 조기유학생의 상황을 경제적 이득 논리로 접하는 일부 교민들의 문제로 부각되기도 한다. 그 정도가 심각해지면 간혹 조기유학생의 어머니들이 MM2H로 말레이시아로 이주하여 자녀를 돌보기 시작하는 경우도 생기는데, 그 역시 초기 기대에 부응하지는 못하거나 혹은 가족 간 관계에 부정적인 영향을 초래하는 양상으로 전개되기도 한다.

여기에 온 엄마들은 영어가 안 되는 사람이 거의 다예요. 영어가 안 되니까 집에 전화벨이 울리면 놀라서 전화도 못 받아. 헬로우 하면 이거 뭐라 그래. 전화도 못 받는 거예요. 그런 엄마들이 온 거예요. 애들 학교

가면 엄마들은 여기서 뭐해. 그래서 남편한테 매일 전화해 나 한국 갈래 여기 못 있겠어. 남편은 큰일 나는 거야. 애 케어하는 거 힘들면 힘 좀 주고 거기서 골프나 배우고 좀 해라. 이렇게 되는 거야. 그래서 골프 배우면서 사람들 만나잖아요. 그래서 몰려다니는 거야. 애가 학교 갔다 오면 집에 전화를 해. 자장면 시켜줄까. 짜장면 먹고 이러다 보니까 엄마들은 적응이 되니까 좋은 거야. 나중에 남편은 짜증이 나. 도저히 혼자 못 있겠어. 들어와라. 나 못 간다. 그때는 못 가는 거예요. 안 가는 거지. 못 가는 거지. 애들은 여기가 너무 좋은 거야. 국제학교 가면 공부하라고 얘기하는 사람도 없고. 애들은 너무 좋은 거야 여기가. [...] 이제 계속 생활비 올라가니까 아빠들이 감당을 못 하는 거예요. 사람이 돈 떨어지면 못 있잖아요.

- K 씨, 52세, 여성, 자영업, 거주 15년 차

경제위기로 환율이 오르고 한국에서의 상황이 예측하지 못한 상황으로 흐를 때 조기유학 혹은 은퇴이민의 경우로 조기유학 온 가정들은 다양한 부적응 양상을 보였는데, 그 예로 한인회 관계자는 말레이시아 은퇴이주와 자녀교육과의 관계에 관해 다음과 같이 덧붙였다.

지금은 조기유학 오는 애들보다는 대학으로 오는 애들이 훨씬 많죠. 대학으로 오는 애들이 거의 600~700명 정도 되는 걸로 알려져 있어요. 대학생 등이 유학을 많이 오거든요. 요새 이슈가 대학이죠. 비자 문제라든지. MM2H가 있는지도 예전에는 몰랐죠. 말레이시아에 이제 2, 3년 부터 이 나라 학교 애들이 한국에서 유학 온 애들한테 홍보하고 나서 어휴 지금은 굉장히 열심히 무지하게 들어와요. 학생들 대학생들이 무지하게 늘었어요. 매년 여름에 어학연수한다고 계속 들어오고 있죠.

- L 씨, 58세, 남성, 한인회 관계자, 거주 20년 차

한편, MM2H는 한국인들의 말레이시아 내 부동산 구입과도 밀접한 관계를 맺고 있다. 부동산 투자를 통한 불로소득과 외국에 집을 소유하고 있다는 과시욕을 동시에 충족시킬 수 있는 대안으로서 MM2H를 통한 부동산 구매가 이루어지는 것이다. 그러나 문제는 말레이시아에서의 부동산 매매가 한국과는 법률과 세제가 달라 복잡할 뿐만 아니라 언어 문제와 신뢰할만한 중개체계에 대한 접근성 문제로 난관에 처하는 경우가 발생한다는 것이다.

사실 말레이시아 부동산은 제가 보기에는 굉장히 안전하죠. 일단은 외국 사람들은 소유가 보장되니까요. 여기서는 외국인들이 자기 이름으로 다 소유할 수도 있고 사고팔고도 할 수 있거든요. 부동산은 상당히 안전한 거래예요. 그래서 MM2H를 부동산 사는 데 이용하고 있는 거지요.

- L 씨, 58세, 남성, 한인회 관계자, 거주 20년 차

이와 같이 한국인들 사이에 부동산 구입을 위해 MM2H 비자

가 이용되는 경우도 있다. MM2H가 한국인들의 말레이시아 내 부동산 구입과 밀접한 관련을 맺고 있으며, 이는 말레이시아 내 부동산 투자가 비교적 용이하다는 사실과 외국인으로서 한국인들이 이용하기 쉽게 되어있기 때문이다. 하지만 MM2H 비자를 부동산 구입을 통한 불로소득 증대와 이를 통한 과시욕을 동시에 포함하고 있다는 점에서 MM2H의 명과 암을 보여주는 사례라고 할 수 있다. MM2H를 통한 한국인들의 말레이시아 부동산 구매와 투자는 언어 문제 이외에도 말레이시아 이민제도와 법률체계 등과도 밀접한 관련을 맺고 있어, 한국인들의 말레이시아로의 은퇴이주를 장려하기도 하고, 방해하기도 하는 주요 요인 중 하나가 되고 있다.

MM2H의 이상과 현실 사이에서

여기서는 한국인들의 말레이시아로의 은퇴이주의 실상과 허상을 다룬다. 다음은 말레이시아로의 은퇴이주와 MM2H의 허상과 실상, 그리고 문제점을 보여주는 사례이다.

(은퇴이주 전에) 저는 원래 직장 다녔고 와이프도 직장에 다녔거든요. 공무원 생활을 했어요. 한국에 있을 때부터 이민 가는 게 소원이었어요. 그러다가 미국이나 호주나 캐나다 같은 데 해봤는데 뭐 나이가 많아서 불리하더라고요. 나이, 학력, 무슨 머 결혼 이런 것. 나이가 많으니

까 영어 실력도 그렇고 호주도 한번 해보려고 미국에 아파트도 하려고 했거든요. 미국은 의심스러워서 말레이시아를 선택했어요. 마지막 전 재산까지 다 팔았어요. 그런데 그 당시에 말레이시아에 마이세컨드홈, MM2H이 있더라고요. 처음에 말레이시아라는 나라를 몰랐어요. 말레이시아가 제2차 세계대전에 나오는 열대 정글인 줄로만 알았어요. 그런데 제 주변에 말레이시아 학생이 있더라고요. 말레이시아 괜찮다고. 요즘에 미국 대신에 많이 간다고 해서, 그래서 잘됐다 싶어서 짐 싸 들고 온 거죠. 직장 2년 남겨놓고 왔어요. 그리고 다닐 필요도 없고.

- P 씨, 60세, 남성, 자영업, 거주 7년 차

위의 사례는 말레이시아 은퇴이주에 대한 정확하고 충분한 정보를 갖고 이주를 결정한 경우는 아니다. 조기유학생의 부모들처럼 외국 생활에 대한 동경과 노후에 자신의 꿈을 이뤄보고자 하는 열망으로 과감하게 은퇴이주를 결정한 경우이다. 그러나 단지 이런 자신의 노후계획만이 이주를 결심하게 한 동기는 아니다. 그 다른 한편에는 자녀교육에 대한 계획과 영어에 대한 열망이 고스란히 존재하고 있다.

너무 한국에만 살면 답답하고 대한민국의 교육 현실이 어렵고 졸업해도 취직하기 힘들고 외국 나와서 사는 게 어떨까 해서. 한국에서는 영어로 인한 어려움은 그리 크지 않았는데, 여기 오니까 영어가 중요하더라고요. 영어로 말이 안 되니까 답답하고 그래서 말레이시아 말도 배우고

일부러 말레이 사람들이랑 놀러 다니고 한국인은 별로 안 사귀고 주말
엔 말레이시아 사람들과 낚시나 등산 가고 했어요. 페이스북을 영어로
하거든요. 페이스북을 하니까 말레이시아 산악회가 많더라고요. 처음
에 왔을 때 이 정글에서 무슨 산악을 할까 그랬는데 그게 아니더라고
요. 말레이, 차이니즈, 인도인 여기는 다국적 사람들도 많아요.

- P 씨, 60세, 남성, 자영업, 거주 7년 차

이와 같이 은퇴이주의 또 다른 목적 중 중요한 것으로 자녀교육
을 들 수 있다. 조기유학을 통한 자녀교육은 말레이시아로 은퇴이
주를 하는 또 하나의 중요한 이유이기도 하다.

여기에 온 목적 중 하나는 애들 뒷바라지를 하는 것이라서 애들 뒷바라
지할 그거 없으면 여기 있을 이유가 없죠. 말레이시아가 좋은 이유는 영
어 배우는 데 좋지요. 엉터리 영어라도 미국에서 통하나 봐요. 영어권이
라서.

- L 씨, 55세, 여성, 자영업, 거주 5년 차

이와 같이 은퇴이주로 말레이시아를 찾은 한국인들에게 MM2H
는 원래의 목적과 달리 이용되고 있다.

제가 처음에 답답한 마음에 MM2H를 주도하기도 했었어요. 굿모닝
말레이시아에 모집공고를 내니까 처음에 열댓 명이 오더라고요. 근데

처음 열댓 명이 왔는데 젊은 사람도 있더라고요. 원래 은퇴이민이라는 게 50세 이상이라는데 지금은 젊은 사람들, 그 사람들이 보증금만 주면 되니까. 근데 그 사람들은 비싸지요. 우리 50세 이상은 15만 링깃, 50세 이하는 30만 링깃이니까. 젊은 사람들은 돈도 있겠다, 할 일도 없겠다, 애들 교육이나 시켜야겠다. 처음에 모임을 했는데, 한 서너 번 하다가 해체됐어요. 해체된 이유가 뭐냐면 여기 MM2H로 온 사람들 내가 아는 사람들 한 3분의 2는 돌아갔어요. 실패한 거죠. 막연히 말레이시아 가면 안 됩니다. 골프도 하루 이틀이지, 어떻게 매일 골프만 합니까?

− S 씨, 52세, 남성, 여행사 대표, 거주 20년 차

· 하지만 MM2H의 장점도 있다. 그것은 한국인 은퇴이주자들 사이에서 모임을 가능하게 하는 주요 계기가 되기도 한다.

저는 이곳에 2007년에 왔는데, MM2H 모임에 주도적으로 참여했어요. 모임 참석자 중에 2010년에 한국으로 돌아간 사람도 있고요. 어떤 사람은 석 달 만에 돌아간 경우도 있어요. 자기는 오고 싶은데 와이프는 죽어도 싫다고 해서 석 달 만에 차랑 집까지 샀는데 돌아간 경우도 있어요.

− P 씨, 60세, 남성, 자영업, 거주 7년 차

MM2H가 한국인들 사이에 성공적으로 자리 잡기 위해선 우선 언어 문제에 관심을 기울여야 한다. 한국인들의 언어 문제와

MM2H의 변용과는 밀접한 관계가 있기 때문이다.

한국인 은퇴이주자들에게 가장 큰 문제는 언어예요. 언어가 제일 문제
죠. 그래서 여기 온 사람들이 말레이시아 사람들이랑 어울려야 하는데
잘 안 해요. 저는 외향적으로 놀러 다니는데 사람들이 손짓, 발짓하면
돼. 그거를 잘 안 하는 거지. 말레이시아 사람들이 쓰는 영어 보면 엉터
리처럼 보이지만, 웬만한 건 다 통해요.

- P 씨, 60세, 남성, 자영업, 거주 7년 차

또한, 은퇴이민자들의 취미생활 역시 MM2H의 특징과 의미를
말레이시아로의 은퇴이주라는 맥락 속에서 이해하는 데 중요한 의
미를 지닌다.

말레이시아 온다는 사람한테는, 일단 저는 여기 온 지 7년인데 이제 이
나라 사람들과 놀러 다닌 게 2년밖에 안 됐어요. 그 전에 골프를 한다
든지 가까운 데 여행을 간다거나 낚시를 한다거나 그랬는데 취미생활
을 살려야 돼요. 취미생활도 없이 살면 갑갑하거든요. 여기 회원권도
샀다가 팔았거든요. 거기 가면 평일에는 한국 사람들이 다예요. 골프밖
에 몰라요. [...] 하지만 여기 와서 오래 살려면 무엇 하나 뚜렷한 것이
있어야 돼요. 취미를 살리든지, 어떤 사람은 자원봉사를 한다든지, 근
데 나이 먹은 사람들이 할 건 별로 없어요. 한국 사람들이 영어를 잘하
면 할 것은 있죠. 영어를 잘하든지, 취미를 잘 살리든지 해야지, 막연히

동경만 가지고 온다면 실패에요. 현지인을 사귀는 것을 한국인들은 정말 잘 못 하거든요. 그래서 저는 페이스북을 통해서 했어요. 영어도 배울 겸 영어로 페이스북도 하고, 말레이시아 사람들도 한국 사람들을 좋아해요. 그래서 친구들을 사귀었더니 지금은 200명 정도 돼요. 그 사람들과 등산만 가는 게 아니라 여행도 가고 3월엔 거기도 가요, 히말라야 안나푸르나. 그런데 한국에서 안나푸르나 가려면 250만 원 징도 드는데 여기에서 가면 100만 원 선에 가요.

– P 씨, 60세, 남성, 자영업, 거주 7년 차

은퇴이주로 말레이시아를 결정하기에는 부부간의 동의 역시 매우 중요한 역할을 한다.

제 경우는 아내가 오히려 더 적극적이었어요. 자식들과 떨어져 부부만 온 경우도 있는데, 그런 사람들도 많아요. 그런 분들은 주로 골프 이런 거 말고 여가활동은 주로 교회에 나가든지 해요. 저도 여기 오자마자 하도 심심해가지고 한국 사람들 사귀려고 한인 교회라는 교회를 갔었어요. 그런데 교회들 사이에 경쟁이 심해서 지금은 안 다녀요.

– P 씨, 60세, 남성, 자영업, 거주 7년 차

하지만 교회의 긍정적인 기능도 있다. 교회는 말레이시아 생활 정보 교환의 장일 뿐만 아니라 인적, 물적 교류의 장이기도 하다. 이런 점에서 교회는 한국인 은퇴이주자들에게 말레이시아에서의 생

활 적응과 정보와 자료 교류의 장이자 소통의 장으로서의 의미를
지니고 있다고 말할 수 있다.

교회에서 많은 정보를 교환하는 것은 사실입니다. 저희 애들 같은 경
우에도 다녔거든요. 왜냐면 주말에 갈 데가 없잖아요. 그래서 주말에
교회에 가서 나쁜 짓은 안 할 테니까. 애들에게는 교회에 가라 해요. 애
들이랑 가서 놀라고 애들이 거기를 안 가면 놀 데가 없어요. PC방밖에
없어요. 차라리 교회 가는 게 나아요. 애들한테 중요한 정보를 많이 주
잖아요.

- K 씨, 55세, 여성, 주부, 거주 10년 차

나아가 은퇴이주자들의 MM2H에 대한 인식과 평가는 MM2H
의 문화적 특징과 의미를 이해하는 데 중요하다.

제 생각에 MM2H는 실패라기보다는 원래 의도를 벗어났다고 봅니다.
그렇게 활용되고 있다고 봐야죠. 은퇴비자가 아닌 조기유학을 위한 비
자 문제를 해결하기 위한 거라고 볼 수 있다고 봐야죠. 이제 MM2H는
비자 문제예요. 다른 학교 다니는 사람들은 매 1년에, 1년에 해야 하죠.
우리는 10년 차니까 애들 학교 다닐 때 오라 가라 귀찮게 안 하고 그게
자녀가 24세까지 된다고 하더라고. 그런데 아직 큰애가 24세가 안 됐는
데 바꾸래요. 학생비자로 바꾸래요. 고등학교까지니까. 11학년까지는
MM2H가 되는데 대학교 들어가서는 안 된대요. 그래서 바꿨어요, 작

년에. 그러다가 MM2H 비자에서 학생비자로 바꾼 거죠. 그런데 그게
한국 사람들 편하게 하라고 그렇게 만든 거잖아요.

- K 씨, 55세, 여성, 주부, 거주 10년 차

한편, MM2H 활성화를 위해선 대사관의 역할 역시 매우 중요
하다. 대사관의 역할에 대해서는 다음과 같이 말한다.

대사관에서 MM2H를 포함한 비자 문제를 빨리빨리 해결해줘야 한다
고 생각해요. 말레이시아에서는 비자 문제가 중요해요. 비자 문제를 해
결하는 데 대사관이 좀 더 신경을 써줬으면 해요.

- P 씨, 60세, 남성, 자영업, 거주 7년 차

그렇다면 말레이시아로의 은퇴이민의 특징과 의미는 무엇일까.
말레이시아로 은퇴이주해서 적응하면서 살아가기 위해선 어떤 조
건과 노하우가 필요한 것일까.

말레이시아에서 생활하기 위해선, 우선 말레이시아 생활 자체를 누려
야겠죠. 글로벌한 경험이죠. 특히 애들한테는 글로벌하게 살 수 있는 좋
은 경험이죠. 한국에서는 우물 안 개구리인데 바깥세상을 저렴한 가격
으로 경험하는 거죠. 견문을 넓혀주는 거죠. 은퇴이주도 하기 나름인
거죠. 저는 성공했는데, 실패해서 다들 가고. 이상하게 한국 사람들은
적응을 잘 못 하더라고요. 놀려고만 하고요. 한국 사람들끼리만 놀려고

하고, 그리고 노는 방법을 잘 몰라요. 말이 안 되고 말이 통하지 않으니까. 둘이 와서도 자기 취미만 살리고, 같이 살 수 있는데 나이가 드니까 뭘 해도 자신이 없고, 현지인들에 대한 두려움도 있고 그래요. 하지만 어울리려고 노력해야죠.

- P 씨, 60세, 남성, 자영업, 거주 7년 차

다른 사례를 통해 MM2H의 특징과 문제점에 대해 살펴보자.

MM2H와 같은 정책은 말레이시아 정부에서 추진하는 외국인을 위한 이민정책 같은 거잖아요. MM2H 비자 받는 과정이 무척 힘들어요. 많은 서류가 들어가야 되고, 한국 내 은행 잔고와 재정 상태 같은 것 모두 제출해야 하고, 범죄 사실 등이 모두 깨끗해야 되지요. 한 마디로 돈이 있는 사람이어야 된다는 거죠. 외국 사람들에게 투자를 하게 하는 거예요. 하지만 MM2H 비자를 2년마다 갱신해야 하는데, 그게 굉장히 힘들어요.

- P 씨, 60세, 남성, 자영업, 거주 7년 차

은퇴이주는 광고가 널리 퍼져서 많이 알려진 것은 사실이지만, 현실적으로 매우 어려운 상황에 처해있다. 한국 식당 운영으로 성공한 한 은퇴이주자는 다음과 같이 말한다.

한국 사람들의 은퇴이민은 많지가 않습니다. (NM2H가 적용)되긴 되는

데 어르신들이 이쪽으로는 많이 안 오세요. 은퇴이민은, 한국 분들한 테는 성공한 케이스는 아니라고 봅니다. 일단 딱 두 분이 오셔가지고, 처음엔 좋죠. 처음에 2년은 되게 좋아하세요. 매일 골프장 가고 두 분이 손잡고. 그리고 이제 딱 넘어가면 되게 갑갑해하세요. 친구도 보고 싶고. 한국을 자주 왔다 갔다 하시면 들어오는 횟수가 점점 적어져요. [...] 그리고 이 나라에는 교포 2세가 없어요. 왜냐하면 말레이시아는 영주권을 안 줍니다. 그러니까 살다가 가라는 거예요. 여기서 취직을 하는 게 아니고 공부를 하고 가라는 거죠. [...] 나이 든 사람들은 골프 치러 와요. 은퇴이민으로 MM2H 많이 했어요. 나이 많이 드시지 않고 적당하게 드신 분들은 은퇴 후 사업하러 많이 오셨어요. 그런데 사업 아이템은 많지 않아요. 그리고 말레이시아에 대해 잘 모르시고 오시는 분들이 많아요. 지나가는 소리로 사업이나 해보겠다 하고 PC방 시작했다가 망한 경우가 사실 많아요.

- D 씨, 62세, 남성, 자영업, 거주 15년 차

이상의 언급에서 알 수 있는 바와 같이, 한국인들이 말레이시아로의 은퇴이주를 원하는 이유 중 하나는 말레이시아가 외국인들에게 영주권을 제공하지 않는 나라이기 때문이다. 한국인들은 현지에서 체류자 신분이다. 그리고 현지에서 한국인 은퇴이주자들을 위한 사업 대상이나 아이템이 풍부한 편도 아니다. 이런 이유로 한국인 은퇴이주자들은 말레이시아에서 생활하는 데 많은 어려움을 겪고 있다.

3. 한국인들의 은퇴이주 대상지로서 말레이시아와
말레이시아 한인 사회의 내부 분화, 그리고 '빗장 공동체'로서의 한인 사회

한국인들의 은퇴이주 대상지로서 말레이시아

한국의 이민사는 변화를 거듭해왔다. 앞선 세대의 이민자들이 가난을 벗어나 생존하기 위해 한국을 떠났다면(이광규 2000, 김현정 2013: 59에서 재인용), 1990년대 중반 이후부터 이민은 한국보다 살기 좋은 나라를 찾아 떠나는 이민으로 해외이민의 특성과 의미가 변화하였다(김현정 2013: 59). 이러한 변화 속에 한국인들의 은퇴이민이 자리 잡고 있다. 은퇴이민이 본격적으로 유행하기 시작한 것은 2005년 무렵으로 추정된다. 한국인들의 말레이시아로의 이주가 이전에 비해 상대적으로 본격화되고 대규모화된 것은 말레이시아 정부에서 외국인 유치를 위한 은퇴자 이주 촉진책이 한국인들 사이에 알려지기 시작하였기 때문이다. 이러한 이주정책은 한국인들의 은퇴이주를 촉진시킨 주요 요인이었다(시사저널 2012.09.19., 김현정 2013: 59에서 재인용).

최근에 한국의 환경 문제도 한국인들의 해외이민·이주 또는 국제이민·이주를 부추기는 주요 원인 중 하나로 부각되었다. 한국의 심각한 '미세먼지'와 '초미세먼지'가 해외(국제)이민·이주의 배출 요인push factor의 하나로 작용하기 시작한 것이다. 이러한 '미세먼지'와 '초미세먼지'를 피해 해외로 이주하고자 하는 사람들을 '에어노마드'족이라 부른다.

한국 사회에서 현실화되고 있는 '에어노마드'족은 2019년 한국 사회 이민과 이주의 새로운 단면이다. 과거에는 없던 이유로 살던 나라를 떠나려는 사람들이 생겨나듯이 요즘은 이민 형태도 과거와는 사뭇 다르다. 외국에서 살다가 귀국한 사람들이 다시 나가는 사례도 있고, 처음 이민을 꿈꾸는 사람들도 '영원히 떠난다'기보다는 '일단 벗어나자'라는 생각에서 출국을 계획하는 경우도 늘고 있다. 이들은 조건과 상황이 달라지면 언제라도 돌아올 수 있다고 생각하는 이민자들이다.

말레이시아는 동남아시아 국가 중 정치적으로나 경제적으로 안정된 나라에 속하며, 치안이 가장 잘 정비되어있어 가장 안전한 나라 중 하나로 꼽히고 있다. 보다 격조 높은 생활을 영위하기 위한 매혹적인 주위환경과 다양한 음식뿐만 아니라 각양각색의 다채로운 문화까지 즐길 수 있다.

2015년 2월 말레이시아 전체 지역 체류 교민은 약 1만 2,690명으로 추산되었다. 이는 말레이시아 이민국 통계와 한인회 및 영사협력원이 추정한 교민 수를 가중하여 파악한 통계자료이다. 2014년 추정 교민 수 1만 4,000명과 비교하면 1,000여 명이 줄었으며 이는 유학생 감소 등의 이유로 추정되었다. 지역별로 구분하여 보면 쿠알라룸푸르 및 인근 지역이 9,750명, 사바·사라왁주 1,147명, 페낭주 877명, 조호바루를 포함한 조호주 916명 등으로 집계되었다.[10]

쿠알라룸푸르를 중심으로 한 수도권 지역에 거주하는 교민 비중이 압도적으로 높은 것은 사실이지만, 비수도권 지역의 교민 숫자도 무시할만한 수준은 아니다. 이런 점에서 수도권과 비수도권 한인회의 활동을 단순 비교하기는 어렵지만, 지역별 변이에 따른 한인회 활동의 공통점과 차이점을 비교론적 관점에서 기술, 분석하는 작업은 유의미한 시사점을 제공해줄 것이다. 이 장에서는 이에 대한 비교 분석을 시도하고자 한다.

한편, 조호 한인회는 작지만 강한 한인회로 한 가족같이 편안하고 서로를 아끼며 겸허한 마음으로 상의하고 소통하는 한인공동체를 표방하고 있다. 작지만 소통으로 화합하는 'ONE JOHOR KOREAN'를 모토로 내세우고 있다.[11]

말레이시아의 한인들은 2016년 말에는 약 2만 명으로 집계되었으며, 2019년 2월 현재 약 3만 명 정도가 말레이시아 전역에 거주하고 있는 것으로 추산되고 있다.[12]

말레이시아로의 한인들의 간헐적인 이주는 일본 점령기였던 1940년대에 처음으로 시작되었다가, 이후 1960년대 초반부터 서서

---

10 이들 교민들은 자영업 45퍼센트, 학생 25퍼센트, 주재원 20퍼센트, 기타 10퍼센트로 구성되어있으며 2000년 이후 영어교육을 위한 조기유학생 가족이 크게 증가하였으나, 2008년 세계 금융위기 이후 2015년까지 다소 줄어들었다가 2015년 이후 점진적으로 늘어나고 있다. 장기체류 교민 인구의 변동 폭 역시 줄어든 반면, IT, 영업, 판매업 등 비즈니스 목적의 단기 방문자는 계속 증가하는 추세이다.(http://koreanpress.net/detail.php?number=2316&thread=22r13 참조)

11 http://koreanpress.net/detail.php?number=1045&thread=22r08r04

12 말레이시아 한인들은 수도인 쿠알라룸푸르와 인근 지역에 약 70퍼센트인 2만 1,000명 정도가 거주하고 있으며, 페낭에 4,000명, 그리고 조호바루와 말라카 등을 포함한 도시 지역에 5,000여 명이 거주하고 있는 것으로 알려져 있다.

히 본격화된 것으로 전해진다. 그 이전 시기의 이주의 역사에 대해서는 알려진 바가 거의 없다. 말레이시아 한인들은 주로 식당업, 여행사, 관광중개업, 학원 등의 서비스업이나 교회와 성당 등의 종교기관 등에 종사하고 있다. 무슬림 국가임에도 비교적 일찍부터 선교사들이 다수 활동하고 있는 것으로 알려져 있다. 말레이시아 한인 사회가 형성되기 시작한 지 약 60년에 이르며 한인 사회가 어느 정도 정착과정을 거쳤으나, 여전히 많은 수의 한국인들이 조기유학, 은퇴이민, 부동산 투자, 관광, 한류 등을 이유로 말레이시아를 찾고 있고 이로 인해 말레이시아는 현재 한국인 유동인구가 많은 나라 중 하나가 되었다.

말레이시아 한인 사회의 내부 분화

현재 한인 사회는 큰 변화 과정 속에 놓여있다. 많은 수의 한인이 이미 암빵 한인 사회에서 신개발 지역인 몽끼아라 지역으로 이전한 상태이며, 이제 새로이 말레이시아에 들어오는 사람은 암빵 지역을 거치지 않고 곧바로 몽끼아라에 정착하는 경우가 급속히 늘어났다. 이에 따라 몽끼아라 지역에는 새로운 한인 집거지 및 상권이 만들어졌으며, 이곳은 제2의 한인 사회 또는 신新한인 사회라 불리고 있다. 기존에 암빵 한인 사회라는 하나의 지역에 국한되어있던 한인 사회의 근거지 또는 본거지가 두 곳으로 분할된 것이다. 이로 인해 현재 한인 사회 내에는 눈에 띄는 변화가 나타나고 있다.

특히 눈길을 끄는 지역이 몽끼아라이다. 쿠알라룸푸르 내에서 몽끼아라는 개발 호재가 많은 편으로 투자자들의 주목을 끄는 신흥 지역이다. 현지 언론에서도 "말레이시아 투자 괜찮나, 개발 호재 많은 몽끼아라 주목"과 같은 기사 제목으로 개발 및 투자 유치를 위한 홍보에 많은 관심을 기울이고 있는 지역이 바로 몽끼아라이다. 그 대표적인 예로, 말레이시아 현지 건설사 선라이즈Sunrise에서 개발하는 몽끼아라 콘도미니엄을 들 수 있다. 이곳은 단지마다 수영장이 필수로 갖춰져 있다. 몽끼아라 내 단지마다 설치된 수영장에서 수영을 즐기고 헬스클럽에서 운동을 하는 한인들의 모습은 흡사 미국 베벌리힐스나 유럽 고급 주택가를 연상케 했다.

한편, 암빵 한인 사회는 이전에 일본인들이 거주하는 지역이었다. 그러나 일본인들이 신개발지역인 몽끼아라로 빠져나가고 한인들이 그 자리를 채우면서 현재의 암빵 한인 사회가 만들어졌다.

암빵은 현지 신문에 'Ampang, 한인 사회'라고 나올 만큼 한국 사람이 많이 사는 곳이다. 현지 말을 몰라도 전혀 불편함이 없을 정도로 한국인을 위한 모든 시설이 갖춰져 있는 곳이다. 간판도 모두 한국어로 되어있으며, 10개가 넘는 한국 식당, 커다란 한국 슈퍼마켓, 한국 아이들을 위한 학원 등이 있다.

이곳에는 말레이시아에서 일하는 사람들도 있겠지만, 가장 많은 부분을 차지하는 것이 아이들을 교육하기 위해서 한국에서 온 기러기 엄마들이다. 암빵 주변에는 아이들을 위한 국제학교들이 많이 있고, 생활하기 편리하기 때문에 기러기 엄마들이 이곳에 많이 산다.

말레이시아의 국제학교에 입학시키기 위해 이곳에 오는 한국 기러기 엄마들의 수는 점점 늘어가는 추세이다. 아직은 한국 사람들에게 낯선 말레이시아에 왜 한국 엄마들의 수가 늘어나는 것일까?

말레이시아는 말레이계(62퍼센트), 중국계(22퍼센트), 인도계(8퍼센트) 및 기타 소수 인종과 외국계 등으로 구성된 다종족, 다민족 국가이다(2020년 12월 현재 통계자료 참조). 말레이어Bahasa Melayu가 공용어이긴 하나, 워낙 다양한 민족이 살다 보니 영어가 보편적으로 사용되고 있다. 동남아시아를 돌아다녀 본 사람은 말레이시아가 외국인에게 얼마나 편리한 나라 중 하나인지를 실감하게 된다. 대부분의 동남아 국가에서는 영어가 통용되지 않는다. 하지만 말레이시아와 싱가포르에서는 택시, 상점, 길거리를 지나가는 사람들에게 영어로 질문을 해도 바로바로 영어로 대답을 들을 수 있다. 말레이시아 대부분의 국민이 영어를 자유롭게 구사하는 것을 볼 수 있다.

영어와 중국어를 함께 배울 수 있는데, 영어, 말레이어 외에도 중국인들 사이에는 중국의 각종 방언(Hokkien, Cantonese, Hakka, Mandarin)이 사용되며, 인도인들은 타밀어, 힌디어를 사용한다. 이곳에서는 같은 중국인끼리도 중국어가 아닌 영어로 대화하는 것을 쉽게 볼 수 있다. 중국어 또한 종류가 워낙 다양하다 보니 자신들끼리도 중국어로 대화가 통하지 않기 때문에, 영어를 사용할 수밖에 없는 것이다.

다종족, 다민족이 살다 보니 말레이에서 라디오를 듣다 보면 정말 많은 언어를 접할 수 있다. 말레이, 중국인, 인도인들을 위한 영어, 중국어, 힌디어, 타밀어, 말레이어로 방송되는 프로그램도 쉽게 들을 수 있다. 이렇게 다양한 언어에 노출될 수 있다는 것은 말레이시아가 가진 매력 중 하나일 것이다. 이런 언어적 환경에 의해 말레이시아인들에게 2개 또는 3개 국어를 능숙하게 구사하는 것은 당연한 일일 것이다. 말레이시아 차이니즈들은 보통 4개 국어를 한다. 영어, 말레이어, 북경어, 가족의 고향 중국어를 자유롭게 구사한다. 한국에서 4개 국어를 구사한다는 것은 대단한 일이지만, 이곳에서 4개 국어는 그리 대단한 일이 아니다. 이렇듯 아이들이 다양한 언어를 자연스럽게 습득할 수 있다는 점이 한국 엄마들을 말레이시아로 불러들이고 있다. 영어와 함께 중요시되는 중국어를 습득할 수 있기 때문이다.

한국의 콩글리시처럼 이곳에도 망글리시라고 불리는 현지화된 영어들이 많다. 이런 영어습관을 고치고자 신문에서는 잘못된 영어 표현을 고쳐 쓰는 법에 대해 연재를 하기도 한다. 말레이 영어의 특징은 중국 언어의 영향으로 영어의 끝에 la를 붙이는 일이 많다. 예를 들면, sorry la~, ok la~ 이런 식으로 중국어처럼 영어를 쓴다. 또한, 영어를 간단히 줄여서 말하는 경향이 있다. 대부분의 영어는 can, cannot으로 대화가 가능할 정도로 can에 많은 의미들이 첨가되었다. 비록 말레이시아의 영어가 완벽하진 않더라도, 다른 국가에 비해 싼 비용으로 아이들을 교육시킬 수 있는 점, 영어뿐만 아니라 중국어를 습득하기 좋은 환경과 국제학교들이 서구권 학교들과 비교해도 전혀 떨어지지 않을 정도로 높은 수준이기 때문에 호주,

캐나다로 조기유학을 가던 기러기엄마들이 말레이시아로 발길을 돌리고 있다.

앞으로 이러한 경향은 점점 증가할 것으로 보인다. 또한, 다민족 국가인 말레이시아 영어는 인도계 영어, 중국계 영어, 호주계 영어, 미국식 영어, 영국식 영어, 아프리카 영어, 중동식 영어, 필리핀 영어, 스리랑카 영어, 미얀마 영어, 싱가포르 영이, 홍콩식 영어 등 전세계 영어 60개 국가가 공용어로 사용하는 영어를 알아들을 수 있고 경험할 수 있는 가장 유리한 환경의 국가다.[13]

플라자몽끼아라Plaza Mont Kiara는 몽끼아라의 리조트 사무용 복합단지로, 30개국 이상의 국적을 자랑하는 수많은 외국인이 거주하고 있는 초국적 공간이다. 특히 전체 거주 인구의 거의 절반을 차지하는 일본인, 한국인 및 싱가포르인이 주요 거주민들이다. 플라자몽끼아라는 2000년 3월에 시작된 몽끼아라 펀데이Mont Kiara Funday, ABCArts, Bric-a-Brac & Crafts 마켓을 조직하여 광장에 3만 8,000평방피트(3,500제곱미터)의 분수대 안뜰에 100개의 전시장 포장마차를 지니고 있다. ABC 마켓은 골동품, 서적, 빈티지 의류, 의류, 가정용 장식용품, 교육용 장난감, 아동복, 공예품, 보석류, 가방 및 기타가 있는 문화, 예술 및 공예품의 아말감을 특징으로 하는 'Made-in-Asia' 신발, 화분, 과일, 아시아 음식 전시장이다.

주간 시장은 일요일에 개최된다. ABC 마켓은 하루 종일 최소한

---

13 www.kukinews.com

3,000명의 사람을 끌어모으고 있다. 선라이즈 버하드Sunrise Berhad는 말레이시아 예술 및 공예품을 홍보하기 위해 주로 운영된다. 수년에 걸쳐 시장은 플라자몽끼아라의 거주자들의 라이프 스타일의 일부가 되었다. 매주 목요일 분수 안뜰에서 몽끼아라 광장의 피에스타 나이트Fiesta Nite라는 야시장이 열린다.

몽끼아라 지역에는 두 개의 유명 국제학교, 즉 가든 영국식 국제학교British Garden International School, 몽끼아라 미국식 국제학교American Mont'Kiara International School가 있다. 쿠알라룸푸르의 LFKLLycée Français Kuala Lumpur 학교는 앙군 푸리Anggun Puri 맞은편의 잘란 두타마스라야Jalan Dutamas Raya 골목에서 3킬로미터 이내의 거리에 있다.

한편 1990년대 후반, 당시 몽끼아라는 신개발 프로젝트에 따라 급속한 발전을 이루는 중이었다. 본래 미개발 지역이었던 이곳에 대규모 주택단지가 만들어지고 학교, 국제학교, 병원 등 인프라가 구축되고 상권이 형성되었다.[14] 이에 따라 일본인들을 비롯한 다양한 국가 출신의 이주민들이 몽끼아라에 터전을 잡게 된 것이다. 이런 점에서 한인들의 몽끼아라로의 이주 또는 이전은 이러한 흐름보다 한 박자 늦은 출발이었다고도 말할 수 있을 것이다.

끝으로, 한인들이 본격적으로 몽끼아라에 이동하여 새 터전을 잡기 시작한 것은 지금으로부터 10여 년 전부터다. 몽끼아라에서 회식이나 모임을 가지면서, 혹은 사업상 오가면서 이곳을 알게 된

---

14 http://en.wikipedia.org/wiki/Sri_Hartamas

사람들에 의해 몽끼아라가 알려지기 시작했고, 한인들 사이에서 몽끼아라가 살기에 쾌적한 곳이라는 인식이 만들어졌다.

현재 말레이시아 한인과 한인 사회는 요동과 격동의 시대를 맞이하고 있다고 해도 과언이 아니다. 말레이시아의 한인 사회는 1990년대 초반 무렵부터 본격적으로 형성되기 시작하여 현재까지 지속과 변화를 거듭하고 있다. 시기적으로 오랜 역사를 지니고 있다고 보기가 어려우며, 한인 사회의 규모 또한 그다지 크다고 할 수는 없지만, 말레이시아 한인 사회는 그 어떤 다른 국가의 한인 사회보다 더 유동적이고 변화의 폭이 넓고 복합적인 특성을 지닌 사회라고 할 수 있다.

암빵 한인 사회는 1990년대 초반에 형성되기 시작하여 1990년대 말에 이르러 본격적인 한인 사회로서 면모를 갖추기 시작했으며, 2000년대에 들어서면서 한인 사회로서의 확고한 위치를 잡게 되었다. 그러나 이러한 추세는 2010년을 기점으로 시작된 한인들의 몽끼아라 이주로 인해 한풀 꺾이기 시작했고, 몽끼아라에 '신한인 사회'가 형성됨에 따라 암빵 한인 사회에서 한인의 입지가 축소되고 있는 상황이다.

이러한 현상은 여타의 교포사회들에 비해 말레이시아 한인 사회가 지닌 유동적인 성격을 보여주는 것이라고 볼 수 있다. 말레이시아 한인들은 개인이 가진 자원을 이용하여 한인 사회 내에서의 위치 변화를 시도하는 데 적극적이며, 이는 또한 현지 사회에 대한 한인 사회의 대응에서도 잘 드러난다.

이와 같이 말레이시아 한인 사회는 변화에 능동적인 모습을 보인다는 점에서 고유하면서도 독자적인 특징을 지니고 있다고 할 수 있다. 이는 어느 정도 말레이시아 한인 사회 내의 구성원 비율이 갖는 특이점에서 비롯된 현상으로 해석될 수 있을 것이다.

앞서 언급한 바와 같이, 말레이시아 한인 사회는 기러기 가족이 과반수를 점하고 있는 가운데 주재원과 자영업자들이 나머지의 대부분을 차지하고 있다. 그런데 기러기 가족은 본래 장기적인 거주를 위한 목적이 아니라 대체로 자녀의 중고등학교 교육을 위해 5~6년 체류를 목적으로 들어온 사람들이며, 교육 환경 및 조건을 가장 크게 염두에 둔다는 점에 비추어볼 때, 보다 '좋은 교육'을 실현할 수 있는 곳이 있다면 기꺼이 한 곳에 구속되어있을 필요가 없는 사람들에 속한다고 볼 수 있다. 또한 주재원 역시 영주를 목적으로 체류하는 것이 아닌 단기 계약으로 들어온 사람들이며, 경제적인 측면에서 여유가 있기 때문에 보다 나은 환경이 주어지면 그것을 마다하지 않을 사람들인 것이다.

이런 의미에서 자영업자들 역시 그 특성상 한인들의 이동이 있다면 그에 발맞추려는 경향을 보이게 마련이다. 이러한 인구 상의 독특한 구성 비율이 말레이시아 한인 사회가 갖는 유동적인 성격을 가능케 하는 하나의 요인이 될 수 있다고 볼 수 있다.

말레이시아 한인 사회가 변화에 빠르고 능동적으로 대응한다는 관점에 비추어볼 때, 말레이시아 한인들이 현재까지는 앞빵 한인 사회의 난관과 한계에도 불구하고 당분간은 이에 대응할 수 있을 것으로 기대된다. 암빵 한인 사회는 이란인의 대량 유입으로 두 집단 간 갈등이 조성되고 있는 것이 사실이지만, 기존에 한인들이 그래왔던 것처럼, 변화하는 조건 속에서 유동적으로 대응해 나간다면 양자 간 갈등과 대립을 극복해낼 수 있을 것으로 기대되기도 한다.

'빗장 공동체' [15]로 인식되는 한인 사회

이 절에서는 "현지인에게 '빗장 공동체gated community'로 인식되는 말레이시아 한인 사회: 말레이시아 한인 사회의 정착과 발전"이라는 주제로 말레이시아에서 한인 사회가 형성, 변화를 겪는 과정의 사회경제적, 문화적 특징과 의미에 대해 기술, 분석한다(조원일·윤지원 2016). 이를 위해 여기서는 말레이시아 한인 사회에 대한 조작적 정의operational definition를 '빗장 공동체'로 규정하고자 한다(정헌목 2012; 최은영 2004). 이러한 조작적 정의를 바탕으로 '빗장 공동체'로서의 말레이시아 한인 사회의 문화적 특징과 의미를 살펴본다.

---

15 이 용어는 원래는 "공공 공간이 사유화되어있고, 접근이 제한되는 주거지역"을 가리킨다. 하지만 그 의미가 확장되어 현재에는 빗장(gate)이나 빗장을 통한 통제 시스템(gate control system)과 단지 주변을 두르는 담장에 의해 주변 공간과 구별되는 폐쇄적인 공간을 갖춘 폐쇄적인 공동체 또는 그러한 사회를 가리키는 용어로 사용되기도 한다. 번역상의 어려움이나 난점으로 인해 혹자는 이를 번역하지 않고 '게이티드 코뮤니티'라고 풀어쓰기도 한다. 여기서는 번역상의 의미에 약간의 차이가 있음에도 불구하고 이 용어를 '빗장 공동체'라고 번역하여 사용하기로 한다. 통상적으로 빗장 공동체의 형태는 다양할 수 있으나 이들은 모두 타자를 대상화하는 공간적 분리에 기초하고 있다는 점에서 공통적인 특징과 의미를 지닌다.

게이티드 커뮤니티gated community의 한글 번역어라고 할 수 있는 '빗장 공동체'란 "공공 공간이 사유화되어 출입이 제한된 주거단지"(Blakely and Snyder 1999: 2, 정헌목 2012: 38에서 재인용)로, "주거단지 입구에 게이트와 이를 통제하는 게이트 컨트롤 시스템(단지 출입 시스템), 그리고 단지 주변을 두르는 담장에 의해 폐쇄적인 영역성을 제공하는 커뮤니티"(김석경 2007: 61, 정헌목 2012: 38에서 재인용)를 가리킨다. 공통의 주거용 건물뿐 아니라 각종 생활편의 시설들, 그리고 동질적인 사회계급을 지닌 사람들 사이의 상호작용을 촉진시키는 공간적 문법이 작동하는 것으로 여겨짐으로 인해 커뮤니티가 위치한 근린주구의 경계를 규정하는 게이트와 담장은 내부의 주민들과 외부의 비거주자들을 물리적으로뿐만 아니라 사회적, 심리적, 정서적으로도 구분하는 가시적 장벽 역할을 수행한다(Low 2003: 12, 정헌목 2012: 38에서 재인용).

폐쇄성이 나타나는 공간 규모에 따라 빗장 도시와 빗장 공동체로 구분할 수 있다. 원래 빗장 공동체란 구미와 동남아시아의 도시에서 관찰되는 사설경비시설이 갖춰진 작은 공간 규모의 최고급 주거지역을 가리키지만(남영우·최재헌 2001), 관찰된 폐쇄성의 공간 규모가 공동체community와는 뚜렷하게 구분되기 때문에 빗장 도시라는 용어가 더 선호되기도 한다(최은영 2004).

원래 빗장 공동체는 기원전 300년 자신들의 숙영지와 그 근처에 성벽을 짓고 모여 살았던 로마 군인들에게서 기원을 찾을 수 있으며, 현대적인 형태의 빗장 공동체가 본격적으로 조성된 것은 19세기부터다. 1885년 뉴욕 근교에 조성된 턱시도 파크가 현대적인 빗장 공동체의 시초이다. 이곳은 뉴욕에 직장을 둔 상류층을 겨냥하여 사냥과 낚시 등의 여가활동을 할 수 있는 최고급 리조트를 개발하면서 주변에 주택을 건설한 대표적인 빗장 공동체이다. 이후 19세기부터 20세기 초에 걸쳐 조성된 빗장 공동체들은 호화로운 리조트를 중심으로 주거단지를 개발해왔고, 이 공동체에 거주하는 입주자의 98퍼센트 이상이 백인들이었다. 이처럼 초기의 빗장 공동체는 은퇴자들의 실버타운과 최상류층의 주거단지로 제한되었으나, 1970년대에서 1990년대로 접어들면서 이들 공동체의 입주자들은 대부분 중산층으로 바뀌었다. 또한 담과 게이트 설치가 용이하고 경비원 고용이 저렴한 아파트와 연립주택 같은 공동주택에서도 빗장 공동체가 생김에 따라 그 수는 급증하기 시작하였다.

빗장 공동체의 출현과 성장 과정은 다음과 같다. 미국에서 빗장 공동체가 출현하고 성장하게 된 배경에는 지구화 및 신자유주의 경제 구조로의 재편과 함께, 인종적·민족적 이질성의 증대를 야기한 아시아계 및 라틴계 이민자 급증에 있다고 한다. 이러한 맥락에서 타인(예를 들어, 인종적 소수자)을 잠재적 범죄자로 여기는 백인 중산층이 더 이상 교외에 사는 것만으로는 타인과의 공간적 분리를 충족시킬 수 없는 상황 속에서 찾은 대안이 빗장 공동체라는 것이다. 즉 빗장 공동체는 사회적 환경을 사적으로 통제하기 위한 시도이다. 이러한 의미에서 빗장 공동체의 개발을 영토적 통제라는 교외 이데올로기의 논리적·진화적 진척으로 이해될 수 있는 것이다.

그러나 빗장 공동체가 범죄에 대한 두려움에서 생겨나는 것만은 아니다. 빗장 공동체 거주자들 사이에서는 범죄에 대한 두려움과 함께 경제적 불안정 및 사회적 지위에 대한 두려움 또한 발견된다. 범죄와 관련하여 사적인 빗장 공동체의 창출이 지닌 이득은 주로 상징적이다. 빗장 공동체는 빗장이 없는 유사한 교외 공동체와 비교해서 안전도가 높지 않은 것으로 나타나기 때문이다.

또한 빗장 공동체는 사회적 지위와 관련해서도 상징적인 방어 기능을 제공할 수 있다. 타자와의 구별을 만들어내는 단지 내에서의 생활이 현대 정치경제의 불확실성에 노출된 거주자들에게 자신의 지위를 확인시켜주는 기능을 하는 것이다. 이처럼 사람들이 빗장 공동체를 선택하게 된 동기는 복합적이다. 공동체의 추구, 자신의 유년기 근린의 재창출, 안전, 범죄에 대한 두려움, 타인에 대한 두려움, 질서정연함과 자산 가치의 보존, 서비스 제공, 퇴직자의 필요와 욕구 등이 빗장 공동체를 선택하는 주된 동기라고 할 수 있다.

이러한 이유로 빗장 공동체의 형태 또한 다양하다. 어떤 곳은 풀장과 클럽하우스처럼 모든 거주자들이 공유할 수 있는 시설을 갖추고 있는 반면 주택만 있는 곳도 있다. 어떤 곳은 큰 독립 주택만 있는 곳도 있지만 콘도미니엄과 렌털 타운하우스가 있는 곳도 있다. 어떤 곳은 부유한 거주자를 위한 곳이지만 어떤 곳은 중간 소득 거주자들을 위한 곳이다.

빗장 공동체는 세 가지 형태로 분류될 수 있다. 첫째 라이프 스타일 공동체는 과시적 소비와 새로운 여가 계급의 표현이다. 은퇴자 공동체, 여가 공동체 등이 이에 해당한다. 둘째 상류층 공동체는 부유함과 신분 상승을 지향하는 지위 열망을 반영한다. 셋째 보안 구역 공동체는 범죄와 외부인에 대한 두려움에 대비하는 보호장치로서 담장, 출입구, 닫힌 거리, 다양한 보안 시스템으로 상징되는 두려움의 고립 구역이다.

이러한 빗장 공동체의 함의는 다음과 같다. 앞서 언급한 바와 같이, 빗장 공동체의 형태는 다양할 수 있으나 이들은 모두 타자를 대상화하는 공간적 분리에 기초하고 있다(정헌목 2012: 40-45). 이러한 공간적 분리와 구분은 주민 내부뿐만 아니라 인근 지역에 거주하는 비주민들과의 갈등과 긴장, 대립의 주요 원인으로 작용함으로써(최정민 2008 참조), 현지인들과 다른 외국인들의 한인과 한인 사회에 대한 부정적 인식의 원인이나 근거가 되기도 한다. 이런 의미에서 빗장 공동체는 사회적 파편화와 시민성의 위축을 반영하기도 한다.[16]

---

16 빗장으로 인한 위험의 실재 여부와 무관한 공포감의 생성에는 미디어의 역할이 크다고 볼 수 있다. 글래스너(Glassner 1999)는 이와 관련하여 사회의 도덕적 불안을 자극하고 그에 대한 상징적 대용물을 제공하여 이득을 취하는 미디어와 일부 전문가들을 '공포 행상인'으로 지칭하고, 이들에 의해 형성된 실재보다 과대포장된 근거 없는 불안의 생성과 관련된 사회문화적 실천을 '공포의 문화(culture of fear)'로 명명한 바 있다. 범죄예방과 빗장 공동체 확산 사이의 관계에 대해서도 이러한 '공포의 문화' 역할을 무시할 수 없는데, 로우(Low 2001: 47, 2003: 114)는 '공포의 문화'로 인해 생성된 절도, 강도, 유괴 등에 대한 다소 과장된 공포가 미국인들로 하여금 폐쇄적인 대신 안전한 물리적 환경과 공간을 추구하는 인식과 행위를 더욱 부추겼다고 주장한 바 있다(정헌목 2012: 41에서 재인용). 이러한 '공포의 문화'가 몽끼아라와 같은 빗장 공동체에 어떻게 작동하고 있고, 그 사회문화적 함의는 무엇인지를 탐색하는 작업은 말레이시아 한인과 한인 사회의 정체성 형성과 변화를 문화적 맥락 내에서 올바로 이해하는 데 큰 도움을 줄 수 있을 것으로 기대된다.

첫째 빗장 공동체는 사회 구성원 및 집단 사이의 사회적 접촉을 제한한다. 하위 계급은 (엄청난 주택 가격 때문에) 이 주거지에서 사는 것이 어려울 뿐 아니라 심지어는 그냥 지나가는 것도 금지된다. 이러한 계급분할은 사실상 인종적 분리라고 이들은 주장한다. 상이한 계급들과 인종들 간의 이러한 사회적 접촉 및 상호작용의 상실은 사회적 계약과 상호책임의 유대를 제한하고 있는 것이다. 이것은 결국 불신, 공포, 나아가서는 시민적 유대의 약화를 낳을 수 있다.

둘째 빗장 공동체는 사적 통치 형태라는 특징을 갖는다. 빗장 공동체 내에서의 공공 공간은 사적으로 제공되기 때문에 주택 소유자 협회가 거리, 공원, 여가 시설의 치안과 관리 등의 서비스에 대한 책임을 맡는다. 빗장 공동체의 부유한 구성원들은 이제 자신들에게 혜택을 주지 않는 공공 프로그램과 서비스에 대한 세금을 왜 내야 하는지 묻는다. 이들은 사회의 다른 구성원들에 대한 어떤 책임감도 연대의식도 갖지 않는데 이것이 상호성과 집합적 시민성에 기반한 민주주의와 사회에 치명적이라는 것이다. 이들은 자신들이 살고 있는 사회적 풍경에서 이탈하여 사이비 유토피아를 세운다.[17]

또한 이 절에서는 MM2H와 한인들의 부동산 투자와의 관련성에 주목하여 한인들의 말레이시아 부동산 투자의 특징과 의미에

---

[17] https://kin.naver.com/qna/detail.nhn?d1id=11&dirId=1112&docId=285072228&qb=67mX7J6lIOyCrO2ajA==&enc=utf8&section=kin&rank=1&search_sort=0&spq=0&pid=UciMPspySDlsscK5O8Rssssss8o-299890&sid=dyP8g2uS9C93CWktGNWz%2BEGQ

대해 기술, 분석한 후 MM2H가 한인들의 부동산 투자에 미친 영향에 대해 살펴본다.

2008년 세계 금융위기 이후 말레이시아는 동남아시아의 새로운 부동산 투자처로 떠올랐다. 이후 말레이시아 정부가 개방의 문을 활짝 열어놓아 외국인 부동산 투자가 줄을 이었다. 이러한 현상은 현재까지 진행 중이다.[18]

현재 말레이시아 부동산 투자엔 특별한 난관이 없는 편이다. 말레이시아 정부에서 자유화 정책에 입각하여 외국자본이나 외국의 자국 내 부동산 투자 유치에 적극적으로 나서고 있기 때문이다. 우선 동남아시아의 다른 국가와는 달리 말레이시아에서는 '프리홀드 Free Hold' 지역을 지정해 외국인에게 토지와 건물에 대한 '완전 소유권'을 인정해주고 있다. 태국, 필리핀 등 다른 동남아 국가에선 현지인 명의를 빌려 주택을 구입해야 하는 것과 대비된다.[19]

이 밖에 직계가족에 대한 증여, 상속세도 전혀 없고 분양권 전매 제한 규정 역시 찾아보기 어렵다. 선시공 후분양을 조건으로 부동산 개발 승인 기간도 보통 3~5년이 걸렸지만 말레이시아 정부에서는 이를 6개월로 줄였다.

MM2H 프로그램도 힘을 더했다. 말레이시아에는 이민제도가

---

18 2007년에 한국인이 말레이시아에서 취득한 부동산은 모두 415건이었다. 이는 2006년(71건)보다 무려 여섯 배가량 증가한 수치다. 총 투자액 기준으로도 미국, 캐나다, 싱가포르에 이어 4위다. 하지만 신고 없이 구입하는 경우가 많아 실제 투자 건수는 이를 훨씬 능가한 것으로 보인다.

19 한 예로, 2006년 11월 외국인 투자자의 부동산 소유 상한선도 폐지했다. 2017년도 4월부터는 양도소득세(Real Property Gains Tax)도 없앴다.

없어 거주를 위해서는 노동비자가 필요하다. 하지만 일종의 장기거주비자 개념인 MM2H를 통하면 얘기가 달라진다. 노동비자 없이도 일정 수준의 경제력만 증명하면 장기거주를 허가받을 수 있다. 그만큼 말레이시아 정부가 외국인 이민자를 끌어들이는 데 발 벗고 나섰다는 얘기다.

말레이시아에선 외국인이 주택을 구매할 때 금리 5.5~6.5퍼센트에 대출도 70~80퍼센트까지 가능하다. 이 덕분에 최근 쿠알라룸푸르 시내 외국인 대상 주택시장 규모가 계속 늘고 있다.

양도세가 없고 외국인도 80퍼센트까지 대출이 가능하다. 말레이시아 성장세를 봐도 향후 부동산 시장 전망은 밝다. 지난해 4분기 말레이시아 경제성장률이 7.5퍼센트로 동남아 다른 국가들을 제쳤다. 물가도 2퍼센트대에서 안정돼 있어 동남아 국가 중 살기 좋은 곳으로 손꼽힌다.

특히 말레이시아는 '이슬람 금융권 중심지'로 급부상 중이다. 현재 개발이 한창인 중동 국가와 주변 싱가포르, 인도네시아 자금이 같은 이슬람권인 말레이시아로 꾸준히 유입되고 있기 때문이다. 일반적으로 이슬람권 자금은 같은 종교계 국가로 흘러 들어가는 경향이 강한 편이다. 중동이나 아랍 국가들의 유동자금이 말레이시아로 유입되면서 성장세에 힘을 보태고 있다.

지역별로는 쿠알라룸푸르가 최우선 부동산 투자처로 꼽히고 있다. 쿠알라룸푸르 중심지인 '쿠알라룸푸르시티센터Kuala Lumpur City Center, KLCC' 주변 신축 콘도미니엄의 경우 3.3제곱미터당 1,000만 원대로 가격이 급등했다. 연간 상승률만 15~20퍼센트에 달한다.

그중에서 '말레이시아의 강남'으로 불리는 몽끼아라가 가장 급부상했다. 몽끼아라는 쿠알라룸푸르 도심에서 서북쪽으로 약 7킬로미터 떨어진 거리에 위치하고 있다. 이 지역은 수십 개 국적의 외국인들의 주거와 비즈니스가 조화를 이루고 있는 고급 인터내셔널 타운십으로, 다채로운 컨셉의 쇼핑몰과 콘도미니엄 등이 근접한 거리에 집중적으로 밀집해있고, 현지인들 사이에 최근 수년간 부쩍 주민 규모가 확대되고 개발이 더욱 활성화되고 있다(코리안프레스 2019.05.23.).[20]

몽끼아라는 한국 분당신도시 개념의 신흥개발도시로 KLCC에서 불과 7킬로미터 떨어져 있다. 무역센터와 대법원, 국세청, 왕궁 등 주요 관공서들이 밀집되어있는 곳이다. 이곳에는 58개 국적인이 거주하면서 외국인들에게 인기가 많다. 몽끼아라에 위치한 국제학교의 경우 대기자가 넘쳐 입학을 위해 1년 6개월 이상 소요될 정도다. 최근에는 미국 최초로 메릴린치에서 몽끼아라 지역에 대한 대규모 투자계획을 발표하기도 했다.

집값은 아직은 쿠알라룸푸르의 최고가를 상회하는 지역에 비해 상대적으로 약간 저렴한 편이다. 현재 한국인이 많이 거주하는 '몽끼아라 아만' 단지의 경우 215제곱미터(65평)가 4억 원 수준이다. 이보다 더 넓은 평수도 3.3제곱미터당 700만~800만 원이면 구입할

---

20 http://www.koreanpress.net/detail.php?number=3505&thread=22r05

수 있다. 현지 건설사인 선라이즈에서 2002년 분양한 몽끼아라 바유Bayu 단지의 경우 분양가와 비교해 59퍼센트 정도 웃돈이 붙었다. 단지마다 최소 20퍼센트 이상 웃돈이 붙으면서 분양 시 투자했다가 입주 전 되팔아 차익을 남기는 투자자들이 많다.

이처럼 몽끼아라는 본격 개발 중이다. 몽끼아라에서 약 3킬로미터 떨어진 데사파크시티Desapark City도 주목받고 있다. 몽끼아라는 선라이즈 등 여러 건설사들이 필지마다 개별적으로 공사를 진행하는 반면, 데사파크시티는 말레이시아 삼링그룹Samling이 192만 제곱미터(58만 평) 규모 부지를 독점 개발 중이다. 전체 부지가 외국인 투자에 유리한 '프리홀드' 지역으로 개발되는 것도 장점이다.

다만 투자할 때 주의할 점이 몇 가지 있다. 말레이시아 부동산 투자 시 양도세가 없더라도, 매도하고 국내로 양도차익을 들여올 경우 국내 양도세율 기준으로 과세를 한다는 데 유의해야 한다. 지역별로 보면 쿠알라룸푸르와 주변 지역 집값만 뛰고 있을 뿐 외곽 지역은 미분양 물량이 많아 위험할 수 있다. 실제 2007년도 말레이시아 주택시장의 미분양률은 17.7퍼센트에 달했다.

또한, 한국과 부동산 거래 시스템이 다르기 때문에 이를 반드시 확인해야 한다. 말레이시아는 은행, 변호사들이 매매 당사자를 대신해 모든 계약이나 제반 업무를 진행하는 '에스크로제'로 부동산 거래 시 불안감을 없앴다. 다만 분양하는 현지 건설사의 경영 여건과 분양실적 등을 확인해야 한다.[21]

결론적으로, 몽끼아라는 한국인 부유층뿐만 아니라 부유한 외국인들의 지속적 집중과 콘도미니엄과 펜트하우스, 고급 레지던스, 빌라, 방갈로 등 부동산 가격의 급격한 상승 등으로 가시적으로나 비가시적으로나 견고한 사회 신분적, 경제적, 문화적 장벽을 지닌 빗장 공동체 성격이 지속적으로 강화되고 있다고 말할 수 있다.

4. 맺음말

이상에서 살펴본 결과, 한국인들의 말레이시아로의 은퇴이주의 특징과 의미는 과연 무엇이며, 그에 대한 평가는 어떠한 것일까?

한국인들에게 말레이시아는 퇴직금으로 은퇴 이후의 새로운 삶을 경험할 수 있는 진정한 낙원인가? 아니면 말레이시아는 한국인들에게 단순한 여행지에 불과한 것인가? 그들이 꿈꾸는 풍요로운 삶과 세련된 생활양식을 보장할 것으로 선전하는 말레이시아의 주거 환경은 한국인들로서는 좀처럼 꿈꾸기 어려운 현실이기에 은퇴 이후의 새로운 삶을 위해 말레이시아를 찾는 한국인 은퇴이주자들의 귀를 솔깃하게 만들 매력적인 제안임에는 틀림이 없지만, 이것이 그들의 은퇴 이후 말레이시아에서의 성공적인 삶을 바로 보장해주는 것은 아니다. 이런 의미에서 한국인 은퇴이주자들에게 MM2H

---

21 선라이즈의 한국 분양 협력사인 KCB 앤 컴퍼니 정명준 사장은 "1억~2억 원 자금만 있으면 대출을 받아 5억 원 내외의 집을 구입할 수 있다"며 "외국인 수요가 많은 곳이라 임대를 통해 월 몇백만 원씩 고정 수익을 얻는 경우도 많다"고 설명한다(2019년 2월 1일 인터뷰 자료).

는 양면성을 지닌 정책이라고 할 수 있다.

이 글은 한국인들의 말레이시아로의 은퇴이주의 특징과 의미를 고찰한 것이다. 이는 한국인들의 말레이시아로의 은퇴이주를 역사적, 사회문화적 맥락 속에서 이해할 수 있는 계기를 제공할 것이다.

한국 사회 내에서 고령화, 은퇴 등에 대한 사회적 관심이 고조되고 있으며, 말레이시아로의 은퇴이주가 하나의 대안으로 받아들여지고 있는 현실을 고려해볼 때, 이 글의 의의는 크다고 하겠다. 말레이시아 정부가 스스로 나서서 한국인들의 말레이시아로의 은퇴이주를 장려하는 것은 말레이시아의 다문화 사회의 특징이 잘 반영되어있는 부분이다(임은진 2016). 말레이시아 이민정책은 이러한 문화적 다양성을 인정하는 데서부터 시작된다.

마지막으로, 이 연구의 결과는 말레이시아로 은퇴이주를 떠나는 한국인 은퇴이주자들에게 말레이시아로의 은퇴이주를 위한 기초자료의 성격을 지니고 있다. 이를 통해 그들의 은퇴이주의 특징과 의미를 사회문화적 맥락 속에서 깊이 있게 이해하는 자료와 정보를 제공하는 데 기여할 수 있을 것이다.

김나연·김성희·정은하. 2007. "남성노인의 은퇴 후 삶의 과정에 대한 근거이론
적 접근-새로운 삶의 의미를 찾아서." 『한국가족복지학』 21: 253-288.

김도혜. 2019. "'환영할만한' 은퇴이주자의 탄생: 필리핀, 말레이시아, 태국의 비
자정책을 중심으로." 『동남아연구』 28(3): 123-154.

김동엽. 2009. "동남아 은퇴이주의 실태와 전망." 『동아연구』 57: 233-267.

김석경. 2007. "게이티드 커뮤니티의 단지 환경적 특성 및 범죄안정성에 관한 연
구." 『대한건축학회논문집 계획계』 23(6): 61-70.

김수완·김순옥. 2007. "우리나라 다층노후소득보장체계의 구축 전망-사적 연금
의 수급자수 전망을 중심으로." 『사회보장연구』 23(2): 271-295.

김수철 외. 2019. 『모빌리티와 생활세계의 생산』. 앨피.

김태희 외. 2019. 『모빌리티 사유의 전개』. 앨피.

김현정. 2013. "한국 고령남성의 베트남 이주경험에 관한 질적사례연구." 『사회복
지연구』 44(4): 59-87.

남영우·최재헌. 2004. 『세계화시대의 도시와 국토』. 법문사.

낸시 에이블만. 강신표·박찬희 옮김. 2014. 『사회이동과 계급, 그 멜로드라마』.
일조각.

마이클 새머스. 이영민 외 옮김. 2013. 『이주: 21세기 경제적·정치적·사회적·문

화적 논쟁들의 중심 이주와 이민』. 도서출판 푸른길.

박공주·김양희·박정윤. 2007. "은퇴 후 귀농인의 농촌 이주준비 및 농촌 적응과 정 실태에 관한 연구." 『대한가정학회지』 45(1): 9-21.

박공주·윤순덕·강경하. 2006. "은퇴 후 귀농인의 농촌생활만족도에 영향을 미치는 요인." 『농촌계획』 12(4): 63-76.

배문조·전귀연. 2004. "은퇴에 대한 태도 및 은퇴준비에 영향을 미치는 요인." 『대한가정학회지』 42(7): 89-102.

스티븐 카슬·마크 J 밀러. 한국이민학회 옮김. 2013. 『이주의 시대』. 일조각.

시미즈 히로무. 2009. "일본인 고령자의 필리핀 장기체류: 꿈과 환멸의 사이에서 흔들리는 사람, 틈새를 살아가는 사람." 제1차 한국동남아연구소·교토대 동남아연구소 공동기획 국제학술대회(경상대학교 2009.06.19~20.) 발표논문 번역본.

안옥선. 2007. "동남아 일부 국가의 은퇴자 유치 프로그램 및 은퇴촌 조성사례 고찰." 『농촌지도와개발』 14(2): 279-299.

안정국. 2008. "한국 이주 동남아시아 무슬림의 현황과 사회적 연결망." 한국중동학회논총 29(1): 67-91.

윤순덕·강경하·박공주·이정화. 2005. "도시 장년층의 은퇴 후 농촌이주의사 결정요인." 『한국노년학』 25(3): 139-153.

윤순덕·박공주. 2006. "도시민의 은퇴 후 농촌정주에 대한 수요분석." 『농촌계획』 12(2): 37-47.

이광규. 2000. 『한국의 탐구 재외동포』. 서울대학교출판부.

이승렬·최강식. 2007. "국민연금이 중고령자의 은퇴 행위에 미치는 영향." 『사회보장연구』 23(4): 83-103.

이희상. 2016. 『존 어리, 모빌리티』. 커뮤니케이션북스.

임은진. 2016. "국제적 인구 이동에 따른 말레이시아의 다문화사회 형성과 지역성." 『한국도시지리학회지』 19(2): 91-103.

정헌목. 2012. "게이티드 커뮤니티의 공간적 특성과 사회문화적 함의: 한국의 수용양상에서의 보편성과 특수성." 『서울도시연구』 13(1): 37-56.

제임스 폴콘브리지·앨리슨 후이. 하홍규 옮김. 2019. 『모바일 장의 발자취: 모빌리티 연구 10년』. 앨피.

조원일 · 윤지원. 2016. "19세기 말레이시아와 싱가포르 지역의 화인 이주과정 연구." 한중인문학회 국제학술대회 발표문: 121-132.

존 어리. 강현수 · 이희상 옮김. 2014. 『모빌리티』. 아카넷.

최은영. 2004. "학력자본 재생산의 차별화와 빗장도시의 형성." 『대한지리학회지』 39(3): 374-390.

최정민. 2007. "게이티드커뮤니티 주거단지와 그 실태에 관한 연구: 미국 및 일본의 저층 주거단지의 사례." 『주택연구』 15(2): 99-132.

＿＿＿. 2008. "초고층 주거복합건물에 대한 지역주민의 인식에 관한 연구." 『서울도시연구』 9(3): 59-78.

피터 메리만 · 린 피어스. 김태희 외 옮김. 2019. 『모빌리티와 인문학: 인문학, 이동을 생각하다』. 앨피.

피터 애디. 최일만 옮김. 2019. 『모빌리티 이론』. 앨피.

Atkinson, Rowland and Blandy, Sarah. 2006. *Gated Communities*. Routledge.

Atkinson, Rowland and Flint, John. 2004. "Fortress UK: Gated Communities, the Spatial Revolt of the Elites and Time-Space Trajectories of Segregation." *Housing Studies* 19(6): 875-892.

Bagaeen, Samer and Uduku, Ola (eds.). 2010 *Gated Communities: Social Sustainability in Contemporary and Historical Gated Developments*. London: Earthscan.

Blakely, Edward J. and Snyder, Mary Gail. 1999. *Fortress America: Gated Communities in the United States*. Washington: Brookings Institution Press.

Bylander, M., and Reid, G. 2017. "Lifestyle migration: Escaping to the good life?" In Benson, M. and O'Reilly, K. (eds.). *Lifestyle migration: Expectations, Aspirations and Experiences*. New York: Ashgate: 1-13.

Chevan, Albert, and Fischer, Lucy. 1979. "Retirement and Interstate Migration." *Social forces* 57(4): 1365-1380.

Džankič. 2018. "Immigrant investor programmes in the EU." *Journal of*

Contemporary European Studies 26(1): 64-80.

Glassner, Barry. 1999. *The Culture of Fear: Why Americans are afraid of the wrong things*. New York: Basic Books.

Inoguchi, Takashi, Akihiko Tanaka, Shigeto Sonoda, and Timur Dadabaev (eds.). 2006. *Human Beliefs and Values in Striding Asia*. Tokyo: Takashi Inoguchi.

Kaur, A. 2014. "Managing labour migration in Malaysia: Guest worker programs and the regularisation of irregular labour migrants as a policy instrument." *Asian Studies Review* 28: 345-366.

Khoo, B. T. 2010. "Social movements and the crisis of neoliberalism in Malaysia and Thainland." IDE Discussion Paper No. 238. Institute of Development Economies. Retrieved from http://www.ide.go.jp/English/Publish/Download/Dp/238.html

Low, Setha. 2001. "The Edge and the Center: Gated Communities and the Discourse of Urban Fear." American Anthropologists 103(1): 45-58.

_____. 2003. *Behind the Gates: Life, Security and the Pursuit of Happiness in Fortress America*. New York: Routledge.

Malaysia My Second Home Program (MM2H). 2018. "MM2H Programme statistics." Retrieved from http://mm2h.gov.my/index.php/en/home/programme/statistics

Mavelli, L. 2018. "Citizenship for sale and the neoliberal political economy of belonging." *International Studies Quarterly* 62(3): 482-493.

Miyashita, Y., Akaleephan, C., Asgari-Jirhandeh, N., and Sungyuth, C. 2017. "Cross-border movement of older patients: a descriptive study on health service use of Japanese retirees in Thailand." *Globalization and Health* 13: 1-11.

Mollman, Steve. 2007. "Low Cost of Living Draws, Retirees to Southeast Asia." *WSJ Real Estate Archives*. http://www.realestatejournal.com

Nah, M. 2012. "Globalisation, sovereignty and immigration control: The hierarchy of rights for migrant workers in Malaysia." *Asian Journal of Social Science* 40(3/4): 486-508.

Ong, A. 2006. *Neoliberalism as exception: Mutations in citizenship.* Durham: Duke University Press.

Ono, M. 2008. "Long-stay tourism and internatinal retirement migration: Japanese retirees in Malaysia." Yamashita et al. (eds.). *Transnational migration in East Asia:* 151–162. Senri Ethnological Reports 77.

Phongpaichit P. 1997. "Trafficking people in Thailand." *Transnational Organized Crime* 3(4): 74–104.

Rodriguez, M. 2010. *Migrants for export: how the Philippine state brokers labor to the world.* Minneapolis: University of Minnesota Press.

Shachar, A., and Hirschl, R. 2014. "On citizenship, states, and markets." *Journal of Political Philosophy* 22(2): 231–257.

Shamir, R. 2005. "Without borders? Notes on globalization as a mobility regime." *Sociological Theory* 23(2): 197–217.

Tanasoca, A. 2016. "Citizenship forsSale: Neomedieval, not just Neoliberal?" *European Journal of Sociology* 57(1): 169–195.

Tham Siew Yean (ed.). 2013. *Internationalizing Higher Education in Malaysia.* Singapore: Institute of Southeast Asian Studies.

Toyota, M., and Thang, L. L. 2017. "Transnational retirement mobility as processes of identity negotiation: the case of Japanese in South-east Asia." *Identities* 24(5): 557–572.

Toyota, M., and Xiang, B. 2012. "The emerging transitional "Retirement Industry" in Southeast Asia." *International Journal of Sociology and Social Policy* 32(11/12): 708–719.

Toyota, Mika, Anita Bocker, and Elspeth Guild. 2006. "Pensioners on the move: Social Security and Trans-border Retirement Migration in Asia and Europe." IIAS Newsletter, no. 40., Spring 2006.

Tran, N., and Crinis, V. 2018. "Migrant labor and state power: Vietnamese workes in Malaysia and Vietnam." *Journal of Vietnamese Studies* 13(2): 27–73.

Troung, T-D. 1983. "The dynamics of sex tourism: The case of Southeast Asia."

Development and Change 14: 533-553.

Walter, William H. 2000. "Types and Patterns of Later-Life Migration." *Geograhiska Annaler.* Series B, *Human Geography* 82(3): 129-147.

Webster, C. 2001. "Gated cities of tomorrow." *Town Planning Review* 72(2): 149-169.

동아일보. 2006.04.21. "동남아 은퇴이민 사전답사가 필요하다."

시사저널. 2012.09.19. "7백만 베이부머 '은퇴 충격' 다가온다-퇴직 후 고정 소득 확보 및 금융 상품 고르는 요령."

아이티비즈. 2019.05.07. "에이스엔터프라이즈, 말레이시아 이민 MM2H 비자 및 부동산 투자&컨설팅 개최."

연합뉴스. 2019.04.12. "유원인터내셔널, 20일 서울서 '말레이시아 투자 이민 설명회'."

조선일보. 2006.09.24. "이민자들 동남아행 열풍, '죽기 살기로 일해봤자 한국선 집 한 칸도…' 박람회에 5만 명 몰려 영어조기유학도 각광."

_____. 2008.07.05. "'묻지마' 은퇴이민, 잘못 결정했다 낭패?"

주간조선. 2019.03.18. "'에어노마드'가 빚은 2019 이민 풍속도: 공기 좋은 곳에서 3개월만? 순환이민시대."

중앙일보. 2006.06.04. "롯데관광, 동남아 실버이민 관심 고조에 따라 My Second Home 답사여행 출시."

코리안프레스. 2019.05.23. "몬키아라의 新초이스…프리미엄 한국슈퍼마켓 'Freshan Grocer."

파이낸셜뉴스. 2019.03.26. "해외취업과 이민으로 떠오르는 유럽의 포르투갈·독일, 아시아의 말레이시아."

파이낸스투데이. 2019.04.19. "에어노마드족이 선택한 이민지 '말레이시아', 미세먼지 기승으로 이민 관심 증가."

한국일보. 2008.06.10. "제2인생은 길다, 해외로 은퇴 이주 붐: 필리핀·말레이시아 작년 3600명 선 귀족생활 꿈꾸면 실망, 현지화 필수."

http://atozgroupblog.com/221545725148

http://blog.daum.net/khc0373/12019412

http://blog.naver.com/esjpark?Redirect=Log&logNo=110130257712

http://blog.naver.com/esjpark?Redirect=Log&logNo=110133832048

http://en.wikipedia.org/wiki/Sri_Hartamas

http://koreanpress.net/detail.php?number=1045&thread=22r08r04

http://www.koreanpress.net/detail.php?number=3505&thread=22r05

http://www.mm2h.gov.my

https://kin.naver.com/qna/detail.nhn?d1id=11&dirId=1112&docId=285072228
&qb=67mX7J6lIOyCrO2ajA==&enc=utf8&section=kin&rank=1&search_so
rt=0&spq=0&pid=UciMPspySDlsscK5O8Rssssss8o-299890&sid=dyP8g2uS
9C93CWktGNWz%2BEGQ.

www.kukinews.com

태국
초국가주의 현상에 따른 체류자 중심 한인 사회

김홍구

1. 머리말

연구의 필요성

한국과 태국 관계의 중요성과 심화 현상은 2010년대 들어 잘 나타나고 있다. 경제적 측면에서 살펴보면, 2018년 한국-태국 양국 간 교역액은 141억 달러로 역대 최고치를 기록했다. 2010년 한-아세안ASEAN 자유무역협정FTA 발효 다음 해인 2011년 교역액(전년 대비 +30.5퍼센트, 약 139억 달러)을 넘는 수치다. 한국의 대對태국 수출은 전년 대비 13.9퍼센트 증가한 85억 500만 달러, 수입은 전년 대비

7.2퍼센트 증가한 55억 8,200만 달러를 기록하면서, 무역수지 29억 2,300만 달러 흑자를 기록했다(Kotra 2021).

정치·외교 분야 및 지역공동체 측면에서, 태국은 한국의 전통적 우방국으로 한반도 평화, 북핵 문제 등 주요 사안에 대해 항상 한국 정부 입장을 지속적으로 지지해왔다. 또한 2012년 11월 전략적 동반자 관계 발전에 관한 양해각서를 체결한 양국은 21세기 '동아시아 지역공동체' 건설과 구상이라는 맥락 아래 하나의 지역 단위로서 상호 영향을 주고받으며 그 관계가 심화되고 있다.

사회·문화 분야에서 태국은 동남아 한류의 거점으로서 태국인들은 한국 TV 드라마, 영화, 음반, 게임에 대한 관심이 매우 높으며, 민간 차원의 진출이 활발하게 진행 중이다. 거슬러 올라가면, 2002년 월드컵을 계기로 한국에 대한 인지도가 급격히 상승해 한국 문화 및 한국어에 대한 수요가 늘어나는 등 태국 사회에 한류가 확산 일로에 있다. 2018년 태국을 방문한 한국 관광객 수는 전년보다 증가해 약 180만 명을 기록했는데, 태국에서 보면 한국은 중국과 말레이시아에 이어 세 번째로 자국을 많이 찾는 국가다. 아세안 국가 국민 중에서는 태국인이 한국을 가장 많이 찾고 있다. 2018년 한국을 찾은 태국인 관광객 수는 약 56만 명으로 전년 대비 약 6만 명이 증가했다. 사회·문화와 관광 분야는 양국 관계에서 가장 눈에 띄게 발전하고 있는 분야이기도 하다.

위에서 언급한 바와 같이 한국과 태국 관계가 심화된 데는 1990년대 이후 한국의 세계화 전략과 경제성장에 따른 외교 및 경제 관계 확대라는 요인도 있지만, 일찍이 태국으로 이주한 한인들이 중요한 역할을 했음을 지적할 수 있다.

가장 최근의 대한민국 외교부 자료(재외동포현황 2019)에 따르면 재태 한인의 인구수는 2만 200명이다.[1] 거주 자격별로 살펴보면 영주권자(128명)와 시민권자(77명) 수는 적고 대다수가 일반 체류자(1만 6,107명)와 유학생(3,888명)들이다. 해외 거주 한인을 교민과 체류자로 구분하는 경우 사실상 태국 한인 중 시민권이나 영주권을 취득한 교민 수는 그리 많지 않다. 그 이유는 한인 대부분이 영구적 거주를 목적으로 태국에 살고 있는 것은 아니기 때문이다. 이곳의 생활이 편리해서 상사나 지사에서 나왔다가 현지에 주저앉는 경우도 많지만 시민권이나 영주권을 취득해도 실익이 별로 없어, 언젠가는 다시 모국으로 돌아가겠다는 생각을 하고 있다.

태국은 동남아 국가 중 한국과 50년 이상의 수교 역사를 갖는 3개국 중 하나이며(필리핀 1949년, 태국 1958년, 말레이시아 1960년 외교관계 수립), 한인 사회 규모 면에서(2019년 기준) 베트남 12만 4,458명(영주권자 274명, 시민권자 13명),[2] 필리핀 8만 5,125명(영주권자 1,367명, 시민권자 22명), 인도네시아 2만 2,774명(영주권자 2,153명, 시민권자 690명), 싱

---

1 http://www.mofa.go.kr/www/wpge/m_21507/contents.do(검색일 2020.10.31.). 외국에 거주하는 한인들은 여러 다른 용어—동포, 교포, 교민 등—로 표현되고 있지만 여기서는 재외한인, 재태 한인 등의 용어를 주로 사용할 것이다. 재태 한인은 교민(영주권이나 시민권 취득자, 또는 이것을 취득하지는 않았지만 장기거주하는 자)과 일반 체류자로 나눌 수 있는데 이를 고려해 교민이라는 표현을 일부 사용하기도 했다.

2 베트남 현황은 2017년 자료다. 2019년 외교부 자료에 따르면 베트남 거주 한인은 17만 2,684명이며 영주권자와 시민권자에 대한 자료는 부재하다.

가포르 2만 1,406명(영주권자 2,646명, 시민권자 447명), 말레이시아 2만 861명(영주권자 331명, 시민권자 297명)에 이어 여섯 번째다. 1970년대까지만 해도 태국은 동남아에서 타 국가 대비 한국 교민 비율이 가장 높아, 한인들이 뿌리를 내린 안정도 측면에서 가장 앞선 국가이기도 했다. 현재는 전체 한인 중 영주권자와 시민권자 비율 면에서, 싱가포르(14퍼센트), 인도네시아(12퍼센트), 말레이시아(3퍼센트), 필리핀(1.6퍼센트), 태국(1.0퍼센트), 베트남(0.2퍼센트) 순이다.

태국 한인들의 특성은 동남아에 거주하는 다른 한인들의 경우와 같이 시민권이나 영주권을 취득한 교민의 수가 많지 않다는 것이다. 이러한 차원에서 태국(동남아) 한인의 특수한 존재 양식이 재외한인 연구에서 갖는 의미에 주목할 필요가 있다. 태국 한인들은 기존의 재외한인 연구의 관점에서 보면 '정착형 이주자settler'보다는 '일시 체류자sojourner'에 가까워 재외한인의 범주에 넣어야 할지조차 망설여지는 특수성을 가지고 있는 것이다.

한국 경제의 급성장과 가속화되는 지구화를 배경으로 세계 각국으로 퍼져가고 있는 오늘날의 해외 한인 존재 양식은, 식민지 시대와 개발도상국 시절에 이주했던 재외한인 존재 양식보다는 태국(동남아) 한인과 유사한 존재 양식(일시 체류자)이 점차 많아지고 있다는 점을 주시할 필요가 있다. 또 한국보다 경제적으로 못 사는 나라로 이주해서 삶을 모색하는 해외 한인이 많아지고 있다는 사실을 염두에 둘 때 태국 한인의 존재 양식을 예외적 사례로만 취급할 수는 없을 것 같다(채수홍 2017). 이러한 점을 종합해보면 재태 한인 연구가 재외한인 연구의 지평을 넓히고 다양한 성격의 재외한인에 대한 연구를 촉발하는 계기가 될 수 있음을 알 수 있다.

한편 한국과 태국의 관계가 빠르게 진전됨에 따라 태국의 한인에 대한 대중적, 학술적 관심이 점차 증대하고 있음에도 불구하고 관련 연구는 미미하기 짝이 없다. 한국-태국 관계 심화와 재태 한인들의 역할이 적지 않지만 지금까지 재태 한인 연구는 개설적 수준에 머물러 있었다(이문웅 1987: 26-31; 한경구 1996: 87-99; 김영애 2008: 251-296). 필자는 이 분야에서는 처음으로 2013년 설문조사를 통해 재태 한인들의 인구통계학적 특성, 사회경제적 특성, 언어 상황과 민족 정체성의 유지 정도, 한인들의 태국에 대한 인식도 등을 정량적으로 분석한 바 있다(김홍구 2014).

이 글은 2013년에 실시된 필자의 설문조사 방식의 정량적 연구에 이어 심층적 인터뷰에 의한 질적 연구 방법을 통해 한인 사회를 들여다본다는 데 큰 의의가 있으며, 한인을 보다 체계적이고 총체적으로 탐구함으로써 다양한 성격의 재외한인 사회에 대한 연구를 촉발하는 계기가 될 수 있을 것이다. 필자는 2016년부터 2018년까지 매년 여름방학과 겨울방학에 2~3주 정도씩 태국을 방문해 한인 사회에 대한 자료를 모으고 모두 50여 명 정도의 각계각층 재태 한인들을 심층 인터뷰했다.

이론적 논의

이 글에서는 하나의 틀 속에서 분석하기 위해 재태 한인의 이주 현상을 거시적 측면에서 초국가주의적transnational 문화의 흐름이라고 전제한다. 초국가주의 현상과 관련한 논의 대상(중요 쟁점)은 다음과 같이 정리할 수 있다.

첫째, 이주 현상을 초국가주의적 문화의 흐름으로 전제할 경우, 초국가주의의 특징과 행태에 관한 것들이 우선 논의 대상이 된다. 발달된 과학기술은 먼 거리의 이동과 커뮤니케이션을 빈번하고 빠르며 규칙성 있게 만들었다. 이것은 이주자들이 모국과 정착국가들에서 동시적으로 관여할 수 있도록 한다. 이러한 점에서 초국가주의 연구자들은 연계와 동시성이라는 두 가지를 초국가주의의 특징으로 간주한다(Mazzucato 2000).

초국가주의적 행태는 세 가지로 구분된다. 첫째, '사회문화적 초국가주의'는 이주자들이 출신지 국외에 거주하며 민족 정체성의 강화나 민족의 문화행사에 집단적으로 참여하는 것과 같은 행태를 의미한다. 둘째, '경제적 초국가주의'는 다국적기업의 행태를 의미한다. 셋째, '정치적 초국가주의'는 출신지와 정착지 모두에서 정치적 권력이나 영향력을 획득하기 위해 활동하는 사람들의 행태를 의미한다(Portes et al. 1999: 221).

둘째, 이주 동기에 관한 논의로, 초국가적 이주에 대한 많은 연구는 경제적 이유에 주목한다. 캐슬스와 밀러(Castles and Miller 2003)

를 비롯한 많은 연구는 주로 보다 높은 임금, 더 나은 취업 기회, 직업능력의 향상과 같은 경제적 이유로 인해 더 나은 선진국으로 이동한다고 주장한다. 하지만 이 주장들은 선진국에서 개발도상국으로의 이동이라는 방향성에 대해서는 설득력 있게 설명하지 못한다. 선진국에서 개발도상국으로 이주한다고 해서 경제적 이유에 의한 이동이 아니라고 주장할 수 있는 것은 아니지만 보다 복합적이고 개별적인 이유에 대해 고려할 필요가 있다.

셋째, 초국적 이주민의 정체성에 관한 논의로, 포르테스(Portes 1997)에 따르면, 이주민들은 모국과 정착국가 양국을 넘나드는 이중적 삶을 살아가며, 이중적 언어를 구사하고, 두 국가에 두 곳의 거주지를 유지하고, 이 두 곳에서 정치적, 경제적, 문화적 이해를 추구한다. 초국적 이주민은 한 국가에 고정되어있는 단일 정체성이 아닌 다중적이고 가변적이며 혼종적인 정체성을 형성하게 된다는 것이다. 이 점에서 초국가주의는 오랫동안 서구에서 이주자들이 거주국에 통합되는 모델로 여겨졌던 동화와는 구별되는 양식을 보여준다.

베리(Berry 1987)는 이주민들의 사회참여와 문화 정체성 수준에 따른 네 가지 범주—통합integration, 동화assimilation, 고립isolation, 주변화marginalization—의 소수민족 이민자 적응 유형을 제시한 바 있다. 이 중 통합 유형은 이주민들이 모국의 문화 정체성도 유지하면서, 체류국가의 전통과 문화도 수용하는 경우다. 이와 같은 문화 적응 유형은 이주 사회 참여 정도와 민족문화 및 민족 정체성 유지 정도에 따라 구분한 것이다. 이주민들이 정착하려는 사회에 참여하는 정도는 이주민들의 직업과 소득, 교육, 사회활동, 타민족과의 관계에서 알아볼 수 있다. 모국에 대한 민족문화와 민족 정체성 유지는 이주민들의 민족 언어 구사 능력, 전통문화 보존 실태, 현지인과의 상호교류 등에서 알 수 있다.

넷째, 기존 연구의 한계성을 지적한 논의들로, 거주국 내의 이민자 집단은 하나의 동질적 집단이 아니며 복수의 하위집단들이 존재하며 보다 정교한 종족성 이론을 적용해 다원화된 동포 사회를 다차원적으로 분석하는 것이 필요하다는 주장이 있다. 윤인진 (2013)은 '다자적 동족집단 모델multilateral co-ethnic group model'을 제안하면서 이 모델이 하나의 종족집단 내에 복수의 하위 종족집단들sub-ethnic groups이 존재하고 이들이 거주국의 주류집단뿐만 아니라 동족 내 하위집단들과 복잡한 관계를 맺는 양상을 분석하는 데 유용할 수 있다고 말한다.

이 글은 일반적으로 디아스포라 연구에서 공통적으로 다루는 주제들—이주·적응·정체성—을 재태 한인(교민과 체류자)의 경험에 적용해보고자 한다. 이런 목적을 위해 위 다양한 논의의 맥락에 대한 이해를 바탕으로 2절에서 태국 한인 사회의 형성과정과 이주 동기, 3절과 4절은 적응에 관한 것으로, 3절에서는 일상적 삶 속의 생활양식과 민족 정체성, 4절에서는 재태 한인들의 현지인과의 관계, 5절에서는 현지로의 동화과정과 초국적 정체성에 관해서 살펴본다. 마지막으로 6절 맺음말은 요약과 전망 부분이다.

2. 한인 사회의 형성과정과 이주 동기

태국 한인 사회 형성과정을 추적해보면 최초 세대(1930~1940년대)
는 제2차 세계대전 중 일본군(징집병) 또는 군속으로 징용되어 태
국 혹은 동남아 지역에 진출했다가, 종전 후 태국에 정착한 한인
들로 구성된다. 이후 의미 있는 역사적 맥락을 기준으로 대개 3개
정도의 시기 구분—한국전쟁 직후(1950~1960년대), 베트남전 시기
(1970~1980년대), 1980년대 중반 이후—이 가능할 것이다.

앞서 소개했듯이, 초국가적 이주에 대한 많은 연구는 경제적 이
유로 인해 더 나은 선진국으로 이동한다고 주장한다. 하지만 이 주
장들은 재태 한인의 이주와 같이 선진국에서 개발도상국으로의 이
동이라는 방향성에 대해서는 제대로 설명하지 못하고 있다.

재태 한인의 이주는 대체로 1980년대 중반까지(정착형 이주자가 다
수인 때)는 경제적 동기가 주를 차지했지만 그 외의 동기도 있었다.
1980년대 중반 이후 '체류자 중심 이민 사회'로 변한 후부터는 이주
의 동기가 훨씬 다양해졌다.

1980년대 중반 이전

재태 한인의 최초 세대가 태국에 거주하게 된 것은 경제적 이유가
컸다고 볼 수 있다. 제2차 세계대전이 일본의 무조건 항복으로 끝
났지만, 귀국하지 않고 '곡물창고'라고 불렸을 정도로 식량 사정이

넉넉했던 태국에 눌러앉게 된 사람들이 1세대 한인이 되었다.

한국전쟁 후부터(1950~1960년대) 태국 한인 사회의 인적 구성이 다양화되었다. 전쟁고아, 선교사, 연예인, 유학생, 유엔기구 직원, 건설회사 직원, 여행업자·호텔업자 등이 최초로 태국에 진출하기 시작했다. 태국군의 한국전쟁 참전, 전후 재건기에 본격적인 국가 건설 과정에서 해외 진출 시도 등이 태국 이주의 농기가 되었다. 또 1962년 한국 정부는 '인구 조절과 경제안정을 도모하고 국제교역을 확대하기 위해' 법령(해외이주법)을 공포하고, 해외 이주를 전면적으로 통제·관리했다.[3] 해외 이주자의 규모는 1962년 연간 386명이던 것이 1970년에 1만 6,268명에 달했으며, 그 정점에 이른 1976년에는 4만 6,533명까지 증가했다(구지영 2014: 134). 해외이주법을 공포해 이민정책을 수립한 것도 태국 이주를 활발하게 만든 동기가 되었음을 알 수 있다.

베트남(월남)전은 태국 한인 사회의 발전에 또 다른 계기로 작용했다. 한국은 아시아에서 공산주의 위협에 공동 대응한다는 명목 아래, 1964년 9월 22일부터 1973년 3월 단계적으로 철수하기까지 8년여를 베트남전에 참전했다. 이 기간에 한국인 기술자들이 군사지원 업무를 수행하기 위해 베트남에 취업했다. 베트남전 경기가 침체되면서 한국인들은 그 무대를 태국으로 옮겼다. 또 태국을 징

---

3 해외이주법은 '국민을 해외에 이주시킴으로써 인구를 조절하여 국민경제의 안정을 기함과 동시에 국위를 해외에 선양'한다는 목적 아래, 이주 자격, 이주 금지국, 이주 형태 등 이주 조건을 자세하게 규정하고 있다.

검다리 삼아 중동과 호주로 이주하는 경우도 많았다.[4]

베트남전 세대(1970~1980년대)의 이주 동기 역시 경제적 이유를 들 수 있다. 베트남에 한국의 건설회사, 토건회사, 군납회사, 운송회사들이 이어서 진출함으로써 후에 한인들의 태국 진출에 교두보가 되었는데, 한국인 기술자들은 한진·현대·삼환기업 등 한국 기업들과 빈넬Vinnell, PA&E 등 미국기업들에 취업해 준군사적 경제활동을 통해서 개인의 경제적 이득을 취했고 동시에 한국의 경제발전에도 기여했다. 베트남전 경기가 침체되면서 한국인들은 태국으로 옮겨왔다. 또 태국을 거점으로 하여 중동으로 진출하는 등 국제적 경제활동을 하는 한국인 수가 늘어났다. '달러 맛'을 알고는 한국으로 돌아갈 수 없는 경우였다.

1980년대 중반 이후~현재

1986년 대한민국 외교부 재외현황 자료에 의하면, 태국 교민 수는 449명(남 288, 여 161명), 체류자 수는 286명(남 160명, 여 126명)이었다.[5] 1997년 재태 한인 수는 7,901명으로 1986년에 비해 10배 이상 증가

4　1960~1970년대에 호주에서 인 광산 개발붐으로 생겨난 고용 기회를 찾아 한인들은 호주로 이주하기 시작했다. 1972년부터 1975년 사이에 500여 명에 이르는 파월 기술자, 현역 제대 취업자들이 대거 호주로 이주했다(박병태 2008). 이들 중 일부는 태국을 거쳐서 호주로 이주했다.

5　교민들의 직업 분포를 보면, 주부 92명(20.5퍼센트), 학생 66명(14.7퍼센트)을 제외하고 상업 80명(17.8퍼센트)이 가장 많고, 서비스업 48명(10.7퍼센트), 사무직 종사자 43명(9.6퍼센트) 순이다. 체류자의 직업 분포를 보면, 주부 69명(24.1퍼센트), 민간상사 주재원 38명(13.3퍼센트), 유학생 27명(9.4퍼센트), 종교인 22명(7.7퍼센트), 공무원과 상업이 각각 15명(5.2퍼센트) 순이다.

했다. 1980년대 중반 이후 태국 한인 사회는 점차 '체류자 중심 이민 사회'로 변했으며 이주 동기는 단순하게 개인적 측면의 경제적인 것뿐만 아니라 훨씬 다양하고 복합적인 것이었다. 투자 진출, 관광 산업, 동아시아 지역협력과 인적·물적 교류, 한류 산업 등이 주요한 이주 동기가 된다.

1980년대 중반 이후 한인 사회가 비약적 발전을 한 데는 몇 가지 중요한 이유가 있다. 첫째, 1985년 플라자합의Plaza Accord와 1987년 민주화와 노동운동으로 한국에서 신발, 완구, 섬유 등의 수출형 노동집약적 업종들이 공장 운영이 어려워지면서 대거 태국과 동남아로 진출하게 되었다.[6] 1980년대 중반은 태국의 공업화와 산업화가 활발히 진행된 시기이기도 하다. 태국 경제는 1987년 이후 수출의 급속한 신장을 바탕으로 유사 이래 볼 수 없었던 고도 경제성장을 했다. 1987~1990년 사이 경제성장률은 연평균 두 자릿수 이상의 증가를 기록했다. 이런 요인들이 1980년대 중반 이후 태국 한인 사회의 폭발적 증가를 가져왔다고 볼 수 있다.

둘째, 이 시기에 관광산업과 관련해 진출한 한인들도 크게 증가했다. 한국 사회에서 '관광 목적의 여권 발급'이 최초로 시행된 때가 1983년이었다. 그것도 만 50세 이상으로 200만 원의 관광 예치금을 1년 이상 은행에 예치한 사람에 한해 발급했을 정도다.

---

6 플라자합의는 미국의 달러화 강세를 완화하려는 목적으로 미국, 영국, 독일, 프랑스, 일본의 재무장관들이 맺은 합의이다.

1987년 6월항쟁으로 민주화가 이루어지면서 연령이 낮아졌다. 1988년 1월에는 40세 이상으로 조정되었고, 같은 해 7월에는 30세로 낮아지면서 방문 횟수를 연 2회로 한정한다는 규정이 폐지되었다. 해외여행 측면에서, 1989년 1월 1일은 역사적인 날이다. 이날 '해외여행 전면 자유화 조치'가 시행되었다.[7]

해외여행 완전 자유화가 선언되면서 태국을 방문한 한국 관광객 수는 1990년에 40만 명, 2000년에는 50만 명, 2006년에 110만 명으로 늘었다.[8] 관광의 형태도 가족 단위로 즐기는 해변투어부터 골프투어, 정글투어까지 범위가 확대되었다.

셋째, 1980년대 중반 이후에 이어 2000년대 초의 초국가주의 현상으로서 '재태 한인의 대규모 이주'는 1990년대 동아시아 경제위기를 겪으면서 이 지역에서 본격화된 지역협력에 기인하는 것이었다.

1997년 동아시아 금융위기를 계기로 한국과 동남아 국가 간의 관계는 전기를 맞게 되었다. 심각한 경제위기를 경험한 동아시아 국가들은 위기의식을 공유했으며 동북아-동남아 경제의 연계를 인식했고, 동아시아 지역협력에 적극적으로 참여했다.

동아시아 지역협력을 시작으로 동북아와 동남아가 서로 별개가 아니라 하나의 유기적으로 연결된 단위이고, 나아가 동아시아라는

---

7 http://terms.naver.com/entry.nhn?docId=3331385&cid=57618&categoryId=57619 (검색일 2018.03.12.)

8 1986년에 한국 관광객 2만 7,000여 명이 태국을 방문했다.

지역으로 묶일 수 있는 단위라고 인식하게 되었다. 그 결과 정치경제적 결속이 빠르게 발전했으며 초국가적 인적·물적 교류도 활발히 전개되었다(이재현 2009). 이 시기에 재태 한인의 이주 현상도 같은 맥락에서 이루어졌다고 볼 수 있다.

2000년대 초 초국가주의 현상으로서 '재태 한인의 대규모 이주' 중 눈에 띄는 것은 한류와의 관련성이다. 태국 속 한류는 중국·대만·홍콩·싱가포르보다 뒤늦게 자리 잡은 듯하나 빠른 속도로 확산되었다. 현재 태국 속 한류는 영화, TV 드라마, K-Pop 등은 물론이고 온라인게임, 음식, 화장품, 한국어 교육 등 전방위적 현상이 되었다. 이제 태국 속 한류는 재태 한인 이주 현상의 중요한 요인 중 하나로 자리매김했다.

3. 일상적 삶과 민족 정체성

사회경제적 특성

재태 한인 수는 2018년 12월 31일 기준으로 2만 200명(남성 1만 2,120명, 여성 8,080명)이다. 거주 자격별로는 시민권자 77명, 영주권자 128명, 일반 체류자 16,107명, 유학생 3,888명이다. 지역별로는 방콕에 1만 2,200명, 치앙마이에 4,000명, 촌부리와 라영 등(한국 공단 밀집 지역)에 3,000명, 푸껫에 750명이 거주하고 있다. 재태 한인 전체

인구의 60퍼센트가량이 방콕에 거주하고 있는 것이다.

방콕에서도 한인들이 많이 거주하는 지역은 쑤쿰윗 로드, 텅러, 프른찟, 싸턴, 씰롬 등 집값이 높은 지역이 있는 반면에, 프라람 3, 프라람 9, 랏차다, 팟타나깐, 방까비 등 비교적 집값이 저렴한 지역도 있다. 방콕 길목에 위치한 방나는 한국 투자기업이 밀집한 촌부리 공단과 가까워 신흥 부촌이라 할 수 있다. 재태 한인들의 이주 동기는 해외 파견 근무, 사업 기회, 본인 및 자녀 교육 목적, 보다 나은 삶의 질 등이다. 이들이 한국에서 가졌던 직업은 관리사무직, 자영업, 판매 서비스직, 교육연구직 순이다(김홍구 2014: 218-219).

재태 한인들은 고학력(대재 이상)이며, 학력 대비 직업안정도가 다소 낮은 자영업과 판매 서비스직에 많이 종사하고 있다.[9] 한인들의 주 종사 업종은 여행사, 여행 가이드, 식당, 골프장, 쇼핑센터 등으로 주로 한국에서 온 관광객을 대상으로 해 취약해 보인다(김홍구 2014: 221).

재태 한인들의 월 소득수준은 '중' 이상이 많은 편이지만, 낮은 소득으로 경제적 어려움을 겪는 교민들도 상당수 있어 교민 사회

---

9 이 (설문)조사는 2014년에 실시된 한인 대상의 정량적 조사 결과다. 코로나19 사태로 재조사를 하기가 쉽지 않은 현 상황에서 그 경향성에 변화가 있는지를 알아보기 위해 전문직이면서 태국에 15년 이상 거주하고 있는 재태 한인 10여 명을 대상으로 2020년 4~5월 중 이메일 인터뷰를 한 결과는 다음과 같았다. 응답 대부분은 2014년의 조사 결과가 2020년 현재와 크게 다르지 않다고 했으나, 다음과 같은 언급도 있었다. "이 조사는 2014년 연구조사 기준이라 6년이 지난 지금 변동이 좀 있는 것 같다. 2014년 이후 자영업 목적으로 진출한 30~40대 초반 사람들이 매우 많이 늘었다. 한류 상품의 수입, 유통, MICE(meeting, incentive tour, convention, exhibition) 업종과 IT 분야 진출이 많았는데 정량적 통계는 찾을 수 없지만 이런 젊은 진출자들이 최근 4~5년 사이에 부쩍 는 것은 사실이다."(68세, 남성, 사업가)

에 위화감을 조성할 가능성도 있다(김홍구 2014: 221). '중' 이상이 많은 편이라는 표현은 그 비교 대상이 태국인인가, 한국인인가에 따라 달라질 수 있다.

사회경제적 지위가 상이한 재태 한인들은 사회경제적 삶의 방식에서도 상당한 차이를 보인다. 태국 한인 사회 내 최하위층은 여행 가이드다. 여행 가이드는 법적 지위를 인정받지 못하고 있다. 과거와 달리 패키지여행이 많이 줄어들고, 여행객들도 소셜네트워크서비스SNS 등을 통해 여행 정보를 많이 확보할 수 있어 수입이 많이 줄었다. 심지어 한 달에 1만~2만 밧(1밧은 약 35원)을 버는 가이드도 있다. 이들은 일이 있으면 출근하고 일이 없으면 집에서 시간을 보내는 생활을 한다. 대부분의 한인 여행 가이드들은 한국에서 살기 어려워 경제적 이유로 태국을 찾았는데 현지 생활이 힘들어 다시 한국으로 귀국하는 사례도 많다.

반면에 부유층의 생활은 완전히 다르다. 태국인 남편(대학교수)과 결혼하고 맞벌이하는 한국인 직장 여성(40대)은 두 딸을 태국의 정규 엘리트로 키우고 싶어 태국 최대 명문 쭐라롱껀대학교 부속 초등학교에 거액의 기부금을 내고 입학시켰다. 태국인 남성 사업가와 결혼한 한국 여성은 플루트 개인 레슨 강사이다. 아침에 헬스클럽에 가서 PT 지도를 받고, 친구 만나서 점심 먹고, 국제학교에서 주에 한 번 강의하고, 개인 레슨도 하고, 통역 일도 한다. 가끔 음악회나 오페라도 즐긴다. 태국은 문화공간이 절대적으로 부족해 백화점으로 놀러 가기도 한다. 방콕에는 3억~8억 원대 콘도에 사는 사람도 있고, 월세 4,000밧짜리에 사는 사람도 있다. 국내 여행이나 인근 국가 여행, 골프, 스파나 마사지, 에스테틱 문화를 즐기고, 호텔 연간 회원권이나 술집 멤버십 가입비가 몇백만 원에 불과해 부유층 한인들은 고급스러운 생활도 즐길 수 있다.

태국 한인 사회에서 무엇보다 경제적으로 가장 부유한 집단은 주재원이다. 이들은 회사로부터 큰 혜택을 받는다.

월급은 고스란히 통장으로 입금이 되고 콘도 제공, 자녀 학비 제공, 유류비, 의료비, 품위 유지비, 필수 식량까지 제공받는다. 팀장과 법인장급은 7만~8만 밧 콘도에 살고 과장급은 5만 밧 콘도에 산다. 법인장의 순수 월급은 40만~50만 밧, 판공비는 10만 밧이다. 해외적응비(언어연수비)는 초기 3~4개월 나오는데 한 달에 3만~4만 밧이 된다. 법인장들은 쑤쿰윗 24 고급 주택단지에 많이 살고 있다.

- 30세, 여성, 회사원

재태 주재원들의 특징 중 하나는, 경제적인 부와 높은 교육 수준에도 불구하고, 활발한 사회활동이나 경제활동을 하지 않고 현지 사회와 격리된 상태에서 생활을 유지하는 경우가 많다는 것이다. 따라서 현지 사회에의 적응이 매우 느리다. 이들은 취미활동이나 학연, 지연을 바탕으로 한 소규모 친목 조직에 참여하는 것 이외에는 한인 사회와도 일정한 거리를 유지하는 경향이 있다.

재태 한인의 생활양식과 문화 적응 및 정체성과의 관계는 다음과 같다. 대부분 2000년대 이후 태국에 이주해온 한인들은 현지 사회에 문화적으로 적응하는 과정에서 모국의 문화 정체성을 유지하면서, 체류국가의 전통과 문화도 수용하는 통합 유형을 보이고 있다.

태국에 거주하는 한국인들의 생활양식을 보면, 한국의 민족적 정체성을 유지하고, 한국의 문화와 전통적 생활양식을 지니고 있다고 볼 수 있다. 한국어는 거의 모든 한인 가정과 사회에서 일상적으로 사용되며, 한국식의 가치관과 규범도 유지되고 있다. 한국식 명절이 지켜지고, 조상 숭배도 행해진다.

이 같은 경향은 필자의 2014년 연구 「재태 한인의 특성과 태국에 대한 인식」에서도 확인되었다. 이 연구에서는 재태 한인의 민족 정체성을 살펴보기 위해 민족공동체에 대한 동일시 정도와 정서적, 행위적 애착도를 알아보았다. 재태 한인들은 자신을 한국인으로 동일시하는 비율이 매우 높은 것으로 조사되었다. '한국인으로서의 자각' 긍정률은 95.9퍼센트에 달했다. 민족공동체에 대한 애착도를 알아볼 수 있었던 항목에서 한국의 정치제도와 전통문화 관습을 지키는 것이 중요하다는 응답은 긍정률이 각각 66.5퍼센트와 77.3퍼센트였다. 결혼 상대와 음식 선호도에서, 한국인을 배우자로 선택하겠다는 응답은 65.3퍼센트였지만 '상관없다'는 응답도 34.4퍼센트나 되었고, '한국 음식을 더 먹는다'는 응답은 37.0퍼센트였다.

전반적으로 민족 동일시나 애착도 면에서 여성이 남성보다, 소득 상위층이 하위층보다, 높은 연령대가 낮은 연령대보다 긍정률이 높다는 점을 관찰할 수 있었다(김홍구 2014).

학교, 종교기관, 대중매체의 존재 여부는 이민 후 한인들의 현지 사회에의 참여와 문화적 적응에 커다란 영향을 끼친다. 태국의 한인 사회에서 한글 교육에 대한 수요는 그리 크지 않은 편이다. 한국인 이민자 대부분은 자녀들이 장차 미국이나 유럽, 또는 호주 등의 대학에 진학한 후 전문직에 종사하기를 희망하고 있다. 이들은 자녀들의 성공이 학교 교육을 통해서만 가능하다고 믿고 있으며, 그런 만큼 영어교육과 서구식 가치관 및 규범 주입에 집착하는 경향이 강하나. 한글학교(방콕 토요한글학교)가 한 곳 운영되고는 있으나, 참여는 매우 제한적인 실정이다. 그 주요 이유 중 하나는 학교가 지리적으로 방콕 중심지에서 먼 곳(민부리구)에 위치하고 있기 때문이기도 하다.

2018년 기준 방콕에는 기독교 한인 교회가 10개 이상 있다. 방콕 거주 한인들은 과반수가 훨씬 넘게 기독교를 믿고 있다. 한인 교회에 다니는 한인들을 사귀어 외로움을 덜고, 일자리나 여가 정보를 얻으며, 현지 사회에 적응하는 방법도 익히게 된다. 하지만 이민 2세대에게 한국 문화를 교육하고 민족 정체성을 유지시키는 것도 한인 교회의 기능 중 하나로 지목한다. 한인 교회는 단순히 종교적 예배 장소가 아니라 여러 사회적 기능을 한다. 한편, 방콕에서 한인들을 대상으로 하는 불교 사찰은 네 개, 천주교회는 한 곳이다. 종교기관들은 이른바 '사회문화적 초국가주의' 행태를 강화하는 중요한 역할을 담당한다고 볼 수 있다.

한인 경제단체 역시 재태 한인들이 신뢰하고 필요로 하는, 한인들의 현지 사회 참여를 촉진하는 기관이다. 한인 경제단체는 한인과 한국 기업 간의 교류, 즉 한상 네트워크의 중요한 축일뿐 아니라 한국-태국 상공인들의 교류 협력 및 우호 증진의 매개다. 한인 경제단체로는 한태상공회의소, 재태국 기업체 협의회, 한태관광진흥협회 등을 꼽을 수 있지만 한태상공회의소가 조직과 재정 면에서 제일 탄탄하고 제도화되어있다. 이들 경제단체들은 '경제적 초국가주의' 행태를 강화하는 역할을 한다.

재태 한인들은 한인 종교기관이나 경제단체 등에 대한 신뢰와는 다르게 한인회에는 다소 인색한 평가를 하고 있다. 이는 한인회 조직이 한인들의 문화 적응 및 정체성에 큰 영향을 끼치지 못하고 있다는 의미일 것이다. 일반적으로 한인회나 한인 사회 활동에 큰 관심을 보이는 부류는 대부분 교육 수준이 높고 현지 생활에도 성공적으로 적응한 경우다. 이들은 한인회 일에 적극적인데 이런 활동을 통해 이른바 '정치적 초국가주의' 행태를 뚜렷하게 보이고 있다.

현지 재외공관도 재태 한인들에게 큰 영향력을 발휘하지는 못하는 것으로 나타났다. 재외공관은 모국과 긴밀한 관계를 유지시켜주며, 한인들의 초국가주의 행태를 강화해주는 역할을 수행할 수 있는 곳이다. 하지만 많은 한인이 대사관의 활동과 기능에 대해서 만족스럽게 생각하지 않고 있다. 사실이 어떻든 한인들은 대사관 업무가 VIP 의전 역할에 치우쳐 있고, 한인들에게 직접적 혜택을 주는 것이 없으며, 대사관과 관계를 맺고 있는 일부 한인 단체나 개인들의 일에만 관심을 갖는다고 생각한다. 전문성이 부재하고, 태국 공무원 조직과 인맥에 어두워 일을 효율적으로 처리하지 못한다고 생각하기도 한다. 2~3년 단기 근무하고 한국으로 돌아가는 재외공관 인사시스템의 문제점이 그 주요 원인으로 보인다. 하지만 이런 문제점을 해결하려 현지 사정에 밝고 현지어를 잘 구사하는 선임연구원, 전문직 행정 직원, 사건·사고를 처리하기 위해 영사를 채용하는 등 대사관의 노력도 엿보인다.

현지의 대중매체 역시 한인들의 현지 사회 적응과 동화, 민족 정체성에 영향을 미친다. 대중 매체들은 각종 문화행사 주최나 후원을 통해 한인 사회를 결속하는 역할을 수행한다. 2018년 기준 방콕에는 한글로 발행되는 격주간지 한 개(『교민잡지』), 월간지 수 개(『교민광장』, 『마이 코리아』, 『피플』 등)가 있다. 인터넷 매체인 한아시아를 통해서도 한인 커뮤니티가 일부 형성되어 있다. 뿐만 아니라 인터넷 티브이IPTV를 통해 한국 소식을 접하기도 한다. 언어 제약과 문화적 장벽으로 한국의 TV 드라마나 영화를 보는 것이 한인들의 일상생활에서 중요한 여가활동 중 하나로 자리 잡고 있다. 이것은 재태 한인들로 하여금 현지 사회에의 문화적 적응을 지연시키고, 현지 사회와 일정한 사회적 거리를 유지시키며 생활하게 하는 원인이 되기도 한다.

재태 한인들은 대체로 다른 민족과의 관계나 현지 사회에의 참여에는 소극적인 편이다. 태국 이민 1세대 중에서 현지 사회에 진출해 두각을 보인 사례는 찾기가 쉽지 않다. 재태 한인들은 언어의 제약과 문화적 차이 등으로 한국인만을 대상으로 하는 직업 활동 비중이 높다는 것도 특징으로 지적될 수 있다. 무역 등 국제적 경제활동을 하더라도 그 거래선은 주로 한국인이다.

일반적으로 현지 사회에서 고립된 적응 형태를 보이는 소수민족은 주생활권이나 거주지가 지리적으로 특정 지역을 중심으로 형성된 경우가 많다(Balakrishnan and Kralt 1987). 태국에서 한인 업소들은 대부분 쑤쿰윗 거리Sukhumvit Street와 인접 지역을 중심으로 밀집되어있는 경향을 보인다. 한국인들의 거주지역은 한인 업소들이 밀집되어있는 것과는 달리 비교적 널리 분산되어있다. 한인 업소들의 밀집은 한인 교포들의 정신적 안정감, 세력 형성 등에 기여하는 바가 크지만, 한인이 현지 사회에 적극적으로 참여하는 것을 저해하는 요인이기도 하다. 거주 지역이 분산되면 소수민족으로서 정치적 세력 집단을 형성하기 어렵다는 점에서 자라나는 세대에게 민족 정체성을 심어주는 데 불리하지만 현지인들과의 접촉을 촉진해준다는 점에서 장점이 될 수도 있다(김두섭 1998).

4. 한인과 현지인 사이 상호인식과 관계

상호인식과 사회 가치관의 상이성

베리(Berry 1987)는 문화 적응 유형을 이주 사회 참여 정도와 민족 문화 및 민족 정체성 유지 정도를 기준으로 구분했으며, 이주민들이 정착하려는 사회에 참여하는 정도나 민족문화 및 민족 정체성 유지는 타민족과의 관계를 통해 잘 살펴볼 수 있다. 앞서 언급한 바와 같이, 재태 한인들은 현지 태국인과의 관계나 현지 사회에의 참여가 소극적인 편이다. 이 장에서는 재태 한인들의 태국인들에 대한 인식은 어떠하며, 재태 한인과 현지 태국인 사이에는 어떤 관계가 형성되고 있는지를 들여다본다.

필자의 2018년 설문조사(한국-태국 비즈니스 문화 설문조사)에 따르면, 한국인의 눈에 비친 태국인은 다음과 같다. 일을 할 때 느긋하다. 근면성과 성실성 등에 문제가 있다. 책임감이 없으며 수동적이다. 책임감을 가지고 소신껏 하도록 여건을 만들어주어도 두려워한다. 노력하지 않는다. 한국인은 일을 할 때 급한 일부터 처리를 하는데 태국 직원들은 본인이 현재 하고 있는 일부터 처리하고 다음 일을 시작한다. 급한 일이라고 해도 서두르는 기색이 없다. 문제를 해결하려는 태도를 딱히 보이지 않고 소극적 태도를 취한다.

한편, 태국인의 눈에 비친 한국인은 다음과 같다. 성실하다. 업무 의욕이 강하다. 목소리가 크다. 감정적이다. 성격이 급하다. 어떤 것을 하고 싶을 때 꼭 즉시 해야 한다. 다른 사람의 의견을 듣지 않는다. 너무 지나치게 일을 빨리한다. 기분에 따라 행동한다. 태국인을 무시한다(김홍구 2019: 121-166).

한국인과 태국인은 상이한 역사적 경험을 하고 독자적 문화를 형성해온 만큼 당연히 사회적 가치관도 상이할 수밖에 없다.[10] 위 설문조사처럼 한국인과 태국인 양자 간의 대비되는 인식 차이는 사회적 가치관의 다름에서 기인한다. 여기서는 태국 문화와 가치관의 특성을 살펴봄으로써 양국 사이 상이성을 찾아보고자 한다.

태국의 전통적인 사회문화적 특징은 주로 상좌부上座部 불교와 브라만-힌두교에서 비롯한다. 불교와 브라만교는 각각 태국인의 개인주의와 권위주의 성향 및 가치관을 형성시켰다. 또한 태국인의 개인주의적 성향은 불교 외에도 풍부한 자연 환경적 요인에 의해 보강된다. 태국인은 역사적으로 풍요로운 생활을 영위해 누구에게 간섭을 당하거나 간섭할 필요가 없었다. 이런 종교적, 자연환경적 요인으로 다양한 가치관—권위에 복종, 개인주의, 마이 뻰 라이 ไม่เป็นไร(천만에요, 괜찮아요), 짜이옌ใจเย็น(느긋함, 냉정함), 끄렝 짜이เกรงใจ(불필요한 갈등을 극력으로 회피함), 콰암 싸눅ความสนุก(즐기는 일) 등—이 형성되었다.

---

10 물론 한국 문화와 태국 문화는 상이점도 있으나 문화적 친화성도 있다. 태국은 불교문화권 국가다. 그러나 사실상 불교에서 강조하는 가치관에는 유교와 공통적인 것들이 상당히 많다. 즉 불교문화에서도 가부장적 가족관계·효·사회질서, 권력에의 복종, 연장자 우대 등을 강조한다. 이와 같은 점에서 유교문화와 불교문화는 이질적인 문화이긴 하지만 서로 조화를 이룰 수 있는 문화적 친화성이 있다고 볼 수 있다.

태국인은 권위에 복종하는 습성이 강하다. 권위에 대한 복종은 주로 아윳타야 시대^{Ayutthaya}(1351~1767) 이래의 절대군주제와 싹디나 제도^{ศักดินา}(전 국민을 대상으로 한 토지 제도)에 의한 계서사회의 전통에서 유래한다. 태국인들은 "자신이 좋아하는 것을 할 수 있는 사람이 진정한 태국인"이라는 말이 있을 정도로 개인주의적 성향이 강하며 규율이 부재하다. 그러면서도 이러한 개인주의적 태도는 별다른 갈등 없이 권위에 복종하고, 예의를 잘 지키며, 연장자를 존경하는 것으로 이어진다. 태국인들은 불행한 일을 당했을 때 체념이 빠르다(마이 뻰 라이). 이는 불교 업의 교리에서 비롯된 것이라 할 수 있는데, 태국인들에게는 현세의 행·불행이 모두 과거 선업善業과 악업惡業의 소산이라는 믿음이 있다. 태국인들은 남의 일에 간섭하지 않고, 성내지 않으며, 자신의 감정을 잘 억제한다. 흥분하지 않고 냉정함을 유지하는 것이다(짜이옌). 태국인들은 다른 사람을 직접적으로 비난하거나 괴롭힘으로써 생겨나는 불필요한 갈등을 극력으로 회피하려 한다(끄렝 짜이). 태국인들은 놀기·즐기기(쾀 싸눅)를 좋아한다. 많은 이익이 있는 일이라도 즐거움을 주지 않는 일이라면 하지 않는다. 이로부터 만들어지는 낙천성이라는 태국인의 가치관은 일에 대한 진지성을 해치는 경우도 있다(김홍구 2016: 62-68).

한인과 현지인의 관계와 갈등 양상

재태 한인과 현지 태국인의 사회문화적 관계와 여기에서 발생하는 갈등 양상을 서술하자면, 한인은 여러 층위의 현지인들과 관계를 유지하지만 대부분 고용자나 소비자의 위치에서 현지인과 관계를 맺는다는 사실이 전제된다. 이와 같은 특별한 사정과 더불어 앞서 언급한 태국의 이질적 문화와 가치관에 대한 몰이해가 한인과 현지인 간 갈등을 유발시키고 있다.

태국 한인 사회에서는 현지인과의 접촉이 가장 많다고 할 수 있는 회사(공장) 내에서의 양자 관계에서 가장 많은 갈등이 발생하고 부정적인 상호인식이 강한데, 대부분 태국인의 개인주의, 권위주의, 낙천성 등으로부터 발생하는 것들이다.[11]

통상적으로 태국인들은 개인주의가 강해 자기 업무에만 충실한 편이며 남의 일에 간섭하는 것을 좋아하지 않는 것으로 알려져 있다. 하지만 이는 횡적 협조가 안 됨을 의미하기보다는 업무 분담이 그만큼 잘되어있음을 뜻할 수도 있다.

태국인의 업무 습관은 개인적이고 이해타산적이다. 급한 상황이 발생해도 개인적인 일로 일을 그만두고 집에 가버리는 경우가 있다. 시키는 것만 한다. 업무에 속도감이란 것이 없다. 업무의 경중을 가리지 못한다.

---

11 한인과 가장 많이 접촉하는 현지인들은 한국인 소유의 회사(공장)에서 근무하는 태국인 직원들이다. 이 외에도 매반(แม่บ้าน, 가정부), 태국인 여행 가이드, 마사지업소 종업원 등도 고용자나 소비자의 위치에서 한인과 접촉이 많은 편이다. 하지만 이들 현지인과 한인 사이 사회문화적 관계와 갈등 양상을 파악하는 일은 쉽지 않다. 한국인 가정에서 고용하는 매반은 대다수가 저렴한 가격으로 고용할 수 있는 미얀마 출신이 많으며, 마사지 종업원과는 터놓고 이야기할 기회를 마련하기가 힘들었고, 태국인 여행 가이드는 한국 관광객과의 접촉을 제한당했기 때문이다. 실제 가이드의 역할은 한국인 가이드가 담당하고 있다.

적기에 끝마쳐야 하는 것을 모른다.

- 남, 46세, 사업가

태국인들은 권위에 복종하는 습성이 강한 편이며 연장자를 우대하는 오랜 전통을 지니고 있다. 전통적인 예절교육의 일환으로 어려서부터 연장자를 존경해야 한다는 교육을 받고 자란 까닭이다. 태국인들은 또 모르는 사람이라도 연장자에 대한 예절을 잘 지켜야 한다고 배운다. 이러한 예는 모르는 사람이라도 윗사람에게 가족 내에서 사용하는 호칭—피พี่(형), 넝น้อง(동생)—을 사용하는 데서도 잘 드러난다. 한편 이러한 연장자 우대의식은 국가 단위에서 단결심을 고양하는 효과가 있기도 하다. 이처럼 가족의 유대를 바탕으로 한 연장자 우대의식은 태국 문화의 중요한 특징이다.

다음은 태국인 노동자들이 직급보다 연령을 중시하는 태도가 직접적으로 반영된 사례다.

한국인들은 자기들이 나의 상사라는 점을 항상 강조한다. 그래서 큰 소리로 말하고 지시하며, 또 때로는 으름장을 놓기도 한다. 그중에는 종종 나보다 나이가 어린 사람들도 있다. 태국에서는 나이가 중요한데, 한국인들은 나이보다 직급이 더 중요한 것처럼 보인다. 물론 그들은 엄연히 상사다. 그래서 많이 참았다. 하지만 나이가 어린 사람이 큰소리로 꾸중을 하고, 그것도 다른 사람들이 보는 앞에서 꾸중을 하거나 욕을 하면 참기 힘들다. 이런 것이 내가 겪은 어려움이다. 태국에서는 나이와 경륜, 그리고 경력 등과 같은 것이 가장 중요하다. 나이를 고려하지 않고 자기 부하라는 이유로 마구 대하는 것은 잘못된 일이라고 생각한다. 이 점은 한국 사람들이 고쳐야 한다고 본다.

- 30세, 여성, 회사원(태국인)

태국인은 권위 복종에 익숙하고 한국인은 권위 행사에 익숙하다고 할 수 있다. 태국인은 부하가 상사에게 먼저 그 이유에 대해 묻고 나서 서로 대화를 통해 해결책을 모색하려는 성향이 강한데, 한국인 상사는 일방적으로 지시하고 부하는 따라야 한다고 생각하는 것이 일반적이다. 대개가 "한국인 상사들은 기본적으로 듣는 습관이 부족한 편이다"라는 이야기를 많이 한다.

태국인들은 한국인이 한마디로 참을성이 없고 성격이 급한 반면, 태국인은 성격이 느긋하며 여유가 있다고 생각한다. 이 점은 태국인이 풍요로운 자연환경 덕분에 생존에 심각한 위협을 받은 적이 상대적으로 적었기 때문인 것 같다. 태국인은 확실히 낙천적 성격을 갖고 있다. 한편, 한국인들은 생존에 대한 강박관념이 있으며 식량이 부족한 겨울을 넘기기 위해 저축이 필수적 요건이 되었고, 생산성 면에서도 목표를 설정하고 그것을 달성하고자 하는 의지와 욕구가 팽배해질 수밖에 없었다. 따라서 한국인은 실행하는 데 있어 급한 태도를 보이고, 태국인은 사태 분석을 위한 토론이나 심사숙고 과정을 즐기는 문화가 생겨난 것이다.

태국인은 즉흥적이며, 열성적이지 않고, 심각성이 없고, 임기응변적이며, 위기를 쉽게 넘기려 한다. 태국인이 보는 한국인은 급하고 화를 잘내고, 감정 변화가 심해서 속이기도 쉬운 사람이지만, 기분파고, 착하고, 친절하다는 이미지를 갖는다.

- 52세, 남성, 저널리스트

같은 회사 근무자들에게서 느낄 수 있었던 것은 감독하지 않으면 일을 설렁설렁한다는 것이었다. 또 작은 일에는 신경을 쓰지 않으며 시간관념도 없다. 이런 문제에 대해서 화를 내면 이해를 하지 못했다. 내가 처음 태국 생활을 하면서 느꼈던 점은 태국 사람들은 사회생활에 쫓기지 않고 여유가 있어 보였던 것과 친절함이었다. 현재 여행사 오피스와 공항에서 여행사 업무를 도와주는 태국 친구들과 주로 접촉하면서 생활하고 있다. 이들의 한국인에 대한 이미지는 일을 하면서 화를 잘 낸다는 것이다. 하지만 업무 외적으로 한국인은 마음씨가 착하다고 인정한다.

- 38세, 남성, 회사원

7년 한국 회사에 다녔고, 컴퓨터 엔지니어링을 전공했으나, 대부분 세일즈 부서에서 일했다. 한국인은 진심을 갖고 열심히, 심각하게 일한다. 일할 때도 열심히, 놀 때도 열심히, 일과 노는 것을 분리하며, 목표가 뚜렷하다. 화를 잘 내지만 오래 담아두지 않으나 태국인은 오래 담아둔다. 한국인이 문제점을 지적하면 태국인은 그것에 감정이 실려 있다고 생각하는 경우가 많다. 그리고 뒷담화(쑵썹ꜱꜱꜱ)를 한다. 반면에 태국인은 그저 그렇게 대충대충 그런 게 있다. 한국인은 모두 급하다(짜이런 ใจร้อน). 한국 사람들이 잘 사용하는 말은 "빨리빨리" "알았어?" "진짜?" 등 강제적인 어법이 많다. 한국인은 태국인에게 욕을 잘하지만 이상하게 한국인끼리도 욕을 한다. 죽기 살기로 욕하는 경우도 있다. 서류를 찢고 던져버리기도 한다. 태국에 있는 한국인 회사 조직을 '태병대'라고도 한다.[12] 한국인은 행동이 과격하다.

- 36세, 여성, 회사원(태국인)

개인주의, 권위주의, 낙천성 외에 재태 한인과 현지인 사이 양자 관계에서 갈등이 발생하는 이유 중 빼놓을 수 없는 것이 끄렝 짜이에 대한 오해다. 끄렝 짜이는 앞서 설명했듯, 다른 사람을 직접적으로 비난하거나 괴롭힘으로써 생겨나는 불필요한 갈등을 극력 회피하려는 것이다. 한국인들은 자신의 감정이나 심적 상태를 여과되지 않은 상태로 쏟아내는 특성이 있다면, 태국인들은 자신의 감정을 노골적으로 드러내지 않고 숨기거나 우회적으로 표현하는 것을 미덕으로 여긴다. 태국인들의 이러한 태도나 가치관은 자신의 감정을 에둘러 말하지 않고 직접적으로 표현하는 데 익숙한 일부 한국인들에게는 매우 생소한 문화적 경험을 가져다준다. 그래서 일부 한국인은 태국인들이 웃는 모습에서 악어의 미소가 생각난다고 한다. 일본어에 혼네와 다테마에本音と建前라는 말이 있다. 개인의 본

---

12 '태병대'는 '태국판 한국 해병대'라는 뜻이다.

심과 사회적 규범에 의거한 의견을 가리키는 말이다. 흔히 본심과 배려, 속마음과 겉마음으로 불린다. 일본인들은 자기 의견을 피력하는 데 이 두 가지를 구별해 사용하는 것에 익숙하다고 한다. 태국에도 끄렝 짜이라는 특성이 있어서 일반적으로 태국인과 일본인의 성격이 서로 비슷하다는 얘기를 많이 한다.

위의 다양한 경험과 같이 대부분의 재태 한인들은 한국 사회와 태국 사회의 상이하고 이질적인 문화 때문에 갈등하고 있다. 한편 이질적인 문화적 차이를 긍정적으로 이해하는 한인들일수록 이른바 현지화가 많이 된 경우라 볼 수 있는데, 이들은 사회문화적 실천에 상당히 성공한 한인들로서 상대방의 문화에 대한 진지한 이해와 성찰이 선행되어야 한다고 생각한다.

한국 사람이나 태국 사람이나 그리 차이가 없다고 생각한다. 한국인은 배려가 없다. 목표지향적이며 과정을 중시하지 않는다. 목적을 위해 수단을 가리지 않는다. 갑질이 심하다. 빨리빨리가 장점이지만 사건·사고가 많이 난다. 직설적이다. 눈치가 빠르다. 이에 반해 태국인은 간접적이다. 자기 입장을 잘 드러내지 않는다. 한국과 달리 축구로 치면 오프사이드off-side 하는 경우가 많지 않다. 남의 사생활을 간섭하지 않는다. 태국 사람 보고 게으르다고 하지만 게으름은 인간의 본성 아니겠나? 인간이란 서 있으면 앉고 싶고 앉으면 눕고 싶은 것이 당연한 것 아닌가? 한국은 전쟁의 폐허 속에서 살아남고자 빨리빨리 습성이 굳어진 것 같다. 남을 속이는 것은 한국이나 태국이나 똑같다. 태국 사람은 눈치가 빠르지 못해서 발각되기 쉽다. 또 암산이 늦다.

- 69세, 남성, 사업가

태국 사람들이 시간관념이 없고, 게으르다고 하지만 사람마다 다르다. 엘리트들은 창조적인 생각을 가진 사람도 많고, 퇴근 시간이 지나도 자기 일을 끝마치지 않으면 퇴근하지 않는 사람도 있다. 한국인에 대한 이미지는 군대식이다, 타이트한 생활을 한다, 성과 지향적이라는 것이다.

- 53세, 남성, 사업가

5. 초국적 정체성

양국 넘나들기

일반적으로 재태 한인은 모국과 정착국가 양국을 넘나드는 이중적인 초국가적 삶을 살아가는데, 두 국가에 두 곳의 거주지를 유지하고, 모국과 긴밀한 관계를 유지한다. SNS는 재태 한인들에게 모국과의 연계와 동시성을 크게 촉진하는 것으로 나타났다. 그들은 가족 및 친지와 카톡, 보이스톡, 영상통화 등 SNS로 한국과 별반 다를 것 없이 연락 관계를 유지하고 있다. 카톡과 영상회의를 통해 업무를 챙기기도 한다. 모국과의 관계 유지(연계)를 절대적으로 촉진하는 SNS는 이주자들이 모국과 정착국가에 동시적으로 관여할 수 있도록 하고 그들의 초국적 정체성을 강화하고 있다.

모국과의 연계와 동시성을 촉진하는 또 다른 요인은 모국과 정착국가 간 물리적 거리다. 태국은 한국과는 비행기로 5시간이면 도달할 수 있는 가까운 곳으로 큰 부담 없이 쉽게 왕래할 수 있는 환경을 제공해준다. 많은 한인이 1년에 두 차례 정도는 한국을 방문하고, 그 가족과 친지들도 휴가철이면 태국을 방문한다. 더욱이 1년 내내 상하常夏의 나라인 태국은 날씨가 따뜻하고 또 이용료가 저렴한 골프장이 많아 한인 친척들이 자주 찾는다. 한국의 추위를 피해 태국에서 몇 달씩 장기거주하는 경우도 있다. 재태 한인들은 이들과의 접촉을 통해 고국에 대한 여러 정보를 자연스럽게 얻게 된다.

SNS는 태국 한인들에게 모국과의 연계성을 강화할 수 있는 매개거니와 대단히 중요한 정보원이기도 하다. 태국어가 유창한 소수의 한인은 SNS 외에도 인터넷 등 태국 미디어를 통해 정보를 획득하며, 그렇지 못한 대부분은 입소문과 교민 미디어를 통해 태국 뉴스를 접하거나 영자신문을 주요한 정보원으로 삼고 있다. 한국에 대한 정보 역시 SNS와 함께 인터넷 TV 등 디지털미디어를 통해 얻는다. 디지털미디어는 재태 한인들의 모국과의 연계와 동시성을 크게 촉진하고, 이중적 삶의 형성에도 크게 영향을 미친다고 하겠다.

태국에 대한 정보는 직원들에게 듣거나, 페이스북이나 라인 등 각종

SNS를 통해 접한다. 한국 포털사이트와 유튜브에서 태국 소식을 접하기도 한다. 태국어를 알기 때문에 태국 신문, 인터넷, TV를 보기도 한다. 또 어떤 경우는 활자 신문보다는 인터넷 TV를 통해 현지 정보를 획득한다. 〈스프링뉴스Spring News〉, 〈싸얌하헤สยามฮาเฮ〉, 〈타이랏ไทยรัฐ〉과 〈데일리뉴스Daily News〉 등을 본다.

– 37세, 여성, 대학원생

자녀 교육과 정체성

일반적으로 초국적 이주민은 한 국가에 고정되어있는 단일 정체성이 아닌 다중적이고 가변적이며 혼종적인 정체성을 형성하게 된다.

재태 한인은 법률적으로만이 아니라 문화적으로도 한국인으로서의 민족 정체성을 유지하고 있다. 재태 한인 중 영주권자와 시민권자 수는 200명 남짓에 그친다(2019년 기준). 또 앞서 언급한 바와 같이 재태 한인 대부분이 한국인 고유의 생활양식과 가치관을 따르면서 생활하고 있다.

하지만 재태 한인들은 본국의 한국인과는 분명히 다른 정체성을 표현하게 된다. 태국 여성과 결혼한 이민 원로 2세나, 태국인과 한국인이 결혼한 가정의 2세들은 비교적 현지 사회에 잘 동화하고 있다. 이에 비해 국제학교에 다니면서 영어 위주의 교육을 받은 한국인 가정 2세들은 현지화 정도가 약하며, 한국인으로서의 정체성도 약화된다.

재태 한인 1세대를 포함한 이민 원로들은 태국 여성과 결혼한 사례가 많다. 그들의 2세들은 완전히 태국 사람으로 자랐으며 태국에서 사회적 기반을 잡은 경우가 많다. 한국인 아버지와 태국인 어머니 사이에 태어난 자식들은 어머니가 키우게 되고 한국어를 전혀 못 해서 아버지는 자식과 소통이 안 되기도 한다. 한 원로 한인은 슬하에 남매를 두었다. 아들은 대한항공사에, 딸은 타이항공사에 근무하고 있다. 어릴 때부터 100퍼센트 태국인으로 키웠으나 자식들이 태국인이 된 데 안타깝게 생각하고 있다. 자식들은 한국이라는 나라에 대해 애착을 갖고 있지도 않다. 그는 지금도 자식들과 영어로 의사소통을 한다고 한다.

한국과 태국 양국 남녀가 결혼을 하는 경우는 몇 가지가 있으나, 그들에게서 태어난 자식들은 대부분 태국인으로서의 정체성을 갖게 된다. 호주 등 제3국에서 돈 있는 중국계 태국 남성을 만나 결혼한 한국 여성들은 대부분 여자가 남자에 맞추어 산다. 이들 한국 여성은 태국어를 배우게 되며 자식은 한국어를 엄마에게 배우기도 하지만 태국인의 정체성을 유지한다. 이외에도 한국 여성과 결혼하는 태국 남성들은 대부분 경제적으로 여유가 있다. 이들 2세는 태국식 교육을 받고 태국인으로서의 정체성을 갖게 된다.

한국 남성이 상류층 태국 여성을 만난 경우에도 남자가 여자에 맞추어 산다. 아이들도 당연히 엄마를 따라 태국인으로서의 정체성을 갖는다. 한국 남성이 경제적인 여유가 없는 태국 여성과 결혼하는 경우 경제적인 이유로 자식들을 태국 학교에 보내고 아이들도 한국어를 배우려 하지 않아 아이들은 당연히 태국인으로서의 정체성을 갖는다. 한국 남성과 평범한 태국 여성이 결혼해서 자식을 둔 경우에도 그 자식들은 태국인으로서의 정체성을 갖게 된다. 태국에서 사업하는 한국 남성 입장에서는 현지에서 사업을 물려주려면 태국 국적을 취득하는 것이 유리하다고 생각한다. 반대 사례도 있기는 하다. 아버지가 한국인 선원이었는데 가라오케에서 일하는 태국 여성과 결혼한 사례다. 결혼 후 딸은 태국 국적을 가졌는데도 태국어를 완벽하게 하지 못했다. 그 이유는 할아버지가 태국어를 배우지 못하게 해서였다고 한다.

태국 사회에서 크게 성공한 한 한인은 평범한 태국 여성과 결혼했다. 그는 자신이 바빠서 한국어 교육을 시키지 못한 자식들에 대해 큰 아쉬움을 갖고 있었다.

두 아들은 태국에서 대학을 졸업하고 큰아들은 영국에서 석사과정을 마치고 일본 회사를 다니다가 xx그룹에서 근무하고 있으며, 둘째 아들은 서울대에서 언어 연수를 마쳤다. 한국어를 할 줄 알아야 한국 문화를 이해할 수 있고 뚜렷한 정체성과 국가관을 가질 수 있다. 태국인화되는 자식들에 대해 아쉬움을 갖게 된다.

- 70세, 남성, 사업가

하지만 많은 한국인 가정의 한인들은 자녀들을(태국 학교보다는) 국제학교에 보내고 미국이나 유럽으로 유학을 보내 자녀들이 글로

벌 인재로 성장해주기를 바라고 있다. 한인 2세들은 한국인으로서
의 정체성은 약화되는 경향이 있다.

국제학교는 대부분 영미식 커리큘럼을 사용해 국제화 교육을
시키고 있다. 예를 들어, 리젠트 국제학교The Regent's International School
Bangkok의 교육목표는 다음과 같다.

본교는 종교, 성, 인종, 문화와 상관없이 모든 학생이 커리큘럼을 즐길
수 있도록 다양한 자극을 유도하고 도전할 수 있도록 지원합니다. 우리
는 라운드 스퀘어Round Square(전 세계 200개 국제학교들의 연합기구)처럼 현
대적 교육에 영향을 받은 최고의 영국식 교육을 제공합니다. 리젠트에
서는 30여 개국 국적의 학생들이 모여 있습니다. 우리는 영어를 통한 의
사소통으로 국제적 다양성과 공동체 의식을 만들어나갑니다.[13]

한편 한인 자녀들을 위한 방콕 한국국제학교Korean International School
of Bangkok는 커리큘럼이 한국적인 것에 기초하고, 한국인으로서의
정체성에 역점을 두며, 외국어 교육을 강화하고 있다. 방콕 한국국
제학교의 교훈은 "서로 돕고 사랑하며 한민족의 긍지를 갖자"다. 비
전은 (미래사회를 주도할 글로벌 리더 육성과) 주체성을 가진 한국인 육
성이다. 교육목표는 (현지 생활에 대한 적응력 배양과) 모국과의 문화
적·정신적 유대감 강화, 대한민국의 정체성을 갖춘 한국인 육성

---

13 http://www.regents.ac.th/1562/ (검색일 2018.03.12.)

이다.[14]

방콕 한국국제학교가 아닌 일반적인 국제학교를 선호해 서구식의 국제화 교육을 받는 재태 한인 2세들이 한인으로서의 정체성이 약화되는 것은 당연한 결과라 할 수 있다.

태국은 풀어진 환경에서 공부하는 것이기 때문에 야단을 칠 수가 없고, 질책보다는 칭찬을 해야 효과가 난다. 학생 측에서 보면 사교육이 없는 행복한 생활이라고 볼 수 있다. 하지만 국제학교를 다니다 보니 한국의 역사를 모르고, 터전과 뿌리가 약하다. 국가관과 정체성도 희박해진다. 그래도 축구전에서는 한국 팀을 응원한다.

- 53세, 남성, 사업가

초등학교 3, 6학년 두 명의 자녀를 두고 있는 어머니는 다음과 같이 언급했다.

한국과 비교해서 경쟁이 덜 치열하여, 한국에 들어가서 보면 무서운 생

---

14 http://kisbangkok.co.kr/16 (검색일 2020.10.31.) 한편으로 방콕 한국국제학교는 방콕 외곽 민부리 구에서 2020년 4월 방콕 시내 람인트라로 이전했다. 이에 따라 교민 2세들의 학습권이 보다 개선되고 변화의 필요성도 대두되고 있다. 점차 한국 문화와 현지 문화의 다름을 존중하고 배려하는 교육을 강화해야 할 필요성이 제기되고 있는 것이다. 미래사회의 주역이 될 재외 한국 학교 학생들에게 문화의 다름과 수용에 대한 폭넓은 시야를 심어주는 교육이 강조되어야 하는 것은 어찌 보면 당연하다. 상대적 문화 우월주의에 빠지지 않도록 문화 다양성에 대한 교육 프로그램이 개발되고 적용되어야 할 것이다. 그런 교육이 이루어져야 말 그대로 글로벌한 인재를 키워낼 수 있을 것이다(방콕 한국국제학교장 인터뷰, 2020.05.30.).

각이 들고, 방콕에 사는 한인들의 자식들은 착하단 생각이 든다(또래의 한국 학생들은 영악하다). 국제학교에서는 한국과 달리 기선 잡기나 왕따 시키는 현상이 없다. 학생들이 한국과 같이 악착같지 않다.

— 46세, 여성, 주부

언어와 정체성

초국적 이주민의 특성 중 한 가지는 이중언어 사용이다. 언어는 문화적 정체성과 직접적 관련성을 갖는데, 언어를 학습할 때는 문자적 언어만을 학습하는 것이 아닌, 해당 국가의 문화도 함께 수용하게 된다. 그런 만큼 체류국가의 언어 구사 정도는 곧 한인들이 해당 국가의 문화를 받아들이고 이해하는 정도와 직접적으로 연관된다. 다른 문화권의 언어 구사 정도가 높은 한인일수록 현지인과 친밀하게 교류할 수 있으므로, 정착국가 문화권에 참여하는 정도 또한 더 높아질 수 있다.[15]

계속 지적하듯, 일반적으로 초국적 이주민은 모국과 정착국가 양국을 넘나드는 이중적 삶을 살며, 이중적 언어를 구사하고, 두 국가에 두 곳의 거주지를 유지하고, 이 두 곳에서 정치적, 경제적, 문화적 이해를 추구하는 것으로 묘사된다. 재태 한인들도 한국어와 태

---

15 해외에 거주하는 청소년들의 모국어와 체류국가의 언어 구사 능력 및 문화 적응 유형의 관계를 분석한 선행연구에서는 모국어가 우세한 청소년들은 주로 분리 유형을 보인 반면 체류국가의 언어가 우세한 학생들은 체류국 문화에 적극적으로 참여하는 동화 유형을 보였다(강재원 2012; 문영하 2012).

국어(또는 영어)라는 이중적 언어를 구사하지만 그 한계성으로 생활에 많은 지장을 받고 있다.

이민자들이 이민 생활 중 겪는 가장 큰 어려움의 하나는 언어 문제다. 한국 유학생들은 대부분 영어를 사용하는 국제학교에 다녀서 태국어에 익숙하지 못하다. 부모들은 영어든 태국어든 언어 장벽 때문에 자녀들의 교사와 의사소통을 하지 못하고 자녀들의 과제를 제대로 도와주지 못한다. 그래서 이들은 한인 이민 사회의 테두리에 갇히게 되며, 태국 사회로의 동화가 힘들게 된다.

재태 한인들의 태국어 구사 능력은 그리 높지 않았다(김홍구 2014). 태국어가 '유창하다'와 '매우 유창하다'의 비율은 도합 13.3퍼센트에 불과했다. 소득수준별로 통계상 유의미한 차이를 보였는데, 소득 상위층이 소득 하위층보다 태국어 구사 능력이 앞서는 것으로 조사되었다. 태국어를 구사하지만 제한적이거나, 읽고 쓰지 못한다는 비율은 각각 47.7퍼센트와 45.1퍼센트로 높게 나타났다.

태국어를 구사하면서도 읽고 쓰지 못하는 이유는 태국어를 배우더라도 말로만 배운다는 의미다. 태국어는 한국어와는 아주 상이하다. 태국어는 고립어며 성조어고 문자도 고유 문자를 갖고 있어서 배우기가 쉽지 않다. 대부분 영어로 강의하는 국제학교에 다니는 한인 2세들은 회화 위주의 태국어 공부를 한다. 문자를 모르고 말로만 태국어를 배우면 당연하게 일정 수준에 간단하게 오른 후 더 이상 배움의 진전이 없게 된다.

칼쿤카(컵쿤카ขอบคุณค่ะ)라고 한참을 발음했는데 하루는 직원 중 태국어과를 졸업한 학생이 왜 그렇게 발음하느냐고 반문해서 당황한 적이 있다. 나는 거의 10년을 칼쿤카라고 했다. 태국인 남편에게 왜 지적해주지 않았느냐고 물어보니 자기는 알아들어서 말하지 않았다고 했다. 내가 글을 읽고 쓰지 못해서 발생한 일이다. 나는 글보다 말을 먼저 배우고, 읽고 해석한 것이 아니라 듣고 해석했다. 태국 간판에는 영어가 많아서 불편 없이 지냈다. 비서에게 계약서를 읽어보라고 해서 이해했고, 다른 회사 이름을 글자 길이에 따라서 분류했으며, 각종 서류도 서류에 찍힌 여러 가지 모양을 보고 찾고는 했다. 글을 배운 중요한 이유 중 한 가지는 (자식들의) 태국어로 쓰인 학교 통신문을 해석할 필요성 때문이었다.

- 45세, 여성, 회사원

태국어를 잘하는 사람들은 태국 사람들과 친밀하게 교류할 수 있는 만큼 현지 문화권에 참여하는 정도도 훨씬 높아진다.

한국 사람은 일이 잘못되면 이유를 자세히 말하지 않고 화부터 낸다. 언어 소통이 원활하지 않은 것이 주요한 이유가 되는 경우가 많다. 태국 사람들도 무엇을 잘못했는지 차근차근 설명하면 이해했다. 태국어가 잘 안 되는 한인들은 태국인과의 교류도 적은 것 같다. 태국어를 잘하는 한 지인은 태국 사람들과 스쿠버다이빙 동호회를 만들어서 참여하는 경우도 주위에서 본 적이 있다. 태국어를 모르는 경우 심하게 이야기

하면 한인 상가가 집중되어있는 쑤쿰윗 12에 행동반경이 국한되는 경우
도 있다.

- 38세, 남성, 회사원

원로 한인은 태국 여성과 결혼해 수십 년 동안 가정을 꾸리고 살
고 있지만 태국 사회에 동화되지 못하는 가장 큰 이유 중 한 가지
로 언어 문제를 들고 있다.

1970년대 베트남전 끝나고 10살 연하의 태국인 여성과 결혼했다. 한태
합작회사를 만들어서 주석을 한국에 수출하는 사업을 하기도 했지만
태국어를 배우지 않아 어려움을 당했다. 같이 일하던 태국인과는 평소
에 영어로 의사소통했는데 그가 사기를 친 것을 한참 뒤에야 알고 낭패
를 보았다. 태국어를 제대로 배우지 않아 (한국어를 모르는) 아이들과도
영어로 소통한다. 그래서인지 자식들과의 관계도 서먹서먹하다.

- 83세, 남성, 교민 원로

태국 남성과 결혼한 한 한국 여성은 요즘 와서 태국식으로 자라
난 자식들과의 문화적 갈등을 심각하게 받아들이고 있다. 한국어
를 모르는 아이들이 성장하니 언어 문제로 문화 갈등을 겪는다고
했다. 그래서 스스로 고립감을 느껴 아이들에게 한국어를 가르치
려 한다고도 했다.

언어 소통의 문제는 현지 문화 이해 및 적응과 직접적 관계를 갖

게 되는 것이 확실하다. 언어가 자유롭지 못하면 디테일한 감정 표현이 안 되고 전문 용어를 구사하기가 어렵다. 세밀한 작업이 필요할 때 언어의 장벽으로 어려움을 겪게 된다.

한국인 사장이 약속시간이 늦어 운전사에게 빠이 레우 ไปเร็ว(빨리 가)라고 할 것을 어순을 바꿔 레우 빠이เร็วไป(너무 빨라)라고 했다. 그 말을 들은 태국 운전사가 속도를 계속 줄이게 되고, 한국인 사장은 더 크게 레우 빠이라고 소리 지르면서 계속 화를 냈다는 말도 전해진다. 언어 문제로 인한 오해가 많이 생긴다.

- 36세, 여성, 회사원

재태 한인들의 태국어 능력이 문제가 되지만 요즘은 많은 사람이 태국어를 공부할 필요성을 느끼고 있다는 견해도 있다. 20~30년 전에 태국에 건너온 한인 중에서는 태국어를 모르는 사람도 있지만 요즘은 태국어를 공부하려는 한인들이 증가하고 있다. 이뿐 아니라 태국 문화에 대한 이해도 또한 점차 높아지고 있다.

이번 연구에서 언어와 문화적 정체성 및 문화 적응과 관련해 특이한 현상 한 가지를 발견할 수 있었다. 주재원들의 언어 실력이다. 이는 필자의 2014년 설문조사 결과에서도 확인되었던 사실이다. 조사 결과 소득 상위층이 소득 하위층보다 태국어 구사 능력이 앞서는 것으로 나타났다고 앞서도 언급했지만, 그 예외가 주재원들이었다.

주재원들의 태국어 수준은 높지 않다. 주로 영어로 하급 태국 직원에게 업무를 지시한다. 간단한 태국어만 구사할 수 있어 언어가 소통 수단이 아니라 지시하고 지시받기 위한 도구에 그칠 뿐이다. 태국 고객을 만날 때는 영어를 잘 구사하는 태국 직원을 대동해 영어로 말하고 태국어로 통역을 시킨다. 또는 현지 채용 한국인에게 통역을 시키기도 한다. 회사에서 지급되는 언어 연수 비용으로 태국어가 아닌 영어를 배우기도 한다. 어차피 태국 근무는 3~4년이면 마칠 것이니 태국어보다는 영어를 배우는 편이 개인적으로 득이 된다고 생각하기 때문이다. 언어의 제약으로 주재원들이 접촉하는 현지인들이나 현지 사회 경험도 극히 제한적일 수밖에 없다. 그러다 보니 태국 사회를 이해하기 힘들고, 극단적인 경우 주재원들이 주로 만나는 태국인은 집안 매반뿐이고 자기가 보는 것이 태국의 전부라고 생각하는 사람들이라는 비난을 받기도 한다. 이런 경험은 물론 사람마다 다르긴 할 것이다. 근무가 끝나고 한국으로 돌아간 후에도, 다시 태국으로 돌아와 개인 사업을 하려고 태국어를 열심히 배우고 현지 문화 경험을 부지런히 쌓으려는 주재원도 있다.

6. 맺음말

태국에서 한국인의 본격적 정착은 제2차 세계대전 후부터 시작되었다. 1980년대 중반 이후부터는 재태 한인의 수가 크게 증가했다.

현재 태국 교민의 수는 극소수이고, 일반 체류자가 수적으로 많다. 앞으로도 '정착형 이주자'보다는 '일시적 해외 거주자'가 훨씬 많을 것이다.

이 글은 한인들이 태국으로 이주하게 된 동기와 과정, 한인들의 일상적 삶 속 생활양식과 정체성, 한인과 현지인의 관계와 갈등 양상, 한인의 현지로의 동화과정과 초국적 정체성에 대해 잠정적으로 파악해보았다. 그 중요한 결과를 요약해보면 다음과 같다.

첫째는 한인들의 이주 동기다. 초국가적 이주에 대한 많은 연구는 경제적 이유에서 더 나은 선진국으로 이동한다고 주장한다. 재태 한인의 경우 대체로 1980년대 중반까지(정착형 이주자가 다수인 때였다)는 경제적 이유가 주를 차지했지만, 1980년대 중반 이후 "체류자 중심 이민 사회"로 변한 후부터 훨씬 다양하고 복잡한 이유가 존재한다. 선진국에서 개발도상국으로 이주한다고 해서 경제적 이유로 인한 이동이 아니라고 주장할 수 있는 것은 아니지만 보다 복합적이고 개별적인 이유를 고려할 필요가 있다는 것이다.

둘째는 한인의 일상적 삶과 민족 정체성이다. 2000년대 이후 이주해온 다수의 한국인은 모국의 문화 정체성도 유지하면서, 체류국가의 전통과 문화도 수용하는 통합 유형에 가깝다. 태국에 거주하는 한국인들은 민족적 정체성을 유지하고, 모국의 문화와 전통적 생활양식을 지니고 있다. 한국어는 거의 모든 한인 가정과 한인 사회에서 일상적으로 사용된다. 한인 종교기관들은 이른바 '사회문화적 초국가주의' 행태를 강화하는 중요한 역할을 하고 있다. 한인 경제단체 역시 한인들이 신뢰하고 필요로 하는 현지 사회 참여를 촉진하는 기관이다. 반면에 한인회 조직이나 재외공관은 상대적으로 한인의 문화 적응 및 정체성에 큰 영향을 미치지 못하고 있다. 대중매체는 각종 문화행사의 주최나 후원을 통해 한인 사회를 결속하고 민족 정체성을 강화하는 역할을 수행한다.

한편, 다자적 동족집단모델 논의에서 살펴보면, 사회경제적 지위가 다른 재태 한인들은 삶의 방식에서도 상당한 차이를 보이고 있음을 알 수 있다. 태국 한인 사회 내 최하위층은 한인 여행 가이드다. 반면에 부유층이나 주재원의 생활양식은 크게 다르다. 앞으로 다원화된 한인 사회에 대한 분석의 필요성이 대두되는 지점이다.

셋째는 한인과 현지인의 관계와 갈등 양상이다. 한인들은 대체로 현지 사회에 대한 참여는 소극적인 편이며, 태국 사회에 적응과 동화를 쉽게 하지 못하고 있다. 한국인과 태국인은 사회적 가치관이 상이하기 때문이다.

일반적으로 태국 한인과 현지 태국인은 고용자나 소비자의 위치에서 관계를 맺게 된다. 이런 특별한 사정과 더불어 양국 간 이질적 문화와 가치관에 대한 몰이해가 양자 간 갈등을 유발시킨다고 볼 수 있다. 한인-현지인 양자 관계에서 가장 많은 갈등이 발생하고 부정적 상호인식이 강한 것은 현지인과의 접촉이 가장 많다고 할 수 있는 회사(공장) 내의 경우다. 특히 태국인의 개인주의, 자연환경의 풍요로움에서 기인하는 낙천성, 한국인 고유의 근면성, 적극성,

'빨리빨리' 등의 가치들이 양자 간 갈등을 유발하고 있다.

넷째는 이주 한인의 초국적 정체성이다. 초국가적 삶을 살고 있는 한인들의 경우 대부분 SNS가 모국과의 연계와 동시성을 크게 촉진하는 것으로 나타났다. 이뿐만 아니라 태국 생활에 필수적 정보도 SNS를 통해 많이 얻게 된다. 재태 한인이 법률적으로뿐 아니라 문화적으로 한국인으로서의 민족 정체성을 가지고 있는 것은 분명하지만, 그들은 본국에 사는 한국인과는 다른 민족 정체성을 표현하게 된다. 태국 여성과 결혼한 이민 원로 2세나, 태국인-한국인 가정의 2세들은 비교적 현지 사회에 동화가 잘되어있다고 볼 수 있다. 국제학교에 다니면서 영어 위주의 교육을 받은 한국인 가정 2세들은 현지화 정노가 약하며, 한국인으로서의 정체성도 약화된다.

언어와 문화적 정체성 및 문화 적응과 관련해 살펴보면, 체류국가의 언어 구사 정도는 곧 해당 국가의 문화를 받아들이고 이해하는 정도와 직접적으로 연관된다. 많은 재태 한인은 언어 장벽으로 한인 이민 사회의 테두리에 갇히게 되며, 태국 사회로의 동화가 힘들게 되기도 한다. 일반적으로 경제적인 부와 높은 교육 수준을 갖고 있는 경우에 태국어 구사 능력도 높지만, 주재원 중에는 언어 능력이나 현지 문화 적응도가 낮은 경우가 많다.

앞으로 예상되는 태국 한인 사회의 변화 추세는 몇 가지 측면에서 생각해볼 수 있다. 우선 동아시아 지역협력과 한국과 태국 사이 사회적 연결구조가 강화(무역과 투자량의 증가, 인적 교류의 확대)될수록 태국 한인 사회는 질적·양적으로 더욱 확대될 것이다. 태국 시장의 중요성과 문화적, 인적 교류에 비해 한국-태국 양국의 경제 교류는 상대적으로 아쉬운 점이 많다. 2018년 한국을 방문한 태국 관광객 규모는 아세안 국가 관광객 중 규모가 가장 크다. 아세안을 방문한 한국 관광객 규모는 베트남에 이어 태국이 두 번째다. 한편, 2018년 한국-태국 간 교역액은 141억 달러로 역대 최고치를 기록했지만 아세안 전체 순위에서는 여섯 번째며, 한국의 대아세안 직접투자 순위에서 태국 투자는 여덟 번째다.[16] 무역과 투자 활성화의 가능성이 커지면 한인의 태국 이주와 태국 한인 사회의 확대 가능성 또한 그만큼 커질 것이다.

앞서 설명했듯이, 2000년대 초 '재태 한인의 대규모 이주 현상'을 초래한 요인 중 한 가지는 한류이다. 태국 속 한류는 재태 한인 이주 현상의 중요한 요인의 하나로 자리매김했다. 한류가 지속되기 위해서는 무엇보다 쌍방향 문화 교류에 대한 노력이 필요하다. 그 계기는 한국에서의 태류 현상에 대한 관심에서 시작될 수 있을 것이다. 태국에서의 한류 영향력에는 못 미치지만 한국 속에서도 '태류' 현상이 나타나고 있다. 그 선도층은 이주노동자와 국제결혼 이민자들을 비롯해 음식, 영화 등이 있다. 한국 사회가 태국 노동자와 결혼 이민자들을 좀 더 따뜻한 시선으로 바라보고 다문화 현상을 존중하며, 그들의 문화에 관심을 가져준다면 태국의 한국에 대한

---

16 https://www.aseankorea.org/kor/Resources/statistics_view.asp?page=1&BOA_GUBUN=13&BOA_NUM=13761 (검색일 2018.03.12.)

관심 또한 커질 것이다. 그리고 그것은 필히 한류와 한인 사회의 확대 발전과 밀접한 관계를 갖게 될 것이다.

앞으로 또 다른 태국 속 한류로 인식되는 유학과 은퇴이주도 태국 한인 사회 규모 확대에 한몫할 것이다. 한국 사회에서의 조기유학 붐과 태국 출신 유학생 수가 급증하면서 태국 유학은 앞으로 훨씬 더 보편적인 현상이 될 것이다. 현재 태국에 거주하는 한인의 학생 비율은 말레이시아(2만 861명 중 4,763명, 22.8퍼센트), 베트남(17만 2,684명 중 3만 5,540명, 20.5퍼센트)에 이어 세 번째(2만 200명 중 3,888명, 19.2퍼센트)다(외교부 2019). 태국 은퇴이주는 은퇴 후 새로운 삶을 개척하기 위한 방편이나 자녀들의 유학을 위한 편의로써 이용되는 것이 현실이지만 은퇴 인구가 본격적으로 배출될 시점에는 그 수요는 더욱 확대될 것이다.

한인 사회에 부정적 영향을 미칠 요인은 태국 불법노동자 문제다. 국내 거주하는 불법체류 외국인 노동자 수가 크게 늘어나자 법무부는 2018년 10월부터 2019년 3월까지를 외국인 불법노동자 '특별 자진 출국 기간'으로 지정했으나, 그 효과는 미미한 것으로 드러났다. 이 기간 전체 불법체류 노동자 수로 추정되는 태국인 14만여 명 가운데 10.7퍼센트인 1만 5,275명만이 자진 신고했다. 한국 불법체류 노동자가 많은 것은 양국의 임금 격차 때문으로 태국은 최저임금이 월 9,000밧에 불과하지만 한국은 5만 밧이나 된다.[17]

---

17 https://www.thairath.co.th/news/society/1568426 (검색일 2022.02.19.)

3장 태국: 초국가주의 현상에 따른 체류자 중심 한인 사회   189

태국 불법노동자들은 대부분 농업이나 마사지업계에 종사한다. 해외 송금으로 인한 국부 유출과 근로시장 위축 등 불법노동자가 초래하는 부정적 측면이 강조되면서 일각에서는 한국의 불법체류자 1위국 태국을 무사증無査證 입국 제외국가로 지정해야 한다는 주장이 거론될 정도로, 이 문제는 한국-태국 간 심각한 문제로 대두되고 있다.

태국인 불법노동자 문제는 한인 사회에도 부정적 영향을 미치고 있다.[18] 2014년에 태국이 '비자런visa run'(무비자 체류 허용 기간이 지나기 전 일시 출국했다 재입국해 체류 기간을 연장하는 방식)을 이용해 체류를 연장하는 것을 금지하겠다고 발표했다. 사건 발생 당시 재태 한인 다수는 태국 정부의 조치가 한국 출입국관리사무소(출입국·외국인정책본부)의 태국인 입국 거부에 대한 보복으로 보인다고 주장했다. 표면적으로는 모든 외국인을 대상으로 하지만 정황상 한국인을 표적으로 삼고 있다는 것이다. 2013년 한 해 동안 약 6,600명의 태국인이 한국 정부로부터 입국을 거부당했다. 전체 외국인 입국 불허 대상자의 40퍼센트가 넘는 수치다. 동남아시아의 다른 국가인 필리핀과 베트남의 경우 입국 거부율은 2.5퍼센트 남짓이

---

18 태국의 '비자런' 조치로 한국인 수천 명이 태국을 떠나야 했다. 이에 해당하는 한인 중에는 오랫동안 태국에서 생활 터전을 일궈온 사람이 많았다. 합법적 체류 조건을 갖출 유예 기간이 주어졌다고는 하지만, 영세업자나 노동비자가 인정되지 않는 직업 종사자는 심각한 영향을 받게 된 것이다. 한국은 1981년 태국과 상호 간 사증(비자)면제협정을 체결했다. 양국 국민은 이 협정으로 상대국에 비자 없이 90일간 체류할 수 있다. 이후 재태 한인 중 상당수는 비자런 방식으로 체류를 연장해왔다. 이는 불법이긴 하지만 수십 년간 태국 정부가 묵인해온 일종의 관행이기도 하다.

었다. 이 수치는 태국인 불법체류자가 많은 점을 감안한 상대적 조치라 해도 상당히 높은 편이다. 한국에서 태국인의 입국 거부 비율은 세계적으로 가장 높은 편이라고 한다. 결국, 당장 태국 거주 한인 수천 명이 귀국하는 사태가 벌어지면 태국 교민 사회의 경제 기반이 뿌리째 흔들릴 수 있다는 점이 큰 문제로 대두되었다(주간동아 2014.06.23.: 58).[19]

한인 사회의 질적 변화와 관련해서도 언급해보기로 한다. 앞으로 태국 경제가 더욱 성장하고, 한인들이 현지 문화를 객관화해 바라보는 교육과 훈련이 이루어지면 한인들과 현지인들이 서로를 바라보는 시각에도 변화가 생기고 양자 간 갈등 관계도 많이 해소될 수 있을 것이다. 또 태국 문화를 이해하기 위해서는 무엇보다 한인들의 태국어 구사 능력이 따라야 한다. 체류국가의 언어 구사 정도는 곧 해당 국가의 문화를 받아들이고 이해하는 정도와 직접적으로 연관되기 때문이다.

마지막으로 이 글을 마무리하면서 아쉬운 것은 코로나19 후의 한인 사회 변화를 반영하지 못한 점이다. 태국에서 코로나19 바이러스가 번지기 시작한 시기는 2020년 2월부터이며 국내 확산방지를 위해 3월 26일을 기해 국가 비상사태가 선포됐다.

이후 코로나19 사태의 장기화와 한인 사회에 미친 영향은 해외

---

19 「타이랏(Thairath)」에 따르면, 2018년 한국 입국이 거부된 태국인은 2만 6,000여 명에 달했고, 2019년 1분기에만 1만 명에 이르고 있다. https://www.thairath.co.th/news/society/1568426 (검색일 2022.02.19.)

이주와 정착이라는 문제를 새로운 관점에서 바라보는 계기가 되었다. 전에 경험하지 못했던 코로나는 한인 서비스업 종사자들뿐 아니라 대부분의 제조업체에도 큰 충격을 안겼다. 앞으로 사태 추이에 따라 한인 사회의 기존 모습도 변화될 것으로 예상하며 태국으로의 이주에 대한 생각과 태도에도 변화가 있을 것이다.

강재원. 2012. "다문화 호주사회의 문화적응과 민족의 고유한 스포츠 문화참가: 한인 1.5~2세대 청소년들을 대상으로." 『재외한인연구』 27: 7-59.

구지영. 2014. "동북아시아 해항도시의 접촉과 갈등에 관한 사례연구—국인사회를 중심으로." 『한국민족문화』 52: 127-162.

김두섭. 1988. 「중국인과 한국인 이민자들의 소수민족사회 형성과 사회문화적 적응: 캐나다 밴쿠버의 사례연구." 『한국인구학』 21(2): 144-181.

김영애. 2008. "1960~70년대 태국사회 속의 한국인." 한국태국학회. 『한태관계의 어제와 오늘』: 251-296.

김홍구 외. 2019. 『문화간 커뮤니케이션에 나타난 오해와 갈등』. 파주시: 보고사.

김홍구. 2014. "재태한인의 특성과 태국에 대한 인식." 한국동남아학회. 『동남아시아연구』 24(3): 207-252.

_____. 2016. 『태국문화의 즐거움: 한 권으로 읽는 태국문화의 진수』. 서울: 스토리하우스: 62-68.

문영하. 2012. "몽골 청소년의 몽골어·한국어 숙달도와 문화적응 유형의 삼각관계." 이화여자대학교 국제대학원 석사학위논문.

박병태. 2008. "한인동포사회의 정착[1968~1979]." 호주한인 50년사 편찬위원회. 『호주한인 50년사』. 서울: 진흥: 38-72.

외교부. 2017. 『재외동포현황』.

_____. 2019. 『재외동포현황』.

윤인진. 2013. 『세계의 한인이주사』. 파주: 나남.

이문웅. 1987. 『동남아 한국교민 연구자료집』. 서울: 유네스코 한국위원회.

이재현. 2009. "한-아세안 관계개관: 발전과 현황." 한-아세안 관계 현황과 전망 워크샵. 외교안보연구원 2층 국제회의실(2009년 4월 30일).

채수홍. 2017. "하인의 베트남 정착과 사회경제적 분화." 2016 한국학 특정분야 기획연구: 해외한인 연구사업 1차년도 집필분.

한경구. 1996. 『세계의 한민족: 아시아·태평양』. 서울: 통일원.

Kotra. 2021. "2021 국별진출전략, 태국."(Kotra 자료 21-065).

Balakrishnan, T. R. and John Kralt. 1987. "Segregation of Visible Minorities in Montreal, Toronto and Vancouver." *Ethnic Canada: Identites and Inequalities.* Toronto: Copp Clark Pitman: 138-157.

Berry, J. W. 1987. "Finding Identity: Segregation, Integration, Assimilation, or Marginality?" Leo Driedger(ed.). *Ethnic Canada: Identities and Inequalities.* Toronto: Copp Clark Pitman: 223-239.

Castles, Stephen, and Mark J. Miller. 2003[2013]. *The Age of Migration.* New York: Palgrave Macmillan. 한국이민학회 옮김. 『이주의 시대』. 서울: 일조각.

Mazzucato, V. 2000. "Transnational Networks and the Creation of Local Economies: Economic Principles and Institutions of Ghanaian Migrants at Home and Abroad." *Nederlandse Organisatie voor Wetenschappelijk Onderzoek,* grant number 410.13.010P.

Portes, Alejandro, Luis E. Fuarnizo, and Patricia Landolt. 1999. "The Study of Transnationalism: Pitfalls and Promise of an Emergent Research Field." *Ethnic and Racial Studies* 22(2): 217-237.

_____. 1997. "Immigration Theory for a New Century: Some Problems and Opportunities." *The International Migration Review* 31(4): 799-825.

주간동아. 2014.06.23. "태국 '비자런' 사태…한인사회 충격."

http://news.kotra.or.kr/user/globalBbs/kotranews/3/globalBbsDataView. do?setIdx=242&dataIdx=173900 (검색일 2019.05.18.)

http://terms.naver.com/entry.nhn?docId=3331385&cid=57618&category Id=57619 (검색일 2018.03.12.)

http://www.mofa.go.kr/www/wpge/m_21507/contents.do (검색일 2020.10.31.)

http://www.regents.ac.th/1562/ (검색일 2018.03.12.)

https://www.aseankorea.org/kor/Resources/figures.asp (검색일 2020.10.31.)

https://www.aseankorea.org/kor/Resources/statistics_view.asp?page=1&BOA_ GUBUN=13&BOA_NUM=13761 (검색일 2018.03.12.)

https://www.thairath.co.th/news/society/1568426 (검색일 2022.02.19.)

4장

인도네시아
오랑꼬레아 백년의 역사

엄은희

1. 1호 수식어가 많이 붙는 한-인도네시아 관계

2020년 『인도네시아 한인 100년사: 한인과 한인 기업의 성공 진출
사』가 1년여의 산고 끝에 출판되었다. 이 책은 주인도네시아 한국
대사관과 재외동포재단의 전폭적 지지와 30여 명의 인도네시아
교민들이 의기투합해 인도네시아 각지의 교민과 인도네시아에서
살다가 한국으로 귀국한 교민들을 인터뷰하고 각종 인도네시아 한
인사 자료를 발굴해 출간한 결과물이다. 책이 출간된 9월 20일은
인도네시아 교민 사회의 뿌리 찾기 노력이 발굴해낸 독립운동 망명
객 장윤원 선생이 네덜란드 식민지였던 바타비아^Batavia(현 자카르타)

에 첫발을 내디딘 날이다(1920년). 그는 일제에 의해 대규모 조선인의 인구이동이 있었던 1940년대 말인 한인 사회의 맹아기 한인 사회에 영향을 미쳤으며, 작고 후 인도네시아 땅에 묻혔다는 점에서 인도네시아 한인 사회의 뿌리가 되기에 충분해 보인다.

국내 재외동포사 연구에서 인도네시아를 비롯한 동남아 지역의 한인 사회는 지금까지 큰 주목을 받지 못했다. 동남아 한인 사회는 중국, 일본, 북미 한인 사회 등과 비교할 때 상대적으로 그 형성의 역사가 짧고 유입국에 뿌리내리는 정착형 이주자 사회보다는 경제적 목적의 상업 이주자 사회로 분류되었기 때문이다. 한국과 동남아 국가들 간의 정치외교적 관계는 제2차 세계대전 종전 후 신생 독립국 간의 국가 인증과 수교로 시작되었으며, 사회경제적 관계 역시 1990년대 이후 한국의 세계화 전략과 경제성장에 따라 압축적으로 진전되어온 성격이 강하다는 점은 부인할 수 없는 사실이다. 현재까지 재외한인사에서 다루어진 동남아 한인 사회 연구는 제2차 세계대전 당시 일제에 의한 강제동원(군인, 군속, 위안부 등)의 역사와 1990년대 이후 한국 기업의 동남아 진출사 등 단편적으로만 이루어져 왔다. 전자의 경우, 동남아 한인 사회는 주로 전쟁범죄의 수동적 '피해자'로 재현되었으며, 일제 패망 후 생존자 대다수가 고국으로의 '귀환'을 택하면서 재외한인사보다는 식민지사의 특수한 사례로 서술되어왔다. 후자의 경우, 동남아 한인 사회는 한국-동남아 간 경제적 관계에 편중되어있을 뿐 아니라 기업 관련자들은 대체로 3년 내외의 일시 체류자sojourner라는 점에서 재외한인으로서의 정체성보다는 경제적 유목민nomad으로서의 성격이 강조되어왔다.

하지만 현실에 있어 동남아 지역에서 한인 사회는 많은 국가에서 체류 규모 1~2위를 다투는 주요한 외국인 집단이며, 개별 국가 한인 1세대의 경우 이주의 역사가 반세기를 훨씬 넘어선다. 동남아시아에서 최근 한국 사회와 가장 관계가 밀접한 나라는 베트남이지만, 양국 간 역사와 국가 잠재력 측면에서 인도네시아는 결코 간과되어서는 안 될 한국의 교류국이다. 인도네시아는 약 2억 7,000명에 달하는 세계 네 번째의 인구 대국이고, 국내총생산GDP 기준 동남아시아 지역 내 최대 시장이며, G20(주요 20개국)의 일원으로 지역 경제의 중심 국가다. 보다 중요하게 한국의 산업화가 본격화된 이후에는 인도네시아와 한국 사이에 유독 '최초'나 '1호'와 같은 수식어가 붙는 역사 또한 제법 된다. 한국 최초 해외직접투자FDI인 한국남방개발(이하 코데코KODECO)의 원목개발 사업(1968), 해외 생산 플랜트 수출 1호인 미원(1973), 한국 최초 해외 직접 유전개발(1981) 등이 대표적이다. 이처럼 한국 사회가 산업과 대외투자 부문에서 성장하는 데 있어 한국과 인도네시아의 관계는 매우 돈독했다.

시기별 한국 기업의 대對인도네시아 투자 진출 유형과 형태를 구분해보면, 1970년대 자원 확보형에서, 1980년대 말 이후 노동 집약 및 우회 수출형으로, 2010년 이후에는 수출과 내수 동시 공략 및 인도네시아 소비시장을 고려한 투자형으로 이어져 왔다. 한국과 인도네시아 양국 간의 교역 및 투자는 2011년 정점을 이룬 후

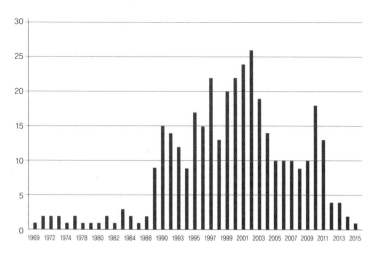

그림 1 인도네시아 진출 한국 기업 추이(연도별)

출치: 고드라 한인 기업 디렉토리(2018)

지속적으로 하향세를 보이다가 2017년 신新남방정책 선언 및 양국 관계 격상을 준비하면서 증가세로 전환되고 있다. 한국의 대인도 네시아 누적 법인 수는 2,172개, 총신고금액은 157억 4,200만 달러이고, 누적 총투자액(1968~2019)은 108억 1,900만 달러로 베트남, 싱가포르에 이어 3위다(수출입은행 『2020 한-아세안센터 통계집』에서 재인용). 다만 한국의 대인도네시아 교역과 투자가 모두 2017년 이후 증가세로 반등하고 있으며, 코로나19라는 악재하에서도 2020년 12월 양국 간 포괄적경제동반자협정CEPA이 체결되었다. 이에 그동안 베트남에 집중되었던 한국의 투자가 인도네시아로 분산될 것으로 기대되고 있다. 특히 현대자동차나 LG전자 등 대기업의 대인도네시아 투자가 이루어졌거나 진행되고 있어 향후 국내의 관련 분야 부품 및 유관기업을 포함한 선단형 진출의 가능성도 높아질 것으로 예상된다.

코로나 팬데믹 이전에 조사된 인도네시아 재외동포 규모는 총 2만 2,774명(영주권자 2,153명, 일반 체류자 1만 9,314명, 유학생 617명)이다. 여기에는 사업상 편의를 목적으로 인도네시아 국적을 취득한 외국 국적 동포(시민권자) 690명도 포함된다(〈표 1〉 참고).

한국(인천)-인도네시아(자카르타) 직항 비행시간은 7시간 30분이나 걸린다. 그런 이유에서인지 투자 초창기부터 인도네시아 교민 사회는 전형적인 남성 중심 주재원 커뮤니티형 이주뿐만 아니라 가족 동반형 이주도 큰 비중을 차지했다. 그에 따라 한국 학교, 한인 마트, 여러 한인 종교공동체도 비교적 이른 시기에 형성되었다. 인도네시아 한인들이 적어도 입문 과정은 어렵지 않다는 점에서 인도네시아의 국어인 '바하사 인도네시아Bahasa Indonesia'를 생활이 가능한 수준까지 습득하고 일상에서 활용하는 모습도 특징적이다.

인도네시아 한인 사회는 노동집약적 제조업과 한인 대상의 자영업 종사자들을 근간으로 하고 있고, 이들은 사업 종목과 경제적 이해관계를 고리로 밀도 있게 연결되어있다. 하지만 가족 동반 이주의 유산에 따라 여성과 자녀 세대 그리고 최근엔 취업과 창업 등을 목적으로 한 20~30대 중장기 체류자들이 늘면서 도시 기반의 여성 및 청장년 취업자·창업자들이나 출신 지역, 동문회, 각종 동호

표1 인도네시아 재외동포의 거주 자격 및 지역별 분포 단위: 명

구분		재외동포 총 수	거주자격별					재외국민 등록 수 등록률 (%)
			재외국민				외국국적동포(시민권자)	
			영주권자	체류자		계		
				일반	유학생			
총계	남	14,427	1,135	12,476	339	13,950	477	8,632 (60)
	여	8,347	1,018	6,838	278	8,134	213	6,882 (83)
	계	22,774	2,153	19,314	617	22,084	690	15,514 (69)
	2017년 대비 증감률 (%)	-26.75	-46.72	-24.73	-21.79	-27.57	+15	-20.97
지역별	자카르타 남	6,521	504	5,648	110	6,262	259	-
	자카르타 여	4,179	492	3,461	108	4,061	118	-
	자카르타 계	10,700	996	9,109	218	10,323	377	-
	자바(자카르타 제외) 남	6,595	612	5,632	205	6,449	146	-
	자바(자카르타 제외) 여	3,541	504	2,819	158	3,481	60	-
	자바(자카르타 제외) 계	10,136	1,116	8,451	363	9,930	206	-
	수마트라 칼리만탄 남	802	8	756	6	770	32	-
	수마트라 칼리만탄 여	214	9	190	2	201	13	-
	수마트라 칼리만탄 계	1,016	17	946	8	971	45	-
	술라웨시 발리 파푸아 기타 남	509	11	440	18	469	40	-
	술라웨시 발리 파푸아 기타 여	413	13	368	10	391	22	-
	술라웨시 발리 파푸아 기타 계	922	24	808	28	860	62	-

출처: 외교부 재외동포현황(2019)

회 중심의 인적 결사체와 교육·문화·예술 단체들도 활발하게 활동하고 있다.

이주자들은 출신국과 체류국 사이에서 양가적 정체성을 갖추게 마련이다. 한편으로 현지 사회와 문화에 적응하려고 노력하면서, 다른 한편으로는 모국의 민족적 정체성을 유지하면서 체류국 사회에 자국의 문화를 직간접적으로 전파시킨다. 이주사들은 종종 치이를 드러내며 갈등적 상황에 놓이기도 하지만, 현지인과 현지 문화를 존중하는 태도를 갖추려 한다. 짧은 체류나 방문으로 끝나는 것이 아니라 오랜 기간 인도네시아 사회 안에서 일하고 생활했고 앞으로도 상당 기간 그들과 살아가야 하기 때문이다. 그래서 장기 이주자일수록 현지인과의 생활상 교류를 통해 양국 국민의 진솔한 단면을 관찰하고 드러내며 문화적 차이를 드러내면서도 동시에 현지 문화에 대한 스스로의 해석을 바탕으로 관계를 맺고 적응한다. 이런 점에서 재외동포들은 존재 자체로 본국과 이주 국가 사이 인적 교류 발전의 마중물이 될 수 있다.

이 글은 인도네시아의 한인 사회가 어떻게 형성되었고, 발전·분화했는지를 정리하는 것을 목적으로 한다. 물론 장기적 이주는 국가 간의 외교 및 경제교류의 틀 안에서 가능하며, 인도네시아 한인들의 삶은 인도네시아의 정치경제적 조건에 의존한다. 따라서 이 글은 이주와 정착의 배경이 되는 인도네시아, 한국-인도네시아, 혹은 더 넓게 국제경기의 변화와 연동한 해석을 제공하게 될 것이다. 2절은 폭넓게 이주의 배경이 되는 한국-인도네시아 관계의 형성과 변화 과정을 먼저 간략하게 설명한다. 3절에서는 인도네시아사의 서장이라 할 수 있는 일제강점기에서 1950년대까지의 인도네시아 한인들의 궤적을 따라가 본다. 4절에서는 본격적인 투자 이민의 시대(1960~1990년대), 그리고 1997년 이후 금융위기 와중에 오히려 인도네시아 교민의 수가 증가하게 된 배경을 다룬다. 5절에서는 2000년대 이후 중층적으로 분화하는 인도네시아 교민사를 다룬다. 각각의 장에서는 이주 시기에 따른 한인 사회의 구별되는 특성을 정리한다. 마지막 6절에서는 이를 토대로 미래의 인도네시아 한인 사회의 특성을 전망하고 한국과 인도네시아 양국의 연결고리로 재외동포의 역할에 대한 기대와 제언을 제시해본다.

2. 한인 이주의 사회경제적 배경으로서 인도네시아의 변화

일제의 태평양전쟁과 인도네시아 점령

일본은 중일전쟁(1937~1941) 이전까지 '동아東亞'란 이름하에 일본 본토, 조선반도, 중국(만주), 대만 등을 '내부적 중핵'으로 먼저 영역화한 후, 태평양전쟁기(1941~1945) 동안 정치군사적 남진정책을 본격화면서부터는 '대동아大東亞, the Greater East Asia'라는 이름으로 제국의 범위를 태평양 서부(동경 170도)까지 확대했다. 당시 일본은 자국의 공업화 및 군수에 필요한 석유 대부분을 수입에 의존하고 있었는데,

필요분의 55퍼센트는 미국으로부터, 25퍼센트는 네덜란드령 동인도 즉 인도네시아에서 도입하고 있었다. 석유 부족 문제를 해결해야 하는 일본은 위기를 또 다른 위기로, 전쟁을 또 다른 전쟁으로 해소하겠다는 계획하에 확전을 선택했다. 일본은 1941년 12월 영국령 말레이시아(육군)와 미국의 하와이(해군)를 기습 공격하며, 태평양전쟁을 개시했다(김정현 1994).

일본군은 1942년 2월 싱가포르와 수마트라, 3월에는 바타비아를 포함하는 자바섬을 침공했는데, 속전속결로 밀어붙이는 일본군의 전세에 겨우 9일 만에 섬 전체가 함락되었다. 하지만 1944년 이후 전세는 다시 연합국 측으로 기울기 시작했으며, 일본의 인도네시아 점령은 3년 6개월이라는 짧은 시간 내에 끝나게 되었다.[1]

일제의 태평양전쟁과 인도네시아 점령에 보다 주목하는 이유는 이 시기에 인도네시아인들과 조선인들 사이의 역사적 조우encounter가 발생했기 때문이다. 인도네시아에 한인들이 대규모로 등장한 때는 제2차 세계대전 시기로 일본이 아시아-태평양 전선에 조선인들을 동원하면서다. 동원된 조선인들은 군인, 군속, 간호사, 징용자, 종군위안부가 포함되어있다. 인도네시아 한인의 단일 규모 최대 기록은 일본 군속으로 동원된 조선인 포로감시원 1,400명이

---

1 한편, 일본은 표면적으로는 '동남아의 해방'과 '공동의 번영'을 내세웠기 때문에 인도네시아의 민족주의자들과 독립 세력들(특히 이슬람 조직)을 지원하고 이들을 통해 대중적 지원을 얻으려 했는데, 이 과정에서 인도네시아 내 민족주의와 독립운동의 열기가 확대되는 의도하지 않은 결과로 이어지기도 했다(양승윤 1997).

1942년 9월 14일 자카르타의 탄중 프리옥Tanjung Priok 항구에 도착한 것이다(전제성·유완또 2013: 41-42). 이들 강제 징용자 중 현지에서 전쟁 중에 사망한 수도 적지 않은데, 종전 이후 살아남은 사람들도 대부분 1~2년 사이에 독립한 조선으로 귀환했다.[2] 독특한 조건 속에서 인도네시아 현지인과 조선인의 만남 혹은 조선인들의 비자발적 인도네시아 이주 경험은 그렇게 역사 속에서 단절되었다.

독립 이후 인도네시아의 정치·경제 상황

태국을 제외한 모든 동남아시아 국가가 서방세계의 식민통치하에 있다가 제2차 세계대전 종전 이후 독립했다. 하지만 신생 독립국들의 독립 과정 및 독립 후 정치 및 경제 상황은 불안했다. 인도네시아는 이후에도 네덜란드의 재점령으로 3년간의 독립전쟁을 치러야 했다. 인도네시아는 1949년 12월이 되어서야 공식적으로 독립 국가로 출범할 수 있었다(양승윤 2014).

독립 국가로 출범했으나 인도네시아는 1만 7,000개가 넘는 섬에 300여 개 종족으로 구성된 다양성과 이질성이 큰 국가였다. 독립운

---

2 2010년 5월에 인도네시아 수라바야시에서는 '한국-인도네시아 평화공원'과 '평화기원의 탑'이 건설되었다. 이 기념 시설은 일제강점기 동남아로 강제동원된 조선인들(군인, 군속, 노무자, 포로감시원, 위안부 등) 희생자를 기리기 위한 것으로, 한국 정부가 건설비를 지원하고 수라바야시가 부지를 제공한 것이다. 일본의 한국-인도네시아 지배에 대한 공동의 역사 인식을 확인하고 한국-인도네시아 우호 관계 증진이 그 목적이었다. 태평양전쟁 당시 인도네시아로 강제동원된 조선인(한민족) 중 현지에서 2,237명이 사망한 것으로 알려져 있는데, 그 상당수가 말루쿠제도 암본의 비행장 건설에 동원되었다 폭격으로 사망한 이들이다(한인뉴스 2010년 5월 호: 11)

동 선구자들의 노력으로 언어 통합(바하사 인도네시아)에는 성공했지만 단일한 국민국가를 형성하는 일은 쉽지 않은 과제였다. 이에 인도네시아 초대 대통령 수카르노는 건국의 다섯 가지 이념을 의미하는 판차실라Pancasila[3]를 통치의 근간으로 내세웠다. 수마트라섬과 자바섬 인민의 절대다수가 무슬림이었으나 이슬람교를 국교로 삼는 대신 유일신을 믿는 다수 종교를 인정하되, 종족과 지역의 차이를 넘어 인도네시아 '국민'으로 통합을 요구하는 방향성을 제시한 것이다. 수카르노는 정치체제에서는 비동노선을 주창하며 서구 정치제도의 모방 대신 인도네시아에 적합한 수준의 민주주의 즉 엘리트에 의한 '교도적 통치'를 강조했다.

전후 동남아시아 국가 대부분은 전형적인 농업 국가였으며, 식민 시기 형성된 수출용 단일 상품 경작 체계도 강력하게 유지하고 있었다. 당시 인도네시아는 말라야연방(현재의 말레이시아)과 더불어 세계 최대의 고무 생산지였다(박번순 2019). 하지만 국가의 경제발전 및 외화 부족 문제를 해결하기 위해서는 공업화가 필수적이었다. 다만 신생 독립국들은 대부분 국내 산업을 보호하고 공산품 수입을 줄이는 것을 더 중요하게 여겼으며, 따라서 수출 장려보다는 수입 억제를 위한 수입 대체 산업화를 공업화의 목표로 삼았다. 수카르노가 이끌던 독립 이후의 인도네시아는 제3세계 비동맹 진영의

---

3 유일신에 대한 믿음, 국민사회의 정의와 문명의 실현, 인도네시아의 통합, 합의제와 대의제를 통한 민주주의 실현, 모든 국민에 대한 사회적 정의 등.

핵심으로, 외국인 투자를 제국주의의 연장으로 해석하며 경제정책에서는 '사회주의 계획경제'에 가까운 형태를 유지했다. 이에 수카르노 시대 인도네시아는 남한보다는 북한과 더 우호적인 관계를 맺고 있었다.

수하르토 정부의 등장과 대외 개방

현대 인도네시아의 대외관계와 정치경제는 1965년을 기준으로 크게 바뀐다. 1965년에 인도네시아에서는 이른바 '9·30사태'가 발발했고, 이 과정에서 인도네시아공산당PKI이 붕괴되고 친미반공 노선의 수하르토Haji mohammad suharto 정권이 들어서는 토대가 마련되었던 것이다. 인도네시아의 체제 변화 이후 한국 정부는 한국-인도네시아 간 영사 관계 수립에 합의하고 1966년 12월 자카르타에 총영사관을 개설했다. 총영사관을 개설하면서 양국 관계는 빠르게 정상화될 수 있었다.

60년대 말부터 한국-인도네시아 관계는 경제적 차원에서 급진전을 이루었는데, 이는 당시 양국이 우선시하던 경제성장을 위한 유력한 방법이 상호 보완적이었기 때문이다(엄은희 2013: 179-181). 먼저 인도네시아는 1966년 수하르토 집권 이후 정치사회적 혼란을 극복하고 경제개발 재원 마련을 위해 산업화 정책에 박차를 가하였다. 산업화의 발판 마련을 위해 인도네시아는 자원 부국의 장점을 살려 광물, 원유, 산림 부문에서 개발 계획을 순차적으로 입안했다.

산림 부문에서는 산림기본법(1967), 해외투자법(1967), 국내투자법(1969), 산림 개발권에 관한 법령(1970)을 차례로 마련하면서 국내외 투자자들을 인도네시아의 산림 개발에 뛰어들게 만드는 다양한 유인책을 차례로 도입했다. 산림 개발은 확실한 이윤이 보장되지만 막대한 초기 투자를 요해서 인도네시아 정부는 그 재원을 주로 외국인 투자 유치를 통해 해결하고자 했다. 1967년 인도네시아 최초의 산림 개발 회사가 국영기업 형태로 동부 칼리만탄에서 산림 개발에 착수했으며, 인도네시아 정부의 강력한 대외개방정책과 여러 투자 유인책에 힘입어 다수의 해외 기업이 단독 혹은 현지 기업과의 합작으로 개발(주로 칼리만탄과 수마트라)에 뛰어들게 되었다.

이 시기 한국 정부가 산업화를 추구하던 정치경제학적 맥락도 인도네시아로의 투자를 활성화시켰다. 한국은 대부분의 후발 산업 국가들이 수입 대체 산업화를 추구했던 것과 달리 수출입국을 목표 삼아 가공무역에 전념했다. 이에 한국에서는 1950년대 1차 산업인 농산물과 건어물 등의 상품 수출 시기를 거쳐, 1960년대 저렴하고 풍부한 노동력을 발판으로 수도권과 부산 등에서는 섬유업, 신발업, 가발업 등이, 인천과 부산 등에서는 항만과 관련한 합판제조업이 크게 성장했다. 이 중 합판산업은 바로 인도네시아와의 무역 및 투자 관계 수립을 통해 급성장할 수 있었다. 합판산업은 초기에 동남아 여러 국가에서 원목을 수입해 가공 후 수출하는 정책을 펼쳤으나 인도네시아가 산림 개발을 해외 기업에 허용한 시점부터는 수출 가공이 아닌 직접투자-원자재 확보로 정책

을 변경했다. 1970년대 초에서 1980년대 초까지 한국의 합판산업
은 연간 1억 달러 이상을 벌어들이는 업종으로 남동임해공업단지
중심의 중화학공업이 본격화되기 전 산업화를 이끄는 기간산업이
었다.[4]

이러한 흐름에 힘입어 한국 최초의 해외직접투자[FDI]가 인도네
시아 산림 개발을 위해 이뤄졌고, 코데코가 1968년 한국 정부로부
터 450만 달러의 해외투자 허가를 받아 인도네시아 남부 칼리만
탄의 산림 개발에 착수했다. 1년 뒤인 1969년 인니동화(현 코린도
KORINDO), 1970년 경남교역 등이 인도네시아 산림 개발에 뛰어들면
서 한인 기업에 의한 인도네시아 산림 개발의 시대가 열렸다(녹색사
업단 2013).

동아시아 산업 재편과 제조 부문 한인 투자의 물결

1980년대 말 한국 사회의 정치경제적 변화는 한국 내에서의 변화
를 넘어서 한국-인도네시아 관계에서 새로운 전환을 만들어냈다.
1988~1992년에 한국 기업의 대인도네시아 투자가 급증했는데, 특
히 섬유·봉제·신발·완구 산업 등 노동 집약 산업을 중심으로 인
도네시아 진출이 가속화되었다. 여기에는 국내적, 국제적 차원의

---

4 이를 한 언론에서는 "나무 없는 나라에서 나무 수출로 만든 기적"(동아일보 1970.08.10.)으로 표현한 바
   있다. 한국 기업이 인도네시아 산림에서 직접 개발한 원목은 대부분 한국으로 수출되었고, 한국은 안정
   된 원자재 공급에 힘입어 1970년대 세계 합판산업의 1위 국가에 오를 수 있었다.

세 가지 동인이 작용했다.

먼저 1987년 노동자대투쟁 이후 한국의 최저임금 인상에 따른 생산비 상승으로 한국 기업들의 해외 진출이 시도되었다. 두 번째, 섬유·봉제·신발 부문 등의 글로벌 브랜드 업체들이 글로벌상품생산네트워크global production network, GPN 재편에 따라 수입선을 한국과 대만에서 동남아로 옮기는 전략적 변화가 있었다. 세 번째, 인도네시아를 비롯한 동남아 국가들이 저임금의 노동력, 풍부한 자원, 다양한 투자유치정책 등을 제시하며 해외자본에 적극적 구애를 펼치게 되었다. 한국과 인도네시아 양국 정부의 이중과세방지협정(1988년 11월 체결), 투자보장협정(1991년 2월 체결) 등을 통해 한국 투자의 안정성을 높이는 투자자 안전장치가 마련되었다.

인도네시아는 1990년대를 전후해 한국의 중소자본이 가장 선호하는 투자 대상국으로, 단기간에 노동집약적 부문을 중심으로 '최초이자 집중적인' 투자가 이루어졌다. 당시 인도네시아에 진출한 한국 투자기업은 약 350개 정도인데, 신발과 봉제업체 등 노동집약적 제조업체가 200개를 상회한다. 주로 부산과 대구 등 영남 지역의 노동집약적 기업들이 대거 생산기지를 인도네시아로 옮겨갔다.

1990년대 이후 노동집약적 산업 이외에 금융, 보험, 운송, 화학, 전자, 철강, 자동차 산업 등으로 한국의 투자 업종이 점차 다양해졌다. 특히 기술집약적 산업인 전자산업의 대표주자 LG전자와 삼성전자, 바이오산업 부문의 CJ 같은 한국 기업의 인도네시아 진출도 이 시기에 진행되었다. 이러한 성장세에 힘입어 1996년경에는 인

도네시아 교민이 1만 6,000명 정도까지 증대되었다.[5]

1997년 태국 바트화의 폭락으로 시작된 아시아 외환위기는 인도네시아에도 큰 영향을 끼쳤고, 1998년 인도네시아 경제는 마이너스 13퍼센트의 경제성장률을 기록할 정도로 악화되었다. 아시아 외환위기는 인도네시아의 정치변동을 야기한 가장 큰 원인이 되었다. 1998년 인도네시아 수도 자카르타에서 유혈폭동을 포함하는 '5월 사태'가 일어나 32년간 장기집권하던 수하르토 대통령이 물러나고, 이후 하비비Bacharuddin Jusuf Habibie - 와히드Abdurrahman Wahid - 메가와티 Megawati Sukarnoputri로 이어지는 정부가 출범했다.

민주화 시대 한국—인도네시아 관계의 전진

2004년 인도네시아 헌정사상 최초의 대통령직선제를 통해 수실로 밤방 유도요노Susilo Bambang Yudhoyono 대통령(5년 임기)이 당선됐다. 그는 2009년 대통령 선거에서도 승리해 2014년까지 10년간 집권했다. 유도요노의 재임 기간 인도네시아는 긴 환란의 터널을 통과해 정치적 안정과 경제적 도약을 시작할 수 있었다. 2014년에는 자카르타 주지사를 지내며 서민 이미지와 개혁적 정책으로 대중적 인

---

5   한인 이주의 급작스러운 증가와 한인 사회의 급속한 성장으로 이 시기를 '첫 번째 한국인 물결'로 구분하기도 한다(전제성·유완또 2013). 하지만 이 글에서는 한국 최초의 FDI로 한국 남방개발이 인도네시아 산림 개발에 진출한 1968년에서 초기 제조업(조미료, 시멘트), 상사, 건설기업 등이 진출한 1980년대까지를 한국 투자 첫 번째 물결로, 노동집약적 제조업 부문이 진출한 1980년대 말에서 전기·전자 부문이 진출한 1997년 외환위기 전까지를 한국 투자 두 번째 물결로 구분한다.

기를 얻은 조꼬 위도도Joko Widodo(일명 조꼬위Jokowi)와 수하르토 전 대통령의 사위인 쁘라보워Probowo Subianto가 대선에서 대결했는데, 이 선거에서 조꼬위는 7퍼센트 이내의 지지율 차로 당선됐다. 2019년 두 후보의 리턴매치에서도 조꼬위 대통령이 승리하며 2기 정부를 안정적으로 운영 중이다.

2000년대 이후 인도네시아가 정치적 안정과 성장 국면에 들어서면서 한국과 인도네시아는 더 이상 좋을 수 없는 관계로 발전 중이다. 외교 차원에서 2006년 노무현 대통령의 인도네시아 방문 중 양국 정상이 한국-인도네시아 '전략적 동반자 관계에 관한 공동선언'에 서명함으로써 양국 간 관계가 정치, 경제, 방산, 문화, 인적 교류, 국제무대 등으로 확대되었다. 이명박 정부 시기인 2010년에는 거대 기업 포스코(합작 투자 형식), 시장 점유율 세계 2위의 한국타이어, 유통업의 롯데마트 등 대기업들의 인도네시아 진출 및 투자가 두드러졌다.

이렇듯 한국-인도네시아 양국 관계가 긴밀해지면서 2000년대 이후 인도네시아 내 한인들의 진출과 경제활동도 활발해지고 있다. 글로벌 경기 후퇴와 인도네시아의 국내 사정 등에 따라 기복은 있지만 대인도네시아 한인 투자의 증대 경향은 당분간 계속될 것으로 보이며, 경제적 측면뿐 아니라 다방면에서 양국 간 교류와 협력이 더욱더 깊어질 것으로 전망된다.

3. 인도네시아 한인 이주 100년사의 서장: 일제강점기 조선인의 이주

일본이 영국과 미국을 상대로 전쟁을 벌이며 태평양전쟁으로 확전을 벌인 핵심 동기는 석유 확보로 볼 수 있으며, 남방의 인도네시아(네덜란드령 동인도)는 일본의 대동아공영권 내에서도 석유 자원이 가장 풍부해서 일본에는 전쟁과 대동아공영권 실현의 마지막 목표였다. 일본이 태평양전쟁을 본격화하며 구상했던 '대동아공영권'은 궁극적으로 인도네시아를 점령함으로써 완성되었다. 즉, 인도네시아 점령은 일본이 구상한 대동아공영권의 영역적 경계가 확립되는 순간이었던 것이다.

일본이 태평양전생을 통해 새롭게 제국에 편입시킨 남양의 광범위한 지역 곳곳에 자발적 혹은 강제로 동원된 조선인들의 흔적이 새겨져 있으며, 이 시기 인도네시아에 상륙한 한인(조선인들)도 대부분 이러한 역사지리적 자장 안에서 해석될 필요가 있다.

교민이 발굴한 교민 사회의 뿌리 장윤원

장윤원은 현존하는 기록상 일제강점기의 인도네시아에 처음으로 발을 디딘 인물이다. 그는 1920년 9월 자카르타(당시 바타비아)에 도착한 이후 1947년 사망할 때까지 27년간 인도네시아에 머물며 한인 사회의 일원으로 활동했다. 우쓰미 아이코內海愛子·무라이 요시노리村井吉敬(2012)의 저서에 짧게 언급된 적이 있으나 실질적으로 장윤원에 대한 발굴과 그의 삶에 대한 다양한 조명은 인도네시아 교민 김문환에 의해 이루어졌다. 김문환은 저서 『(인도네시아 한인개척사) 적도에 뿌리내린 한국인의 혼』(2013)의 첫 번째 인물로 장윤원을 소개한다.

장윤원에게는 재인도네시아 한인들이 자랑스럽게 뿌리로 내세울 수 있는 '독립운동가'로서 삶의 이력이 존재한다. 일제강점기에 일본 유학을 했을 정도로 수재였던 그는 식민지 조선의 은행에 근무하면서 은행 돈 일부를 3·1운동 자금으로 빼돌렸을 만큼 독립을 향한 열망이 컸다. 이 사건은 은행과 당국에 적발되었고, 장윤원은 대한민국임시정부가 있던 중국으로 탈출하게 된다. 임시정부에서 장윤원에게 맡겨진 임무는 다시 독립자금 조달이었고, 그는 임무를 위해 낯선 땅 바타비아에 도착했다. 1920년 9월의 일이다(김문환 2013).

이후 바타비아에서 장윤원의 활동 및 그와 임시정부 사이 관계는 공식적으로 알려진 바는 없으나, 장윤원은 일본군이 1942년 3월 자바 상륙 후 행한 '불순분자' 색출 작업에 걸려 자카르타의 형무소에서 3년 넘게 복역한 것으로 알려져 있다. 그는 일본 패망을 기점으로 재자바조선인회나 고려독립청년당의 조직을 후원하거나 귀환이 지연된 동포들을 돕는 등 초기 인도네시아 한인 사회 보호막 역할을 하기도 했던 것으로 전해진다. 감옥 생활로 건강을 잃은 장윤원은 1947년 11월 23일에 65세를 일기로 자카르타에서 생을 마감했다.

새롭게 발굴된 장윤원이란 인물이 조선을 떠나 인도네시아에서 생을 마감할 때까지의 이야기는 여전히 많은 부분이 역사적 공백으로 남아있다. 장윤원의 독립운동 활동이 어느 정도 수준이었는지, 그가 독립자금 모금을 위해 인도네시아까지 오게 된 연유와 과정은 어떠했는지, 그가 네덜란드의 식민지 바타비아에서 그리고 짧았던 인도네시아의 일제강점기에 다른 조선인들과 어떤 관계를 맺었는지 등은 여전히 알려진 바가 많지 않다. 그러함에도 그는 인도네시아 한인 이주의 역사를 그것도 독립운동과 연결된 역사를 가진 인물로 한인 사회에 회자되고 있다. 그래서 인도네시아 한인들이 직접 쓴 한인 이주사 백 년에서 장윤원은 첫머리를 차지한다.

적도의 조선 청년들, 포로감시원

일제강점기 인도네시아를 찾은 조선인 중 가장 많은 수를 차지하는 사람은 일제가 태평양전쟁으로 인도네시아에까지 전선을 확대하면서 군사적 목적을 충족시키기 위해 강제동원한 군인, 군속, 노무자 군위안부 등이다.[6] 한국에서 강제동원에 대한 연구는 2000년대 이후 '일제강점하강제동원피해진상규명위원회'(2004년 출범)와

---

6 전후 일본 후생성(厚生省)에서 발표한 한국인 징집에 관한 자료에 의하면, 육해군 전투 요원(군인) 21만 명과 군속 17만 명을 합해 총 38만 명의 조선인이 일제가 일으킨 두 개의 전쟁(중일전쟁과 태평양전쟁)에 동원되었으며, 이들 중 15만 명의 미귀환자가 발생했고, 그 대부분이 태평양 지역과 중일전쟁 중에 사망한 것으로 추정된다(김문환 2013: 35).

위원회 활동에 참여했던 역사학자들에 의해 주도되었다. 일본·중국·대만 등지로의 강제동원에 대한 조사와 연구에 비해 인도네시아로의 강제동원(특히 포로감시원과 군위안부)에 대한 조사와 연구는 양적으로는 많지 않다. 하지만 일본인 역사학자 우쓰미 아이코의 선도적 연구(우쓰미 아이코 2007; 우쓰미 아이코·무라이 요시노리 2012),[7] 해외 독립운동과 재외동포 이주사 연구(김도형 2003; 유병선 2011, 2013), 인도네시아 '위안부' 및 팔렘방 한인에 관한 연구(강정숙, 2011, 2012) 등을 통해 한국 사회에 어느 정도 소개된 바 있다.

1942년 3월 일본의 자바 점령이 완수될 무렵 확대된 전선에서 일본군에 의해 억류된 연합군 포로와 민간인 포로는 26만 명을 넘어섰다. 이들에 대한 감시와 감독에 일제는 식민지 조선과 대만에서 민간인 5,000여 명을 일본인 군속(포로감시원)으로 모집해 동남아 전역의 포로수용소로 파견했다. 1942년 5월 조선의 주요신문에서는 군속 모집 광고가 실렸다. 광고에서는 군속 모집을 정당한 절차(2년 근무 기한 보장, 급료 지급 등)를 거친 일종의 취업 광고로 다루고 있으나 김도형(2003)과 김문환(2013)이 공히 지적하듯, 실제는 하급 관료 조직을 압박하는 강제동원이었다. 이 포로감시원 모집에 3,000여 명의 조선인이 동원되었으며 이들은 2개월의 군사훈련(1942년 6~7월)을 받은 후 같은 해 8월 부산을 떠나 동남아 각지로

---

7   우쓰미 아이코는 『적도하의 조선인 반란(赤道下の朝鮮人叛乱)』을 1981년 일본에서 출간하였다. 그녀의 연구는 B·C급 전범이 된 조선인에 대한 모든 연구의 출발점이다.

파송되었다. 조선을 떠난 3,000여 명의 포로감시원 중 1,400여 명이 자바에, 나머지는 수마트라·태국·버마 등지에 배치되어 독립할 때까지 포로 감시 및 노역 관리 업무에 동원되었다.

애초 포로감시원은 2년 연한의 계약직 군속 신분이었으나 일제는 전세가 기우는 상황에서 계약관계를 일방적으로 폐기한 채 조선인 포로감시원들에게 무기한 근무를 강요했으며, 이것은 조선인 포로감시원과 연합군 포로 사이 비극적 역사의 원인으로 작동했다. 조선인 포로감시원들은 포로들과 가장 가까운 거리에 있었고, 양자 간의 관계는 비인격적 폭력과 부족한 식량 배급으로 인해 악연으로 점철되었다. 포로감시원으로 활동했던 조선인들은 일제 패망 후 일본군 소속이자 전쟁범죄자로 인식되어 조선인 민간인들과 분리된 채 전범재판에 회부되고 사법적 처리를 받는 고초를 겪어야만 했다(김도형 2003; 강정숙 2011).[8]

종전 후 전범 처리나 귀국선 탑승을 기다리며 자카르타에 남아 있던 조선인들은 약 1,600명에 달했다. 하지만 독립한 한국이 혼란에 휩싸이면서 국가는 일본과는 달리 귀국선을 보낼 여력이 없었고, 조선인들은 진짜 전범 일본인들과 분류될 필요도 있어서 조선인들의 조속한 귀국이 불가능했다. 따라서 조선인들은 자구책으로 조선인들의 커뮤니티를 형성해 스스로를 보호할 필요가 있었다. 종

---

8 동남아시아 전역에서 B·C급 전범으로 유죄판결을 받은 이가 148명에 달하며, 이 중 23명(인도네시아에서는 4명)은 총살되거나 교수형에 처해졌다(우쓰미 아이코·무라이 요시노리 2012).

전 직후 조선인들은 항구가 있는 자카르타 북부(코타와 파사르 스넨) 지역에 집중적으로 거주했다. 이들은 문맹 한인 청년들을 위한 한글학교를 열거나 태극기를 그리고 한국 노래를 배우는 등 민족적 정체성을 공유해나갔으며, 한국의 춤·음악·연극 등을 공연하며 일본인과 구별하려는 노력을 펼치기도 했다. 이들에 의해 1945년 인도네시아 최초의 한인 조직 '자와조선인민회'가 만들어졌다. 자바(자와) 이외의 지역에서도 귀국을 준비하며 한인 단체가 만들어졌는데, 같은 해 '팔렘방조선인회', '반둥조선인회' 등이 만들어져 여러 귀환 준비 활동을 펼쳤다. 이 조선인회에는 포로감시원과 군속 이외에 군위안부도 상당수 존재했음을 기억할 필요가 있다.

자바 포로감시원의 존재는 일제가 전쟁 수행에 조선인을 강제동원한 것이지만, 조선인 최초의 인도네시아 '집단 이주'이자 식민지 조선과 일본 군정하 인도네시아의 어색한 조우였다고 볼 수 있다(유병선 2011). 대륙의 병참기지였던 조선과 대동아공영권의 병참기지였던 인도네시아가 조선인 군속을 매개로 일제의 전시 총동원 체제 아래 엮였던 것이다. 그러나 일본군 점령지 자바의 포로수용소에서 조선인 군속들은 인도네시아의 현실에서 차단되어있었다. 조선인 군속들이 주로 대면했던 부류는 인도네시아 현지인이 아닌 연합국 포로들이었다. 조선인 군속들은 포로 감시 업무를 부여받았지만 일본군의 지위로 위계화된 군 내부의 폭력과 제국-식민 관계에 따른 차별에서는 자유롭지 못했다.

인도네시아의 조선인 포로감시원들 중 이국땅에서 항일 독립운동사로 분류될 만한 다른 방식의 삶을 택한 이들도 있다. 1944년 12월 이억관(혹은 이활)을 중심으로 자바의 조선인 군속 총 16명이 자카르타에 모여 상해 대한민국임시정부를 따르는 항일 비밀결사체 설립을 결의한 것이다.

고려독립청년당이 계획한 봉기(안)은 두 가지다. 하나는 '암바라와 거사'이고, 두 번째는 '스미레호すみれ丸 탈취 계획'이다. '암바라와'는 1945년 1월 4일 고려독립청년당 당원 3인(민영학, 노병한, 손양섭)이 수송 트럭과 무기를 탈취해 일본군과 교전을 벌여 12명을 사살한 뒤 3인 모두 자결로 마무리된 의거다. '스미레호 탈취 계획'은 같은 해 일부 포로감시원에게 말레이 전출 명령이 떨어진 상황을 역으로 이용해 포로수송선이자 전출선인 스미레호를 탈취해 연합군에 합류하려던 계획이었는데, 사전에 계획이 일본군에 누설되면서 고려독립청년당 당원 상당수가 군법회의에 넘겨진 일이다.

그간 암바라와 사건에 대해 '전출 명령에 대한 한국인 군속들의 불만'에서 비롯된 '우발적 사건'이란 평가가 없지는 않았다. 하지만 시대적 상황을 고려할 때 '불만'을 단순히 개인적 사유로 귀결할 순 없을 것이다. 유병선(2011)은 자바의 조선인 군속들의 무장봉기를 일본군정기 인도네시아인 최초의 항일 무장봉기인 블리따르Blitar 사건과 연결 지으며 적극적인 항일투쟁의 일환으로 재해석했다('블리

따르 사건'은 암바라와 거사 40일 뒤에 일어났다). 나아가 유병선은 이들 조선인 군속의 항일투쟁은 이방(한국의 입장)에서 이방인(인도네시아의 입장)에 의한 주변부적 사건으로 간주하는 기존의 관점을 벗어나 조선인 군속들이 '이중의 고립' 상황에서 자생적으로 항일투쟁을 모색한 과정과 그 영향을 적극적으로 해석하고 평가할 것을 제안한다.

우쓰미 아이코와 유병선의 연구뿐 아니라 당시의 고려독립청년당원이었던 이상문 선생의 노력으로 인도네시아의 고려독립청년당은 2011년 11월 독립운동기념사업회와 국가보훈처에 의해 해외독립운동으로 인정받게 되었다. 이상문은 인도네시아에서 군속으로 근무하다 고국으로 귀환한 후 30년 넘게 고려독립청년당의 활동을 독립운동사의 일환으로 만들기 위해 청원해왔다. 고려독립청년당 총령 이억관을 비롯한 13인이 애국지사 포상을 받았고, 이들이 봉기했던 중부 자바의 5개 지역은 국외 독립운동 사적지로 지정받았다.

4. 한국 대외투자의 출발지로서 인도네시아

한국과 인도네시아의 양자 관계는 정치적 관계에 앞서 경제적 관계에 의해 선도되었다. 양국은 경제 영역에서 상보적 특성을 지닌다. 인도네시아는 산림, 광업, 농업 등 1차 산업 부문에서의 풍부한 자원, 노동집약적 산업에 적합한 저렴하고 풍부한 인적 자원, 2억 7,000만의 인구로 소비시장으로서 높은 잠재력 등을 갖추고 있으며, 한국은 높은 자본력과 기술력을 바탕으로 동아시아의 산업화를 선도한 바 있다. 이에 양국 사이 상호 보완적 두 요소의 결합에 기반을 둔 경제협력이 1960년대 말 이후로 긴밀하게 진행되고 있다.

산림 개발로 연 투자의 역사(1968~1986)[9]

일제에 의해 자바 등에 강제동원된 한국인들이 고국으로 돌아가고 20년이 지난 다음 한인들이 다시 인도네시아에 나타나기 시작했다. 인도네시아는 한국의 대외투자와 관련해 매우 주요한 상대국이었다. 1960년대 말까지 당시 한국은 외환 유출을 우려해 대외투자가 제도적으로 불가능했다. 하지만 당시 국내의 합판산업이 일정 궤도에 오르면서 기존의 원목 원자재 수입 방식에서 벗어나 외국에 자회사를 설립하고 운영하는 해외직접투자의 필요성이 높아졌다. 같은 시기 인도네시아에서는 수하르토 체제가 본격화하면서 자원 개발 분야의 외국인 투자 개방이 이루어졌으며, 따라서 한국 기업이 인도네시아에 진출해 산림 개발에 나설 수 있는 환경이 양국 모

---

9   이 시기 인도네시아에 대한 한국의 투자 프로젝트는 총 10건이며 이 중 7건이 모두 산림 개발이었다. 그 밖에 1건은 미원(현 대상)그룹의 플랜트 수출로 조미료 생산체계를 갖춘 것(전제성 2014), 건설 부문 1건, 금속 부문 1건이었다.

두에서 조성됐다.

앞서 언급했듯, 1968년 2월 코데코가 한국 기업 최초로 인도네시아 칼리만탄섬의 산림 개발에 나선 것이 대한민국 최초의 해외 투자로 기록되어있다. '인니동화'(현 코린도)는 1년 뒤인 1969년에 진출했다. 뒤이어 '경남교역'이 1970년에, 한니흥업이 1973년에, 아주임업이 1976년에 진출했다. 한국 기업들은 칼리만탄에서 임지를 개발했는데, 이러한 사업은 모두 한국-인도네시아 간 공식 국교 수립 이전의 일이다(녹색사업단 2013). 한국 기업들에 의해 개발된 산판에서 생산된 원목은 대체로 한국으로 수출되었고, 한국은 안정된 원자재 공급을 발판으로 1970년대 세계 합판산업에서 선두 국가가 될 수 있었다.

이 중 인도네시아 투자의 선구자인 코데코와 코린도는 인도네시아의 정책 변화에 선제적으로 대응함으로써 기업의 생존력을 키울 수 있었다. 코데코는 재일교포 출신의 최계월 회장이 설립한 회사로 남부 칼리만탄에서의 원목 사업과 합판제조업을 시작으로 원유·시멘트·농업 등 여러 분야의 자원 개발 및 가공 사업에 투자해왔다. 1980년에는 한국 신군부의 요구로 유정을 개발하는 등 인도네시아 원유사업에도 뛰어들었다. 하지만 안타깝게 원유사업은 코데코의 미래를 어둡게 만드는 원인이 되었다. 직접 광구 개발에 나섰던 동부 자바의 '마두라 유전'에서 결국 경쟁력 있는 석유 생산에 실패했고, 결국 2011년 광구 운영권을 인도네시아 석유 국영기업에 반납해야만 했다. 코데코는 이후 기업 운영 측면에서는 재기를 하지 못했다(서지원·전제성 2017).

코린도는 인도네시아 산림 부문의 자원 개발이 주력 산업이었다. 1980년대 이후에는 제화·제지·금융·중장비 등 사업 영역을 다각화하기도 했으며, 2017년 현재 아홉 개 사업 부문 40여 개 계열사를 거느린, 여전히 교민 사회에서 '맏형' 노릇을 하고 있는 한인 기업이다(엄은희 2014). 두 기업의 사례에서 보듯, 인도네시아의 풍부한 산림자원은 1960년대 한국 정부와 기업들을 인도네시아로 끌어들인 원천이었다. 두 회사의 회장은 제1대 한인회장(최계월, 1972~1986), 제3대 한인회장(승은호, 1990~2012)을 지내며 오랜 기간 한인 사회의 안정화에 기여했다.

제조업 전성시대, 한국식 경영의 명암(1990년대)

인도네시아는 1968년 수하르토 출범 이후 외국인 투자에 문호를 개방하면서 변화되었다. 외국인 투자도 초기 10년간은 자원 부문에 집중되었고, 제조업 부문의 투자가 시작된 시기는 1970년대 후반부터이며, 본격적인 외국인 투자와 산업화는 1980년대 중반 이후 한국·일본·대만·홍콩 등 동북아의 제조업 국가들이 생산 거점으로 인도네시아를 선택한 이후에야 이전되었다.

인도네시아는 1990년대를 전후해 한국의 중소자본이 가장 선호하는 투자 대상국으로, 짧은 기간에 노동집약적 부문을 중심으로 '최초이자 집중적인' 투자가 이루어졌다. 당시 인도네시아에 진출한 한국 투자기업은 약 350개 정도인데, 신발과 봉제 등 노동집약적 제조업체가 200개를 상회한다. 당시 진출한 한국의 중소기업들은 한국이나 인도네시아 내수시장보다는 수출 전문 기업이었는데, 인도네시아로 사업체 이전 시 일반특혜관세제도Generalized System of Preference, GSP의 수혜대상국 지위를 유지할 수 있다는 점에서 이 분야의 투자는 우회 수출형 투자에 속한다고 볼 수도 있다(설동훈 1993).

1987년의 '6·29선언' 이후 한국 사회는 전반적으로 민주화되면서 노동쟁의가 급격히 증가했으며 이에 따른 임금 상승을 견디지 못한 노동집약적 제조업체들이 해외로 생산 기반 이전을 서두르게 되었다. 인도네시아에서는 1987~1988년부터 투자 촉진을 위한 규제 완화 조치를 시작했다. 봉제업 등 노동집약적 산업이 노사분쟁이 일어난 한국의 상황과 투자 규제 완화라는 인도네시아의 상황이 맞물리면서 당시 한국 기업들이 3~4년간 집중적으로 인도네시아에 진출했다. 산업적 측면에서 인도네시아는 1980년대 중반(특히 1985년 플라자합의 이후) 노동 집약형 제조업 강화와 수출지향 산업화가 본격화되었다.[10] 자카르타 수도권의 성장은 무엇보다 1990년대 초 외국인 투자 개방에 의해 견인되었다. 한국 투자의 첫 번째 물결

---

10 1985년 플라자합의 이후 일본을 비롯한 동아시아 신흥 산업국들이 노동집약적 산업 부문을 대거 동남아시아로 이전하게 된 것이 계기가 되었다. 플라자합의란 1985년 9월 22일 미국 뉴욕에 있는 플라자 호텔에서 G5(미국, 서독, 일본, 영국, 프랑스) 재무장관, 중앙은행 총재들의 모임에서 발표된 환율에 관한 합의를 가리킨다. 제조업 강국으로 성장 중이던 일본의 엔화 가치가 올라가면서, 일본 자본의 해외 진출이 강화되었는데 이때 가장 주요한 투자처로 동남아시아 지역이 선택되었다.

도 바로 이 시기에 집중되었다. 1986년까지는 인도네시아에 단 한 곳도 없던 한인 소유의 봉제업체가 1993년 말에는 재인니한국봉제협의회 가입 업체만도 73개로 증가했으며, 한국의 완구·신발 업체 등이 대거 인도네시아에 몰려들었다.

신발제조업 역시 1980년대 말 한국 사회의 민주화에 따른 최저임금 인상 및 노사갈등 심화 등의 국내 여건 변화와 글로벌 브랜드의 상품 사슬 재편 등 국제적 여건 변화가 맞물리면서 생산기지를 대거 동남아로 옮겨오게 되었다. 부산에 밀집해있던 국내 신발기업들이 초기 이전을 고려한 국가는 인도네시아였다. 당시는 한국이 중국 및 베트남과 공식으로 수교하기 전이었고, 1970~1980년대 원목개발과 건설 부문의 한국 기업들이 이미 태국과 인도네시아에 교두보를 확보하고 있어 진출에 따른 초기비용을 줄일 수 있다는 점이 매력적으로 다가왔을 것이다. 한국 신발기업의 인도네시아 진출은 1985년 코린도의 자회사 가루다 인다와PT· Garuda Indawa를 시발로 볼 수 있다. 1980년대 말에서 1990년대 초까지 프라따마PT· Pratama, 동양인도PT· Tongyang Indo, 동조PT· Dong Joe, 국제PT· Kuk Je ADTEK 등이 대규모 생산설비를 구축하고 99퍼센트 주문자상표부착방식OEM의 생산체제를 만들어냈다. 이 기업들은 자카르타 서부 땅그랑 지역을 중심으로 한국식 대량생산 제조설비를 옮겨오고, OEM 방식으로 유명 브랜드의 주문을 받기 시작했다.

하지만 자본력이 영세한 중소기업들의 저임금, 장시간 노동, 권위주의적 노동 관리 운영 등으로 인해 현지 사회에서 갈등 상황이 전개되기도 했다. 이즈음 인도네시아에 진입한 한인들은 '투자자'뿐 아니라 공장장, 생산기술 및 노무 관리자 등 취업 개념의 '중간관리 자'들도 상당했다. 당시 인도네시아 인력부 통계에 따르면, 1995년 7월 기준 인도네시아 내 한국인 근로자 수는 8,008명이었다(신윤환 1995).[11] 관리자급 한국인들은 기업 내에서 현지 노동자들을 쥐어짜 는 '중간착취자'로 여겨졌는데, 이들은 실제로 다른 국적의 투자기 업에 취업했음에도 억압적 노동규율을 적용하는 회사는 곧 '한국 회사'라는 담론을 만들어내었다. 이로 인해 부정적 의미의 '한국식 경영 관행'이란 인식이 확산되기도 했다(신윤환 1995).

그럼에도 한인 기업은 인도네시아의 고용 증대와 수출 신장에 두 드러지게 이바지하였다. 주인도네시아 한국 대사관의 1998년 보고 서에 따르면, 한인 기업의 현지인 고용이 약 20만 명에 달해 인도 네시아 진출 국가 기업 중 세 번째로 현지인을 많이 고용한 외국인 기업 집단이며, 한인 기업의 해당 부문 수출이 인도네시아 신발 수 출의 53퍼센트(19억 달러 중 10억 달러), 섬유·봉제 수출의 40퍼센트 (50억 달러 중 20억 달러), 완구 수출의 33퍼센트(6억 달러 중 2억 달러) 를 차지했다.

아시아 대외환경 변화도 인도네시아의 한국계 신발 제조업체에 영향을 미쳤다. 1990년대 안팎으로 인도네시아에서의 3년 연속 최

---

11 동일시기 한국 외무부의 한인 통계는 인도네시아 거주 한인 수는 1만 명이며 이 중 '근로자' 수는 6,000명이라고 밝혔다. 2,000명 내외의 근로자 수의 차이에 대해 신윤환은 한국 정부의 의도적 축소 발 표로 해석한다(신윤환 1995).

저임금의 가파른 상승, 노사갈등 심화와 같은 문제가 발생했다. 이러한 내부적 원인 이외에 중국과 베트남의 개혁개방이 본격화되면서 인도네시아를 향했던 주문이 두 국가로 이전되었다. 더군다나 1997~1998년 외환위기를 겪으면서 인도네시아에서는 '나이키'가 철수하고, 일부 기업은 1995년을 기점으로 신규 투자처로 부상한 중국과 베트남 등으로 재이전을 택하는 경우가 많았다. 이는 1993년 이후 인도네시아의 최저임금 인상률이 연간 10퍼센트를 상회함에 따라 인도네시아에서 생산비 절감 효과가 낮아지고 대안적 생산기지이자 한국에서 더 가까운 중국과 베트남이 부상한 점이 동시적으로 작동한 것이다.

1990년대 중반 이후 인도네시아의 경제 호황과 임금 상승 등의 동시 효과로 기존의 노동집약적 산업의 신규 투자는 크게 축소한 반면, 석유화학·조립금속·종이 등 '중간기술 제조업'과 철강·자동차·전자 등의 기간산업, 플랜트와 SOC 등 공공건설 부문의 신규 투자가 증가했다. 이어 금융, 보험, 운송, 화학, 전자, 철강, 자동차 산업 등으로 투자 업종이 점차 다양해졌다. 특히 전자산업의 진출은 저임금뿐만 아니라 내수시장의 잠재력까지 감안한 결과였다. 특히 LG전자와 삼성전자 사례를 주목할 필요가 있는데, 이 두 기업은 생산비 절감(저렴한 인건비) 이외에 인도네시아의 시장성을 내다보았다. 1990년에 LG전자가, 1992년에는 삼성전자가 인도네시아에 진출하면서 이 두 거대 기업에 납품하는 한인 부품업체 100여 개도 인도네시아에 동반 진출하게 된다. 그래서 인도네시아에서 한국인의 사업은 중국인이나 일본인의 사업에 비해 한참 "뒤늦게 시작됐지만 급속하게 성장한" 놀라운 사례로 주목받았다(Aurora 2005). 한인 기업들은 인도네시아에서 1990년대 초반에 거의 예외 없이 폭발적인 노사분규를 겪게 됐지만 결국 버텨냈다.

IMF 외환위기 직전인 1990년대 중반까지 한국 건설업체의 인도네시아 내 활동은 활발했다. 한국 건설업체의 인도네시아 신출은 1970년대 초 현대건설이 수도권의 자고라위 고속도로 건설을 수주받으며 시작되었다. 1989년까지 28개 업체가 수주한 금액이 총 12억 9,000만 달러에 달했다. 1990년대 중반 대림엔지니어링이 1996년 7월 수주한 시볼가 화력발전소 및 아무랑 화력발전소, 대우가 1996년 2월 수주한 보소와 시멘트 플랜트(남부 슬라웨시)가 대표적이다. 진로건설은 1994년 9월 북부 수마트라 레눈 수력발전소의 도수로導水路 공사에 당시의 신기술 공법인 TBM Turn Boring Machin을 활용해 주목받기도 했다. 현대건설은 1996년 7월 땅그랑에 40~50층대 아파트 2개 동 공사를 거의 마무리해 분양에 나서기도 했다. 2020년 기준 인도네시아에서 활동 중인 한국 건설업체는 25개사에 이르는 것으로 파악된다.

이처럼 1990년대 중반 인도네시아 교민 사회는 규모 성장과 최대 풍요의 시대를 구가하였다. 대기업들이 늘어나면서 하청기업들 수도 늘어났으며, 주재원으로 파견되었다가 귀국하는 대신 현지에서 창업을 선택하는 사례도 많아졌다. 일부에서는 신발업체 PT. 동조가 도자기 업종에 신규 진출하는 등 전통적인 노동집약적 산업을 넘어서 사업 다각화도 시도되었다.

금융위기와 엇갈린 운명들

1997년 상반기만 해도 인도네시아 정부든 인도네시아에 투자한 한국 기업이든 인도네시아의 경제성장에 대해 낙관적 기대로 가득 차 있었다. 인도네시아 시장을 '성장하고 있는 호랑이'라 불렀고, 인도네시아 정부와 기업인들 역시 경제에 자신감이 형성되고 있다고 보았다. 당시에는 인도네시아 주식시장도 6년째 계속 강세를 유지했으며 싱가포르나 홍콩에 있는 역외 기관투자가로부터 인도네시아 기업에 대한 강한 매수세가 지속되는 상황이었는데, 이를 루피아(인도네시아 화폐 단위)의 절상 압력과 외환보유고의 뚜렷한 증가라는 긍정적 신호로 이해하고 있었다(한인뉴스 1997년 3월호).

1997년에는 한국과 인도네시아가 합작 투자한 인도네시아의 국민차 만들기 사업을 위한 현지 공장도 착공되는 등 한국의 대인도네시아 투자는 점점 더 늘어날 분위기였다. 그러나 투자기업 중심으로 한인 사회가 안착하는가 싶었지만 곧 큰 위기를 맞이했다. 1997년 7월 태국 바트화의 폭락으로 시작된 아시아 외환위기에서 인도네시아도 예외일 수 없었다. 한국 및 인도네시아의 급격한 경기 침체로 인도네시아에 진출한 한국 기업들도 어려움을 겪게 되었다.

1997년 경제위기와 1998년 이후 민주화 과정 등 인도네시아의 정치사회적 불안정은 인도네시아 한인 사회의 존속을 일시적으로 위협했다. 1998년 '5월사태' 때는 4,800여 명의 한인들이 비상 탈출해야 하는 위기 상황을 겪기도 했다. 1998년 '5월사태' 동안에도 한인 사회 전체로는 큰 불상사가 없었지만, 대사관에 접수된 피해 상황을 보면 적지 않은 수의 개인과 업소가 피해를 입은 것으로 파악되었다. 특히 한국의 노동집약적 공장이 밀집한 땅그랑 지역의 경우 전소 2곳, 반파 2곳 회복 불가능한 상태의 피해를 입은 기업의 사례도 있었다.

'5월사태' 이후 인도네시아 한인 사회의 대응은 한층 더 조심스러워졌다. 한인회와 한인상공회의소가 모금 활동을 벌여 5억 루피아의 기금을 마련하고 이를 교민과 한국 기업이 주로 모여 있는 자카르타, 반뜬주 땅그랑, 서부 자바주 버카시 등 수도권의 지방자치단체에 기부했다. 또한 매년 실시해오던 광복절 기념행사를 인도네시아 정국 불안이 지속됨에 따라 전격 취소했다. '5월사태'에 이은 물가폭등과 쌀 등 생필품 품귀 현상이 발생한 상황에서 예년과 같은 대규모 집회가 교민의 안전과 현지 주민 정서에 부정적으로 작용할 것이라 판단했던 것이다.

소요 사태가 유혈 폭동으로 번지고 부인과 자녀들을 출국시킨 뒤에도 많은 인도네시아 한인 사업가가 현지에 잔류하면서 현지 사원들과 함께 회사를 지켜냈다. 흥미로운 것은, 외환위기 중에도 내수시장이 아닌 수출시장에서 활약하던 한인 사회 일부에서는 오히려 도약의 기회를 맞았다는 점이다. 달러당 2,000루피아 수준이던 환율이 1만 5,000루피아로 급상승하면서 수출을 위주로 하던 일부

업체가 혜택을 본 것이다. 1998년 10월, 한국은 여전히 IMF 여파에 허덕이고 있었지만, 인도네시아의 한인 사회는 상대적인 풍요를 누리기도 했다. 수출 전담 기업이 많고, 환차익에 따른 수익이 증대하면서 교민 사회에서 아파트 거주를 선택하는 이들이 많아졌다. 일반 주택의 관리비용이 높았던 이유도 있었으나 폭동 이후 안전상의 이유로 아파트에 대한 선호가 증가했다.

외환위기 이후 인도네시아 한인 기업인들은 주인도네시아 한인상공회의소를 중심으로 대사관의 협조하에 인도네시아의 변화된 환경에 대해 학습하고 원만한 노사관리를 위한 자구책으로 노동법 세미나를 여러 차례 개최했다. 노조의 상황이 전반적으로 개진되면서 기업은 노조의 불법 파업과 합법 파업의 경계와 이에 대한 대처 방안에 대해 알고 싶어 했고, 해고 절차 및 해고 시 유념 사항, 복수노조와 노사분쟁조정위원회의 판례 해설 등에 대한 진지한 논의가 이어졌다.

인도네시아의 정세 불안이 고조되자 소니·파나소닉 등 일본 기업들은 철수하거나 투자를 중단했다. 그러나 한국 기업과 동포들은 이 위기를 극복해 인도네시아에서 새로운 도약의 기회로 삼았다. 생산성 향상, 노사관리 강화, 신新수출시장 개척 등으로 상황을 타개해나간 것이다. 특히 한인 기업 활동을 보다 조직적으로 지원하기 위해 1999년 8월 한인회 산하 6개 상임분과 위원회 중 하나로 설치된 상공분과위원회를 재인도네시아 한인상공회의소로 개편했다(주인도네시아 한국 대사관 2014). 이처럼 이 시기 인도네시아 한인 기업들의 선택은 인도네시아 내 한인공동체가 보다 공공해지는 기회가 되기도 했다.

5. 분화하는 한인 사회: 2000년대 이후의 변화

인도네시아 한인은 2000년대에 계속 증가하더니 한때 인도네시아의 최대 외국인 집단이 되었다. 한인 수는 2005년 2만 2,025명에서 2009년 3만 700명으로 보다 급속히 증가한 것으로 나타났다. 1998년 '5월사태' 이후 일본인들이 급격히 줄어든 것과 상당히 대조적이다. 일본인은 '5월사태' 이전에 12만여 명이나 인도네시아에 체류했지만 2005년 2만 명 규모로 줄어 한국인들에게 최대 외국인 집단 자리를 넘겨줬다. 1990년대가 한인 기업 대對인도네시아 투자의 '첫 번째 물결'이었다면, 2000년대의 현상은 충분히 그 '두 번째 물결'이라고 표현할 만하다(전제성·유완또 2013). 대인도네시아 한인 투자의 두 번째 물결은 중소기업 투자의 증대로 시작되었다. 이는 2000년대부터 2007년까지 평균 투자 금액이 크지 않다는 사실을 통해 쉽게 확인할 수 있다. 그러므로 인도네시아에서의 두 번째 물결 초창기는 중소기업의 투자가 주도했다고 볼 수 있다. 인도네시아 체제 이행기의 정치사회적 불안정, 중국·베트남 등 동아시아 주변국의 투자 유인으로 인도네시아 대한 대규모 투자는 번번이 유보되었다. 그렇지만 경제위기 이후 인도네시아 현지 통화의 가치 하락

덕분에 소자본 창업이 가능해졌다. 폐업하는 기업의 한인 관리자들이 귀국하지 않고 독립해 인도네시아 현지에서 창업하는 경우도 늘었다.

2000년대 중반을 넘어서면서부터는 의류 부문에서 인도네시아 투자가 다시 성황을 이루게 됐다. 나이키나 리복 같은 OEM 방식의 신발 생산 부문은 정치 불안으로 크게 위축됐지만, 전자·봉제·직물 업종 등은 여전히 강세를 보였다. 소니는 투자 철수를 결정했지만, LG전자는 투자 확대를 결정했고, 삼성전자 역시 원자재 가격 인상으로 어려움을 겪었지만 막대한 시장 규모를 고려해 투자를 확대할 계획을 세웠다. 봉제업에서는 창업 기업 수의 증가 추세가 확연했다. 2005년 188개였던 인도네시아의 한인봉제협회Korean Garment Association, KOGA 회원사는 2007년 227개로 늘어났다. 2012년에는 정회원사가 255개로 증가했고, 준회원사도 118개나 되었다. 업체의 지리적 분포도 자카르타와 인근 산업지대에서 수카부미를 비롯한 서부 자바와 스마랑 등 중부 자바 지역으로 확산되었다. 인도네시아 현지 한인들은 중국에 대한 섬유쿼터제Fiber Quota가 폐지된 것을 봉제기업 증가의 중요한 동인으로 지목했다.[12]

신발 생산기지로서 인도네시아가 해외 투자자들의 관심을 다시

---

12 2004년 12월 31일 세계무역기구(WTO) 섬유협정이 발표되면서 미국·캐나다·유럽연합(EU)의 섬유쿼터제가 폐지되고 섬유 제품의 자유무역이 시작됐다. 그래서 관련 인도네시아 한인 기업은 더 이상 쿼터가 부여된 나라에 투자할 필요가 없어졌고, 이에 따라 인도네시아의 비교 우위가 다시 살아나기 시작했다는 것이다(한인뉴스 2005년 11월호: 22-26).

받게 된 것도 2010년 이후다. 창신이 베트남 이외에 2010년부터 인도네시아 수방 지역에 대규모 공장을 건설했으며, 기존에 서부 자바 지역의 신발 생산 대형라인을 유지하고 있던 프라타마, KMK 등의 한인 기업들도 신규 물량을 수주하면서 다시 성장의 발판이 마련되었다. 한국에서는 남성 의류 전문기업으로 알려진 파크랜드도 2005년 반뜬에 있는 풍원제화를 인수하며 인도네시아의 한국계 신발산업에 뛰어들었다. 파크랜드는 2010년 이후 지속적 공장 증설, 남성복 생산설비 노하우를 접목한 기술경영, 아디다스와 공동 연구센터 설립(2012)을 통해 재인니한국신발산업협의회의 재부흥에 앞장서고 있다(한국경제 2015.07.13.).

인도네시아는 2000년대 이후 정치적 안정을 기반으로 7퍼센트대 고성장을 이어나가게 되었고, 이에 전 분야에서 한국 기업의 활발한 투자가 이어졌다. 2012년 초 인도네시아 투자청BKPM이 외국인 투자 최소액을 120만 달러, 최소 자기 자본금을 25퍼센트(30만 달러)로 제한하면서 상대적으로 대기업의 투자가 두드러지게 되었다. 포스코, 한국타이어, 롯데화학 등의 중화학 대기업과 대형 유통 및 백화점 분야에서 롯데의 진출 등이 이어지면서 기존 중소기업 중심의 한국 기업 투자 경향에서 변화의 전기가 마련되었다. 더불어 금융, 법률, Q0010(큐텐)과 같은 온라인 비즈니스 등 서비스업 진출도 뒤따랐다. 이에 따라 한국과 인도네시아 양국 간 협력관계는 무역, 산업, 에너지, 건설, 방산, 문화 등으로 다양하게 확대되고 있으며, 향후에도 지속적으로 발전할 것으로 기대된다.

6. 인도네시아 한인 사회의 현재와 미래

2020년대의 인도네시아 한인 사회는 현지 거주자가 2만 5,000명이 넘고, 처음 한인 사회를 개척한 1세대부터 허리를 이루는 2세대를 넘어 3세대 아동·청소년과 함께 살아가는 공동체로 변모했다. 한인 사회의 산업구조도 과거에는 목재업종과 노동 집약 산업 중심이었다면, 이제는 이를 기반으로 한 중화학공업과 물류, 유통, 금융, 정보통신 등 서비스업으로 변화하면서 많은 젊은이가 일자리를 찾아 인도네시아로 이주해 한인 사회의 새로운 축을 형성하고 있다.

　인도네시아 한인 사회의 특징 중 하나는 사회활동에 적극적으로 참여하는 여성 교민들이 많다는 점이다. 사실 주재원과 그 가족이 주를 이루던 1990년대 중반까지 한인 여성들의 삶은 학부모, 종교별 신도, 부인회(여성회) 등으로 한정되었다. 하지만 1990년대 한인 사회 규모가 급속도로 커지면서 진출 기업에 여성 주재원이 파견되는 경우도 있었고, 급속한 성장 시기의 주재원을 넘어 직접 창업에 나서는 기술직·관리직 여성 기업인들이 출현하기도 했다. 또 다른 사례로 갑자기 늘어난 한국 학생들의 교육 지원을 위해 자카르타 한국국제학교에서 폭넓게 기간제 교사를 모집했는데, 이때 교사자격증을 가진 한인 여성들이 많이 채용되었다. 이와 같이 여성의 사회활동이 늘어나면서 동아리나 사교클럽에 머물던 소소한 모임들이 한-인니문화연구원, 문인회, 예총 등의 형태로 한인회 산하 공식 조직으로 변신하는 경우도 있었다.

인도네시아 한인 사회의 또 다른 특징으로 자기 삶의 경험을 적극적으로 글로 쓰는 교민들이 상당하다는 점이다. 기록과 창작을 즐기는 사람들이 많다 보니 1994년 이후 한인회가 공식 발행하는 월간 소식지 『한인뉴스』도 지금까지 한 번도 결호 없이 출간되고 있으며, 교민 사업장 광고시장을 겨냥한 정보지 이외에 비교적 건강한 한인 언론사들도 다수 존재한다. 교민 대상 시와 에세이 부문 공모전도 꾸준히 열리는 편이다. 이처럼 구성원들의 자아정체성 발현 욕구를 반영해 한인 단체들이 세분화되고 있다. 한인회 등 기존 단체에서도 별도로 청년회를 두고 있으며 경제 분야와 취미활동 등의 단체가 생겨났다. 동호회 또한 과거 단순한 취미활동에서 좀 더 전문화된 문화·예술 활동을 추구하는 전문가들의 단체로 분화하는 추세다.

2009년부터 재외국민 선거제도가 도입돼 대선 및 총선에서 재외국민의 투표가 가능해지고, 한국 정부의 750만 재외동포에 대한 관심도가 높아지면서 정부 산하 단체도 분야별로 민주평통, 코윈, 한상, 옥타, 대한체육회 등 해외 지부를 늘리고 있다. 한국 정부와 기업들의 대외 활동이 강화되면서 한국 사회와 현지 사회를 연결하는 매개체로 동포 사회의 역할론에 대한 부상이 대표적이다. 더불어 한국의 경제적 위상이 높아지면서 재외국민과 동포 사회에 대한 지원이 강화되면서 현지의 한인 사회가 한국과의 연결성을 중심으로 교민 사회 권한의 지형도가 재편되는 양상이다(한인회, 한인상공회의소, 한인여성회[코윈], 한국문화원, 세종어학당 등).

다른 한편, 통신기술의 발달로 글로벌 온라인 네트워킹이 강화되면서 재외동포 사회에서 모국과의 연결성이 보다 강화되는 경향 역시 발견된다. 예컨대, 재외동포들은 여러 SNS 채널(카톡, 밴드, 페이스북) 등을 통해 민족적 연결성이 강화되며, 현지 사회의 뉴스나 방송보다 한국의 뉴스와 방송에 대한 노출도가 오히려 높아지고 있다. 일종의 원거리 민족주의가 강화되는 현상인데, 이 과정에서 모국의 민주주의 증진을 위한 헌신이라는 긍정적 방향뿐 아니라 이주자들이 거주국 사회에 융합되지 못한 채 통신기술에 힘입어 실질적 영향력을 미칠 수도 없으면서 모국의 문제에 몰두하는 부정적 경향이 나타나기도 한다.

2015년을 전후로 인도네시아의 '디지털 전환digital transformation'이 본격화되면서 한인 사회에서 각종 온라인 커뮤니티들이 만들어지고 있다. 어학 공부, 동문회나 동아리, 중고물품 교환 및 판매, 아파트별 모임 등 실용적 커뮤니티도 있지만, 2016년 한국의 탄핵 정국 속에서는 개인의 정치적 입장을 과감히 드러내는 커뮤니티들이 늘어났다. 국내에서 촛불집회와 탄핵 국면이 진행되던 와중에 '4·16 자카르타 촛불행동' 등의 시민단체가 2016년 11월 결성되면서 고국과 재외동포 간 소통이 더욱 긴밀해졌다. 2017년 국내의 정권교체 이후에는 한인 사회에서 사회정치적 목소리를 내는 이들도 나타났다. 그리고 국내에서 '촛불'과 '태극기'를 상징으로 이념적으로 대립하는 구조가 나타났듯 인도네시아 한인 사회에서도 비슷한 양상이 펼쳐지기도 했다. 이로 인해 인도네시아 한인 사회 곳곳에서 충돌이, 예컨대 한인 단체 카톡방 내 논쟁 과열과 폐쇄 등이 탄핵 정국 시기에 수시로 발생했다. 인도네시아 한인 사회에 각양의 단체들이 속속 생겨나는 과정에 대해 교민 사회 일반은 '기대 반 우려 반'이다.

하지만 재외동포의 생활세계의 특성에 주목할 필요가 있다. 재외동포는 영토 밖에서 민족적 일체감을 체현하고 있는 '글로벌 민족 구성원'이지만 동시에 체류국의 다문화적 특성에 기여하는 '구성적 시민'이기도 하다(엄은희·박준영 2019). 특히 후자의 입장에서는 경제적 측면에서든 문화적 측면에서든 현지 사회에 대한 존중과 타종족·타민족과의 공존을 위해 노력해야만 하는 특수성을 지닌다. 다시 말해, 타국에서 생활인으로 살아가야 하는 재외동포는 글로벌 한인의 정체성을 유지하는 것과 체류국의 다문화적 환경 속에서 세계 시민적 자세를 함께 추구해야 할 존재론적 숙제를 안고 있다(이희용 2018).

소위 '한 다리만 건너면 다 안다'는 한인 사회의 모든 한인이 한인 사회에 소속감을 갖는 것은 아니다. 대체로 한인 사회의 공식기구들은 주류 기업인들과 원로들이 주도하는 가운데 한인 사회와 일부러 거리두기를 하는 그룹들도 상당하다. 결과적으로, 통신기술의 발달과 세대 전환으로 한인 단체의 세분화와 느슨한 조직화가 진행 중이라 볼 수 있다. 한인 커뮤니는 이익을 추구하는 기업 외에도 다종다기한 목적과 친소관계로 연결된 수많은 모임이 존재한다. 인도네시아의 영토가 넓은 만큼 수도 자카르타에서뿐 아니라 자바섬 전역 및 주요 섬에서 대체로 별도의 한인 단체가 구성되어 운영 중이다. 단체는 목적한 활동을 통해 회원들의 권익과 사회적 욕구를 만족시키는 역할을 해야 한다. 앞으로는 연령, 직업, 라이프 스타일, 취향, 학습한 지식, 사회적 이슈에 대한 시각 등을 서로 공유하면서 공존하는 사회로 발전하는 한편으로 단체와 모임은 더 세분화될 것으로 전망해본다.

문재인 정부 이후 적극 추진된 신남방정책으로 동남아시아 교민 사회의 활성도가 더욱 높아졌다. 특히 인도네시아는 2017년 11월 문재인 대통령의 동남아 첫 순방지이자 신남방정책이 최초로 발표된 장소다. 2018년 8월 개최된 자카르타-팔렘방 아시안게임에서는 한국 사회에는 많이 알려지지 않았지만, 자카르타 교포 사회의 매우 '특별한' 경험이 있었다. 대회 기간에 남-북 스포츠 교류의 장이 다시 한번 열렸는데, 흥미롭게 아시안게임 동안 남북 정부 간 접촉과 교류를 넘어 남측의 재외동포와 북측의 재외동포가 제3의 공간인 해외에서 접촉하는 사건이 발생한 것이다. 교민들은 남북 재외동포 공동응원단을 꾸리려 노력했고, 실제로 여자농구 등 일부 경기에서 공동응원이 성사되기도 했다. 남북 단일선수단과 관중석에 뒤섞여 앉아 한반도기를 흔드는 남북응원단의 공동응원도 국내외 언론을 통해 빠르게 타전되었다. 이후 경기가 거듭되면서 남북 재외동포들의 관계가 더욱 밀접해지는 특별한 기회가 주어졌다. 이런 상황은 그 장소가 제3국일 뿐 아니라 인도네시아였기에 가능할 수 있었다. 아시안게임에서 인도네시아 한인들의 활동은 민족국가의 문제를 넘어 보편적 평화를 지향하는 활동으로 특별히 설명될 수 있을 것이다(엄은희·박준영 2019).

현대 사회에서 비전통적 안보 이슈를 외교적으로 해결하고자 할 때 이제는 다중심적 외교 패러다임이 적극적으로 요구된다(주동진·김성주 2016). 이처럼 다중심적 외교 패러다임으로의 전환에서 새로운 외교적 자원으로 NGO 등의 비정부 행위자의 역할에 주목할 필요가 있다. 이 관점은 재외동포 사회에서 공식적 단체들 이외에 현지 사회에 긴밀히 연결되어 상호작용하고 있는 각종 형태의 교민 단체 활동에도 정당성을 부여해준다. 한국 사회 문제에 대한 국제적 지원을 호소할 때, 혹은 한국과 인도네시아의 관계 심화를 고려할 때, 공식적 정부 대 정부의 상호작용을 넘어 시민사회 간의 교류와 협력이 중요한 역할을 수행할 수 있을 것이다.

강정숙. 2011. "인도네시아 팔렘방의 조선인 명부를 통해 본 군'위안부' 동원." 『지역과 역사』 28: 277-317.

_____. 2012. "제2차 세계대전기 인도네시아 팔렘방으로 동원된 조선인의 귀환 과정에 관한 연구." 『한국독립운동사연구』 41: 275-316.

권명아. 2005. "태평양 전쟁기 남방 종족지와 제국의 판타지." 『상허학보』 14; 327-361.

김도형. 2003. "해방 전후 자바지역 한국인의 동향과 귀환활동." 『한국근현대사연구』 24: 152-174.

김명환. 2010. "일제말기(日帝末期) 남양척식주식회사(南洋拓殖株式會社)의 조선인(朝鮮人) 동원실태(動員實態)." 『한일민족문제연구』 18: 197-234.

김문환. 2013. 『인도네시아 한인개척사: 적도에 뿌리내린 한국인의 혼』. 자카르타: 자카르타경제일보사.

김정현. 1994. "동아시아경제권의 향방과 통일한국 일제의 '대동아공영권' 논리와 실체." 『역사비평』 28: 70-81.

녹색사업단. 2013. 『해외산림투자 실무가이드: 인도네시아』. 녹색사업단.

로스티뉴. 2009. "한국인 군속의 인도네시아에서의 독립운동." 인하대학교 석사학위논문.

박번순. 2019. 『아세안의 시간: 동남아시아 경제의 어제와 오늘 그리고 내일』. 서울: 지식의 날개.

설동훈. 1999. "한국기업의 인도네시아 진출: 역사와 미래." 고려대학교 노동문제연구소 편. 『노동인력의 세계화: 인도네시아편』. 서울: 미래인력연구센터.

신윤환. 1995. "인도네시아진출 한국기업의 노사관계: '한국적 경영방식' 이미지 형성과 '노동자 담론'의 확산." 『사회과학연구』 4: 293-335.

양승윤. 1997. "대동아공영권 구도하 일본의 인도네시아 식민통치." 『동남아연구』 7: 67-98.

_____. 2014. 『인도네시아사』. 서울: 한국외국어대학교출판부(5쇄).

엄은희. 2013. 『한국기업의 인도네시아 진출의 역사와 현재』 동남아 이슈페이퍼 통권 2호. 서울: 서울대학교 아시아연구소 동남아센터. (http://snuac1.snu.ac.kr/seacenter/?p=7433)

_____. 2014. "산림개발기업과 지역사회 공존의 과제: 인도네시아 코린도의 사례." 오명석 외. 『말레이로 간 한국기업들: 삼성, 미원, 삼익, 코린도의 동남아 현지화 전략』. 서울: 눌민: 171-232.

엄은희·박준영. 2019. "재외동포의 사회운동과 정치적 역동: 416 자카르타촛불 행동의 활동을 중심으로." 『기억과 전망』 41: 61-104.

외교부. 2019. 『재외동포현황』. (https://www.mofa.go.kr/www/wpge/m_21507/contents.do)

우쓰미 아이코. 이호경 옮김. 2007. 『조선인 B·C급 전범 해방되지 못한 영혼』. 서울: 동아시아.

우쓰미 아이코·무라이 요시노리. 김종익 옮김. 2012. 『적도에 묻히다: 독립영웅, 혹은 전범이 된 조선인들 이야기』. 서울: 역사비평사.

유병선. 2011. "일본 군정기 자바 조선인 군속의 항일비밀결사와 암바라와 사건." 고려대학교 석사학위논문.

_____. 2013. "일제말기 인도네시아 한인군속의 항일투쟁." 『한국독립운동사연구』 44: 207-245.

유인선. 2010. "일본에서의 동남아시아사 연구동향 1990년-2007년." 『동양사학연구』 110: 335-369.

이희용. 2018.『세계시민 교과서: 본격 글로벌 시대를 앞서가기 위한 지구촌 다문화 인문교양서』. 서울: 라의눈.

인도네시아 한인 100년사 편찬위원회. 2020.『인도네시아 한인 100년사: 한인과 한인기업의 성공 진출사』. 서울: 순정아이북스.

전제성. 2016. "한국-인도네시아 관계: 전성기를 맞이한 양국관계의 '인간적 차원'." 이충열·홍석준·윤대영 편저.『한-아세안 관계: 우호와 협력의 25년』. 서울: 눌민: 185-196.

전제성·유완또. 2013.『인도네시아 속의 한국, 한국 속의 인도네시아: 투자와 이주를 통한 문화 교류』. 서울: 이매진.

정윤현. 2011.『친일파는 살아있다』. 서울: 책으로보는세상.

조성윤. 2010. "제국 일본의 남양군도 지배와 연구동향."『탐라문화』37: 127-155.

주동진·김성주. 2016. "한국외교정책의 과제와 NGO를 통한 대안적 외교패러다임."『한국정치외교사논총』37(2): 265-302.

주인도네시아 한국대사관. 2014.『한국-인도네시아 수교 40주년 기념집』. 자카르타: 외교부.

한-아세안센터. 2020.『2020 한-아세안센터 통계집』. (https://www.aseankorea.org/kor/Resources/)

인도네시아 한인회. 한인뉴스 1997~2020년 각 호.

한국경제. 2015.07.13. "파크랜드 '인도네시아 신발공장 확장···글로벌 톱5 제조사 도약'." (http://www.hankyung.com/news/app/newsview.php?aid=2015071327821)

The Jakarta Post. 2018.07.18. "Indonesia to invite Kim Jong-un, Moon Jae-in to attend Asiad." (https://www.thejakartapost.com/news/2018/07/18/indonesia-to-invite-kim-jong-un-moon-jae-in-to-attend-asiad.html)

5장

필리핀

한인 동포의 이주 시기별 특성과 국가 정체성[1]

김동엽

한인의 필리핀 이주 시기는 크게 세 시기, 즉 1970년 이전, 1970~
1980년대, 1990년 이후로 나누어 구분할 수 있다. 이는 송출국인
한국과 수용국인 필리핀 간의 경제적 위상의 변화에 따른 것으로
시기별 이주자들의 형태와 특성에 차이가 나타난다. 1970년 이전
이주 한인들은 대체로 열악한 한국의 사회경제적 환경에서 벗어
나 보다 선진적인 필리핀 사회로의 이주를 선택한 것이다. 1970~
1980년대에는 대체로 특별한 자격이나 여건을 갖춘 기업 주재원,

---

[1] 본 글은 학술지 『동아연구』 제37권 2호: 287-317에 게재된 필자의 논문 "이주 시기와 형태에 따른 필리
핀 한인 동포의 국가 정체성 연구"에서 발췌하여 수정·보완하였음을 밝힙니다.

국제기구 종사자 그리고 선교사 등 보다 진취적인 입장에서 필리핀에 이주한 한인들이다. 1990년 이후에는 다양한 부류의 사람들이 필리핀에 이주하게 되었으며, 그 수도 급속히 증가했다. 시기별 한인 이주자들의 국가 정체성은 떠나온 한국의 국제적 위상에 따라 변화해온 것을 볼 수 있다. 즉 한국의 국제적 위상이 낮을 때는 필리핀이나 초국적 정체성을 추구하는 경향이 강하고, 한국의 국제적 위상이 높아지면서 한국에 대한 국가 정체성이 높아지는 것으로 나타난다. 또 다른 측면에서 국제결혼을 하고 필리핀에서 자녀를 키우는 한인의 경우에는 대부분 필리핀 국가 정체성을 자녀에게 전수하고 있다. 필리핀 한인은 필리핀인과의 결혼 등 특별한 경우를 제외하고 대부분 한국 국적을 소지한 채 외국인 신분으로 필리핀에 거주하고 있으며, 필리핀에서의 삶도 한국의 상황과 밀접한 관련을 맺고 있는 것을 볼 수 있다.

1. 머리말

필리핀은 역사적 과정에서 한국과 다양한 측면으로 밀접한 관계를 맺어왔다. 한인의 필리핀 진출은 근대국가가 수립되기 이전 시기에도 있었다. 학술적 검증이 필요한 이야기들까지 포함하면 그 시기는 삼국시대까지 거슬러 올라간다(이도학 2010). 임진왜란 후 포로로 끌려갔던 한인이 일본을 거쳐 필리핀에 이주했다는 사실을 기록한 필리핀 자료에서 초기 한인의 필리핀 진출을 확인할 수 있다(Blair and Robertson 1906). 19세기 들어서는 표류의 경험과 기록을 통해 필리핀의 생활상이 한국에 알려지기 시작하였으며(최성환 2010), 20세기 초에는 국제적 명성을 얻은 한국산 명품인 인삼을 팔기 위한 인삼 장수들의 발길이 필리핀까지 도달했음을 발견할 수 있다(오영섭 2015). 이후 일제강점기에 강제징용이나 제국주의 정책에 따라 필리핀 땅을 밟은 한인도 상당수 있었다(김도형 2014; 김민정 2015).

그러나 이 시기까지 한인의 필리핀 진출은 오늘날 자율적 선택에 따라 국가 간 경계를 넘는 일반적 의미에서의 이주라기보다는 표류와 같은 우연, 혹은 식민지하에서 이루어진 기획된 이주나 징용 같은 타율적 측면이 강하다. 한인의 필리핀 이주가 본격적으로 이루어지기 시작한 것은 제2차 세계대전 이후 국가 간 외교적 관계가 수립되면서부터였다. 특히 전후 전개된 동서東西 간 냉전체제하에서 양국은 미국을 중심으로 한 자유진영에 속하여 국제사회에서 파트너로서 함께 활동하며 친밀한 관계를 유지했다. 한국전쟁이 발발했을 때 필리핀은 유엔군의 일원으로 미국과 영국에 이어 세 번째로 군대를 파병한 국가였다. 한국전쟁에 필리핀은 총 5개 보병 대대 7,420명을 파병하였으며 그중 112명의 전사자와 299명의 부상자를 낳기도 했다. 필리핀은 한국의 전후 복구사업에도 적극적으로 참여했으며 문화와 스포츠 등 다양한 분야에서 국가 간 혹은 민간 차원의 교류를 이어왔다(Polo 1984).

이주의 흐름에 보다 직접적인 영향을 미치는 양국 간 경제 관계는 1940년대 말부터 시작되었으며, 초기에는 한국이 주로 인삼 제품과 같은 농산물을 수출하고 필리핀으로부터 생필품을 수입하는 무역구조였다. 그러나 양국 간의 경제 관계는 1970년대 들어 점차 변화하기 시작했다. 양국 간 경제력이 역전되고 그 격차가 커지면서 양국 간 인적·물적 교류의 형태도 차츰 변화했다. 한국은 필리핀에 주로 공산품을 수출하고, 저임금을 겨냥한 투자 목적으로 진출하기 시작했으며, 필리핀은 한국에 주로 농산물을 수출하고 저임금 노동력 시장에 인력을 송출하는 현상이 나타났다(Kim 2015: 691-703). 이처럼 양국 간의 정치적, 경제적 교류 관계의 형성과 변화는 한인의 필리핀 이주에 중요한 배경을 제공했다. 특히 양국 간의 경제적 위상의 변화는 한인들의 필리핀에 대한 인식 변화와 더불어 이주 동기와 목적에도 많은 영향을 주었다.

1989년 한국 정부의 해외여행 자유화 조치와 이후 확산된 국제화 추세, 그리고 2006년 해외부동산 투자 자유화 정책에 따른 한인의 해외투자 열기는 한인의 필리핀 이주를 급속히 증가시켰다. 이러한 이주의 흐름은 양국 사이에 형성된 경제적 격차와 상호관계 속에서 개인의 효용을 극대화하기 위한 방안으로 이루어진 것으로 이해할 수 있다. 이주의 목적도 다양한 차원으로 분화되었다. 즉 사업, 교육, 선교, 그리고 은퇴를 포함한 휴양 등 다양한 목적이 있으며, 이러한 목적들이 서로 중첩되어 나타나는 경우도 흔하다. 체류기간도 이주의 목적과 환경의 변화에 따라 유동적이며, 항공노선의 확대와 확산에 따라 정착지로서 수도 마닐라의 비중이 점차 줄어들고 있으며, 오히려 지방 도시들의 한인 수가 증가하는 양상도 나타난다. 2012년 이후 필리핀에 입국하는 한국인 수는 매년 100만 명을 넘고 있으며, 2019년에는 178만 명이 넘는 한국인이 필리핀에 입국했다.

외교부의 최근 몇 년간(2013~2019) 집계에 따르면, 필리핀 거주 한인 동포[2]의 수는 약 8만 5,000~9만 5,000명 정도로 추산된다.[3] 이들 중 외국 국적의 한인 동포 수는 2019년 기준 22명에 불과하여, 대부분 한국 국적을 소지한 외국인으로 필리핀에 장기거주하는 형태임을 알 수 있다. 한편 필리핀총연합회에서는 자체 집계에 따라 2018년도 필리핀에 거주하는 한인 수를 약 11만 명으로 추산하고 있다. 지역별로는 수도 메트로 마닐라에 가장 많은 약 5만 명이 거주하며, 그다음으로 필리핀 제2의 도시인 세부에 약 2만 6,000명의 한인이 거주하는 것으로 추산한다. 또한 중부 루손 앙헬레스 지역에 약 2만 5,000명이 거주하여 그 뒤를 잇고 있다. 비록

---

2 [재외동포재단법] 제2조 2호에서는 동포를 "국적에 관계없이 한민족의 혈통을 가진 자"로 정의한다. 한편 [재외동포법] 제2조에서는 동포를 "대한민국 국민" 또는 "대한민국의 국적을 보유했던 자(대한민국 정부 수립 이전에 해외로 이주한 동포를 포함한다), 또는 그 직계비속"으로 정의하고 있다(설동훈 2014: 284). 본 글에서 필리핀 '한인 동포'는 「재외동포법」의 정의에 따라 규정하며, '한인' 혹은 '교민'도 따로 구분하지 않고 동일한 의미로 사용한다. 이는 법률로 공식 이민자를 받아들여 시민권을 부여하지 않으며, 결혼이나 특수한 사례에 따른 귀화만을 허용하는 필리핀의 이주환경을 고려하여, 거주의 형태에 상관없이 중장기로 체류하는 한인들을 통칭하는 용어로 사용한다.

3 2019년 외교부 공식 집계에 따르면 필리핀 거주 한인 동포 수는 총 8만 5,125명이다. 이는 동남아시아 국가 중 2위이며, 베트남이 17만 2,684명으로 1위, 인도네시아가 3위로 2만 2,774명, 싱가포르가 2만 1,406명으로 4위, 말레이시아가 20,861명으로 5위, 그리고 태국이 2만 200명으로 6위를 차지하고 있다.

소규모일지라도 한인들은 필리핀 전역에 분포하고 있는 것을 볼 수 있다. 2020년에 시작된 코로나19 사태는 필리핀 한인 사회에 많은 변화를 가져왔다. 많은 수의 한인들이 귀국했으며, 사태의 장기화로 인해 재입국에 어려움을 겪는 사람들도 있다. 코로나19 사태가 아직 종식되지 않은 현 상황에서 필리핀에 거주하는 한인 수를 정확히 파악하기는 어렵다. 그리고 코로나19 사태가 종식되더라도 이전 수준으로 한인 수가 회복될 것인지는 알 수 없는 상황이다.

본 글에서는 필리핀에 거주하는 한인들의 이주 시기와 형태에 따른 국가 정체성의 차이를 살펴보고자 한다. 정체성identity이란 개념은 대단히 복합적이고 유동적이며 포착하기 어려운 것으로 인식된다(미셸 세르 외 2013: 19). 이는 인간의 삶이 하나의 시공간에 머무르는 것이 아니라 지속해서 변화하고 진화하며, 이에 따라 정체성의 양상도 끊임없이 변화하고 새롭게 생성되기 때문이다(박승규 2013: 456; 이석인 2015: 191). 사전적 의미로서 정체성은 어원에 따라 '동일성sameness으로서의 정체성'과 '자기성selfhood으로서의 정체성'으로 정의된다(윤성우 2004). 여기에서 자기성은 끊임없이 변화하고, 동일성은 변화하지 않는 정체성으로 본다. 변화하지 않는 정체성은 '나는 무엇being인가'에 관한 것이고, 변화하는 정체성은 '나는 누구인가, 그리고 무엇이 되어가느냐becoming'에 관한 것이다. 인간의 삶은 하나의 시공간에 머무르는 것이 아니라 지속해서 변화하고 진화하기 때문에 개개인이 가지고 있는 정체성은 '나는 누구인가'라는 자기성에 대한 질문을 통해 파악할 수 있다(박승규 2013: 456, 459).

또한 국가 정체성에 관한 연구도 이처럼 유동적인 자기성으로서의 정체성에 초점을 두어야 할 것이다.

개인에게 있어서 민족 혹은 국가 정체성은 다양한 측면에서 이해될 수 있다.[4] 앤더슨(Anderson 2003)은 민족을 '상상의 공동체'로 묘사하여 동일한 혈통이나 역사 혹은 문화와 같은 객관적인 요소와 우리 의식이라고 하는 주관적인 요소가 합하여 구성된 것으로 본다. 한편 홉스봄(Hobsbaum 1992)은 민족을 정치문화적 엘리트들이 정치적 목적, 즉 체제 정당성을 얻기 위한 과정에서 나타난 파생물로 본다. 민족은 제도화된 정치체제인 국가를 통해서 보다 완전한 정치공동체를 형성하고, 국가는 제도를 통하여 구성원들에게 국민이라는 새로운 정체성을 부여한다. 개인에게 있어서 국가 정체성은 절대적인 것이 아니라 자신의 정체성을 구성하는 많은 요소 중의 하나일 뿐이다. 즉 개인은 국가 정체성 이외에도 출신 지역이나 직업, 혹은 계층과 같은 다양한 집단 정체성을 가진다(김휘택 2013: 315).[5] 초국가주의 시대인 오늘날 국가 정체성은 새로운 국면

---

4 한국 사회에서는 '혈통의 종족집단'의 성원 자격인 '민족' 개념과 정치적 공동체인 국가의 성원 자격인 '국민'을 사실상 동의어처럼 사용해왔다(설동훈 2014: 280). 민족 정체성의 정의에 대한 간략한 논의는 이석인(2015: 193)에서 찾을 수 있다. "즉 윤인진은 민족 정체성을 한 개인이 어느 특정 민족공동체에 소속되어있음을 지각하는 것으로 정의하였고, 김혜진은 주관적, 객관적 특징들을 바탕으로 자민족과의 동일화 과정과 타민족과의 상이점을 인식하는 과정을 통해서 민족 정체성이 형성된다고 봤다. 한편 핀니(Phinney)는 민족적 자기 동일시, 소속감, 자신의 민족 집단에 대한 태도, 사회적 참여 및 문화적 관습 등이 민족 정체성의 핵심 요소라고 하였다."

5 본 글에서 '국가 정체성'은 혈통에 기초하여 변하지 않는 '민족 정체성'이나 시민권이라는 법적 근거에 기반을 둔 '국민 정체성'과는 달리 개인이 국가에 대하여 가지는 소속감과 일체감을 나타내는 용어로서 개인이 선택을 강조하는 유동적인 측면을 강조한다.

을 맞이하고 있다. 즉 이중 혹은 다중국적이 존재하고, 사회적 공간 개념이 국가의 범위를 넘어 존재하기 때문이다.[6] 이처럼 다변화되는 국가 정체성에 대한 논의는 주로 재외동포들에 대한 연구에서 살펴볼 수 있다.

한인 재외동포의 국가 정체성에 관한 연구는 다양한 차원에서 이루어졌다. 주로 일본이나 미국 혹은 중국과 같은 한인의 이주가 역사적 맥락하에서 대규모로 이루진 국가들을 중심으로 연구되어 왔으며, 근래에는 재외동포들의 재입국과 한국 사회에 적응하는 과정에서 나타나는 정체성 문제를 주로 다루고 있다(남근우 2011; 설동훈 2014; 윤인진·임창규 2008; 이석인 2015; 홍용희 2012 외 다수). 일반적으로 정체성은 정치나 권력의 영향을 받으며, 타 행위 주체와의 끊임없는 상호작용을 통해 나와 타자를 구별함으로써 차별성과 특수성을 획득하고 전수하는 것으로 본다. 이때 전수된 정체성은 본질적으로 동일한 정체성이지만 전수 과정에서 다양한 상황적 변수가 개입됨으로써 재구성된다(남근우 2011: 165). 이러한 재외동포의 민족 혹은 국가 정체성에 관한 기존 연구들은 본 연구에서 다루고자 하는 필리핀 한인 동포의 국가 정체성에 관한 연구와 본질적으로 그 맥을 같이 한다. 그러나 역사적 맥락과 이주민의 규모와 형태, 그리고 수용국의 정책적 차이로 인하여 필리핀 한인 동포의 국가 정

---

6 한국은 2011년부터 국적법을 개정하여 '단일국적주의'를 파기하고 '복수국적주의'를 부분적으로 도입했다(설동훈 2014: 280). 한편 필리핀은 2003년 RA9225를 통해 이중국적 취득에 관한 법률을 공포하여 시행하고 있다.

체성 문제는 또 다른 관점에서 살펴볼 필요가 있다.

2. 한인의 필리핀 이주 시기와 형태

국제이주의 원인을 제공하는 요소들은 다양하며, 이에 따라 이주
의 원인을 설명하는 이론들도 다양하다. 전쟁이나 기근, 혹은 천연
재해와 같은 요인에 의해 국제이주가 이루어질 수도 있다. 그러나
국제이주에 관한 대부분의 이론에서는 주로 인구학적인 불균형, 경
제적 기대에 대한 개인의 합리성, 가족 그리고 공동체의 생존전략,
국가적 정책, 그리고 사회적 자본 등을 중심으로 이주의 원인을 설
명한다(김용찬 2006; Castles 2002). 오늘날 필리핀에 거주하는 한인들
의 경우에도 이주는 경제적 요인에 따른 개인의 선택으로 간주될
수 있다. 물론 한국전쟁이 일부 이주의 원인이 되기도 했지만, 이는
전쟁이라는 사건보다는 개인이 경제적 합리성에 의거하여 보다 나
은 기회를 제공하는 지역으로 이주한 것으로 볼 수 있다. 이러한 이
주의 흐름과 형태는 한국과 필리핀 사이의 경제적 발전격차가 원인
을 제공하기도 한다. 그러나 양국 간의 경제적 발전격차는 이주의
필요조건이지 충분조건은 되지 못한다. 실제로 이주의 흐름을 결정
하는 흡입과 배출^{push-full} 요인은 경제적 요인뿐만 아니라 국가 간의
합의나 이주 관련 정책 등 다양한 정치·경제·사회적 요인들에 의
해서 결정된다. 따라서 한인의 필리핀 이주도 정치경제적 요인에 따

른 개인의 선택으로 이해할 수 있으며, 이러한 정치경제적 변화 양
상을 기준으로 이주 시기를 구분할 수 있다.

　필리핀은 한국과 마찬가지로 귀화라는 방법 이외에 법적으로 시
민권을 제공하지 않는 국가이기 때문에 대다수의 필리핀 한인들
은 외국인 신분으로 체류한다. 이는 미국이나 호주, 혹은 캐나다와
같은 합법적 이민을 통해 시민권을 획득하여 해당 국가의 국민으
로 살아가는 한인들과 구분된다. 또한 역사적 과정 속에서 부모 혹
은 조부모가 이주하여 정착한 중국, 일본, 러시아의 한인 후손들과
도 구분된다. 필리핀의 한인들은 대다수가 한국 국적을 소유하고
영주권이나 장기체류 자격으로 살고 있는 사람들을 의미한다. 일부
필리핀인과의 결혼이나 특별한 계기를 통해 귀화하여 필리핀 국적
을 취득한 경우도 있지만, 이는 극히 제한적이다. 〈표 1〉에서 볼 수
있듯이 필리핀의 한인 동포 수는 1990년대 이후 급속한 증가세를
나타내고 있다. 이는 한국의 경제발전과 더불어 해외 진출에 대한
각종 규제 완화, 그리고 세계화라는 시대적 흐름이 반영된 것으로
볼 수 있다. 또한 1997년에 잠시 증가세가 주춤했던 것과 2008년
이후 감소추세를 보이는 것은 필리핀 한인 동포들의 생활이 한국
의 경제적 상황과 밀접한 관련이 있음을 반증한다.

　한인의 필리핀 이주 시기는 보다 세분하여 설명할 수 있겠지만,
여기에서는 세 시기로 나누어 구분하고자 한다. 이 세 시기는 송출
국인 한국과 수용국인 필리핀 간의 정치경제적 상황 변화를 중심
으로 분류하였다. 특히 양 국가의 경제적 위상의 변화를 중요한 요

표 1 필리핀 한인 동포 현황(1968~2015)   단위: 명

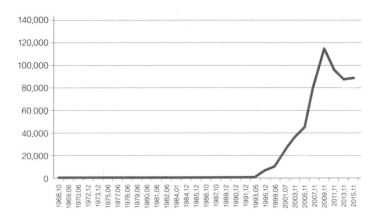

출처: 외교부 재외동포현황

인으로 삼은 것은 송출국과 수용국의 경제적 차이는 이주자들의
형태와 특성에도 많은 영향을 주기 때문이다. 즉 일반적인 이주이
론에서도 개발도상국에서 보다 선진화된 국가로의 이주 형태와 선
진국에서 개발도상국으로 이주하는 형태에는 차이가 나타난다.

첫 번째 시기에 해당하는 한인 동포들은 1970년 이전에 필리핀
에 이주한 한인들이다. 이 시기에 이주한 한인들은 일부 일제강점
기하에서 군인의 신분으로 갔다가 정착하게 되었거나, 독립 후 유
학이나 상업을 목적으로 필리핀에 이주하여 정착한 사람들이다. 또
한, 이 시기 가장 특징적인 이주 유형은 한국전쟁 이후 필리핀 군인
이나 군무원과 결혼하여 이주한 한국 여성들이다. 이들은 대체로
열악한 한국의 사회경제적 환경에서 벗어나 보다 선진적인 필리핀

사회로의 이주를 선택한 것으로 볼 수 있다.

두 번째 시기에 해당하는 한인 동포들은 1970~1980년대에 이주한 한인들을 포함한다. 이 시기는 한국에서 경제적 발전이 급속도로 이루어지고 있었으며, 한국과 필리핀의 경제적 발전 수준이 전환되는 시기로 볼 수 있다. 한국 기업들이 필리핀에 진출하면서 기업 주재원으로 이주했다가 이들 중 일부는 필리핀에 남아 개인 사업을 시작한 사람들도 있고, 국제기구(ADB, WHO, IRRI)나 외국기업에 근무하던 사람들, 그리고 유학생과 선교사 신분으로 이주하여 정착한 사람들도 있다. 이 시기에는 한국 사회에서 해외로 나가는 것 자체가 특별한 것으로 여겨졌던 시대였다. 따라서 이 시기에 필리핀에 이주한 한인들은 대부분 한국 사회에서도 해외 진출이 가능한 특별한 자격이나 여건을 갖춘 사람들로서 보다 자발적이고 진취적인 입장에서 필리핀에 이주한 것으로 볼 수 있다.

세 번째 시기에 해당하는 한인 동포들은 1990년대 이후에 이주한 한인들이다. 이 시기는 1988년 서울올림픽을 계기로 한국의 국제적인 위상이 높아진 반면, 필리핀은 해외로 가정부와 노동자를 송출하는 국가로 전락함으로써 양국 간의 경제적 격차가 확연히 역전된 상태였다. 특히 1989년 한국의 해외여행 자유화 조치와 2006년 해외자본 투자 자유화 정책 등과 같은 해외 이주에 많은 영향을 미친 국가의 중요한 정책적 변화가 있었다. 또한, 1997년과 2008년 한국의 경제위기 상황은 한인의 필리핀 이주 흐름에 영향을 미치기도 했다. 한국의 경제위기 상황은 일시적으로 여행객

의 감소와 유학생의 귀국 등으로 필리핀 한인 사회를 위축시키기도
했다. 특히 2008년 이후에는 그 감소세가 회복되지 못하고 있음을
〈표 1〉을 통해 확인할 수 있다. 전반적으로 세 번째 시기에는 필리
핀을 찾는 한국인 관광객과 어학연수생 수가 급속히 증가했으며,
이들을 고객으로 하는 여행업, 숙박업, 요식업 등 다양한 업종이 나
타났고, 이러한 업종에 종사하는 한인 수도 급속히 증가했다.

　이상과 같이 구분한 이주의 시기를 국가 정체성의 변수로서 종
적인 구분으로 본다면, 이주의 형태는 횡적인 구분이 될 수 있다.
필리핀 이주 한인들의 이주 형태는 다양한 구분이 가능하다. 일반
적으로 필리핀 한인 사회는 국제기구나 국가 혹은 기업의 주재원들
이 특수한 한 축을 이루며, 다른 한 축으로 현지에서 개인 사업을
하며 생활하는 동포들이 있다. 이들 사이에는 주거지나 사회적 활
동 영역에서 차이가 나타나며, 삶의 터전으로서 필리핀을 바라보
는 시각도 다르다. 또 다른 한인 그룹으로는 선교를 목적으로 필리
핀에 이주하여 생활하는 선교사들이 있으며, 자녀교육을 목적으로
입국하여 장기거주하는 동포들도 있다. 한편 필리핀 한인 사회에서
뚜렷이 나타나는 또 다른 구분은 국제결혼 여부이다. 오늘날 필리
핀 한인 사회의 중심은 물론 한국인끼리 결혼한 사람들이지만, 초
기 필리핀 한인 사회는 필리핀인과 결혼하여 이주한 한인들이 중
심을 이루었다. 이들은 점차 필리핀 한인 사회의 주변부로 밀려났
고, 비교적 근래에 필리핀인과 결혼한 한인들도 주류 한인 사회에
잘 융합하지 못하고 있다. 그러나 이들도 다른 한인 동포들과 마찬

가지로 시기와 상황에 따라 한국인으로서의 국가 정체성에 차이가
나타남을 볼 수 있다.

본 글에서는 '국가 정체성'을 상황적 변수의 변화와 함께 타 행위
주체와의 끊임없는 상호작용을 통해 재구성되고 전수되는 것으로
간주한다. 필리핀 거주 한인들의 국가 정체성의 특징을 파악하기
위해 이주의 패턴에 영향을 미친 양국의 정치경제적 위상 변화를
중심으로 구분한 세 시기와 이주의 형태 중 국제결혼 여부만을 분
석의 대상으로 삼았다. 필리핀 한인 동포들과의 집중 인터뷰 내용
중에서 국가 정체성을 파악하기 위한 부분으로 필리핀에 거주하면
서 한국 혹은 한국인과의 관계를 어떻게 설정하고 있는지를 살펴보
았다. 또한, 자녀교육에 있어서 어떠한 국가 정체성을 전수하고자
했는지를 알아보기 위해 자녀들의 한국 국적 유지 여부와 한국어
구사 능력 등을 중심으로 분석하였다.

3. 필리핀 한인 동포의 국가 정체성

본 글의 기초자료로 사용한 필리핀 한인 동포에 대한 집중 인터
뷰는 2017년 7월과 2018년 1월에 필리핀 현지조사를 통해 실시하
였다. 인터뷰 대상자 선정에 있어서 이주 시기와 체류 기간, 그리고
국제결혼 여부 등 일정한 기준을 고려하여 시기별로 배분하였다.
인터뷰는 이주 동기와 정착과정 그리고 한국 및 한국인과의 관계,

그리고 가족 문제 등을 중심으로 질문하였다. 인터뷰 내용은 대부분 대상자의 동의를 얻어 녹음하여 자료로 사용하였다. 국가 정체성과 같은 추상적인 개념을 명확히 계량화하여 제시하기 어렵다는 점을 감안하여 필리핀 한인 동포들의 국가 정체성을 몇 가지 기준을 중심으로 판단하였다. 본인의 국가 정체성 요인으로는 한국 국적의 포기 여부와 한국 혹은 한인과 관련된 활동을 중심으로 살펴보았다. 자녀의 정체성 형성에 부모의 역할이 중요한 것은 널리 알려져 있으며, 이를 통해 부모가 가지고 있는 국가 정체성의 지향성을 살펴볼 수 있다. 이러한 기준을 중심으로 대상자 19명에 대한 인터뷰 내용 중 시기별로 세 명씩의 인터뷰 사례를 국가 정체성과 관련된 사안을 중심으로 분석하였다.

제1시기 이주 한인의 국가 정체성

이 시기에 이주한 한인 중에는 총 다섯 명에 대해 집중 인터뷰를 실시하였으며, 이들 중 1955년 필리핀 남자와 결혼하여 이주한 1a 씨,[7] 1964년 필리핀에서 사업하던 작은아버지의 초대로 이주한 1b 씨[8] 그리고 1967년 혼자 유학을 와서 정착한 1c 씨의[9] 사례를 중심으로 살펴보았다.

---

[7] 본 인터뷰는 2017년 7월 27일 마카티에서 실시하였음.

[8] 본 인터뷰는 2017년 7월 31일 마카티에서 실시하였음.

[9] 본 인터뷰는 2017년 8월 3일 케손에서 실시하였음.

1a 씨는 1936년생으로서 한국에서 필리핀 남성과 결혼하여 1955년 필리핀으로 이주한 후 현재까지 필리핀에 살고 있다. 1a 씨는 어린 나이에 어머니가 사망하고 아버지가 재가하여 힘들게 생활했으며, 야간학교에서 배운 타자 기술로 미군 캠프에서 일하게 되었다. 그곳에서 "잘생기고 친절한" 필리핀 남자를 만나 결혼을 결심했다고 한다. 필리핀에 와서 처음에는 말도 통하지 않아 많이 외로웠지만, 고등학교에 다니면서 말도 배우고 대학에도 진학했으며, 남편의 작은아버지 권유로 안경학을 전공했다고 한다. 1a 씨는 한인과 꾸준히 관계를 유지하고 있지만, 다분히 수동적인 측면이 강하다. 이주 초기에는 한국 대사관에서 초대하는 파티에 가기도 했고, 필리핀인과 결혼해서 이주해온 사람이 운영하는 식당에서 일하기도 했다. 또한 한인 교회에도 오랫동안 다녔지만, 지금은 한 달에 한 번씩 모이는 필리핀 한인 노인회에만 참석하고 있다. 한국에 관한 소식은 주로 교민신문을 통해 접하고 있다. 주위의 필리핀 사람들은 1a 씨가 필리핀 국적을 가지고 있고 필리핀 사람들과 이웃하며 살고 있지만 여전히 '한국 아줌마'라고 부른다고 했다. 그리고 필리핀에 오래 살았지만 스스로를 여전히 한국인이라고 생각한다고 했다.

1a 씨는 현재 필리핀 남편은 사망하고 슬하에 아들 둘을 두고 있다. 1a 씨는 자녀들에게 한인으로서의 국가 정체성을 전수하지는 않아 보였다. 아들 둘에게 처음에는 한국말을 가르치려 했지만, 배우기 싫어해서 포기하고 필리핀어와 영어만 익히게 했다고 한다. 당

시에는 굳이 한국말을 가르쳐야 한다는 생각을 못 했다고 한다. 하지만 두 아이 모두 자기들에게 한국인의 피가 흐른다는 것에 대해 좋아한다고 했다. 두 아들 모두 아버지처럼 해양기술자marine engineer가 되었고, 필리핀 여자와 결혼하여 큰아들은 미국에 정착해 살고 있고, 작은아들은 필리핀에 살고 있다.

1b 씨는 1934년생으로서 일본에서 출생하여, 한국에 와서 학교에 다녔으며, 30세 되던 1964년에 필리핀에서 사업을 하던 작은아버지의 초청으로 필리핀에 와서 현재까지 살고 있다. 1b 씨가 필리핀에 이주한 지 6개월쯤 됐을 때 작은아버지가 돌아가셨고, 그 후로 많은 고생을 했으며, 스스로 터득하여 한국제품을 필리핀에 수입하여 중국인 도매상에게 넘기는 무역업을 시작했다. 초창기에는 끼니 걱정을 해야 할 정도로 어려운 생활을 하면서 주위 한인들에게 무시도 많이 당했다고 한다. 이후 사업을 하면서 한인상공회의소나 무역인협회에도 나가봤고, 한국 대사관에서 초대한 모임에도 참석해봤지만, 자신이 갈 곳이 못 된다는 생각에 발길을 끊었다고 한다. 1b 씨는 당시 한국과 필리핀이 맺은 협정에 따라 양국에서 매년 50명씩 영주권을 주던 시기에 영주권을 받아 살고 있다. 1b 씨는 한국인으로서 한국에 대한 관심과 애정은 그다지 크지 않아 보였다. 한국에 대한 뉴스나 재외국민투표, 그리고 한인 사회에 대해 그다지 관심을 두지 않는 듯했다. 요즘은 심심하기도 하고, 회장님의 권유도 있고 해서 소일삼아 필리핀 한인 노인회 모임에 나가고 있다고 한다.

1b 씨는 1970년에 한국인 여자와 결혼해서 슬하에 1남 1녀를 두고 있다. 1988년에 아내가 사망했고 홀로 두 자녀를 키웠다고 한다. 필리핀에서 태어난 자녀들은 필리핀 학교에 다녀서 한국말은 잘하지 못하고 주로 영어와 필리핀어를 사용한다. 아들은 한국 여자를 만나 결혼했고, 딸은 미국에 가서 미국 사람과 결혼해서 미국에 정착해 살고 있다. 아들은 필리핀에서 사업을 하는데, 사업상 필요 때문에 한국 국적을 포기하고 필리핀 국적을 취득했다고 한다.

1c 씨는 1948년생으로서 한국에서 태어났으며, 14세 때 국제기구에서 일하는 아버지를 따라 로마와 태국에서 생활하다가 19세 되던 1967년에 필리핀으로 이주하여 현재까지 필리핀에서 살고 있다. 1c 씨는 어려서부터 시작한 외국 생활과 국제학교에 다닌 경험 등으로 국가가 자신의 정체성에 그다지 의미가 없는 초국가적 정체성이 형성된 것으로 보였다.[10] 한국인이면서 또한 필리핀인이기도 한 자신의 정체성에 대해 불편해하지 않으며, 오히려 자신의 삶을 개척하는 데 긍정적으로 활용하고 있는 듯했다. 필리핀 한인회 일에도 잠시 관여하기는 했지만 아무런 의미를 발견하지 못해서 더는 관여하지 않는다고 했다. 한국 소식은 주로 영자신문인 『코리아 타임즈』를 읽으며 접하고, 친하게 지내는 한국인 K 씨와 매주 골프

---

10 본 글에서 사용하는 '초국가적 정체성'은 자신의 정체성의 일부로서 하나 이상의 국가에 대한 소속감이나 일체감을 가지는 것을 의미하며, 또 다른 의미에서는 '국제인' 혹은 '세계시민'과 같이 국가가 자신의 정체성 규정에 별 의미를 가지지 않는 것을 의미한다. 1c의 경우, "한국인이며 필리핀인"이라는 것은 출생으로서는 한국인, 시민권으로는 필리핀인이란 의미로 말한 것으로, 자신의 정체성 규정에 있어서 국가는 별 의미가 없다고 말한 바 있다.

치고 대화하면서 한국 소식을 듣는다고 했다. 1c 씨는 영어를 모국어처럼 하니 여기서 아무런 불편함이 없고, 어려서부터 외국에서 살아 문화적으로도 불편함이 전혀 없다고 했다.

1c 씨는 필리핀국립대학교 교수로 있던 지금의 부인과 결혼하여 필리핀 시민권을 취득했고, 자녀는 슬하에 1남 1녀를 두고 있다. 1c 씨의 자녀들은 모두 유치원부터 대학까지 아내가 교수로 있던 필리핀국립대학교를 나와서 필리핀 사회에서 성공적으로 사업을 하고 있다. 아이들에게 한국말을 가르쳐야 한다는 생각은 하지도 않았다고 한다. 아이들도 본인처럼 다른 문화에 대해 편견이 없는 '국제인'이 된 것 같다고 했다. 아들은 미국에서 직장생활도 했으며 중국계 필리핀 여자와 결혼해서 아들 둘을 두고 있다. 아들 가족 모두 미국 시민권자들이다. 딸은 필리핀 남자와 결혼해서 두 아이를 두었으며, 방송국에서 일하다가 지금은 남편과 함께 사업을 하고 있다.

제1시기 이주 한인들은 대체로 한국의 어려운 정치경제적 상황을 떠나 더 나은 필리핀으로 이주한 사람들이다. 이들은 필리핀에서 자신의 삶을 개척해 나가는 과정에서 한국과의 관계를 지속적으로 유지해왔다. 특히 사업을 하는 경우에는 한국과 관련된 사업에 종사하고 있음을 볼 수 있다. 이들 중에서는 초기 필리핀 한인회를 구성하여 이끌었던 사람도 있다. 이들은 필리핀 사람들과의 관계 속에서 그들과 구분되는 한국인으로서의 정체성을 운명처럼 받아들이고 있었다. 그러나 이들의 국가 정체성은 한국보다는 필리핀에 더 가깝다. 필리핀 사람과 결혼하여 필리핀 국적을 취득하고, 자녀를 낳고 살고 있는 1a 씨와 1c 씨의 경우에는 특히 한국에 대한 국가 정체성이 희박하다고 볼 수 있다. 국제기구에서 일하는 아버지를 따라 중학생 때부터 외국에 머물며 국제학교를 졸업하고 필리핀에 온 1c 씨의 경우 국가 정체성 그 자체에 대해 별다른 의미를 부여하지 않았다. 이들의 국가 정체성은 자녀들 교육을 통해서도 확인할 수 있다. 사례로 다룬 세 명 모두 자녀들이 필리핀에서는 흔한 경우처럼 외국계 혈통을 가진 필리핀 사람으로 성장했다. 이들의 자녀들은 모두 한국어를 제대로 구사하지 못함은 물론이고, 한국에 대해 어떠한 소속감이나 일체감도 가지고 있다고 볼 수 없었다.

제2시기 이주 한인의 국가 정체성

이 시기에 이주한 한인은 총 일곱 명에 대해 인터뷰를 실시하였으며, 이들 중 1973년 한국 기업 주재원으로 왔다가 개인 사업을 시작하며 정착한 2a 씨,[11] 1979년 선교사로 필리핀에 이주하여 지금까지 살고 있는 2b 씨,[12] 그리고 1980년에 중국계 필리핀 남자와 결혼하여 이주한 2 c씨의[13] 사례를 중심으로 살펴보았다.

2a 씨는 1940년생으로서 서울에서 태어났으며, 33세 되던 1973년에 한국 기업의 주재원으로 파견되어 필리핀에 이주한 후 현

---

11 본 인터뷰는 2017년 8월 5일 마카티에서 실시하였음.

12 본 인터뷰는 2017년 8월 7일 안티폴로에서 실시하였음.

13 본 인터뷰는 2018년 1월 7일 마닐라에서 실시하였음.

재까지 필리핀에서 살고 있다. 2b 씨는 자신이 다니던 한국 회사가 1985년 철수하게 되자 퇴사하고 필리핀에 남아 퇴직금으로 1986년부터 자신의 회사를 시작했다. 2a 씨는 영주권을 가지고 있지만, 여전히 외국 시민권자로서 필리핀에서 사업하는 데 회사 지분율 등 제한을 받고 있다. 이주 초기에는 한국인들이 많지 않았으며, 매년 1월과 광복절은 한국 대사관에서 한인들을 초청하여 파티를 열 때 다들 모이는 기회였다고 한다. 2a 씨는 다양한 한인 사회에 관여했으며 1990년대 초에는 한인회 회장도 역임했고, 지금은 필리핀 한인 노인회를 주도적으로 이끌고 있다. 재외동포로서 재외국민투표에는 참여하고 있지만, 한국에 관한 뉴스에는 큰 것 말고는 별로 관심을 두지 않는다고 했다. 2a 씨는 한국 정부한테서 받은 혜택보다 필리핀 정부로부터 받는 혜택이 더 크다고 했다. 그리고 한국을 방문하면 어색하고 불편한 생각이 든다고 했다.

2a 씨는 필리핀에 오기 전에 결혼한 한국인 부인과 함께 슬하에 2남 1녀를 두고 있다. 자녀 중 둘은 한국에서 낳아 어려서 데려왔고, 막내딸은 필리핀에서 태어났다. 1979년에 다섯 식구 모두 한꺼번에 영주권을 취득했다. 집에서 한국말을 썼기 때문에 아이들 모두 한국말을 하고, 아주 한국적으로 자랐다고 한다. 모두 국제학교 IS를 나왔으며, 졸업 후에는 대부분의 경우처럼 미국 대학으로 진학했고, 졸업 후 미국에서 직장을 얻어 정착했다. 자녀 세 명 모두 미국인을 만나 결혼해서 미국 시민으로 살고 있다. 2a 씨는 자신이 5대 독자로 자랐기 때문에 큰며느리는 한국인을 얻고 싶었는데 맘

대로 되지 않았다고 한다. 하지만 자녀들이 큰 나라에서 김 씨 뿌리를 내리고 잘 살기를 바란다는 희망을 얘기했다. 앞으로 한국에 돌아갈 생각은 없고, 자녀들이 자신더러 미국에 들어와 살라고 하는데, 필리핀에 있는 친구들과 함께 필리핀에서 즐겁게 노후를 보낼 계획이라고 했다.

2b 씨는 1945년생으로 1979년 선교사로 파송 받아 필리핀에 온 후 현재까지 필리핀에 거주하고 있다. 2b 씨는 필리핀으로 파송된 초기 선교사로서 한인 교회와 현지인 교회를 모두 운영하기도 했다. 이주 초기에는 한인 교회를 운영하면서 한인회 관련 모임에도 많이 참여했다고 한다. 필리핀에서 한인 교회를 운영하면서 다양한 어려움을 경험했다면서, "한인 교회 한 개 사역하는 것보다 필리핀 교회 열 개 사역하는 것이 오히려 쉽다"라고 말했다. 필리핀에서 선교를 하다 보니 한국 뉴스보다는 필리핀 뉴스, 특히 정치에 많은 관심을 가지고 있다. 필리핀 정치인과도 친분이 있으며, 대통령 자문도 하고 비즈니스 하는 사람들을 만나서 함께 기도회를 개최하기도 한다고 했다. 2b 씨는 미국 대학으로 진학한 자녀를 따라 안식년 차 미국에 가서 선교학 학위를 취득했으며, 그때 영주권을 취득했고, 그 후 필리핀에 와서 선교 활동을 하면서 미국 시민권을 취득했다고 한다.

2b 씨는 한국에서 결혼한 한국인 부인과 함께 자녀로는 아들 세 명을 두고 있다. 필리핀에 올 때 큰아이는 5세, 둘째는 3세, 막내는 1세였다고 한다. 필리핀에 와서 한국말은 엄마가 다 가르쳤고, 아이들은 모두 미국인이 세운 선교사 학교에 다녔다. 아이들이 필리핀

에서 고등학교를 졸업하고 미국에 있는 대학에 진학했을 때 더 이상 좋을 것이 없는 축복으로 생각했다고 한다. 이제는 다들 대학을 졸업해 직장생활을 하고 있으며, 위로 둘은 미국에서 한인 교포 여성과 결혼했고, 막내는 한국과 미국을 오가며 일하는데 한국 사람과 사귀고 있다. 지금은 아내도 아이들과 미국에 살고 있고, 2b 씨만 홀로 필리핀에서 선교 활동을 하고 있다. 2b 씨는 "돌이켜 보면 아이들을 미국에 보내지 않았으면 좋았을 것 같다는 생각이 든다. 필리핀에서 비즈니스도 하고 또한 대를 이어 선교 활동도 하며 함께 생활했더라면 하는 생각이 간절하다"라고 했다.

2c 씨는 1954년 한국에서 태어나 1978년 23세 때 한국에서 중국계 필리핀 사업가를 만나 결혼했고, 1980년 필리핀으로 이주하여 필리핀 시민권자로 지금까지 살고 있다. 필리핀에 와서 남편의 도움으로 다양한 사업을 했으며, 한국 음식점도 시작하여 지금까지 운영하고 있다. 필리핀에서 제법 유명한 한식당을 운영하는 2c 씨는 과거에 각종 행사로 필리핀을 방문하는 한국의 유명 정치인이나 재계 인사들이 주로 자신의 식당을 이용했다고 한다. 이주 초기에 주로 필리핀 사람과 결혼해서 이주해온 사람들과 친분을 유지했으며, 점차 한인 사회와는 별다른 관계를 맺지 않고 있다. 2c 씨는 비록 중국계 필리핀 남편과 결혼한 후 지금까지 필리핀 시민권자로 살고 있지만, 한국이나 필리핀 국가 정체성보다는 중국에 대한 선망이 높아 보였다. 이는 중국계 필리핀인들의 성향과 흡사한 것으로 판단된다. 특히 중국에서 부유층으로 살고 있는 사별한 남편의 가족

과 여전히 친밀한 관계를 유지하고 있으며, 자주 방문하면서 중국으로부터 물품을 수입하고 있다고 한다.

2c 씨는 필리핀 남편과의 사이에 자녀 없이 사별하였으며, 이후 필리핀에서 한국인을 만나 재혼하여 세 명의 자녀를 낳았다. 자녀들은 모두 한국인 아빠를 따라 한국 국적을 선택했으며, 한국에도 자주 데려가 한국어도 잘한다고 했다. 자녀들은 모두 필리핀에서 국제학교에 다녔으며, 위로 둘은 졸업 후 중국과 한국에서 대학을 나왔다. 지금은 큰아이가 홍콩에 살고 있고, 둘째와 막내는 필리핀에서 살고 있다. 2c 씨는 자녀들이 한국인보다는 국제인으로 자라난 것에 대해 자랑스럽게 여기는 듯했다. 특히 한국과 필리핀에 대해서는 약소국 이미지가 강했으며, 반면 중국에 대해서는 높이 평가하며, 향후 기회가 되면 중국으로 진출할 계획이라고 했다.

제2시기에 필리핀으로 이주한 한인들은 비록 연령대가 높기는 하지만 오늘날까지 필리핀 한인 사회의 중심인물들로 거론되고 있다. 이는 그들이 한국 사회가 급속히 성장하고 필리핀과의 경제적 위상에서도 우위를 점하기 시작한 시기에 자신의 미래를 개척하기 위한 분명한 목표를 가지고 필리핀에 이주하여 성공한 사람들이기 때문이다. 이들의 국가 정체성은 한국이나 필리핀 어느 한 곳에 속한다기보다는 오히려 초국가적 정체성에 가깝다. 대부분 영어와 필리핀어를 능숙하게 구사하면서 필리핀 사회에 깊숙이 동화되어 존경받는 외국인으로 살고 있음을 볼 수 있다. 사례로 다룬 사업가 2a 씨와 선교사 2b 씨는 70세가 넘었지만 한국으로 귀국할 희망도

계획도 없으며, 필리핀에서 노후를 보낼 생각이다. 중국계 필리핀인 사업가와 결혼해서 이주한 2c 씨의 경우도 남편과의 사별 후 한국인과 재혼하여 세 명의 자녀를 두었지만, 한국과 필리핀 어디에도 국가 정체성을 두지 않고 있다. 이 시기에 필리핀에 진출한 한인들은 자녀들을 대부분 국제학교나 혹은 유사한 종류의 학교에서 영어로 교육시켜 미국으로 유학을 보내는 것이 일반적인 패턴이다. 이들 자녀는 어려서부터 국제학교에서 교육을 받아 한국이나 필리핀 문화보다는 국제적인 문화에 더 익숙하고, 미국으로 유학한 후 미국 시민권을 취득하여 정착하는 경우가 많다. 또한 자녀 중 일부는 필리핀에 돌아와 부친의 기업을 이어받아 하는 경우가 점차 나타나고 있다.

제3시기 이주 한인의 국가 정체성

이 시기에 이주한 한인 중에는 총 일곱 명에 대해 인터뷰를 실시하였으며, 이들 중 1992년에 필리핀에 휴식 차 왔다가 필리핀 여자와 결혼하여 정착한 3a 씨,[14] 1998년 필리핀에서 선교사로 활동하고 있는 형의 권유로 필리핀에 이주한 3b 씨,[15] 그리고 2003년 한국에서 직장생활을 하다가 영어 공부를 하려고 필리핀에 왔다가 이주를

---

[14] 본 인터뷰는 2017년 8월 2일 케손에서 실시하였음.
[15] 본 인터뷰는 2017년 8월 3일 케손에서 실시하였음.

결심한 3c 씨[16]의 사례를 중심으로 살펴보고자 한다.

3a 씨는 1963년 한국에서 태어났으며 1992년 잠시 휴식을 취할 겸 필리핀에 왔다가 선교단체에서 일하던 필리핀 여자를 만나 1993년에 결혼한 후 현재까지 필리핀에서 살고 있다. 재정 상태가 좋지 않은 상황에서 결혼한 3a 씨는 아내와 함께 조그만 가게부터 시작하여 현재는 제법 규모가 있는 교육사업을 하고 있다. 3a 씨는 한국 국적을 유지하고 있기 때문에 대부분의 사업은 아내 명의로 하고 있으며, 사업을 주도적으로 운영하는 사람도 아내였다. 그는 "한국에 대한 소식은 여기서 더 먼저 안다. 필리핀이 예전에 서울 가는 것보다 가까워졌다. 그러다 보니 여기에 살면서 굳이 필리핀 한인 사회에 대해 연대감이나 소속감을 가지지 않는다"라고 했다. 그는 한때 필리핀 한인회에 참여하여 한필가족 모임에서 주도적 역할을 하기도 했다. 또한, 그동안 네 차례 있었던 재외국민투표에도 모두 참여했고, 한국 언론에서 보도되기도 한 '코피노'[17] 문제에도 관여하고 있으며, 다문화 관련 사업에 관심을 표명하기도 했다. 그러나 다른 한인들과의 관계 속에서 실망스러운 일을 경험하면서 요즘에는 한인들과 만나고 싶지 않다고 했다.

3a 씨는 아내와의 사이에 딸이 하나 있고, 필리핀에서 입양한 아들이 하나 있다. 아내가 집에서 영어만 쓰고 아이들이 몬테소리 학

---

16 본 인터뷰는 2018년 1월 7일 케손에서 실시하였음.

17 '코피노'는 필리핀에서 한국인 아버지와 필리핀인 어머니 사이에 태어난 아이를 말하며, 주로 한국인 아버지가 돌보지 않고 필리핀인 어머니가 혼자서 낳아 기르는 경우를 일컫는다.

교와 미국 선교사 학교를 다녀서 영어를 가장 편한 언어로 생각한다고 했다. 딸은 미국으로 유학을 가 대학을 졸업했고, 당장 취업이 어려워 필리핀에 와 있지만 준비해서 미국에 갈 예정이라고 했다. 딸이 한국어는 못 하는데 한국 TV 프로그램 보는 것을 좋아하는 걸 보면 어느 정도는 이해하는 것 같다고 했다. 3a 씨는 아이들에게 특정 국가 정체성을 선택하라고 강요할 생각은 없으며, 필리핀 사람이라는 것에 대해서 부끄럽지 않게 생각하길 바란다고 했다. 본인도 한국에 돌아갈 생각은 없고, 필리핀에서 노후를 보낼 생각이라고 했다.

3b 씨는 1968년 한국에서 태어나 대학을 졸업하고 일본에 가서 8년간 일을 하다가 필리핀에서 선교하는 형님이 권유하여 1998년 필리핀으로 이주했다. 필리핀에서는 식료품 가게를 운영하고 있으며, 사업차 한국에 들어갔다가 지금의 아내를 소개받아 결혼 후 함께 이주해 살고 있다. 3b 씨는 사업을 하면서 살고 있던 케손 지역에서 최초로 경제인연합회를 조직해 많은 활동을 하기도 했다. 3b 씨는 집에서 한국방송을 계속 보고 있으며, 아침에 눈 뜨자마자 인터넷 다음뉴스를 제일 먼저 본다고 했다. 지난번 재외국민투표 때는 한인 단체에 소속되어 선거를 독려하는 역할을 담당할 정도로 적극적으로 한인 활동에 참여하고 있다.

3b 씨는 현재 결혼한 아내와 고등학교 1학년인 아들, 그리고 중학교 3학년인 딸과 함께 살고 있다. 아이들 교육에 대해 고민이 많으며, 나중을 생각해서 중국인 학교를 보내고 있다. 그래서 아이들이

중국어, 한국어, 필리핀어, 그리고 영어를 구사할 수 있다고 한다. 3b 씨는 자녀의 국가 정체성에 관해 이렇게 말했다. "아이들의 국가 정체성은 부모의 영향을 많이 받는 것 같다. 내가 일본에서도 오래 살다 보니 한국에 대한 애착심이 강하다. 아이들은 영어가 편해서 자기들끼리 말할 때는 영어를 쓰는데, 그럴 때면 내가 한국말을 하라고 한다." 아이들의 장래 대학 진학에 대해서 전에는 미국, 싱가포르, 홍콩 등을 생각했지만, 지금은 한국에 있는 명문대를 보낼 계획을 하고 있다. 다행히 아이들도 한국을 좋아하며, 재외동포에 대한 대학입학 특전을 활용할 수 있을 것이라고 했다. "나중에 아이들이 한국 대학으로 진학하면 함께 가는 것도 생각해봤지만 쉽지는 않을 것 같다"라며, 지금 자신의 삶의 터전이 모두 필리핀에 있고, 한국에는 아무것도 없기 때문이라고 했다.

3c 씨는 1973년 한국에서 태어나 대학 졸업 후 한국에서 직장생활을 하다가 2003년에 쉬면서 영어 공부도 할 겸 약 두 달 계획으로 처음 필리핀에 온 것이 계기가 되어 2004년에 아주 이주하여 현재까지 살고 있다. 필리핀에 이주한 후 한국계 회사에 취업해서 지금은 현지 법인장으로 안정적인 생활을 하고 있다. 3c 씨는 필리핀에 살고 있지만, 한국에 대해서 모르는 소식은 거의 없는 것 같다고 했다. 주로 한국의 정치 뉴스를 많이 보고, 스포츠도 확인하고, 이슈가 되는 일들은 주로 찾아서 보는 편이라고 했다. 한국에도 1년에 평균 두 번 정도 방문하고 있으며, 지난번 재외국민투표가 있을 때도 투표했다고 한다. 3a 씨는 현지 법인장이라서 한인상공회의소에

회사 이름으로 가입되어있어서 가끔 나가 교류하고 있다. 그렇지만 필리핀에 사는 한인들과는 일정 거리를 두고 있는 듯했다. 이는 현지 한인 사회에 대한 부정적 인식이 있기 때문인 것 같았다.

독신인 3c 씨는 한국에 있는 가족 모임에 설이나 추석 중 한 번만 참석한다고 했다. "외국에 나와 있다고 해서 가족관계에 별다른 차이는 없는 것 같고, 오히려 해외에 나와 있으니 한국에 있을 때보다 부모님께 전화도 더 자주 하게 된다"라고 했다. 아직 미혼이지만 오랫동안 진지하게 만나는 필리핀 여성이 있고, 지금은 양가 집안 식구들도 서로 왕래하는 사이라고 했다. 하지만 결혼식을 올리는 것, 법에 묶기는 것, 아이를 가지는 것은 싫다고 했다. 그렇다고 만나는 여성을 가볍게 생각하는 것은 아니고, 처음부터 함께 많은 애기를 나누었는데, 그녀도 형식에 얽매이지 않는 것이 자신과 비슷하다고 했다. 3c 씨는 한국 사회의 가치관이 자신에게는 맞지 않는다는 생각이 들어서 앞으로도 한국으로 돌아갈 생각은 없다고 했다. 기회가 되면 전부터 꿈꿔왔던 것처럼 북유럽에 가서 자연을 즐기며 농사를 지으며 살고 싶지만, 그렇지 않으면 한국보다는 필리핀에 사는 것이 좋다고 했다.

제3시기에 필리핀에 이주해온 한인들은 다양한 이유와 목적이 있으며, 현지에서의 삶의 모습도 다양하다. 이들은 더 발전한 한국을 떠나 덜 발전한 필리핀으로 오게 된 배경에는 많은 경우 새로운 삶을 찾아보려는 측면이 강한 것을 발견할 수 있다. 치열한 한국 사회에서 얻을 수 없는 기회를 찾아 보다 느슨한 필리핀 사회에서 새로운 기회를 잡기 위한 목적이 크다고 볼 수 있다. 또한, 이들이 이주한 시기 혹은 이주 후 오래지 않아 급속히 발달한 교통·통신의 영향으로 한국 사회와의 관계가 단절되지 않고 지속되고 있다. 필리핀인과 결혼하여 이주한 3a 씨의 경우도 한국 국적을 여전히 유지하면서 한인회 활동도 활발히 하고 있다. 3b 씨와 3c 씨의 경우에도 한인 혹은 한국 사회와 연관된 사업에 종사하면서 필리핀 현지인과의 관계 속에서 여전히 한국인으로 살아가고 있다. 자녀들 교육에 있어서는 필리핀인과 결혼한 3a 씨의 경우 자녀 모두 한국어를 구사하지 못하고 필리핀 사회에서 필리핀인으로 살고 있다. 반면 3b 씨는 자녀들을 모두 중국계 초·중·고등학교를 보냈지만, 자녀들에게는 한국인으로서의 정체성을 잃지 않도록 강조하고 있으며, 향후 한국에 있는 대학에 진학하기를 희망하고 있다.

4. 맺음말

한인의 필리핀 이주 패턴은 그 특성에 따라 3시기로 나눌 수 있으며,[18] 한국과 필리핀 간의 경제적 관계 혹은 위상과 밀접한 관련이

---

[18] 2020년 2월부터 본격적으로 필리핀에 번지기 시작한 코로나19는 필리핀 한인 동포들에게도 많은 영향을 끼치고 있다. 정확한 검증은 불가능하지만, 필리핀 체류 한인 동포의 약 90퍼센트가 한국으로 귀국한 것으로 알려져 있다. 코로나19 사태 종식 이후 한인들의 필리핀 이주 패턴이 어떠한 모습을 띠게 될지에 대해서는 면밀한 관찰과 연구가 요구된다.

있다. 이는 이주의 이론에서 논하고 있는 경제적 기회를 찾아 이동하는 개인의 합리적 선택에 기인한다. 이들 이주자들이 가지는 국가 정체성은 떠나온 한국의 국제적 위상과 밀접한 관련이 있다. 또한, 국제결혼 여부는 국가 정체성을 형성하고 전수하는 데 또 다른 주요 변수로 작용하고 있다.

제1시기에 이주해온 한인들은 가난한 한국에 대한 국가 정체성보다 더 선진적인 필리핀 혹은 초국가적 정체성을 선호한다. 이들은 필리핀 현지인과의 관계 속에서 한인이라는 정체성을 강요받아 왔으며, 또한 삶을 개척해 나가기 위한 방편으로 한국과의 관계를 지속해왔다. 그러나 한국에 대한 소속감이나 일체감은 그다지 크지 않아 보인다. 국제결혼 여부와 관계없이 이들은 자녀교육에 있어서도 한국에 대한 국가 정체성을 전수하려는 노력을 찾아보기 힘들며, 자녀들은 대부분 자연스럽게 필리핀 혹은 초국가적 정체성이 형성되어있다.

제2시기에 이주해온 한인들은 시기적으로는 한국과 필리핀 간의 경제적 위상이 변화되는 시점이다. 당시만 해도 해외에 나가는 것 자체가 특별한 것으로 여겨지던 때로 필리핀에 이주했다는 것은 한국 사회에서도 일정한 수준 이상의 역량을 갖춘 사람들이라고 볼 수 있다. 이들은 많은 경우 필리핀에 정착해 살면서 성공적인 외국인으로서 존경받는 위치에 올랐다. 이들은 대부분 한국 국적을 유지하고 있지만, 한국에 대한 소속감이나 일체감은 그다지 크다고 볼 수 없다. 그렇다고 필리핀 국가 정체성을 가지고 있는 것도 아니고, 오히려 초국가적 정체성을 가지는 것으로 보인다. 이들의 자녀들도 대부분 국제학교에서 교육받고 미국에 유학한 후 미국에 정착하는 경우가 많으며, 일부는 미국 시민권을 가지고 필리핀에 와서 부모의 사업을 이어가는 현상을 보인다.

제3시기에 이주해온 한인들은 시기적으로 한국과 필리핀 간의 경제적 위상에 많은 차이가 나지만, 그렇다고 이들이 소위 선진국에서 후진국으로 이주하는 전문 고급인력이라는 특성이 있지는 않다. 많은 경우 이들의 필리핀 이주는 치열한 한국 사회에서 벗어나 새로운 가능성을 발견해보려는 시도로 볼 수 있다. 이들은 비록 필리핀으로 이주했지만, 교통·통신의 발달로 한국과의 다양한 관계를 지속적으로 유지하고 있다. 이들은 필리핀 사회에 통합된 정도도 약하며, 필리핀 사회에서 외국인으로서 불안정한 상태로 살아가는 경우가 많다. 이들의 한국에 대한 소속감과 일체감은 여전하지만, 자녀들에게 자신의 국가 정체성을 전수하려는 양상은 다양하게 나타난다. 특히 국제결혼을 한 경우 자녀들은 대부분 필리핀 국가 정체성을 가진 반면, 그렇지 않은 경우에는 자녀들이 한국에 대한 국가 정체성을 가지기를 희망한다. 그러나 필리핀에서 생활하면서 자녀들에 대한 한국어 교육이나 한국에 대한 국가 정체성을 전수하는 데는 한계가 드러나고 있음을 볼 수 있다.

필리핀에 제1시기나 제2시기에 이주한 한인들이 점차 연로해지고 있으며, 그들의 자녀들인 이주 1.5세대 혹은 2세대가 일부 필리핀에 남아서 그들의 뒤를 잇고 있다. 특히 국제결혼을 한 가정에서 태어난 자녀들에게서 한국에 대한 국가 정체성을 찾아보기는 힘들다. 또한, 한국인 부부 가정에서 태어나 필리핀에서 성장한 자녀들도 한국에 대한 국가 정체성이 대단히 희박한 것을 볼 수 있다. 이러한 현상은 필리핀에 이주한 한인들이 자녀들로 하여금 한국에 대한 국가 정체성을 전수하는 것에 소홀한 측면이 있기 때문이기도 하다. 이들은 오히려 자녀들이 영어를 기본언어로 하는 초국가적 정체성을 가지기를 선호한다. 따라서 부모와는 달리 한국에 대한 국가 정체성이 희박하고, 미국이나 필리핀에서 한국계 시민으로 살아가려는 경향이 나타난다. 이러한 필리핀 이주민 1.5세대와 2세대가 한국에 대해 어떠한 인식을 가지고 있는가에 대한 후속 연구는 필리핀 한인 동포 사회의 미래를 이해하는 데 중요한 의미를 가질 수 있을 것이다.

김도형. 2014. "일제 말기 필리핀·버마지역 한인 병사의 강제동원과 귀환."『한국
　　독립운동사연구』47: 153-196.

김동엽. 2009. "동남아 은퇴이주의 실태와 전망: 필리핀을 중심으로."『동아연구』
　　제57집: 233-265.

김민정. 2014. "한국과 필리핀 '사이': 세계화정책 이전 필리핀의 재외한인과 결혼
　　이주."『한국사회학회 사회학대회 논문집』: 229-231.

_____. 2015. "1900년대 초중반기 필리핀의 한인이주에 대한 성찰적 연구."『사
　　회와역사』107: 251-284.

김용찬. 2006. "국제이주분석과 이주체계접근법의 적용에 관한 연구."『국제지역
　　연구』제10권 3호: 81-106.

김휘택. 2013. "프랑스의 국가정체성 논의에 대하여."『한국프랑스학논집』82:
　　305-338.

남근우. 2011. "제일동포사회의 문화정체성에 관한 연구-민족, 조국 귀속성, 현
　　실의 '3중 경계문화정체성'을 중심으로."『국제정치논총』51(4): 159-188.

미셸 세르·실비 그로스조프 외. 이효숙 옮김. 2013.『정체성, 나는 누구인가』. 파
　　주시: ㈜알마.

박승규. 2013. "정체성, 인간과 공간의 관계를 설명하는 노두."『대한지리학회지』

48(3): 453-465.

박정현·김동엽·리노바론. 2015.『한국-필리핀 교류사』. 서울: 폴리테이아.

박철민. 2014. "국내 이주 코리언 디아스포라의 정체성 변용과 가치지향-한국 (인)과의 가치충돌 양상을 중심으로."『디아스포라연구』8(2): 41-75.

설동훈. 2014. "국제결혼이민과 국민·민족 정체성-결혼이민자와 그 자녀의 자아 정체성을 중심으로."『경제와사회』103: 278-312.

오영섭. 2015. "유학생 오영섭, 약소민족의 독립을 지켜보다." 성현경 엮음.『경성 엘리트의 만국 유람기』. 서울: 현실문화연구: 285-319.

윤성우. 2004.『폴 리꾀르의 철학』. 서울: 철학과 현실사.

윤인진·임창규. 2008. "재미한인 차세대의 인구학적 특성과 사회경제적 지위 성 취: 세대별 및 민족집단별 비교."『세계지역연구논총』28(3): 409-438.

이도학. 2010.『백제 사비성 시대 연구』. 서울: 일지사.

이석인. 2015. "한국계 미국인의 세대별 정체성 차이 분석 연구."『디아스포라연 구』9(1): 189-211.

조의행. 2015. "광복 70년, 한국인의 민족 정체성 연구-민족과 민족사가 실종된 민족 정체성."『현상과인식』39(3): 111-129.

최성환. 2010. "19세기 초 문순득의 표류경험과 그 영향."『지방사와 지방문화』 13(1): 253-305.

홍용희. 2012. "한민족 디아스포라문학의 이중적 정체성과 한류의 역할론."『한 국사학연구』35: 495-516.

Anderson, Benedict. 2003. *Imagined Communities* (1ˢᵗ print 1983). Pasig City: Anvil Publishing Inc.

Blair, E. H. and J. A. Robertson. 1906. *The Philippine Islands 1493-1898*, total 55 volumes (translation of primary sources), Cleveland 1903-9; reprinted in Manila in 1962.

Castles, Stephen. 2002. "Migration and Community Formation under Conditions of Globalization." *International Migration Review* 36(4): 1143-1168.

Erikson, E. H. 1968. *Identity: Youth and Crisis*. New York: W.W. Norton &

Company.

Hobsbawm, Eric J. 1992. *Nations and Nationalism Since 1780: Programme, Myth, Reality.* Cambridge: Cambridge University Press.

Kim, Dong-Yeob. 2015. "Korea-Philippine Relations: From Blood-tied Alliance to Strategic Partnership." LEE, Choong Lyol, HONG Seok-Joon and YOUN Dae-yeong (eds.). *ASEAN-Korea Relations: Twenty-five Years of Partnership and Friendship.* Seoul: Nulmin Books Publishers: 674-723.

Kutsumi, Kanako. 2007. "Koreans in the Philippines: A Study of the Formation of their Social Organization." Miralao, Virginia A. and Lorena P. Makil (eds.). *Exploring Transnational Communities in the Philippines.* Quezon City: Philippine Migration Research Netork and Philippine Social Science Council.

Polo, Lily Ann. 1984. *A Cold War Alliance: Philippine-South Korean Relations, 1948-1971.* Quezon City: Asian Center, University of the Philippines.

2부

후기사회주의체제 국가에서 한인 사회의 성장과 정체성

6장

베트남
한인 사회의 계층분화와 문화정치

채수홍

1. 베트남 한인 사회가 주목을 끄는 이유

베트남에 대한 한국의 관심이 점점 뜨거워지고 있다. 2019년 현재 베트남은 한국인에게 박항서 열풍으로, 다낭을 위시로 한 매력적인 관광지로, 경제적 기회가 있는 땅으로 인식되고 있다. 베트남에 살고 있는 한인들도 한국의 베트남에 대한 관심이 예사롭지 않다고 입을 모은다. 그 덕택에 베트남의 한인공동체는 양적으로 급성장하고 있으며 질적으로 빠르게 분화하고 있다.

실제로 다양한 이유와 경로를 통해 베트남으로 이주하고 있는 한인의 수가 가파르게 증가하고 있다. 2000년대 초반 넉넉하게 보아도 2만~3만 명이던(채수홍 2005: 120) 베트남 한인 인구는, 베트남 정부의 공식 통계가 없는 상태에서 일시 체류자와 유동인구가 많아 그 규모를 정확하게 추정하기 힘들고, 일반적으로 어느 지역이나 교포 수가 부풀려진다는 점을 고려하더라도, 여러 종류의 통계를 종합해볼 때 2019년 현재 최소 15만 명은 될 것으로 보인다.[1]

베트남 한인 사회를 급성장시킨 핵심 동력은 베트남 경제의 고속성장과 한국과 베트남의 경제협력 가속화다. 베트남은 1980년대 중반 '도이머이Doi Moi'(혁신)를 천명한 이후 개혁개방정책을 성공적으로 이끌고 있다. 1990년대 말까지 10퍼센트 이상을 기록하던 베트남의 경제성장률은 경제 규모가 커지면서 자연스럽게 둔화되고 있지만 2010년대 말까지도 6~7퍼센트대를 꾸준히 유지하고 있다.[2] 베트남 경제의 양적 성장은 질적 변화를 수반해 수출 위주의 제조업만이 아니라 금융, 부동산, 유통 분야를 중심으로 내수시장도 서서히 꽃을 피우고 있다. 그 결과 사회주의 베트남이 경제를 개방한 지 30년이 경과한 2018년 현재 3,401억 달러의 해외직접투자FDI가

---

1 베트남 한인의 수는 노동비자를 받은 사람을 제외하고는 정확한 통계를 알 수 없다. 다수의 자영업자를 비롯해 많은 한인이 6개월짜리 관광비자를 연장하며 베트남에 살고 있고 단기 체류 후 한국으로 귀국하는 사례도 많기 때문이다. 베트남 한인 사회에서는 베트남 한인의 수가 20만을 넘는다고 말하는 사람이 많고, 북부 베트남에 7만, 남부 베트남에 20만이 살고 있다고 주장하는 사람도 있다(국제신문 2019.05.13.). 물론, 코로나19로 인구 이동이 제한된 2020년에는 베트남 한인 인구의 증가 추세에 제동이 걸리고, 이전과 비교되는 비상 상태가 전개되고 있다. 하지만 이러한 비정상적 상황이 끝나면 이 글에서 추정하는 베트남 한인 사회의 변화 추이는 지속될 것으로 믿는다.

2 2018년과 2019년의 베트남 경제성장률은 7.08퍼센트와 7.02퍼센트다. 이는 시장이 예상한 6퍼센트대를 뛰어넘은 수치다. 코로나19가 강타한 2020년과 2021년에도, 대부분의 국가가 역성장하고 있는 상황에서, 베트남은 각각 2.95퍼센트와 2.58퍼센트의 성장률을 기록했다.

850만 개의 일자리를 만들어냈고, 1인당 국민소득은 2,587달러까지 상승했다(Vietnam News Agency 2018). 특히 하노이와 호찌민과 같은 대도시의 발전과 시민의 평균소득은 베트남 다른 지역의 발전 정도와 베트남인의 평균소득을 훨씬 상회한다.[3]

베트남 한인 사회는 베트남의 이와 같은 고도성장과 함께해오고 있다. 한국 기업은 베트남 경제 개방 초기에는 노동집약적 제조업을 중심으로, 그 이후에는 다양한 산업의 진출을 통해 베트남 경제성장과 사회변화에 촉매 역할을 담당했다. 2010년대 말까지도 한국은 누적 액수를 기준으로 베트남에 가장 많이 투자한 국가다. 한국에도 베트남은 경제적 그리고 사회문화적으로 가장 중요한 우방 중 하나가 되었다. 한국은 2017년 한 해에만 베트남과의 교역에서 316억 달러의 흑자를 거두었으며(박번순 2018: 11), 양자의 교역은 2020년대에는 1,000억 달러를 넘어설 것으로 예상된다. 머지않아 베트남은 한국에 중국 다음으로 교역량이 많은 경제 파트너가 될 것으로 추정된다.

한국-베트남 경제협력의 지속적 확대는 양국 사회문화 교류의 활성화로 이어지고 있다. 베트남에 거주하는 한인의 수가 빠른 속도로 늘고 있으며, 한국을 찾는 베트남인의 수도 같은 비율로 증가하고 있다(한경닷컴게임톡 2019.01.03.). 한인은 베트남 현지에서 사업

---

[3] 하노이와 호찌민의 1인당 국내총생산(GDP)은 7,000~8,000달러 정도로 추산되며, 두 도시 부유층의 자산은 어느 국가의 중상층에 견주어도 크게 뒤지지 않는다.

파트너나 직장 동료는 물론이고, 주요 거주지 주민으로, 베트남인과의 국제결혼 배우자로, 소비자로, 외국인 친구로 중요한 위치를 점하고 있다. 마찬가지로, 한국에서도 유학, 결혼, 노동을 위해 이주한 베트남인의 존재가 점점 가시화되고 있다. 베트남 한인의 삶은 이제 정치경제적, 사회문화적 맥락에서 집중적으로 조명할 현실적 필요성이 부각되고 있는 연구 대상이다.

베트남의 한인은 학술적으로도 문화 접변, 전지구화, 초국가주의, 그리고 재외한인 연구 분야에서 주목할 몇 가지 특이점을 가지고 있다. 우선 베트남 한인은 기존 해외 이주 연구가 주로 다루었던 가난한 국가에서 부유한 국가로 이동하는 사람들과는 이주 맥락과 삶의 조건이 다르다. 이들의 삶은 자본이 가난한 나라로 노동력을 찾아 이동하는 새로운 이주 형태를 통해 이해할 수 있다. 둘째, 베트남 한인은 외국인의 현지 사회 정주를 허락하지 않는 베트남의 국적법과 한국 시민권에 대한 베트남 한인의 선호로 현지에서 '일시 체류자sojourner'로 살고 있다(채수홍 2005: 136). 이들은 한국의 가족 및 친지와의 관계 유지가 여전히 중요하며 한국으로 다시 귀국하는 것을 전제로 살고 있어 베트남에서 독특한 초국적 특성을 보여주고 있다. 셋째, 베트남 한인은 타국에 살고 있으면서도 현지인보다 상대적으로 높은 사회경제적 지위를 누리고 있다. 이에 따라 상황, 조건, 맥락에 따라 현지인과 관계 맺는 방식, 권력을 다투는 양상, 서로에 대한 인식이 독특하다. 베트남 한인의 이런 특수성은 관련 분야에서 이론적으로 보다 면밀하게 탐색할 가치가 있다.

이 글은 동남아시아의 한인에 관한 공동 저서의 일부라는 점을 염두에 두고 베트남 한인 사회와 한인의 삶을 소개하는 것을 목적으로 삼고 있다. 베트남 한인 사회가 동남아시아에서 가장 빠르게 성장한 역사적 계기와 동력은 무엇인가, 베트남 한인 사회 내에는 어떤 사회문화적 동질성과 이질성이 있는가, 베트남 한인은 현지 베트남인과 어떻게 관계를 맺고 서로를 인식하고 있는가, 베트남 한인 사회의 미래는 어떻게 전개될 것인가를 순차적으로 살펴보고자 한다. 다시 말해, 베트남 한인 사회의 역사, 사회문화적 특성, 현지인과의 문화정치를 들여다보고 이를 토대로 한인 사회의 미래를 좌우할 변수를 가늠해보고자 한다.

베트남 한인 사회의 흥망성쇠는 근본적으로는 한국과 베트남의 정치경제적 조건이 어떻게 변화하는가에 달려 있을 것이다. 그러나 동일한 정치경제적 조건 아래서도 한인 사회 내부의 사회적 분화와 문화정치에 따라 한인 사회와 한인의 현지 삶의 양태는 크게 달라질 수 있다. 지금까지 언급한 관점에 천착하면서, 이 글은 베트남 한인의 삶을 기술하고 여기에 투영되어있는 빛과 그림자를 보여주면서 한인공동체의 지속가능성과 미래를 논하고자 한다.

2. 베트남 한인 사회의 성장 동력과 문화정치의 틀

베트남 개혁개방정책

베트남 한인 사회를 오늘날처럼 성장시킨 역사적 계기는 사회주의 베트남이 1980년대 중반부터 추진해온 개혁개방정책이다. 일제 강점기와 베트남전쟁과 같은 베트남 현대사의 궤적을 따라 태동하고 부침하던 베트남 한인 사회는 마침내 개혁·개방의 단계적 확대에 발맞추어 점진적으로 성장하고 있다. 베트남 개혁개방정책은 사회주의체제 건설을 위한 '강성개혁hard reform'이 야기한 생산력 저하와 소비재 기근을 극복하려는 목적에서 추진되었으며 사적 소유 확대, 시장경제 도입, 경제의 대외 개방을 근간으로 한다(Marr and White 1988). 기술, 자본, 의욕 부족으로 저하된 생산력과 생계 재생산의 어려움을 극복하기 위해 사회주의로 가는 우회로를 선택하며 그 방법을 외국자본 유치와 시장경제 활성화에서 찾아낸 것이다. 사회주의 베트남의 이와 같은 획기적 정책 전환은 외국자본의 유입과 이에 조응한 외국인 이주의 증가를 촉진했다. 베트남 한인 사회의 성장 과정도 동일한 흐름 속에서 이해할 수 있다.

외국자본에 절대적으로 의존하는 베트남 개혁개방정책의 기조는 베트남에 살고 있는 외국인의 정치경제적 조건과 사회문화적 양태를 틀 지어왔다. 개혁·개방을 실행한 지 30여 년이 지난 오늘날 베트남의 경제는 외국자본의 투자로 굴러가는 브레이크 없는 외발

자전거와 같다. 베트남 경제의 무역의존도가 이미 2017년에 200퍼센트에 육박했고(박번순 2018: 3), 수출에서 외자기업이 차지하는 비중도 70퍼센트를 상회하는 것이 현실이다(Asian Development Bank 2016: 23). 이 때문에 베트남 정부는 외국자본 유치에 까다로운 조건을 걸던 개혁개방정책 초기와 달리 이제는 경제성장의 주요 지표인 '해외직접투자'를 늘리려 총력을 기울이고 있다.

베트남의 외자 유치를 활용한 경제성장 전략 덕택에, 재(在)베트남 외국인으로서 한인은 다른 국가 한인 이민자와 비교할 때 상대적으로 안전하고 우호적인 환경을 누리면서 생활하고 있다. 하지만 보다 엄밀하게 말하자면, 개혁개방정책의 물결을 타고 베트남에 유입된 한인은 현지 사회에서 양가적인 정치경제적 지위 속에서 생활하고 있다. 한편으로 베트남 한인의 절대다수는 고용주나 최소한 사업 파트너로서 베트남인과 관계를 맺고 있다.[4] 한인은 직원, 가정부, 운전기사, 통번역, 제반 업무와 생활을 돕는 도우미 등으로 고용된 현지인과 일상을 함께한다. 이러한 관계 맺기를 통해 한인은 자신의 생활공간에서 베트남인에 비해 정치적 우위를 경험하고 있다.

다른 한편으로, 한인은 베트남에서 사실상 귀화가 불가능한 외

---

[4] 최근에는 베트남 기업에 근무하는 한인도 생겨나고 있지만, 한국인과의 관계를 중재하는 역할을 하는 인력이 필요한 현지의 특수한 상황이 아니라면, 베트남인보다 인건비가 비싼 한인을 고용하는 경우는 드물다.

국인으로 살고 있으며,[5] 현지의 여러 법적 규제로부터 자유롭지 못하다. 개혁·개방 초기만 해도 베트남 한인은 호텔이나 일정한 규모와 시설이 있는 곳에서만 공안당국의 허가를 받아 거주할 수 있었다. 지금은 외국인이 통제하기에는 너무 수가 많고, 현지인의 거주 이전의 자유가 사실상 전면 허용되고, 안전한 거주 시설이 많아져서 특별한 경우가 아니라면 한인은 자신이 원하는 곳에 거주할 수 있다. 하지만 외국인에 대한 안전 보호와 통제는 동전의 양면처럼 불가분의 관계에 있다. 베트남에서 기업을 운영하는 한인은 현지에 살고 있는 외국인으로서 이러한 개혁개방정책의 양가성을 다양한 사례를 통해 경험한다. 투자법, 세법, 노동법, 환경법, 금융거래법 등의 문제에 부딪힐 때마다 문제를 해결하기 위해 현지의 법과 관행을 이해하고 연줄을 동원하기 위해 현지인의 도움을 받지 않을 수 없는 자신을 발견하게 된다.

이처럼 베트남은 개혁개방정책으로 외국자본과 외국인을 우대하고 있는 것처럼 보이고, 그 결과 한인이 현지인에 비해 우월한 정치경제적 조건 속에서 살도록 허용하고 있다. 그러나 한인은 현재의 정치경제적 지위를 누리기 위해 많은 비용을 지출해야 할 뿐 아니라 여러 규제와 관행에 자신이 외국에 살고 있다는 사실을 끊임

---

5 베트남으로 귀화한 한인이 없는 것은 아니다. 필자가 확인한 것만 세 건이 있으며, 베트남으로 국적을 바꾼 한인과의 인터뷰 과정에서 약 일고여덟 명이 법적 요건을 갖추어 귀화했다는 정보를 접했다. 여기에서 상세하게 국적 취득의 자격을 설명할 필요는 없을 것 같다. 다만 필자가 인터뷰한 귀화자들은 법적 요건보다는 절차를 밟는 데 시간이 너무 오래 걸린다는 것이 문제라고 지적했다는 점을 언급하고 싶다.

없이 확인할 수밖에 없다. 개혁개방정책의 확대는 베트남 한인에게 이처럼 양가성을 지니고 전개되는 문화정치cultural politics를 경험하고 실천하도록 하고 있다.

베트남 개혁개방정책의 단계적 변화는 여러 부류의 한인을 끌어들이면서 동시에 베트남 한인 사회 내부의 사회경제적 분화를 촉진하고 있다. 개혁개방정책 실행 초기만 해도 외국자본은 대부분 노동집약적 산업에 집중되었다. 양질의 값싼 국내 노동력을 활용하기 위한 제조업이 주를 차지했던 것이다. 이 시기의 한인은 "회사의 조직 통로를 따라 이주"(Peixoto 2001)한 기업인과 주재원 그리고 이들의 생활 편의를 돌보아주고 수입을 얻는 자영업자로 대별될 수 있다(채수홍 2005: 112-116). 아직 베트남 내수시장 발전이 미미했던 2000년대 이전만 해도 베트남 한인들 사이의 사회경제적 격차가 지금처럼 크지 않았다. 자영업자 대부분이 현지인 명의로 가게를 운영했지만 베트남 정부도 이를 사실상 용인했으며 오늘날처럼 경쟁이 치열하지 않았던 것이다.

하지만 개혁개방정책이 베트남 경제의 성장과 외국자본의 유입을 촉진하면서 베트남 한인의 삶의 조건이 사회경제적 지위에 따라 상당한 격차를 보이게 되었다. 먼저 다양한 업종과 규모의 기업이 베트남에 몰려오면서 어느 기업에서 일하고 있는지에 따라 주재원의 삶에 차이가 두드러졌다. 또한 자영업자도 2000년대 후반부터 점진적으로 해외 소매자본이 허가되면서 합법적 법인 설립이 가능해졌지만(박지은 2016: 12), 이를 위해서는 일정 규모 이상의 자본과 경쟁력을 갖추어야 해서 대다수 영세 자영업자의 어려움이 가중되고 있다. 베트남 한인 사회의 주재원과 자영업자 사이에 그리고 이들 내부에서 사회경제적 분화가 심화되면서 한인공동체 구성원의 삶의 질에서 차이가 만들어진 것이다. 이처럼 베트남 개혁개방정책의 진전은 베트남 사회는 물론이고 한인 사회 내부에서도 다양한 조건을 가지고 서로를 구별할 수 있는 분화된 집단을 생산하고 있다. 개혁개방정책이 만들어내는 이러한 변화는 한인 사회의 문화정치를 이해하는데 필요한 또 하나의 틀이 된다.

베트남 개혁개방정책이 부자와 빈자의 격차를 벌리고 전자에 유리한 방향으로 삶을 구획 짓는 현상은 외국인과 베트남인 사이에서만이 아니라 베트남인 내부에서도 일어나고 있다. 베트남 사회에서 시장경제의 도입은 외국인이 부럽지 않은 베트남인 부자와 가구경제를 재생산하기 위해 증가하는 노동시간과 노동강도를 감수해야 하는 다수의 '인민nhan dan'을 동시에 탄생시키고 있다. 이제 한인과 같은 외국인이 더 이상 베트남의 공산당 간부를 필두로 한 상류지도층을 얕잡아보거나 시대 흐름에 퇴행적으로 대응한다고 비판하기 어렵게 되었다. 반면 베트남 인민은 경제성장의 과실을 나누어 가질 수 있다는 기대로 개혁·개방을 지지하던 초기와 달리, 심화되는 경제적 불평등과 시장경제의 문제점에 대한 비판의식을 키워가고 있다(이한우·채수홍 2017: 181). 개혁개방정책이 초래한 사회경제적 분화와 갈등은 베트남에 살고 있는 외국인과 현지인 각각의 내부에서 그리고 양자 사이에서 전개되는 독특한 문화정치의 밑거름이 되고 있다.

한국과 베트남의 상호의존과 협력

베트남에 한인이 공동체를 이루고 거주하기 시작한 것은 일제강점기부터다. 당시에는 약 2,000여 명의 한인이 살고 있었던 것으로 추산되는데, 그 다수는 군인·군속 등으로 일제에 의해 강제 징집된 사람들이었고, 신흥양행 김태성 사장과 같은 사업가나 회사에서 파견된 주재원도 일부 거주했다(김기태 2002: 314). 이들 가운데는 2000년대 초반까지 현지인으로 남아 베트남에서 작고한 유남성과 같은 예외적 인물도 있지만, 이 시기의 한인이 베트남 한인 사회의 전신을 만들었다고 하긴 힘들 것 같다. 공동체를 형성하고 살았는지도 확실하지 않고 현재 한인 사회와의 연속성도 확인할 수 없다는 점에서다.

베트남에서 한인이 존재감을 갖기 시작한 것은 베트남전쟁의 와중에 약 10년(1964~1973) 동안 한국군이 파병되면서부터다. 이 기간에 연 32만 명의 장병이 파월되었고(파월전사편찬위원회 1997: 283), 전쟁이 가져온 경제적 기회를 활용해 가게나 무역업을 하는 사람들이 베트남 남부에서 한인 사회를 만들기 시작했다. 이들 중 일부는 베트남 여성과 결혼해 '라이따이한Lai Dai Han'이라고 불리는 자녀를 두고 생활했으며, 베트남의 사회주의 시기에 한국으로 귀국했다가, 도이머이가 막 걸음마를 떼던 1980년대 말에 비공식 통로로 비자를 만들어 베트남으로 돌아왔다. 베트남전쟁에서 맺은 인연을 바탕으로 베트남에 다시 돌아온 한인들이야말로 진정한 의미의 베트남 한인 1세대라 할 수 있다. 이들은 1990년대 초 베트남에 외국자본의 투자가 본격적으로 시작되자 현지에 진출한 주재원들과 함께 하노이의 대우호텔과 호찌민의 '팜반하이Pham Van Hai' 거리에 처음으로 한인 집단거주지를 형성하였다(채수홍 2005: 109-111).

이후 베트남 한인 사회는 여러 단계에 걸쳐 팽창을 거듭하며 오늘날의 형태를 갖추어나간다. 그 첫 번째 단계는 한국 자본이 본격적 투자를 시작한 1990년대 초부터 'IMF 사태(1997년 아시아 경제위기)' 이전까지다. 이 시기에 베트남 개혁개방정책에 대한 외국자본의 신뢰가 쌓이면서 대對베트남 해외 직접투자가 1992년 처음으로 20억 달러를 넘어섰고, 1996년에는 86억 달러까지 증가했다(Kotra 2004: 1-3). 이러한 추세에 맞추어 한국 자본도 IMF 직전인 1996년에만 8.3억 달러를 투자하며 베트남 진출을 서둘렀다. 이후 IMF 사태로 주춤하던 대베트남 외국인 투자는 3년여의 회복기를 거쳐 2001년부터 다시 회복세로 접어들게 되는데, 이때부터 베트남 경제는 2000년대 후반까지 거침없는 성장 가도를 달린다. 이 시기가 두 번째 단계다.

베트남 한인 사회 형성의 세 번째 단계는 2000년대 후반부터는 삼성, LG, 브릿지스톤, 파나소닉과 같은 외국계 대기업이 대규모 공장투자를 실행함으로써 베트남 산업을 획기적으로 변화시켜놓은 시기다. 이때부터 외국인 투자 규모가 급증해 최근에는 연간 200억

~300억 달러의 규모를 유지하고 있을 뿐 아니라 전자산업을 중심으로 첨단기술이 접합된 제조공장이 가동되고 있다. 이와 같은 외국인의 왕성한 투자와 베트남 내수시장 성장에 고무되어 2010년대에는 외국자본이 제조업뿐만 아니라 금융, 건설, 유통, IT 등 많은 분야에 앞다투어 진출하고 있다.

한국과 베트남 사이 경제협력 관계의 발전은 각각의 단계마다 양자가 필요로 하는 것을 서로 충족시켜줌으로써 가능했다. 한국이 처음 베트남 진출을 서둘렀던 1980년대 말부터 1990년대 중반까지는 한국 경제의 근간을 만들어준 신발, 가방, 의류, 섬유 산업 등 노동집약적 산업이 임금 상승으로 더 이상 버틸 수 없었던 시기였다. 이때 저임금의 젊은 노동력이 풍부하고 산업화를 통한 자본 축적과 고용창출이 절실했던 베트남의 개방은 존폐를 우려하던 한국 노동집약적 산업의 숨통을 틔워주었다. '세계공장체제global production system'(Blim and Rothstein 1992)의 이러한 역사-지리적 변화에 조응해 베트남으로 이주하는 한국인이 급증했고 그 결과 한인 사회라고 부를 만한 공동체가 형성되었다.

호찌민을 중심으로 아직 1만 명이 되지 않는 인구를 유지하고 있던 베트남 한인 사회가 급격하게 팽창하게 된 계기는 한국 경제의 비극적 경험이었던 이른바 'IMF 사태'다. 이 시기에 베트남 한인이 4만~5만 명까지 급증한 데는 두 가지 배경이 있다. 우선, 초기부터 베트남에 진출한 한국 기업에는 아시아금융위기가 기회가 되었다. 베트남에서 만든 제품을 서구에 수출해 달러를 벌어들인 이 기업들은 한국에서 원화와 자산 가치가 하락하면서 부를 축적할 수 있었고, 이를 바탕으로 추가 투자를 통해 베트남 공장을 확장했다. 이와 더불어, 한국에서 가까스로 생존한 노동집약적 기업도 베트남으로의 이전을 서둘렀다. 또 다른 배경은 IMF 사태로 한국에서 일자리를 잃은 사람들이 소규모 자본으로 할 수 있는 사업을 찾아 베트남으로 몰려들었다는 점이다. 이후 베트남에는 한국인이 운영하는 식당, 당구장, 가라오케, 식품점, 선물가게 등이 급증했다(채수홍 2005: 119). 경제성장 잠재력이 큰 베트남은 이처럼 IMF 사태로 곤경에 처한 한인에게 다시 한번 출구가 되어주었다.

2000년대 중반 이후 베트남에서 한국은 일본과 함께 가장 많은 투자와 '공적개발원조ODA'를 제공하는 핵심 협력 국가로 자리 잡았다. 그 결과 약 15만으로 추산되는 베트남 한인은 매년 증가세를 유지하고 있으며 지역적으로도 호찌민을 중심으로 한 남부에서 벗어나 베트남 전역으로 퍼져나가고 있다. 이렇듯 최근 10~15년 동안 한인 사회가 급격하게 팽창하게 된 데는 삼성과 LG 같은 대기업이 대규모 투자를 감행한 것이 계기로 작용했다. 하지만 궁극적으로는 베트남 경제의 성장 잠재력을 믿고 다양한 업종의 한인 기업이 앞다투어 베트남에 진출하고 있는 현상에 기인한 것이다. 이 과정에서 베트남은 경제성장의 동력을 유지하면서 고용창출과 산업 구조조정을 동시에 진행할 수 있게 되었고, 한국은 중간재 수출을 통해 막대한 무역흑자를 거두어가고 있다. 산업 측면에서만 본다면 한국과 베트남은 긴밀한 상호 협력과 의존 관계 속에서 공생하고

있다. 이와 같은 정치경제적 맥락 아래서 베트남 한인과 한인 사회
는 양국 관계의 발전을 매개하면서 성장을 거듭하고 있다.

베트남 한인 사회는 이처럼 한국과 베트남의 경제 상황과 이해관
계의 산물이다. 한인이 베트남 현지에서 펼치는 문화정치는 이러한
정치경제적 토대 위에서 형성되고 있다. 하지만 한인은 자신의 정치
경제적 이해관계를 실현하고 이 과정을 해석하는 데 있어 한인 사
회의 다른 구성원 그리고 베트남인과 사회적 관계를 맺고 문화적
실천을 해나간다. 베트남 한인은 정치경제적 조건에 매여 살고 있
지만, 사회문화적 관념과 실천을 통해 이에 반응하고 변화를 만들
어내는 행위자 agent기도 하다. 다시 말해, 베트남 한인은 현지에서
자신의 정치경제적 조건을 능동적으로 해석하고 실천하는 과정에
서 나름의 독특한 문화정치를 만들어가고 있다.

이런 점을 고려할 때, 한국과 베트남의 밀접한 경제 관계 못지않
게 주목할 필요가 있는 현상은 한국인과 베트남인 사이 인적 교
류의 증가다. 한국에 90일 이상 장기체류하고 있는 베트남인은
2016년 약 14만 7,000명(연합뉴스 2016.12.27.)에서 2019년 1월 현재
약 19만 7,000명(법뉴스 2019.01.21.)으로 증가했다. 이 가운데 국제결
혼과 이주노동자가 각각 약 4만~5만 명이고 나머지는 유학생이나
국제결혼자의 친인척 등이다. 이 수치가 시사하는 점은 한국의 국
제 인적 교류의 모든 부문에서 베트남이 중국 다음으로 큰 비중을
차지하고 있다는 사실이다. 또한 한국인이 베트남에 진출하고 있는
것과 거의 동일한 수의 베트남인이 한국에서 생활하고 있다는 점

을 상기시켜준다.

한국인과 베트남인의 활발한 인적 교류 양상은 양자가 만들어가는 문화정치가 일국에 국한되지 않는 초국적 성격을 지니고 있다는 점을 보여주고 있다. 무엇보다 한국인과 베트남인의 결혼이 한국과 베트남에서 모두 증가하고 있고, 이들의 자녀가 향후 한국과 베트남의 관계는 물론이고 한국 베트남인 사회와 베트남 한인 사회에서 중요한 역할을 담당할 것이라는 점을 예견케 하고 있다. 한국과 베트남 사이 정치경제적 관계의 진전과 함께 성장하고 변화하고 있는 양국 국민의 교류 양상은 베트남 한인의 문화정치와 한인 사회의 성격을 규정짓는 중요한 변수가 되고 있다.

한국과 베트남의 문화적 유사성에 대한 믿음

베트남에 진출한 한인은 타국인 베트남에서의 삶을 평가하면서 한국과 베트남 양국의 문화적 유사성과 차이를 자주 언급한다. 여기에는 한인이 베트남에 많이 진출하고 쉽게 적응하는 이유가 양국의 문화적 유사성 덕택이라는 주장이 포함되곤 한다. 물론 이 과정에서 문화적 차이에 대한 경험도 곁들여지지만, 문화적 이질성은 여러 이유로 감수하고 이해해야 하는 불가피한 것으로 간주된다. 다수의 베트남 한인은 문화적 동질성 때문에 현지에 잘 적응하면서 인연을 이어가고 있다는 믿음을 가지고 있다.

베트남 한인의 문화적 동질성 주장에는 그 나름의 근거가 있다.

한국과 베트남의 역사는 공통점이 있는 지정학적 조건에서 형성되었고 시대마다 외부로부터 서로 유사한 문화적 영향을 받아왔다. 양국은 공히 근대 이전에는 중국이라는 거대한 제국에 대응하면서 지배 이데올로기, 제도, 세계관, 생활양식, 언어를 만들어왔다. 특히 양국이 공유하는 유교적 유산은 한인과 베트남인이 국가관, 가족관, 예법, 교육, 종교 등에서 서로를 이해할 수 있는 기반이 되고 있다. 또한 양국은 근대 이후에도 유사한 역사적 경로를 밟아왔다. 식민지배, 분단, 내전, 그리고 압축적 경제성장까지 양국의 근현대사는 많이 닮아있다. 베트남 한인이 타국에 살면서도 문화적 동질감을 자주 느끼는 것은 이러한 역사적 유사성 때문일 것이다.

여기서 베트남 한인이 자신의 베트남 안착 비결을 한국과 베트남 양국의 문화적 유사성과 연결해 해석하는 과정에는 의도치 않은 논리의 비약, 과장, 은폐가 숨어있다는 점을 기억할 필요가 있다. 예를 들어, 베트남 한인은 양국의 문화적 동질성을 강조하기 위해 혈연관계를 과장하기도 한다. 화산花山 이씨와 정선旌善 이씨의 중시조中始祖가 베트남 리Lý 왕조의 가계에 연결되어있고 고려 시대 한반도에 정착한 기록을 토대로 양국의 혈연을 가정하는 것이 그 대표적 사례다.[6] 봉건시대와 근대에 걸쳐 한국과 베트남 사이에 여러 경로로 교류가 있었던 것은 사실이지만(윤대영, 응우옌 반 낌, 응우옌

---

[6] 베트남 정부에서도 1995년 도무오이(Do Moui) 당서기장이 화산 이씨의 자손을 베트남에 초대해서 양국의 혈연을 강조했으며 이후에도 리 왕조의 행사 때 이들을 초대하고 있다. 이는 양국의 혈연관계를 강조함으로써 우위를 다지는 '기억의 정치'의 일환으로 해석할 수 있다.

마인 중 2013 참조), 이것을 현재의 양자 간 문화적 유사성을 설명하는 근거로 삼는 것은 '기억의 정치politics of memory'에 바탕을 둔 과장된 논리다. 마찬가지로 베트남인과 한인이 공유하는 개별적인 문화적 관습을 양자의 문화적 동질성으로 바로 연결시키는 것도 흔히 목격되는 확대 해석이다.

한인이 베트남에 진출하고 장기적으로 머물러 있는 이유는 선차적으로 경제적 동기 때문이다. 물론 문화적 유사성이 베트남 한인의 현지 적응에 도움을 주고 있지만, 이것이 절대다수의 한인으로 하여금 초국적 생활을 영위하게 하는 주요한 동력이 될 수는 없다. 베트남에서와 같은 정치경제적 조건이 주어진다면 어느 나라에서든지 한인 사회의 성장은 가능할 것이다. 그럼에도 불구하고 많은 베트남 한인은 한국 문화와 베트남 문화의 유사성을 강조함으로써 정치경제적 동기를 가능한 한 은폐하고 문화적 정당성을 확보하려 한다.

사실 베트남 한인이 느끼는 문화적 동질성의 대부분은 한국과 베트남 양국이 공유하는 특수한 역사보다는 점점 확산되고 강화되는 전지구화globalization에서 비롯된 것이다(Friedman 2007). 전 지구적 네트워크에 연결되어 중심부 문화에 동화되는 현상은 한국이나 베트남이나 큰 차이가 없다. 한국인이 향유하고 있는 근현대적 제도, 기술과 지식, 가치관, 언어, 예법, 오락과 여흥 등은 베트남인에게서도 쉽게 찾아볼 수 있는 것이다. 베트남 한인이 현지에서 문화적 이질성보다는 동질성을 더 많이 경험하면서 편안함을 느끼는 것은 우리가 '시공간이 압축된 현대 자본주의 세계체제'(Harvey 1990) 내에서 함께 살고 있기 때문인 것이다. 그럼에도 상당수 베트남 한인은 양국의 고유한 문화와 그 동질성 때문에 자신이 현지에 쉽게 적응하고 있다는 논리적 비약에 익숙하다.

한국과 베트남의 문화적 동질성에 대한 담론에서 유의할 사실 또 하나는 양국의 역사와 문화 사이에 동질성 못지않게 차이도 많다는 점이다. 베트남은 유교문화권이었던 북부와 동남아시아의 특성을 갖는 남부가 약 300여 년 전에 통합된 곳이다. 또한 북부를 중심으로 오랜 사회주의의 경험과 전통이 남아있다. 무엇보다 베트남은 시장경제의 추구에도 불구하고 여전히 사회주의적 정치체제와 국가 이념을 유지하고 있는 국가다. 이런 차이점으로 인해 한인은 일상에서 여러 문화충격을 겪으며 전지구화가 동질성만이 아니라 지역의 특수성에 따른 이질성도 함께 만들어가는 '세방화世方化, glocalization'(Kumaravadivelu 2008: 45) 현상을 낳는다는 사실을 체감하였다.

베트남 한인이 문화의 동질성과 한인 사회의 성장을 연계하는 담론을 전개하는 과정을 면밀하게 관찰해보면 이들도 한국 문화와 베트남 문화에 유사성과 차이가 공존한다는 사실을 인식하고 있다는 점을 알 수 있다. 여기에서 흥미로운 사실은, 베트남 한인이 문화적 동질성과 이질성을 강조할 때 각각 맥락이 다르고 주장의 편차가 크다는 점이다. 예를 들어, 문화적 동질성은 베트남 생활에의 만족감을 표시할 때 등장하는 반면, 문화적 차이는 자신과 관계를 맺고 있는 베트남인에 대한 불만을 드러내고자 할 때 강조된다. 베트남에서 외국인으로서 받는 환대와 생활상의 우월한 지위에 대한 만족을 드러낼 때는 "베트남에서는 문화적으로 편안하고" "우리가 어디 가서 이런 대접을 받겠나?"라는 담론이 뒤따른다. 반면 현지 생활에서 겪는 고충을 토로할 때는 "베트남인은 왜 그렇게밖에 못하는가?"라는 질문을 던지며 "베트남 문화가 우리와 많이 다르나"라는 확신을 표시한다.

이처럼 한국과 베트남의 문화는 유사성과 차별성을 함께 지니고 있으며, 베트남 한인은 현지에 살면서 자연스럽게 베트남 문화에 공감과 이질감을 모두 느낄 수밖에 없다. 중요한 것은, 베트남 한인이 경험하는 진실성과는 별도로, 베트남 한인 다수가 자신이 현지에 진출하고 계속 거주하는 이유의 하나로 베트남 문화가 한국 문화와 비슷하고, 익숙하고, 편하다는 것을 강조한다는 점이다. 이와 같은 현상이 일어나는 이유가 '기억의 정치', 삶에 대한 문화적 합리화, 사고-경험-언어-실천의 차이와 어떤 연관성이 있는지에 대해서는 보다 면밀한 연구가 필요할 것이다. 그럼에도 중요한 점은 베트남 한인의 문화적 동질성에 대한 믿음이 과학적 근거와 논리적 타당성이 있는가 하는 여부가 아닌 것 같다. 눈여겨보아야 할 점은 베트남 한인이 베트남 문화와 한국 문화의 동질성을 믿고 있고, 문화를 자신의 이주 생활을 결정하는 주요 변수의 하나로 간주하고 있다는 사실이다. 또한 이러한 믿음이 베트남 한인이 현지에서 펼치는 문화정치의 부정적, 긍정적 효과와 깊이 연계되어있다는 점이다.

3. 베트남 한인 사회의 변화와 '우리' 안의 '그들'

초기 한인 사회의 종족적 동질성

베트남의 개혁개방정책으로 형성된 초기 베트남 한인 사회는 규모가 작고 한국인이라는 종족적 동질성이 강했다. 일찍이 1980년대 말부터 한인의 이주가 시작된 호찌민의 경우, '떤슨녓Tan Son Nhat' 공항 근처의 '팜반하이'나 '꽁아Cong A' 같은 길을 중심으로 한인 거주지가 형성되었다. 여기에 거주하던 한인의 상당수는 베트남전쟁 당시부터 서로 알았고, 건설 붐이 일었던 중동에서 함께 일한 경험이 있었다. 베트남에 막 진출한 기업인들은 이들 베트남 한인의 소개로 거주지와 베트남인 조력자를 구했으며, 베트남 한인공동체에는 낯선 곳을 개척하는 동족끼리 서로 도와야 한다는 동질감이 존재했다. 면대면 사회인 까닭에 베트남 한인 사회 내부에서 크고 작은 사건과 갈등이 자주 발생했지만, 언어가 다르고 연줄이 부족하고 정치적 두려움을 주는 사회주의 베트남에서 초기 한인은 서로에게 기댈 수밖에 없었다.

1990년대 초부터 한국 기업의 베트남 공식 투자가 늘기 시작하면서 호찌민 한인 사회는 2,000여 명에서 해마다 규모가 커져 갔다. 투자가 급증하던 IMF 직전(1995~1996)에는 호찌민 한인의 수가 5,000여 명을 넘어섰다(채수홍 2005: 113). 당시 호찌민 한인 사회의 주요 구성원은 '신흥 시장의 선점 효과'(Smith 1996)를 노리고 진출한 섬유, 봉제, 의류, 가방 등 노동집약적 공장의 매니저와 대기업의 상사나 지점 주재원이었다. 공장 매니저와 주재원의 수가 증가하면서 한인을 상대하는 자영업자도 함께 늘어갔으며, 이들이 호찌민 한인 사회의 또 다른 주요 집단으로 자리 잡게 된다.

이처럼 규모가 커졌음에도 불구하고 적어도 IMF 이전의 호찌민 한인 사회에서는 여전히 종족적 동질감을 찾아볼 수 있었다. 1990년대 초부터 호찌민 한인은 이전에 살던 '한국인 거리'에서 벗어나 여러 지역에 살기 시작했지만, 아직 외국인을 위한 거주 환경이 열악해 대부분 낡은 호텔이나 개인 주택을 빌려 생활할 수밖에 없었다. 또한 사회경제적 여건과 무관하게 한인은 전기가 부족해 밤이면 깜깜해지는 도로를 이용해야 했고, 비슷한 한인 식당과 술집에서 자주 조우했다. 소수의 외국인학교가 설립되기 시작했지만, 복지가 잘되어있는 일부 대기업 주재원을 제외하고는 자녀교육 때문에 가족을 한국에 두고 혼자 사는 경우가 일반적이었다.

베트남에 외국자본 투자가 본격적으로 쇄도하던 1995년부터 서서히 외국인을 위한 학교, 고급 아파트, 식당을 비롯한 제반 편의시설이 갖추어지기 시작했지만, 아직 호찌민은 돈이 있는 만큼 생활을 누릴 수 있는 도시가 아니었다. 이 시기 호찌민 한인은 "어린 시절의 한국이 생각난다"는 이야기를 일상적으로 되풀이하며 한국에 비해 '불편한' 삶의 여건을 감수해야 했다. 또한 이들은 당시만 해도 사회주의국가인 베트남에서 개혁개방정책이 지속될 것인가 그리고 베트남전쟁 때 적이었으며 자본의 이익을 추구하러 온 한인에게 부당한 정치적 탄압은 없을까 하는 의구심을 공유하고 있었다. 특정 종족의 일원으로서 공유한 정치경제적 관심사와 우려 그리고 유사한 생활 여건은 초기 호찌민 한인이 느끼는 동질감의 토대가 되었다.

초기 하노이 한인 사회의 여건과 종족공동체로서의 성격도 호찌민 사례와 흡사했다. 다만 하노이 한인 사회는 호찌민 한인 사회와 견주어 조금 늦게 형성되어 상대적으로 오랫동안 동질성을 유지했다. 하노이 한인 사회는 1990년대 초 삼성물산과 대우 등의 상사 주재원을 중심으로 형성되었으며 1990년대 후반까지 500~1,000여 명의 작은 규모를 유지했다. 그런 만큼 식당으로 대표되는 자영업자 수노 많지 않았다.[7] 지금도 하노이 한인 사회가 주재원 중심의 공동체로 인식되는 것은 초기의 이러한 특성이 호찌민 한인 사회보다 오랫동안 지속되었기 때문이다(채수홍 2017: 130).

이 시기의 하노이 한인 사회가 호찌민 한인 사회와 비교할 때 강한 종족적 정체성과 동질성을 유지한 데는 하노이 한인 사회가 소규모 주재원을 중심으로 구성되었다는 점 이외에도 몇 가지 요인이 있다. 우선, 하노이 한인의 다수는 한인 사회 형성 초기부터 1990년대 말까지 대우호텔 인근에 살면서 집단 거주지를 형성했다. 일부 유학생이나 자영업자가 하노이 외곽에 주택을 임대해 살기도 했지만 하노이 한인 대부분은 대우에서 지은 서비스 아파트가 아

---

[7] 당시에 한인이 많이 찾았던 대표적인 식당으로는 서울식당, 아리랑, 이화 등이 있다.

니더라도 인근에 위치한 로컬 아파트에 거주했다. 또한 주재원의 자녀들이 HIS^Hanoi International School나 UNIS^The United Nations International School of Hanoi 같은 국제학교에 함께 다녀 가족끼리의 왕래도 잦았다.

무엇보다 하노이가 베트남의 수도임에도 호찌민보다 경제발전 속도가 늦어 소비시장이 늦게 개화하기 시작했다는 점이 하노이 한인이 오랫동안 서로에 대해 이질감을 느끼지 않는 이유가 되었다. 1990년대 말까지 호찌민 한인은 하노이가 전통이 살아있는 고도 古都라는 매력은 있지만 "아직도 시골 같다"라는 이야기를 자주 하곤 했다. 실제로 한인 사회 형성기에 하노이는 호찌민에 비해 외국인을 위한 현대적 주거시설, 학교, 오락과 유흥시설 등이 현저하게 부족했다. 이로 인해 하노이 한인이 사는 곳, 자녀를 교육시키는 곳, 식사나 유흥을 즐기는 곳이 제한되어있어 하노이 한인들은 서로 유사한 환경에서 사회문화적 삶을 영위했다. 그 결과 하노이 한인 사회는 호찌민 한인 사회와 비교해 오랫동안 그리고 강한 종족적 동질감을 경험할 수 있었다.

초기 베트남 한인 사회가 여러 이유로 종족 동질성이 강했다는 것은 종족 정체성이 다른 지역의 한인 사회보다 강했고 이를 종족-민족주의와 같은 이념으로 승화시켰다는 것을 의미하지는 않는다. 실제로 베트남 한인이 한국인으로서 종족 정체성을 가지고 있지만 베트남에서 이를 특별히 더 느끼거나 실천해온 것 같지는 않다. 베트남 한인 사회를 종족 동질성과 관련해 논의한 이유는 베트남 한인이 동일한 종족이라는 믿음을 토대로 서로 공동체 의식을 가지

고, 일상에서 상호작용하면서 사회관계를 맺고, 문화적 관념을 공
유하며 살고 있는지를 살펴보기 위함이었다. 이 점을 염두에 둘 때,
베트남 한인이 초기에 강한 종족적 동질성을 가지고 있었다는 것
은 역으로 한인 사회 내부에 아직 사회경제적 분화가 덜 진행되었
고 서로의 차이를 문화적으로 확인할 수 있는 계기가 적었다는 사
실을 시사한다.

한인 사회의 성장과 '우리' 안의 '그들'

베트남 한인 사회의 인구가 늘고 다양한 부류의 한인이 유입되면
서 내적 분화가 두드러지기 시작한 것은 1990년대 말부터다. 보다
세부적으로 설명하자면, 호찌민의 경우 IMF 사태를 전후해서 한
인 수가 1만 명을 넘어서서 2000년대 말까지 5만 명을 훨씬 상회하
게 된다. 이 시기가 호찌민 한인 사회의 양적 성장이 촉진되고 분화
가 심화된 첫 단계다(채수홍 2005: 118-119). 이후 호찌민 한인 사회는
2010년대에 한국 자본의 쇄도로 다시 한번 팽창하며 10만 명 내외
의 구성원을 갖추게 된다.[8]

　반면, 하노이 한인 사회는 IMF 사태 3~5년 후인 2000년대 초중
반부터 성장을 시작해 2007년 삼성의 하노이 인근 박닌 공장 건립

8　호찌민의 한인 인구에 대한 정확한 통계는 없지만, 한국 외교부의 자료를 보면 호찌민 한인 수는 2012년
　에 7만 5,000여 명, 2019년에는 10만 명 정도로 추산되었다(www.mofa.go.kr).

을 계기로 한인 수가 1만 명을 넘어서게 된다. 이후 2013년에 삼성이 타이응우옌의 옌빈Yen Binh 공단에 생산설비를 늘리고, LG가 하이퐁에 전자공장을 가동하는 등 투자가 본격화되면서 북부 한인 수가 5만 명에 육박하게 된다. 이처럼 호찌민 중심의 남부와 하노이 중심의 북부는 시점의 차이는 있지만 2000년대와 2010년대 두 단계에 걸쳐 한인 사회의 양적, 질적 변환을 경험하게 된다(채수홍 2017: 140-144).

베트남 한인 사회는 규모가 커지면서 그 내부에서 직업과 연계된 사회경제적 분화가 촉진되며 초기에 유지되었던 공동체 의식이 현저하게 약화된다. 베트남 한인의 주요 구성원은 직업군을 기준으로 대기업이나 공관에서 파견된 주재원, 노동집약적 공장의 매니저, 자영업자로 크게 구분할 수 있다. 물론 노동집약적 공장 매니저의 경우 회사 규모별로 계약 방식과 처우가 달라 대기업 또는 공관 주재원과의 구분이 모호할 수 있고, 자영업 또한 크기와 종류가 다양해 이와 같은 분류가 엄밀하다고는 할 수 없다. 하지만 베트남 현지에서 주재원, 노동집약적 공장의 기술자나 관리인, 소규모 업체를 운영하는 자영업자는 암묵적으로 구분되어있으며, 이들의 일반적인 사회경제적 여건이 차별적이라는 점을 고려하면, 베트남 한인 사회의 분화를 설명하는데 이런 분류가 도구적 유용성을 가지고 있다 하겠다.

베트남 한인 사회의 지도층을 형성하고 있는 사람들은 자본이 큰 회사를 운영하고 있는 사업가와 공관이나 대기업의 현지 대표다. 이들과 함께 일하는 직원은 대부분 한국에서 파견되어 일정 기간 베트남에서 생활하고 있는 이른바 주재원이다. 이와 비교할 때 공장 매니저는 대부분 파견 형식을 갖추어 근무하고 있지만, 실제로는 주요 공장이 이전해온 만큼 은퇴할 때까지 베트남에서 근무할 가능성이 높다. 마찬가지로 자영업자도 현지에서 사업체를 키우고 뿌리내려야 하는 부류다. 이처럼 베트남 한인 사회는 한국에 가까이 있고 한국으로 돌아갈 가능성이 높을수록 사회경제적 지위가 높은 계층구조를 가지고 있다(채수홍 2005: 137). 이러한 현상이 목격되는 것은 한국과 베트남의 경제력 차이, 귀화가 극히 어려운 베트남의 법과 제도, 사회경제적 지위와 반비례하는 현지화의 필요성 때문이다.

베트남 한인 사회의 사회경제적 지위는 개별 한인의 부 축적 정도보다는 자신이 속한 조직의 크기 및 처우와 더 밀접하게 연관되어있다. 물론 한인이 베트남에 본격적으로 진출한 지 10년에서 20년이 지난 2000년대와 2010년대가 되면서 한인 사회에는 부를 축적한 사업가가 많이 생겨났고, 대조적으로 사업에 실패하거나 직장을 잃고 경제적 어려움에 처한 사람도 점점 많아졌다. 이들을 제외한 주요 구성원 즉 주재원, 공장 매니저, 자영업자의 한인 사회 내 생활 여건은 개인의 부나 수입보다는 그의 직장에 따라 상당히 다르다.

공관이나 대기업에서 파견된 주재원의 경우, 회사나 직급마다 격차가 크지만, 2018년 현재 평균 월급이 5,000~7,000달러 정도로 추정된다. 공장 매니저는 3,000~5,000달러의 월급을 받는 것이 보통이다. 직장인의 월급과 비교해 편차가 매우 큰 자영업자의 월수입은 식당, 이발소, 학원, 식품점 등을 운영할 경우에 평균적으로 3,000~6,000달러 정도가 아닐까 싶다.[9] 다시 말해, 주재원이나 공장 매니저의 수입은 월 2,000달러 정도 차이가 나고 공장 매니저와 영세 자영업자의 수입은 서로 비슷할 것으로 추산된다. 그 정확한 근거를 제시하긴 힘들지만, 주재원의 경우 월급이 많은 대신 자녀의 학원비나 품위유지비가 상대적으로 많이 들고, 공장 매니저와 자영업자는 집세 부담이 있어 두 경우 사이에 실제 저축할 수 있는 여력에는 큰 차이가 없다.

베트남 한인 사회의 사회경제적 분화와 관련해 주목할 점은 주재원, 공장 매니저, 자영업자 세 부류의 생활 여건 격차가 이들의 월수입 차이와 견주어 훨씬 크다는 사실이다. 무엇보다 이들의 주거환경이 차별화되어있다. 호찌민이나 하노이에서 4인 가족이 거주할 수 있는 방 두세 개를 갖춘 집의 월세는 주로 주재원이 사는 고급 아파트의 경우 2,500~5,000달러 정도다. 반면 외국인이 살 수 있는 일반 아파트의 월세는 400~1,500달러까지 천차만별이며, 베트남인이 주거하는 이른바 로컬 아파트는 월 500달러 미만이다. 2010년대

---

9 2000년대 초에는 주재원 3,000달러, 공장 매니저 2,000달러, 자영업자 2,000~3,000달러 정도의 월 생활비가 드는 것으로 추산되었다(채수홍 2005: 122-123). 2010년대에서는 이보다 1,000달러 정도가 더 들어가고 있다(채수홍 2014: 79-82). 이러한 시기별 차이에도 불구하고 베트남 한인 사회 세 부류의 생활비 격차는 비슷하게 유지되는 것으로 보인다. 다만 영세 자영업이 그 수가 늘어나면서 자영업자의 평균수입은 예전만 못하다.

에 형성된 이 가격은 물가 상승을 아파트 공급이 상쇄함으로써 큰 변동 없이 유지되고 있다.

주재원은 회사가 직원의 품위 유지와 복지를 위해 주거비용을 부담하고 있어 대부분 고급 아파트에 산다. 1990년대 말부터 하노이와 호찌민에는 외국회사 주재원 거주용의 아파트 체인이 속속 들어서며 비싼 가격으로 세를 놓고 있으며, 2000년대 후반 이후에는 대형 주택과 아파트 단지가 대량으로 공급되어 주재원의 고급 거주지 수요를 충당하고 있다. 호찌민의 경우 2000년대 중반까지 1군과 3군의 도심, 그리고 2군의 안푸에 집중되어있던 주재원 거주지가 2007년 개발되기 시작한 7군 신도시 푸미흥의 등장으로 새로운 전기를 맞았다. 이 신도시 건설로 주재원은 한인 사회에서 푸미흥의 '강남'으로 부르는 지역에 거주하며 고급 쇼핑몰, 병원, 국제학교 등을 향유할 수 있게 되었다(임종현 2019).

푸미흥 건설은 주재원만이 아니라 호찌민 한인 모두에게 신흥 거주지로서 환영받았다. 개인 주택, 기숙사, 로컬 아파트 등에 흩어져 살던 호찌민 한인이 푸미흥으로 몰려들면서 대규모 한인 거주지가 만들어진 것이다. 공장 매니저와 자영업자는 월세가 400~1,000달러 정도인 스카이가든sky garden, 흥브엉ung Vuong, 미칸My Khanh 등 푸미흥의 '강북'에 있는 대규모 아파트 단지에 거주하면서 이곳에 몰려 있는 여러 종류의 한인 맞춤형 편의시설을 활용할 수 있게 되었다. 2000년대에 집중적으로 형성된 푸미흥의 한인 집단거주지는 고급 아파트에 사는 '강남'의 주재원과 중저가 아파트에 사는 '강북'의 공장 매니저 및 자영업자의 생활 수준 격차를 표면화했다.

푸미흥의 등장은 거주지와 함께 한인 자녀가 다니는 학교 수준 별 사회경제적 지위의 분화를 촉진했다. 부유한 기업주나 학비의 70~80퍼센트나 일정액을 회사에서 보조받는 주재원은 1년에 수업료로 1만 5,000~2만 5,000달러 정도를 지출하며 이 지역에 설립된 SSIS^{Saigon South International School}나 RISS^{Renaissance International School} 등에 보낼 수 있게 되었다. 동시에 외국계 국제학교 학비가 부담스러운 중소기업의 공장 매니저나 자영업자는 한국 교육부가 지원하는 한국국제학교^{KIS}가 푸미흥에 설립되면서 외국계 국제학교보다 다섯 배에서 일곱 배 저렴한 수업료로 자녀에게 양질의 교육을 제공할 수 있게 되었다.[10] 그러나 자녀가 영국, 미국, 호주 등 외국계 국제학교 등에 다니는 주재원 가족과 자녀가 KIS에 다니는 다른 한인 가족 사이에 보이지 않는 사회경제적 간격과 문화적 거리감이 형성되었다.

2010년대 들어 호찌민에 일어난 개발붐의 여파로 거주지와 학교를 중심으로 형성된 한인 사회의 내적 분화는 보다 복잡한 양상을 보이게 된다. 우선 한인 수가 늘고 외국인이 거주할 만한 공간이 호찌민 중심부에서 동쪽에 있는 2군, 9군, 빈짠군으로 확산되어 푸미흥에 집중되었던 한인 거주지가 여러 곳으로 나누어지게 된다. 특

---

10 2019년 현재 호찌민 KIS의 수업료는 학년별로 분기당 840~1,005달러다. 이와 관련해서는 KIS의 홈페이지(www.kshhcm.net)를 참조하기 바란다.

히 2군에는 1990년대 중후반부터 고급 아파트와 빌라가 들어선 안 푸 지역 외에도, 호찌민 도심 가까운 곳에 2000년대 말부터 칸타빌 Cantaville을 시작으로 빈홈센트럴파크Vinhomes Central Park 등 4인 가족이 살 수 있는 월 1,500~2,500달러의 중고가中高價 거주지가 대규모로 조성되었다. 이후 푸미홍에 위치한 KIS에 자녀를 보낼 필요가 없거나 시내나 인근 빈즈엉성으로 출근하는 주재원, 공장 매니저, 자영업자가 대거 신거주지로 이동하게 된다. 이 신흥 거주지에서는 아파트에 따라 그리고 인근 지역에 산재되어있는 BISBritish International School, AISAustralian International School, CISCanadian International School 등 유명 국제학교에 자녀를 보낼 수 있느냐 없느냐에 따라 호찌민 한인 사회의 사회문화적 분화가 나타나기 시작했다.

호찌민의 경우보다 늦은 2000년대 중반부터 하노이 한인 사회도 인구가 늘고, 주거지와 국제학교가 양적으로 증가하고 질적으로 다양해지고 있다. 주재원 중심의 공동체로 시작된 역사적 사실과 내부의 평화로운 정치과정에 자부심을 가지고 있던 하노이 한인 사회도 점차 호찌민 한인 사회처럼 사회경제적 분화와 문화적 이질성을 경험하게 된다. 우선 주거지가 대우호텔 인근에서 2005년경부터 쭝화 지역의 한인타운으로 이동하게 된다. 이어 2007년 경남빌딩의 건설을 계기로 미딩 지역이 또 하나의 한인 집단 거주지로 부상하게 된다. 2010년대 들어서는 그랜드플라자Grand Plaza, 롯데센터, 스플렌도라Splendora 등이 하노이의 여러 군에 건설되면서 경남빌딩과 함께 주재원을 위한 고급 주상복합단지로 인기를 끌고 있다. 그 결과 공장 매니저나 자영업자가 거주하는 상대적으로 저렴한 월세의 한인촌과 주재원이 거주하는 비싼 월세의 주상복합단지가 하노이 한인 사회 구성원을 공간적으로 분화시키고 있다(채수홍 2017: 143-144).

거주지 분화와 함께 하노이 한인 사회의 자녀교육에 따른 사회문화적 거리감도 커져가고 있다. 2000년대 초만 해도 하노이 한인은 한국 국제학교가 없어 HIS나 UNIS 같은 서양 국제학교의 학비를 감당할 수 있는 부유한 사업가나 주재원이 아니면 자녀와 함께 베트남에서 생활하는 것을 꺼리거나 가족을 호찌민에 두고 떨어져서 생활해야만 했다. 2006년에 '하노이 한국국제학교KISH'의 설립은 이러한 애로사항을 상당 부분 해소해주었다. 그러나 호찌민의 사례와 마찬가지로 KISH의 존재는 자녀가 다니는 학교에 따른 집단 간의 구분을 가시화했다. 2010년대에 접어들면서 KISH에 대한 수요가 넘치고 BIS나 세인트폴Saint Paul International School 같은 외국계 국제학교가 속속 설립되면서 자녀의 학교에 따른 '구별 짓기distinction'(Bourdieu 1984)는 일상 속에서 점점 강화되고 있다.

주재원, 공장 매니저, 자영업자, 유학생, 실업자 등 서로 구분되는 베트남 한인 사회의 여러 집단은 주거와 교육을 매개로 분화되고 있을 뿐 아니라 삶터와 일터에서 '끼리끼리' 사회적 관계를 맺으며 차별적인 문화적 소비양태를 보여준다. 물론 이들이 서로 일상에서 접촉을 꺼리거나 불필요하게 거리감을 표출하고 갈등하는 것은 아니다. 그렇지만 삶의 조건이 비슷하고 얻을 것이 있는 사람끼리 자주 어울리는 현상은 불가피하게 일어나고 있다. '우리'로서 한인은 한국 식당에 자주 가고 한국의 정치, 연예, 스포츠 등에 귀를 기울이며 '장거리 민족주의long distance nationalism'(Schiller and Fouron 2001)를 실천하고 산다. 동시에 한인 사회 내부에 존재하는 '그들'과는 다른 공간에서 문화적 취향을 표현하면서 부지불식간에 구별 짓기를 하고 있다. 어떤 식당이나 술집에 자주 가는지, 개인이나 회사 소유의 차를 타고 다니는지, 얼마나 자주 골프장에 가는지, 휴가를 어디로 가는지와 같은 문화 소비 여건과 양태에 따라 '우리' 안에서 '그들'이 만들어지고 있다.

이처럼 주거, 교육, 문화적 소비양상과 같은 삶의 조건을 매개로 한인 사회 내부에 서로 구분되는 사회문화적 집단이 형성되고 이들이 '우리와 그들' 혹은 '따로와 끼리'(정유성 2004)를 만들어가는 현상은 어느 공동체에서나 목격할 수 있을 것이다. 그럼에도 여기서 주목해야 할 점은 베트남 한인 사회의 분화가 베트남 경제의 발전, 특히 소비시장의 개화開花를 디딤돌 삼아 진행되었으며 개별 한인의 부의 차이보다 한인 기업의 불균등 발전과 기업문화의 특성에 기인한다는 사실이다. 또한 베트남 한인 사회 내부 분화를 만들어온 역사가 한인공동체의 정치과정과 갈등의 특성을 규정한다는 사실이다. 자영업자 중심의 한인회가 내부 갈등을 겪고 주재원 중심의 '한인상공인연합회Kocham'와 반목하고 있는 호찌민 한인 사회의 사례와 한인회를 중심으로 분화의 갈등을 아직 표면화시키지 않고 있는 하노이 한인 사회의 사례는 이런 점을 시사하고 있다(채수홍 2005, 2017 참조).

향후 베트남 한인 사회가 현재와 같은 성장을 지속한다면 한인 사회 내부의 사회경제적 분화가 심화될 것이고, 그런 만큼 '우리' 안에서 '그들'을 만들고 서로 구별 짓는 현상이 더욱 두드러질 것으로 예견할 수 있다. 그럼에도 불구하고, 베트남 한인 사회의 미래를 이렇게 단정 짓는 것은 복잡한 변수를 간과하고 단순화할 위험이 있다. 베트남 경제의 지속적 성장이나 한국과 베트남의 관계 외에도 베트남 한인 사회를 복합적으로 만드는 현상이 여럿 나타나고 있다는 점에서다.

우선 하노이와 호찌민에 집중되어있던 한인의 삶의 터전이 지역적으로 다양해지고 있다. 박닌과 같은 하노이 인근 그리고 빈즈엉이나 동나이와 같은 호찌민 생활권만이 아니라 여러 지역에서 한인 공동체가 빠르게 성장하고 있는 것이다. 북부의 하이퐁, 중부의 다낭과 냐짱, 남부의 메콩 델타 지역에 새로운 노동력과 사업 기회를 찾아 이동하는 한인 기업이 늘고 있기 때문이다. 이들 지역에는 적게는 몇백 명부터 많게는 수천 명의 한인이 살고 있고 나날이 그 수가 증가하고 있다. 호찌민이나 하노이와 같은 초대형 도시에 거주하는 한인과 달리 이들 지역에 거주하는 한인이 어떤 사회경제적 분화와 문화적 정체성을 가지고 살지 지켜볼 필요가 있을 것이다. 또한 이 지역의 한인 사회가 얼마나 그리고 어떻게 성장하고 다른 도시의 한인과 어떤 연계를 맺고 살아갈지도 흥미로운 탐구거리가 될 것이다.

이와 함께 다양한 사회적 특성을 지닌 한인의 수가 늘고 있다는 점도 한인 사회 미래의 변수가 되고 있다. 앞장에서도 잠시 언급했지만, 한국 남성과 베트남 여성이 베트남 현지에서 결혼하는 사례가 늘면서 베트남 한인 사회에서 이른바 '한-베 가족'의 영향력을 무시할 수 없게 되었다. 현재 호찌민과 하노이의 한국 국제학교에서는 저학년의 다수가 한-베 가족의 자녀이고 배우자가 베트남인인 한국 남성이 한인 기업과 한인 사회에서 주요한 역할을 담당하고 있다(채수홍 2017: 162-164). 한국에서 저소득층 남성에게 '시집온 베트남 농촌 여성'의 경우와 달리 베트남 한-베 가족의 다수는 고학력의 부부가 안정된 직업을 가지고 자산을 축적하며 자녀에게 좋은 교육환경을 제공하고 있다. 이들이 향후 어떤 정치경제적 지위에서 어떻게 정체성의 정치를 펼치느냐가 베트남 한인 사회의 미래를 가늠하는 변수가 될 수 있을 것이다.

같은 맥락에서, 나날이 늘고 있는 현지 채용 인력도 베트남 한인 사회의 변화를 예측하기 힘들게 하는 변수가 되고 있다. 한인 기업의 대부분은 점진적으로 본사에서 파견하는 주재원을 최대한 줄이고 그 자리에 '현채(현지 채용)'라고 부르는 인력을 고용하고 있다. 베트남의 한인 기업은, 한편으로 "노동시장이 종족별로 분절화된 상황"(McDowell 2008)에서 한국인 경영진과 원활하게 의사소통하면서 베트남인 직원을 관리하기 위해서는 한국인을 고용할 필요가 있다. 다른 한편으로 주재원 고용으로 인한 과다한 인건비 지출을 줄이면서 장기로 근무할 인력을 통해 기업을 현지화localization할 필요가 있다. 이러한 이유 때문에 노동집약적 공장은 물론이고 금융, 건설, 유통, IT 분야의 베트남 현지의 한인 기업도 '현채' 비율을 차츰 늘려가고 있다. 현재는 이들이 주재원보다 낮은 직급, 임금, 복지 혜택을 받고 있지만 장기적으로는 베트남 진출 한인 기업의 주축이 될 가능성이 높다. 향후 이들이 차지할 위상과 영향력이 베트남 한인 사회의 정치적, 사회적, 문화적 성격을 변화시킬 변수가 될 것이다.

주재원, 공장 매니저, 자영업자 이외에도 베트남 한인 사회에는 다양한 군상이 존재한다. 예를 들어, 노동집약적 한인 기업에는 한국인과 베트남인 이외에도 '조선족'이라고 불리는 중국 동포가 있다. 2016년 기준 호찌민 인근에만 약 300~400명의 '조선족'이 주로 봉제공장에서 일하면서 한국인과 베트남인 '사이에 끼어in-between' 정체성의 정치를 복잡하게 만들고 있다(채수홍 2016: 309). 이와 함께 한국과 베트남의 사회문화적 교류가 늘면서 유학생과 비정부기구NGO 한인 종사자도 점점 늘어나고 있다. 이들 역시 베트남인과 한국인의 '문화적 중재자cultural broker'(Bailey 1969)가 되면서 한인 사회의 일원으로 자리 잡을 가능성이 농후하다.

마지막으로, 베트남 한인 사회의 사회경제적 분화와 관련해 간과해서는 안 되는 부류가 현지에 실업자나 극빈층으로 살고 있는 한인이다. 베트남에는 현지인과 같이 살면서 지인의 도움으로 겨우 생계를 유지하는 한인이 점차 늘고 있어 한인 사회의 근심거리가 되고 있다. 면밀한 계획 없이 베트남으로 이주했다가 돈을 소진한 이주 신참도 있고, 오랫동안 체재하면서 사업에 실패하거나 직장을 잃었지만 한국으로 귀국할 수 없는 한인도 많다. 이들도 향후 베트남 한인 사회 내에서 '우리'와 '그들'이 구성되는 과정에서 변수로 등장할 수 있을 것이다.

한인의 지역적, 사회적, 경제적 특성의 다양성과 함께 베트남 한인 사회의 미래를 좌우할 중요한 요인은 무엇보다 한인과 베트남인 사이 관계와 위상의 변화일 것이다. 베트남 한인의 사회경제적 지위는 한인 사회 내부만이 아니라 동시에 현지 베트남인과의 관계 속에서 이해할 필요가 있다.

4. 베트남 한인과 현지인의 관계 및 상호인식

베트남 한인의 종족적 우위에 대한 착시 현상

베트남 한인 다수는 타국인 현지에서의 생활에 큰 불편함이 없다는 점에 만족을 표시한다. 도로, 통신, 전기, 상하수도 등 사회 기반 시설이 한국과 견주어 낙후되어있고 언어와 문화의 장벽으로 어려움을 겪지만, 이로 인해 고국에 대한 향수에 빠지는 한인은 드물다. 베트남 거주의 편안함과 자족감을 형성시키는 가장 큰 요인은 베트남 한인이 현지에서 인종적, 종족적, 문화적 반감과 차별을 거의 느끼지 못하고 일상의 폭력으로부터도 안전하게 보호되고 있다고 여기는 점일 것이다.

문제는 베트남 한인이 현지의 우호적 환경이 한인의 종족적ethnic 우위에서 비롯된 것이라는 '근거 없는' 환상을 가질 수 있다는 점이다. 실제로 베트남 한인이 베트남 현지인과의 관계 속에서 보여주는 말과 행동은 이들이 타국에 살고 있는 이방인이며 종족적 소수자라는 사실을 망각하게 할 만큼 자신감 넘치고 공격적이다. 베트남 한인은 이러한 현상을 한국인의 민족성national character과 그 이해를 가능하게 하는 한국인과 베트남인 두 종족의 문화적 친화성 '덕분'이라고 설명한다. 하지만 이것은 종족적 우위에 대한 착시를 비판적으로 성찰하지 않은 채 시도하는 근거 없는 합리화일 뿐이다.

베트남인에 대한 한인의 위계적 우위를 가정하는 환상과 착시는 현지인으로 하여금 한인 사회에 대한 부정적 이미지를 갖게 하는 주요한 원인이 되어왔다. 특히 한인 사회 정착기에는 종족적 우위가 일으키는 갈등이 종종 발생했으며 한인 사회가 만만치 않은 비용을 치러야 했다. 일부 한인 기업에서 한인 매니저가 베트남인에게 소리를 지르거나 폭력을 행사함으로써 베트남 언론의 주목을 받고, 법적 대가를 치르고, 훼손된 이미지를 개선하는 데 상당한 노고를 들여야 하는 일이 종종 일어났다(채수홍 2003: 144). 다행스럽게도 한인이 현지의 법과 정치를 점차 이해하고 그에 대응하는 방식이 세련되어지면서 이러한 사건의 빈도가 줄고 있다. 그러나 한인

의 베트남인에 대한 종족-민족적 위계와 관련한 착시와 권위 행사
는 여전하다.

베트남 한인이 현지인보다 종족적으로 위계상 높은 위치에 있다
는 착시가 재생산되는 데는 몇 가지 문화정치의 메커니즘이 작동
한다. 우선 한인은 자본을 투자한 자국 기업 편에서 베트남인을 고
용하는 입장에 서 있다. 한인의 다수는 실상 노동자지만 이들도 기
업의 입장에서 현지 노동자를 관리한다는 생각을 가지고 있다. 상
당수의 베트남 한인이 마치 제국주의 시대에 식민지에 파견되었던
공장이나 플랜테이션의 서구 출신 관리자처럼 인종적, 종족적 분화
를 중심으로 현지인을 통제·관리해야 하는 대상으로 간주하는 것
이다(Gough and Sharma 1973; Stoler 1985).

이와 같은 착각은 베트남 한인에게 현지인 노동자나 조력자를
함부로 대하는 행동을 초래하는 것은 물론 베트남 한인이 현지 문
화를 굳이 배우고 이에 적응해야 할 필요성을 절실하게 느끼지 못
하게 한다. 베트남 한인의 절대다수가 서구 국가, 중국, 일본에 거주
하는 한인과 달리 오랜 거주에도 불구하고 현지어를 초보적 수준
에서만 구사하는 현상도 같은 맥락에서 이해할 수 있다. 또한 한인
이 종족적 소수자 거주지ethnic enclave를 형성하고 가능한 한 이곳을
중심으로 사는 것도, 문화적 편의성이 있다는 장점도 있지만, 같은
생각의 반영이다. 베트남 한인이 현지어나 현지 문화와 거리를 두
고 한인끼리 살아가는 것은 동족끼리 어울리는 일반적 해외 이주
자의 행위를 넘어 현지인에 대한 위계적 우위를 표출하고 확인하는

문화정치의 일환이기도 하다.

베트남 한인의 종족적 착시와 과신은 베트남인과 상호작용하는 일상에서 끊임없이 확인되고 강화된다. 주지하다시피 베트남인은 자본주의의 노동 관행, 근대적 생활양식, 서구적 가치관을 한국인보다 시기적으로 늦게 내면화했다. 그런 까닭에 베트남 한인의 시각에서는 일터와 삶터에서 만나는 베트남인의 사고와 행동은 후신적인 반면 자신의 사고와 행동은 선진적이라고 믿는 경향이 있다. 근대화 담론과 진화주의 철학을 바탕으로 자신이 베트남인에게 행하는 훈계와 질책을 정당화하는 것이다. 문화상대주의에 대한 성찰이 결여된 이와 같은 사고와 행동은 베트남 한인 사회의 초기 역사에서 한인이 현지인과 잦은 갈등을 일으키는 원인이 되었으며 지금도 베트남에 이주한 지 오래되지 않은 한인에게서 자주 발견할 수 있다.

베트남 한인의 현지 문화와 현지인의 사고 및 행동에 대한 몰이해 그리고 여기에서 비롯된 종족적 우위에 대한 착시 현상은 어떤 면에서는 불가피한 측면이 있다. 베트남 한인과 베트남인은 상호작용하면서도 사실 서로 다른 사회적 관계 속에서 살고 있고 '사회문화적 거리감social cultural distance'을 좁히는 데 한계가 있기 때문이다. 이런 점을 놓고 볼 때, 베트남인 역시 베트남 한인에 대해 종족적, 문화적 편견을 가질 수밖에 없다. 여기에 더해 베트남 한인은 현지인을 일터와 삶터에서 타국 생활에 필요한 조력자로서 만난다. 그런 만큼 양자는 서로의 세계관과 계급적 '아비투스habitus'의 차이에 토대를 둔 문화정치를 행할 수밖에 없다(Bourdieu 1984).

베트남 한인과 현지인의 문화정치가 한 편의 드라마로 또렷하게 표출되는 '사회적 장social arena'(Turner 1974)은 한인 소유의 기업과 공장이다. 한인 기업과 '공장의 체제factory regime'(Burawoy 1985)가 잘 작동하려면 때론 강압 때론 헤게모니에 기초한 노동과정의 동의가 필수적이다(Burawoy 1979). 하지만 양자가 참여하는 회사/공장 내의 정치과정을 관찰해보면 직급과는 별개로 한인이 베트남인에 대해 종족적 우위를 점하고 있음에도 지시 이행이 잘 안 되거나 갈등이 자주 발생하는 것을 목격할 수 있다. 서로 다른 사회문화적 세계에 속해있고 아비투스가 서로 다른 양자 사이에 의사소통이 원활하지 않기 때문이다. 이런 문제를 해결하기 위해서는 서로에게 사회문화적 차이가 있다는 점을 인정하고 '중재자'(Bailey 1969) 역할을 하는 베트남인을 활용하는 것이 가장 적절한 방법이다. 그렇지 못할 경우 베트남 한인과 현지인 양자 사이의 갈등은 파업과 같은 형태로 전개될 수 있다. 한인 기업/공장에서 파업의 빈도가 상대적으로 높은 원인의 하나는 다국적기업이 갖는 이러한 문화정치의 속성에 대한 이해 부족이다(채수홍 2013: 29-36).

베트남 한인이 현지인과 구분되는 사회문화적 세계에서 살아가면서 '자민족 중심적ethnocentric' 사고를 가지고 현지인과의 의사소통에 어려움을 겪는 것은 직장 밖의 삶터에서도 마찬가지다. 베트남 한인을 만나 현지인과 관련한 대화를 나누다 보면 '엠 어이em ay'로 통칭되기도 하는 가사도우미, 기사, 식당 종업원과 관련된 에피소

드를 쉽게 접할 수 있다. 이런저런 사건을 사례로 들면서 아무리 시정을 요구해도 반복되는 행동, 주문한 것과 다르게 이행되는 서비스, 황당한 변명이나 거짓말 등을 강조하는 것이 그 특징이다. 또한 이방인으로서 한인이 일상에서 겪는 어려움과 스트레스를 표현하는 데서 왜곡과 과장을 동원하는 경우가 많다는 점도 눈여겨볼 만하다. 실제로 베트남 한인이 겪은 폭력, 절도, 부당한 공권력의 행사 등은 대부분 어느 나라의 한인에게나 일반적인 사건이며, 불안감을 조성할 정도로 소문이 돌아 한인 국가의 외교 공관이나 베트남 당국이 조사한 결과 사실무근인 경우도 이따금 발생한다. 문제는 이와 같은 한인 내부의 경험담과 풍문이 부지불식간에 현지인과의 거리감과 자민족 중심주의를 강화한다는 점이다.

이처럼 베트남 한인이 일터나 삶터에서 종족적 연결망의 내부에 갇혀 살아가며, 현지인과 피상적이고 기능적으로만 접촉할 뿐 서로를 깊이 이해할 기회를 많이 갖지 못하는 데는 강한 민족주의와 이에 토대를 둔 '초국가주의transnationalism'(Basch, Schiller and Blanc-Szanton 1994)가 자리 잡고 있기 때문이기도 하다. 한국에 당장 귀국할 가능성이 없어도 베트남 한인의 "애정과 돌봄의 회로"(Huang 2010: 11)는 언젠가 돌아갈 조국과 인생의 동반자가 되어온 가족과 친지, 그중에서도 자녀의 안녕에 대한 관심으로 채워진다. 특히 통신기술의 비약적 발전은 "시간과 공간을 압축"(Harvey 1990: 260)시키며 베트남 한인이 베트남에 살면서도 한국에 더 관심을 갖는 초국적 생활양식을 점점 더 정착시키고 있다. 이들은 실시간으로 중계되는 한국 TV 프로그램을 보고 화상 채팅이나 SNS 등으로 한국에 있는 가족 및 친지와 일상을 공유한다. 베트남 한인 사회가 형성된 초기만 해도 미미했던 이와 같은 장거리 민족주의와 초국적 생활 양태는 베트남 한인의 삶을 점차 종족 내부로 회귀시키고 있다.

베트남 한인과 현지인이 일터나 삶터에서 서로를 심층적으로 이해할 수 있는 여지가 좁아질수록 상대에 대한 정형화된 이미지나 오해를 매개로 한 문화정치가 통용될 여지는 커지기 마련이다. 베트남에 한인이 진출한 초기에는 한인과 현지인 양자 모두 지금보다 큰 문화적 차이와 낯섦에 적응해야 했지만, 시간이 지날수록 쌓이는 경험, 전지구화의 영향으로 커지는 동질성 그리고 탐색이 용이해진 지식과 정보 덕택에 이런 어려움은 많이 해소되고 있다. 반면 오늘날에는 정보, 미디어, 네트워크 기술의 발전으로 초국적 생활 양태와 종족 내부로 향하는 폐쇄성이 동시에 강화되면서 베트남 한인에게 현지 문화에 대한 경험적 이해를 할 수 있는 기회가 점차 줄어들고 있다.

그 결과 베트남 한인과 현지인이 상대를 정형화해 쉽게 이해할 수 있는 민족성 담론과 이를 정당화하기 위한 몇 가지 유형의 경험적 사례가 통용되며 서로에 대한 잘못된 이미지를 쌓아가고 있다. '게으른', '신뢰할 수 없는', '비위생적인', '성격이 급한,' '공격적인', '무례한' 등등의 수식어를 동원한 민족성 담론이 서로에 대한 오해를 부추기고 있다. 다행스럽게 이런 담론이 주로 한인과 베트남인 각각의 내부에서 유통되는 것에서 그치고 양자 사이 갈등으로 비화하는 경우는 매우 드물다. 하지만 이와 같은 담론과 이미지에 천착한 문화정치가 베트남 한인과 현지인에 대한 올바른 문화적 이해와 생산적 관계 정립을 방해하고 있는 것만은 분명하다.

끝으로, 베트남 한인이 현지인과 관계를 맺는 방식과 한인의 현지화 노력이 한인의 사회경제적 지위에 따라 다른 양상을 보인다는 점을 언급하고 싶다. 문화 교류가 목적인 학생이나 NGO 종사자가 아니라면, 베트남 한인은 사회경제적 지위가 낮고 현지에 매여 있을 가능성이 클수록 현지인과 더 밀접하게 접촉할 수밖에 없고 현지화가 잘되어있다. 일례로, 기업주나 주재원보다는 공장 매니저가 현지인이나 현지 문화를 더 자주 접하고 베트남어도 더 잘하는 것이 일반적이다. 현지에서 현지인과 함께 생존해야 하는 조건을 가진 한인이 현지인과 부대끼면서 베트남어와 베트남 문화를 더 잘 이해할 가능성이 높은 것이다. 동시에 베트남 한인처럼 현지화 필요성이 큰 한인일수록 향후 자신의 일자리가 베트남인으로 대체되는 현실을 경험하게 될 가능성이 크다(채수홍 2014: 71). 이런 역설은 한인이 베트남에 진출한 이유와 조건 그리고 한인공동체의 사회경제적 분화가 만들어내고 있는 문화정치의 단면이다.

베트남인의 나라에 사는 한인

베트남 한인의 현지인에 대한 종족적 우위라는 착시는 당연히 베트남 한인 사회 내부에서만 통용된다. 그럼에도 불구하고, 비록 내부에서만일지라도, 이들이 편향된 종족적 시각을 유지하는 것을 다른 인종과 민족을 타자화하고 싶어 하는 일반적 경향 때문이라고만 해석할 수는 없다. 이와 같은 사고를 뒷받침하고 강화하는 일상의 구체적 경험이 실제로 존재한다는 점에서 그렇다.

베트남 한인의 종족적 우위에 대한 경험이 가능한 이유는 단순하다. 베트남 한인이 일터나 삶터에서 만나는 베트남인 다수는 자신이 고용한 노동자, 운전기사, 가사도우미, 통역, 서비스업종의 직원 등이다. 물론 이들 베트남인이 자신들에 대해 가지는 한인의 종족적, 문화적 우위를 인정할 리는 없다. 하지만 적어도 이들은 한인에게 고용되어 통제에 순응하고 용역을 제공할 의사가 있는 사람들이다. 필자가 현지연구 중에 만난 베트남인 학자의 분석처럼 "한인의 어눌한 베트남어를 신기하게 알아듣고, 한인의 강압적인 행동을 용인할 수 있는 베트남인은 그럴 마음의 준비가 이미 되어있는 사람"이다. 그럼에도 이러한 일상의 경험 때문에 많은 베트남 한인은 베트남인의 절대다수가 한인을 좋아하고, 심지어 베트남 여성은 한인과 결혼하고 싶어 한다는 식의 자민족 중심의 통념을 의심치 않고 내면화한다.

그러나 베트남 한인은 종족적 우위의 착시를 흔드는 경험을 피해갈 순 없다. 자신이 살고 있는 곳이 이국異國이고 베트남인의 영역이라는 점을 깨닫는 경험을 하게 되는 것이다. 무엇보다 현지의 법과 연관된 문제에 봉착하거나 베트남인과 심각한 갈등을 빚을 때 이런 사실을 성찰하게 된다. 대표적 사례는 2000년대 후반 이후 베트남의 한인 기업에서 확산되고 있는 노동쟁의와 파업이 만들어내는 문화정치다. 일단 외국계 공장에서 파업이 일어나면 회사 경영진은 대부분 노동자의 요구를 수용할 수밖에 없고, 고용인과 피고용인 사이에 갈등이 심화되거나 베트남인 고용인이 법에 저촉되는 행동을 하면 베트남 미디어가 자국 노동자의 편에 서 있음을 실감하게 된다(채수홍 2003: 153, 2013: 12).

　노동쟁의가 아니더라도 베트남의 한인은 대부분 베트남 법과 규정의 해석 및 융통성 있는 적용을 놓고 골머리를 앓아본 경험이 있다. 투자 허가부터 수출입 절차, 환전이나 송금, 노동 허가, 비자, 세금까지 외국인이라서 추가로 숙고해야 하는 법과 규정이 많은 것이다. 게다가 베트남에서 아직 발달하지 않은 사업을 하는 한인은 법과 규정이 미비한 경우에 자주 직면해 베트남 정부 또는 지방자치단체의 유리한 유권해석이나 법제화를 위해 동분서주해야 한다. 예를 들어, 금융업에 종사하는 베트남 한인은 자신의 사업에 치명상을 입지 않기 위해 베트남 중앙은행과 관련 부서에 세세하게 문의해야 하고 이들의 우호적 결정을 얻어내기 위해 노력해야 한다. 반면, 베트남 정부와 베트남인 소유의 은행은 규정이 덜 까다로울 뿐 아니라 온갖 연줄을 활용해 문제를 신속하게 해결할 수 있다. 이럴 때면 한인은 자신이 베트남인의 나라에서 일하고 있다는 사실을 느끼게 된다.

　베트남에서 한인이 외국인으로서 일하고 있다는 것을 더욱 실감하게 되는 때는 법과 규정은 있지만 관례로 용인되는 일을 처리하는 경우다. 예를 들어, 한국계 변호사나 회계사는 베트남에서 취득한 자격증이 없는 만큼 자문 역할만을 해야 한다. 하지만 현실에서 이들은 한인 회사의 모든 서류를 직접 작성할 수밖에 없다. 법적 제재를 피하고 베트남인만이 처리할 수 있는 일을 위해 고용한 베트남인 전문가가 한인 회사가 요구하는 법적 서류를 다룰 능력이 부족하기 때문이다. 이처럼 베트남인을 내세우지만 실제로는 한인이 일해야 하는 직종은 전문직에 국한되지 않는다. 베트남에서는 한인 관광객을 상대하는 여행사 가이드도 외국인에게는 허용되지 않는 직종이라 단속을 피하려 베트남인 가이드를 동반하고 일을 해야 한다. 상당수 한인이 종사하는 자영업 역시 불과 몇 년 전만 해도 일정액 이상의 법적 투자 금액으로 베트남 회사와 합자를 해야만 했고, 법이 바뀐 지금도 영업 허가와 세금 문제 등으로 인해 현지인의 이름을 빌려 가게를 운영하는 경우가 대부분이다(박지은 2016: 12).

베트남 당국이 이와 같은 현실을 충분히 인지하고 있으면서도 적극적으로 제재하지 않는 데는 이유가 있다. 다른 국가와의 법적 형평성과 자국 산업 보호라는 정치적 명분을 의식하면서도 동시에 한인 회사에 필요한 전문인력과 이들이 제공하는 서비스 활동을 제재하면 투자가 위축될 것을 우려할 수밖에 없기 때문이다. 이처럼 불법과 합법의 경계가 모호한 현실에서 감사나 단속이 나오면 베트남 한인은 대리인 역할을 하는 베트남인을 내세워 베트남 관료와 비공식적 협상을 벌어야 한다. 모든 한인 기업이 신경을 곤두세우는 세금 문제도 같은 방식으로 진행되는 경우가 많다. 이런 현실에 직면할 때마다 한인은 자신이 베트남에 살고 있음을 새삼 깨달을 수밖에 없다.

베트남 한인은 자신이 베트남인의 나라에서 살고 있다는 현실을 실생활 속에서도 절감한다. 지금은 외국인 부동산 투자가 자유화되어 집을 소유한 한인이 늘고 있지만, 다수의 한인은 여전히 베트남인이 소유한 사무실이나 집을 임차하고 있다. 현지인보다 부유한 경제적 여건을 누리고 있다는 자부심을 가지고 있는 한인은 매월 임대료를 지불할 때마다 자신이 베트남인에게 세를 내고 있다는 사실을 상기해야만 한다.

비록 베트남에서 현지인의 부가 소수에게 집중되어있지만, 대다수 한인이 일상에서 마주치는 부유한 베트남인은 한인의 경제적 우월감에 상처를 줄 수 있다. 베트남에 오래 거주한 많은 한인은 개혁·개방 초기에 자신이 도움을 주었던 베트남인 사업 파트너나 부하 직원이 부자가 되어 이제는 자신이 감당할 수 없는 고급 차와 주택을 소유하고 있는 것을 보면서 격세지감을 느낀다고 술회한다. 실제로 오늘날 베트남에서는 공식 월급은 적지만 한인 친구를 위해 비싼 식대나 술값을 거리낌 없이 내는 베트남인 특권층을 종종 만나볼 수 있다. 그 결과 베트남 한인이 운영하는 대부분의 서비스 업종 사업체도 이제 베트남인 고객 유치에 신경을 쓰지 않을 수 없게 되었다. 절대다수의 베트남 한인은 자신이 부유한 기업인이 아닌 이상, 이런 현실에 직면할 때마다 자신이 거주하고 있는 곳이 자국민에게 기회가 더 많은 외국이라는 점을 깨닫게 된다.

베트남의 빠른 시장경제로의 전환과 경제발전은 소수 부유층 창출만이 아니라 한인이 근무하는 일터에서 한인 경영진과 베트남 노동자 사이의 상호작용 양상에도 변화를 가져왔다. 이는 한편으로 베트남 노동시장에서 인력 수요가 급증하면서 노동자의 선택지가 많아졌기 때문이다. 현재 베트남은 지식을 갖춘 전문인력과 숙련공이 부족한 상태에서 이들이 동종업계로 이직해 몸값을 불리는 현상이 일어나고 있다(박지은 2016: 3). 미숙련공의 경우 아직 농촌이나 산업화되지 않은 지역에 노동력이 남아있긴 하지만, 외국계 노동집약적 공장이 기존의 산업지대에서 벗어나 인력이 있는 곳으로 이동하고 있어 인력 부족을 호소하는 지역들이 생겨나는 상황이다 (Hy Van Luong 2018). 한인 기업으로서는 인력을 충원하고 지키는 것이 중요해졌으며 그만큼 노동시장에서 베트남 노동자의 협상력이 신장된 것이다.

다른 한편으로, 베트남에서 개혁개방정책이 시행된 지 30년이 지나며 베트남 노동자의 의식도 시장경제 원리에 맞게 적응해나가면서 한인 기업의 노사문화도 변화를 겪고 있다. 개혁개방정책 초기만 해도 농촌에서 생활하거나 '사회주의 회사/공장 체제Socialist Factory Regime'(Burawoy 1985)에서 일하던 노동자가 자본주의 기업의 강도 높은 노동을 견디지 못하고 퇴사하는 경우는 많았지만 동종업계로의 이직은 흔치 않았다. 그러나 지금은 베트남 노동자들 사이에 회사에 대한 충성보다는 자본과 노동의 계약이라는 관념이 확고하게 자리 잡았고 노동조건이 조금이라도 유리한 곳을 찾아 이직하는 사례가 늘고 있다. 이에 베트남 한인 기업도 노동환경 개선에 신경을 쓰면서 현지 노동자를 보다 유연하게 관리할 수밖에 없게 되었다. 베트남 노동자의 의식 변화와 협상력 증대는 일터에서 한인이 종족적 우위를 바탕으로 일방적으로 강제하던 노동 관행을 점차 바꾸고 있다. 노동현장에서 일고 있는 변화는 베트남 한인에게 자신이 궁극적으로 베트남인 나라의 노동자를 고용하고 있으며 이들과의 관계를 보다 '민주적'으로 변화시켜야 한다는 인식을 강화하고 있다.

　일터와 비교할 때 삶터에서 한인과 베트남 사이 상호작용의 양상은 특별한 동인動因이 없어 큰 변화를 발견하기 힘든 것 같다. 물론 전지구화와 한국-베트남 관계의 진전으로 서로의 사회와 문화에 관심이 커지는 것은 고무적이다. 예를 들어, 축구를 좋아하는 베트남인은 영국 프리미어리그 선수인 박지성과 손흥민을 잘 알고 있고 박항서 감독에게 찬사를 보낸다. 더불어 한국 드라마와 대중가요를 중심으로 1990년대 말부터 불어온 한류 열풍도 여전하다. 하지만 한인과 베트남인이 삶터에서 맺는 접촉은 아직은 필요에 따라 피상적으로 이루어지고 있다. 대다수 베트남 한인은 삶터에서 고국인 한국과 한인 사회 내부를 지향하는 삶을 공고하게 유지하고 있는 것이다. 베트남인의 나라에 살고 있는 엄연한 현실에도 불구하고, 베트남 한인이 일상에서 베트남인의 조력을 받고 의례적

만남을 행하는 것을 넘어서서, 한국과 베트남 종족-민족의 관계를 변화시킬 필요를 절실하게 느끼고 있는 것 같지는 않다.

5. 베트남 한인 사회의 미래와 지속가능성

베트남 한인의 일자리와 수익의 밑거름인 베트남 경제의 성장은 지속가능한가? 베트남 한인 사회는 현재와 같은 성장세를 언제까지 유지할 수 있을 것인가? 베트남 한인은 베트남 사회에서 언제까지 환대받을 수 있을 것인가? 베트남에서 장기 체류할 의사가 있는 한 인이라면 한 번쯤은 가져보았을 질문이다. 필자가 베트남 한인을 만나 진지한 토론을 하는 과정에서 가장 많이 받게 되는 질문이기도 하다.

두말할 나위 없이 베트남 한인 사회의 지속가능성은 한인을 베트남에 진출시킨 주요 동력인 베트남 개혁개방정책의 성공적 진행에 달려 있을 것이다. 다시 말해, 베트남이 정치적 안정을 유지하면서 경제성장을 지속할 수 있을 것인지가 관건인 것이다. 문제는 베트남이 개혁개방정책의 수행 과정에서 누적한 정치경제적 과제가 많다는 점이다. 이 가운데 가장 핵심적인 과제는 향후 베트남이 산업구조의 고도화 달성, 대외의존도 축소, 소득 불평등의 완화를 완수해내느냐다(이한우·채수홍 2017: 176-182).

자본주의 세계체제의 역사가 말해주듯 값싼 노동력을 외국계 노동집약적 산업에 공급해 산업화를 달성하는 기간은 시효가 있다. 베트남에서도 노동력이 점차 고령화하고 임금도 상승하고 있어 신발, 섬유, 의류, 가방, 전자 분야와 같은 외국계 기업이 언제까지 베트남에 남아있을지 알 수 없다. 이런 문제를 타개하기 위해서는 고급 기술과 정보를 생산하는 산업으로의 이행이 필요하지만 베트남에서는 그 기반이 아직 미미한 상태다.

베트남의 높은 대외의존도 또한 우려를 낳고 있다. 현재 베트남은 해외직접투자 유치에 지속적으로 열을 올리고 있는 상황에서, 2016년을 기점으로 외국인 투자기업이 베트남 수출에서 차지하는 비율이 이미 70퍼센트를 넘어섰다(Asian Development Bank 2016: 163). 대외의존도의 심화는 베트남 경제에 대한 외부변수의 영향을 점증시켜 경제의 자율적 운용을 제약하고 불확실성을 높일 수 있다. 외국자본에 의존하는 노동집약적 산업 중심의 경제발전은 베트남 경제가 장기적으로 지속성장을 이룰 수 있을지에 대한 의구심을 낳고 있다.

베트남에서 눈여겨볼 또 다른 현상은 소득 불평등의 심화다. 개혁개방정책은 공산당 핵심 간부를 위시한 베트남의 특권층에 막대한 부를 안겨다 주었다. 반면 노동집약적 산업의 노동자를 비롯한 다수의 인민은 소득 증대에도 불구하고 물가 상승과 소비 증가로 가구 재생산에 고충을 겪고 있다(채수홍 2013: 14-19). 물론 부의 불평등은 자본주의 사회의 운명과도 같고 경제발전의 과실을 누리지 못하고 있는 다수의 인민도 절대적 소득 증가와 소비시장 발전에 지지를 보내고 있다는 반론이 있을 수 있다. 그러나 베트남 인민의 소득 불평등과 특권층에 대한 불만은 이미 상당히 확산된 상태이며 임금인상을 요구하는 파업, 반反중국 민족주의, 외국 산업의 환경오염, 개발의 이익 분배와 같은 이슈를 매개로 저항의 강도 또한 점점 세지고 있다. 공식적으로 사회주의 이념을 표방하고 있는 베트남에서 정치경제적 불평등이 낳은 문화정치가 어떻게 귀결될지 지켜볼 필요가 있는 것이다.

아이러니하게도 이상에서 언급한 베트남 경제 핵심 현안의 해결이 베트남 한인 사회의 미래에 양날의 검이 될지도 모른다. 한편으로, 한인 사회가 성장하기 위해서는 베트남 경제가 주요한 걸림돌을 제거하고 성장해야 한다. 다른 한편으로, 베트남이 대외의존도 축소와 산업구조 고도화에 성공한다면 한국 자본, 특히 노동집약적 산업의 입지가 약화될 것이다. 또한 베트남인의 부의 성장도 한인 사회가 가졌던 정치경제적 부를 바탕으로 한 현지에서의 지위를 격하시킬 수 있는 요인으로 작용할 수 있다.

하지만 이런 전망이 다소 비관적인 것도 사실이다. 베트남 경제의 장기적 순항이 노동집약적 기업의 입지를 약화시킬 가능성은 있지만 한인 기업에 또 다른 기회를 제공할 것이라는 점에서다. 실제로 최근 베트남 진출 한인 기업은 성장하는 베트남 내수시장을 겨냥한 건설, 유통, 금융 산업 등으로 무게중심을 이동하기 시작했다(Minh Nga 2017). 이와 더불어 한국이 국제 경쟁력을 가지고 있는 전자, IT, 자동차 산업 등의 기술과 지식 이전이 점진적으로 이루어진다면 한국-베트남 양국의 경제적 보완과 상생으로 베트남 한인 사회의 또 다른 성장 동력이 만들어질 수 있을 것이다. 따라서 베트남이 구조적 문제를 해결하면서 경제성장을 지속하고 한인 기업이 상황에 맞게 변화된 투자를 도모하면서 베트남과 함께 성장하는 것이 베트남 한인 사회의 미래를 위한 가장 바람직한 길이 될 것으로 보인다.

베트남 한인 사회의 과거와 현재는 물론이고 미래 역시 한국과 베트남 두 국가의 이해관계 일치와 상충에 토대를 두고 있다. 이런 점을 놓고 볼 때, 양국의 상생과 한인 사회의 지속적 성장을 위해 한국 정부와 베트남 한인이 유념해야 할 두 가지 사항이 있다. 우선 한국이 베트남으로부터 너무 많은 무역흑자를 거두고 있다는 점이다(박번순 2018: 11). 한국이 투자와 공적 개발원조로 베트남 경제성장에 이바지한 공을 지나친 무역 불균형 문제로 상쇄하고 있는 것이다. 한국-베트남 무역 불균형 현상이 양국 간 갈등으로 비하하지 않도록 한인 기업이 보다 적극적으로 기술, 지식, 인력의 현지화를 시행할 필요가 있다. 둘째, 베트남에서 한인 기업은 대만 기업과 함께 여전히 가장 많은 노사갈등의 당사자다.[11] 베트남의 한인 기업과 한인에 대한 현지의 시각이 곱지 않은 것이다. 향후 한인 기업이 인간적인 노무 관리와 노동자 처우 개선에 힘쓰지 않는다면 베트남

---

11 물론 이는 한국과 베트남 양국의 기업이 '세계 가치사슬(Global Value Chain)'에서 노동집약적 저가품을 생산하는 원청업체(Vendor)와 하청(Subcontractor)의 위치에 다수 포진하고 있기 때문일 것이다(최윤정 외 2015 참조).

한인의 입지는 좁아질 수밖에 없다.

앞으로 베트남 한인 사회는 이상에서 언급한 중요한 정치경제적 변수에 의해 많은 변화를 겪게 될 것이다. 또한 한-베 가족과 현지 채용 인력과 같이 장기적으로 체류하면서 베트남 한인 사회의 변화를 이끌 새로운 집단의 등장도 목격하게 될 것으로 보인다. 이 과정에서 베트남 한인 사회가 베트남의 변화하는 정치경제적 조건에 적응하고 한인 사회의 세대교체를 원활하게 이루어내는 것 못지않게 중요한 것은 한인 사회가 외국에 사는 이방인으로서 현지 문화에 대한 올바른 시각을 가지고 현지인과 상생하려는 태도를 갖추는 것이다. 이를 위해 베트남 한인은 종족적 우월성에 대한 착시를 교정하고, 현지 문화를 편의에 따라 자의적으로 해석하지 않고, 비공식적 관행에 의존하기보다 현지 법을 존중하는 전향적 실천이 시급하다. 향후 전개될 베트남의 정치경제적 행로와는 별개로 베트남 한인의 이러한 현지화 노력이 동반되어야만 베트남 한인 사회가 건강한 미래를 맞이할 수 있을 것이다.

김기태. 2002. 『전환기의 베트남』. 한국: 조명문화사.

박번순. 2018. "신남방지역으로서 아세안과 경제협력 방안." 2018 신흥지역연구 통합학술회의 발표문.

박지은. 2016. "아세안 Top3 VIM을 가다: 베트남, 인도네시아, 미얀마." 한국: 한국무역협회.

윤대영·응우옌 반 낌·응우옌 마인 중. 2013. 『1862~1945 한국과 베트남의 조우: 교류, 소통, 협력의 중층적 면모』. 서울: 이매진.

이한우·채수홍. 2017. "베트남 2016: 정치, 경제, 대외관계의 현황과 전망." 『동남아시아연구』 27(1): 163-191.

임종현. 2019. "베트남 경제발전의 상징, 호치민 푸미흥." 『아시아 도시이야기』. 웹매거진 브런치 북.

채수홍. 2003. "호치민시 다국적 공장의 정치과정에 관한 연구." 『한국문화인류학』 36(2): 143-182.

_____. 2005. "호치민 한인사회의 사회경제적 분화와 정체성의 정치학." 『비교문화연구』 11(2): 103-142.

_____. 2013. "베트남 살쾡이 파업의 양상과 원인: 남부 빈즈엉(Binh Duong)을 중심으로." 『동남아시아연구』 23(3): 1-48.

_____. 2014. "호치민 공장매니저의 초국적인 삶: 일터와 거주생활공간을 중심으로." 『비교문화연구』 20(2): 47-94.

_____. 2016. "베트남에 거주하는 조선족 공장매니저의 초국적 삶과 문화정치." 『동남아시아연구』 26(4): 279-320.

_____. 2017. "하노이 한인사회의 형성, 분화, 그리고 미래." 『한국문화인류학』 50(3): 125-174.

최윤정·이형직·강민주·정상현·박건원·유리. 2015. "글로벌 가치사슬을 활용한 인도 제조업 진출전략." Global Strategy Report 15-002. 서울: 대한무역투자진흥공사.

파월전사편찬위원회. 1997. 『(월남참전 33년사) 월남전과 고엽제(상)』. 서울: 전우신문.

Asian Development Bank. 2016. "Asian Development Outlook 2016 Update: Meeting the Carbon Growth Challenge." Asian Development Bank.

Bailey, F. G. 1969. *Strategems and Spoils: A Sociological Anthropology of Politics*. New York: Schocken Books.

Basch, L, N. Shiller, and C. Blanc-Szanton (eds.). 1994. *Nations Unbound: Transnational Projects, Postcolonial Predicaments, and Deterritorialized Nation-States*. Basel: Gordon and Breach.

Blim, M. and F. Rothstein (eds.). 1992. *Anthropology and The Global Factory: Studies of the New Industrialization in the Late Twentieth Century*. New York: Bergin & Garvey.

Bourdieu, P. 1984. *Distinction: A Social Critique of the Judgement of Taste*. (translated by R. Nice.) London: Routledge and Kegan Paul.

Burawoy, M. 1979. *Manufacturing Consent*. Chicago: University of Chicago Press.

Burawoy, M. 1985. *The Politics of Production: Factory Regimes Under Capitalism and Socialism*. London: Verso.

Friedman, J. 2007. *The Anthropology of Global Systems: Modernities, Class and The Contradictions of Globalization*. Walnut Creek: Altamira Press.

Gough, K. and Sharma H. (eds.). 1973. *Imperialism and Revolution in South India.* New York: Monthly Review Press.

Harvey, D. 1990. *The Condition of Postmodernity: An Enquiry into the Origins of Cultural Change.* Oxford: Wiley-Blackwell.

Huang, S. 2010. "Rethinking Transnational Migration in/out of Asia: Existing Concepts and Fresh Perspectives." ASEAN-ROK Workshop Paper. 8-21.

Hy Van Luong. 2018. "The Changing Configuration of Urban Rural Migration and Remittance Flows in Vietnam." *Journal of Social Issues in Southeast Asia* 33(3): 602-646.

Kotra. 2004. "Prospects of Foreign Direct Investment & Korean FDI in Vietnam-2004."

Kumaravadivelu, B. 2008. *Cultural Globalization and Language Education.* New Haven: Yale University Press.

Marr, D. and C. White. (eds.). 1988. *Postwar Vietnam: Dilemmas in Socialist Development.* Ithaca, N.Y.: Southeast Asia Program, Cornell University.

McDowell, L. 2008. "Thinking through Work: Complex Inequalities, Constructions of Difference and Transnational Migrants." *Progress in Human Geography* 32(4): 491-507.

Minh Nga. 2017. "'Vietnam's economy grows 6.8% in 2017, hitting 10 year high." *Dataspeaks* December 27.

Peixoto, J. 2001. "The International Mobility of Highly Skilled Workers in Transnational Corporations: The Macro and Micro Factors of the Organizational Migration of Cadres." *International Migration Review* 35(4): 1030-1053.

Schiller, N. and G. Fouron. 2001. *Georges Woke Up Laughing: Long-distance Nationalism and the Search for Home.* Durham: Duke University Press.

Smith, D. 1996. "Going South: Global Restructuring and Garment Production in Three East Asian Cases." *Asian Perspectives* 20(2): 211-241.

Stoler, A. 1985. *Capitalism and Confrontation in Sumatra's Plantation Belt, 1870-*

1979. New Haven: Yale University Press.

Turner, V. 1974. *Dramas, Fields, and Metaphors: Symbolic Action in Human Society.*
Ithaca, N.Y.: Cornell University Press.

Vietnam News Agency(VNA). 2018. "Vietnam's GDP Growth Rate in 2018
Highest in 11 Years." December 27.

국제신문. 2019.05.13. "한-베트남 경제공동체 검토해야."

연합뉴스. 2016.12.27. "국내 베트남인 수, 미국인 제쳐 … 중국인 압도적 1위."

한경닷컴게임톡. 2019.01.03. "포스트 차이나, 한국은 베트남 투자국 1위."

MK뉴스. 2019.02.03. "외국인 배우자, 국내에 15만 7천 명 … 중국·베트남이
2/3."

the-L. 2019.01.21. "국내 체류 외국인수 236만 명 역대 최대 … 중국·태국·베트
남 순."

7장

캄보디아

한인 사회의 형성과 변화

이요한

1. 머리말

1975년 크메르 루즈^{Khmer Rouge}(급진적 공산주의 세력)에 의해 캄보디아가 공산화되기 이전에도 극소수의 한국인이 거주하였으나 본격적인 한인 이주는 파리협정^{Paris Accord}(내전 종식협정) 직후인 1992년에 시작되었다. 따라서 캄보디아 한인 이주사는 약 30년의 역사를 가지고 있으며 초기(1992~2000), 이민 성장기(2000~2008), 이민 침체기(2009~2013), 이민 재확장기(2014~현재) 등의 시기로 구분할 수 있다.

　캄보디아 이주 초기의 특징은 선교 목적으로 이주한 개신교 선교사가 많은 비중을 차지했다는 점이다. 캄보디아는 1990년대 초 공산주의를 포기하면서 대외 개방을 시작하였고, 베트남·라오스 등 주변 국가와 다르게 선교의 자유가 있어 한인 선교사의 입국과 체류가 비교적 자유로운 상황이었다. 캄보디아는 또한 한국인의 이주 장벽이 낮아 비자 비용만 지급하면 입국과 체류 기간 연장이 쉬웠기 때문에 일부 한국인 범죄자의 도피처로 활용되기도 했다. 2000년대 들어 이민 성장기가 시작되었는데 한국의 제조업 투자와 관광지역으로서 캄보디아의 가치가 올라감에 따라 관련 이주가 확대되었다. 특히 씨엠립의 유네스코UNESCO 문화유산 앙코르와트가 한국인의 인기 관광지로 부상하면서 한인 가이드를 비롯한 관광종사자의 이민이 급증했다(채현정 2009).

2000년대 중반 '캄보디아 열풍'이라고 불릴 만큼 한국의 대캄보디아 투자가 특히 봉제업 분야를 중심으로 급증하였다. 그러나 2008~2009년 글로벌 경제위기가 발생하자 캄보디아에서 시행하기로 한 대형 프로젝트가 좌절되면서 캄보디아 내 한인 사회도 크게 위축되며 이민정체기를 겪기도 하였다. 하지만 2014년 이후 캄보디아 이민자 수가 다시 증가하면서 2019년 1만 2,000명까지 증가하였다가 2020년 코로나19의 확산으로 교민 규모는 급격히 감소하였다.

캄보디아 한인은 2019년 당시 약 1만 2,000명으로 추산되며 수도인 프놈펜에 약 8,300명, 씨엠립에 약 1,400명, 시아누크빌에 약 200명, 바탐방에 약 200여 명이 거주하였다(외교부 재외동포현황

2019). 캄보디아 현지 한인들은 봉제 및 건설업체 등의 회사원·금융 부문의 주재원·요식업·관광업·종교기관 등에 종사하고 있으며, 한국의 기독교 선교의 동남아 거점 국가로 많은 한인 선교사가 체류하는 곳이기도 하다.

　캄보디아 한인의 역사와 규모가 어느 정도 형성되었음에도 이주 행태, 이주의 전개, 한인 사회의 구조 변화와 특징을 포괄적으로 다룬 연구는 희소한 상황이다. 본 연구는 캄보디아 이주사를 정리하고 이주 시기별 유형 변화를 주목해 한인 사회의 형성과정에서 시기별 특징을 분석해보고자 한다. 또한, 본 연구는 캄보디아 한인과 한인 사회 심층 연구를 위한 기초연구로 이주사를 이주 시기별 차이에 주목해 개괄적으로 살펴보며 이러한 논의를 기반으로 한인 사회의 특징과 변화를 조명할 것이다. 본 연구는 논문 및 정기간행물, 단행본 등 기존 문헌 자료와 함께 세 번에 걸친 캄보디아 현지조사를 통해 한인 사회 및 한인회 관계자의 심층 인터뷰를 재구성하여 작성하였다.

2. 캄보디아 한인 이주사

이주 초기(1992~2000년): 킬링필드의 땅으로

1962년 주캄보디아 총영사관을 처음으로 개설하였고 1970년 한국과 캄보디아(당시 크메르)가 수교하였으나 1975년 크메르 루즈에 의해 공산화된 이후 단교하였다. 단교 이전까지 캄보디아는 대사관 공관원과 가족, 소수의 한국인 사업가가 거주하였으나 이들은 공산화 직전에 모두 철수하였기 때문에 현 캄보디아 한인 사회와 연관성을 찾기 어렵다.

1975년 공산화 이후 1990년대 초반까지 내전이 지속함에 따라 캄보디아 내 외국인의 경제활동과 관광은 불가능한 상황이었다. 1990년대 초 대외 개방이 시작되었지만, 캄보디아는 킬링필드killing field라는 이미지로 여전히 두려움의 지역이었다. 더욱이 시아누크 Norodom Sihanouk 당시 국왕은 북한과 돈독한 관계를 유지하는 등 친북적인 성향이 강한 것도 한인에게는 부담스러운 상황이었다. 그런데도 한인 기독교(개신교) 선교사를 중심으로 캄보디아 한인 사회가 시작되었다. 캄보디아는 인도차이나 국가 중 유일하게 선교의 자유가 허용된 국가로 한인 기독교 선교사의 거점이 되었고, 한국 교회의 단기 선교 방문지가 되었다. 캄보디아 이주 초기부터 거주했던 교민 역시 한인 선교사가 캄보디아 한인 사회의 시작이었음을 증언하고 있다.

김경일 교민 한국 선교사들은 1993년부터 입국하기 시작하였다.

박정연 교민 당시 프놈펜 시내에는 한국계 미국 시민권자, 선교사를 포함하여 10여 명의 한인이 있었다.

1993년 1월 강창윤 선교사 부부가 처음 캄보디아에 입국한 이래 1995년 말 12명의 선교사가 있었다(주캄한인선교사회 2013). 1995년 까지 캄보디아 한인 규모는 큰 변화가 없었으며 선교사, 사업목적 거주자, 경제사범 도피자를 중심으로 20명 이내에 머물렀다(이필승 교민). 1995년 재캄보디아 한인회가 설립되있으며, 초대회장으로 취임한 김용덕이 3대까지 회장을 역임하였다.

강남식 교민 초대 한인회장 김용덕은 미국 시민권자로 미국에서 태권도 사범을 하였는데, 1992년에 프놈펜에서 태권도 도장을 운영하였으며 훈센 수상 [1986년부터 현재까지 집권]과 친했다.

1990년대 중반부터 캄보디아의 낮은 임금과 풍부한 노동력을 활용하기 위해 한국 기업 투자가 봉제업을 중심으로 시작되었다. 초기에는 프놈펜에 삼환섬유, 에버그린 두 개의 봉제업체가 있었고, 1996년 SH, 다주 등의 봉제업체가 합류하였다. 1997년 말 한국 대사관을 비롯하여 KOTRA 주재원, 봉제업, 선교사, 한국 식당, 금광개발 직원 등으로 구성된 한국인 규모가 200~300명으로 급증하였다(강남식 교민, 프놈펜 경제인협회장).

한국과 캄보디아는 1996년 5월 양국 간 대표부 설치에 합의하고, 9월 주캄보디아 대표부의 공식 업무가 개시되었으며, 1997년 10월 한·캄보디아의 공식 외교관계가 재개되었다. 1997년 11월 박경태 초대 대사 신임장이 제정되고, 1998년 2월 주캄보디아 대표부에서 대사관으로 승격되었다. 그러나 1997년 7월 캄보디아에 훈센이 일으킨 쿠데타가 발생하자, 이에 위협을 느낀 많은 한인이 캄보디아에서 철수하였다.

이민 성장기(2000~2007년): 봉제업과 부동산 열풍

1997년 쿠데타로 캄보디아 한인 사회가 일시적으로 위축되었으나, 2000년대 들어 한인의 캄보디아 이주가 다시 증가하였다. 과거의 도피성 이민이나 불법 이민은 감소하였고, 투자와 자영업 등 경제적 동기를 바탕으로 한 이주가 늘어나기 시작했다. 2004년 캄보디아가 세계무역기구WTO에 가입함으로써 시장경제체제로의 전환에 가속도가 붙었고, 개혁개방정책 속에 외국인 투자자에 대한 문호도 개방하였다. 훈센 수상을 중심으로 정치체제가 안정된 이후 2005년부터 2007년까지 연평균 11.4퍼센트에 달하는 GDP 성장률을 기록하는 등 경제성장이 가시화되자 한국의 캄보디아에 대한 투자가 더욱 늘어났다. 한국의 캄보디아 투자는 2006년 10억 달러를 기록하며 캄보디아 해외투자유입 1위를 기록하였으며, 2008년 12억 달러로 말레이시아, 중국에 이어 3위를 기록하였다(이요한 2009: 128).

한국의 투자가 증가하자 자연스럽게 관련 한인 이주도 증가하였다. 2003년 524명이었던 한인 규모는 2007년에 2,154명으로 네 배 가까이 증가하였고, 2009년에는 3,758명으로 증가 추세를 이어갔다. 직종별로 자영업과 회사원의 비중이 2003년 전체 교민의 37퍼센트에서 2007년 64퍼센트로 늘어나 경제적 기회를 찾아 캄보디아로 이주한 한인이 크게 증가했음을 알 수 있다.

기존 봉제업을 중심으로 광업·서비스업 분야로 투자가 확산되었고, 특히 캄보디아 내 대형건설 프로젝트 투지가 증가하였다. 또한, 캄보디아 여성과의 국제결혼 중개업자의 유입도 증가하면서 캄보디아 한인 규모는 외교부의 공식 재외국민 등록 수를 훌쩍 넘는 약 4,000~5,000명 수준으로 급증하였다(박정연 교민).

2004년 12월 26일 인도양의 지진 해일(쓰나미)로 인해 2개 대륙 14개 연안에서 23만 명이 사망하는 대형 재난이 발생했다. 당시 태국에서도 8,200여 명이 사망하였는데, 이 재난 이후 태국의 관광산업이 타격을 받으면서 태국에서 종사하던 한인 여행업 관계자가 씨엠립으로 대거 이동하였다. 2005년부터 씨엠립에 있는 앙코르와트를 방문하는 한국인 관광객이 급증하자 2006년 9월부터 한국과 씨엠립 사이에 직항 노선이 개설되었다. 과거에는 태국과 캄보디아를 묶는 패키지 여행상품이 주류를 이루었으나 직항 노선이 개설되자 캄보디아 여행상품만 취급하는 한국 여행업자도 늘어났다.

이민 정체기(2009~2013년)

2007년까지 급속히 증가하던 캄보디아 한인 수는 글로벌 금융위기로 인한 세계 경제 불황기를 겪으면서 다시 감소했다. 캄보디아의 경제성장에 힘입어 주택 및 신도시 건설에 대규모 투자를 했던 한국 기업이 자금조달에 어려움을 겪자 대부분 사업을 취소하거나 철수하는 상황이 발생했다. 결국 현지의 수요 상황을 정확히 파악하지 못하고 단기적 수익을 목표로 한 '투기적' 요소가 한국 투자의 발목을 잡은 것이다. 게다가 2007년 6월 25일 한국인 13명을 포함해 22명의 승객을 태우고 씨엠립 공항을 이륙한 뒤 시아누크빌로 향하던 전세 비행기가 프놈펜 동쪽 130킬로미터 지점의 산에 추락하는 사고가 발생하여 일시적으로 한인 사회에 동요가 발생하기도 하였다.

> **박정연 교민** GS건설은 2008년 7월 1조 원 규모의 52층 높이의 상업 주택단지를 계획하였으나 결국 자금 융통이 안 돼 포기하였다. 당시 중소 규모의 개인 봉제업체도 많이 철수하였다.

2008년 이후 특히 건설 및 부동산 사업이 크게 후퇴하면서 한국의 대캄보디아 투자도 급감하였고 한인 사회도 활력을 잃어갔다. 2007년 4,772명에 이르렀던 한인 규모는 2011년 4,265명으로 감소하였으며 2013년에도 4,364명으로 정체 현상을 지속하였다(〈표 1〉 참고). 특히 캄보디아 한인의 최대 거주지인 프놈펜의 한인 규모는 2009년 3,758명에서 2011년 2,820명으로 3분의 1이 감소하였고 2013년까지 2,885명으로 정체 현상이 지속되었다.

표 1 캄보디아 한인 추이(1995~2019)   단위: 명

	1997	1999	2001	2003	2005	2007
시민권자	–	–	–	–	–	–
일반 체류자	–	–	–	524	974	3,012
유학생	–	–	–	–		12
총계	204	272	400	524	974	3,024

	2009	2011	2013	2015	2017	2019
시민권자	–	5	8	10	–	–
일반 체류자	4,740	4,182	4,307	8,379	10,037	11,969
유학생	32	73	57	56	52	65
총계	4,772	4,260	4,364	8,435	10,089	12,034

출처: 외교부 재외동포현황(1991~1999), 재외동포현황(2001~2019)
주: 1995년도 이전 자료에는 체류자 (자료) 없음

이민 재확장기(2014년~현재)

글로벌 경제위기와 한국의 부동산 투자 위축으로 인한 침체기
를 벗어난 이후 캄보디아 한인 규모는 다시 증가하기 시작하였다.
2015년 8,445명으로 2013년에 비해 두 배 가까이 증가하였으며,
2019년 현재 외교부 추산 한인 규모는 1만 2,000명에 달했다. 한인
사회의 규모가 커지자 관련 중소 자영업자도 더불어 증가하였다.

표 2 **캄보디아 교민 현황**(2019년 기준) 단위: 명

구분		교민 총수	거주 자격별				재외 국민 등록 수
			재외국민				
			영주 권자	체류자		계	
				일반	유학생		
총계	남	7,710	0	7,681	29	7,710	5,120
	여	4,259	0	4,223	36	4,259	2,815
	계	11,969	0	11,904	65	11,969	7,935
지역별							
프놈펜	남	5,384	0	5,355	29	5,384	3,570
	여	2,958	0	2,922	36	2,958	1,948
	계	8,342	0	8,277	65	8,342	5,518
씨엠립	남	1,344	0	1,344	0	1,344	896
	여	803	0	803	0	803	535
	계	2,147	0	2,147	0	2,147	1,431
바탐방	남	122	0	122	0	122	81
	여	80	0	80	0	80	53
	계	202	0	202	0	202	134
시아 누크빌	남	114	0	114	0	114	76
	여	60	0	60	0	60	40
	계	174	0	174	0	174	116
기타	남	746	0	746	0	746	497
	여	358	0	358	0	358	239
	계	1,104	0	1,104	0	1,104	736

출처: 외교부 재외동포현황(2019)을 재구성함

캄보디아 한인 중 남성은 7,710명, 여성은 4,259명으로 남성이 여성보다 두 배 가까이 많다(《표 2》 참고).

현재 프놈펜 한인 사회는 직업군별로 선교사, 봉제 및 건설업체 등 상사 직원, 식당업, 관광업 종사자 등으로 구성되어있으며 씨엠립 등지에도 상당한 규모의 한인이 거주하고 있다. 특종 직군에 과도하게 집중되어있던 이전 시기와는 달리 현재 이민 확장기에는 캄보디아 한인이 다양한 직종에 종사하고 있다(《표 3》 참고). 2008년 글로벌 금융위기 이후 전북은행을 필두로 신한은행, 국민은행, 기업은행, 우리은행 등의 금융기관도 상당수 진출하였다.

특히 캄보디아 한인 규모가 1만 명을 돌파하고, 프놈펜 지역에 한인 교민의 집중 거주 지역도 생기면서 규모의 경제가 가능해지면서 거주 한인을 대상으로 하는 관련 직종이 증가하였다. 프놈펜 한인의 주요 거주지는 프놈펜 국제공항과 가까운 북쪽 지역(뚤꼭)이다. 예를 들어, 식당의 경우 뚤꼭 지역에만 최소 50개에서 60개의 한인 식당이 있다. 최근에는 30~40대와 같은 비교적 젊은 세대가 캄보디아에 있는 경제적 기회를 기대하고 이주하는 사례가 증가하고 있다.

이정삼 한인회 총무 2000년대 초만 해도 한국에서 사업에 실패하거나 해외로 도주하는 경우 캄보디아로 많이 들어왔다. 최근에는 젊은 세대가 캄보디아를 기회의 땅이라 보고 수출입·물류·가이드·IT 방범 시스템 등의 창업을 위해 오는 경우가 많아졌다.

표 3 캄보디아 한인 업소 현황(2018년 7월 기준)

분야	교육	교민지	종교		NGO	의료	미용	호텔	유흥업	식당
			기독교	불교						
개수	34	5	21	4	8	14	23	10	5	62

분야	금융	법무	봉제	건설	부동산	농업	무역	유통	항공	기타
개수	15	11	36	72	20	19	35	30	14	43

출처: 캄보디아 한인 잡지(뉴스브리핑)에 수록된 자료를 저자가 재분류

이외 관광지역인 씨엠립 지역에 약 2,147명의 한인이 거주하고 있다(외교부 추산). 다만 씨엠립의 경우 관광업과 요식업이 중심이기 때문에 관광 성수기와 비성수기에 따라 현지에 거주하는 한인 수는 많은 차이가 있다. 새로운 휴양지로서 주목받기 시작한 캄보디아의 남부 해안도시인 시아누크빌과 농업과 광산업 부분에서 잠재력이 있는 바탐방 지역의 한인 거주자도 점차 증가하고 있다.

3. 캄보디아 한인 사회의 특징과 변화

취약한 한인 네트워크

캄보디아 한인 사회 규모가 1만 명을 넘어섰지만, 한인 간 네트워크

의 구심점이 될 만한 한인 기관은 여전히 부족한 상황이다. 캄보디아에 거주하는 한인이 한인 네트워크를 통해 한인 사회의 의견을 취합하고 한인의 권익을 보호하는 역할을 하는 기관은 관찰되지 않았다.

대표적인 한인 기관인 캄보디아 한인회(프놈펜 소재)는 1997년 출범하여 2019년 현재 22년의 역사를 맞이했다. 한인회는 국경일 행사, 교민체육대회, 한인 골프대회, 봉사단체 지원 등을 주관하고 있지만, 한인회의 재원이 부족하여 최근까지 사무실 확보조차 쉽지 않았다. 2015년 김현식 회장 재직 당시 한인회 사무실을 마련하여 2019년 현재까지 운영하고 있다. 한인회비 납부율은 매우 저조한 편이어서 한인회장과 임원의 기부로 부족분을 충당해왔으며, 2018년 박현옥 회장은 결국 한인회비를 폐지하기에 이르렀다.

캄보디아 한인회 산하에 한인상공회의소·민주평통·봉제협회·건설협회·금융협회·농업협회 등이 있지만 관련 활동이 체계적으로 이루어지지는 않았다. 결국 개인 주도의 한인회와 한인 기관은 지속성과 안정성에 취약성을 보일 수밖에 없고 한인 교민의 다양한 상황 발생에 대처하기 어려운 게 현실이다. 또한, 한인회 선거 과정에서 갈등과 분열을 관찰한 교민들은 한인회와 한인 기관에 대한 권위와 기대도 높지 않았고 심지어 배타적인 반응을 보이는 때도 있다.

정지대 교민 캄보디아 한인회는 다른 국가 한인회에 비해 약하다. 나도 축구 동호회 고문 등 10여 개의 고문을 맡고 있지만, 재정만 지원할 뿐 활동은 안 하고 있다.

프놈펜 A 교민 한인회 활동이 활발하지 않다. 직종별 대표는 활동하지만 다른 회원은 활동에 소극적이다. 나도 한인회비를 내고 체육대회 정도만 참석했다.

프놈펜 B 교민 한인회의 역할이나 역량이 크지 않다. 재정이나 권위가 약하고 영사관에 예속된 편이다.

프놈펜 G 교민 다른 한국인과는 별다른 관계는 없고 인사만 하는 사이 정도다. 한인 관련 기관에 등록하고 싶지 않다.

공식적인 한인 기관이 취약하다 보니 캄보디아 한인들은 개인적인 동호회 모임이나 비공식적인 만남이 한인 네트워크 중심으로 이루어지고 있었다. 한인이 주로 교류하는 골프 모임·테니스 동호회·축구회·야구회·수영 모임 등에서 소규모로 활동하고 있다.

씨엠립 한인회는 2004년 5월 설립되었으며, 한인회장의 개인적인 기부로 운영되어왔다. 2006년 8월경 한인회장의 개인적인 사유로 인해 자진해서 사퇴한 이후 한때 공백 상태에 있기도 했다. 노무현 대통령이 2006년 11월 21일에 앙코르·경주세계문화엑스포 개막식에 참석하게 되자, 캄보디아 한국 대사관 측에서 씨엠립 한인회 결성을 현지 한인 관계자에게 요청하였다. 당시 제2대 김덕희 회장이 취임하여 한인회가 재결성된 이래 현재까지 유지되고 있다. 그럼에도 한인회가 씨엠립 한인의 구심점 역할을 하거나 한인 사회 문제를 해결하는 데 대표성을 갖추기에는 부족한 상황이다.

대표 직군별 변화

1) 기독교(개신교) 선교사

캄보디아 한인 이주에 있어서 초기에 가장 특징적인 부분은 선교사의 비중이 압도적으로 높았다는 점이다. 1993년 1월 강창윤 선교사 부부가 한인 선교사로서 처음으로 캄보디아에 입국한 이후 4월에는 미국에서 파견된 박해림 선교사, 6월에는 송진섭 선교사, 11월에는 태권도 사범인 김한주 선교사, 12월에는 서병도 선교사가 입국했다. 이후 연이어 선교사의 입국이 이루어져 1995년 말 12명의 선교사가 활동했다. 한인 선교사들은 이주 초기에 대부분 프놈펜에 거주하면서 캄보디아어를 배우는 데 집중하였다(이중재 2005: 43).

1997년 발생한 캄보디아 내전과 연이어 발생한 동남아 경제위기로 인해 선교사의 불안정성은 극대화되었다. 1998년 총선 이후 훈센 총리를 중심으로 정국이 안정되어 한인 선교사의 입국이 다시 증가했고, 선교사들의 활동 영역도 프놈펜에서 벗어나 지방으로 확산되었다. 2002년까지 매년 열 가정 정도의 선교사들이 입국하다가 2002년 이후에는 매년 20~30명의 선교사가 입국하였다.

2003~2006년까지 총 174명의 기독교 선교사가 신규로 진입하였다 (김태기 2014).

2005년 이후 캄보디아가 한국 교회의 단기 선교지로서 주목받으면서 증가하였고, 한인 선교가 더욱 활발해졌다. 캄보디아 정부가 2007년 7월 선교에 관한 제한 법령을 공포했지만, 한인 선교사 입국은 계속 증가하였다. 2013년 3월 한인 선교사는 총 1,000명에 이르렀고, 2016년 8월에는 약 1,500명 수준으로 늘어났다(서병도 목사). 한인 선교사의 지역별 진출도 늘어나 씨엠립의 한인 규모에서 선교사가 차지하는 비중이 15퍼센트(약 160명)에 이르렀으며 시아누크빌에는 2006년 라이프대학교Life University를 건립한 이래 교육 분야 선교사가 활동하고 있다.

캄보디아 한인 내에 기독교 선교사의 양적 규모는 지속적으로 증가해왔지만, 캄보디아 한인 전체에서 차지하는 비중은 점차 감소하고 있다. 외교부 자료에 따르면 한인 선교사 비중이 2003년에는 48퍼센트에 이르렀지만 2005년 28퍼센트(전문직으로 구분됨), 2007년 15퍼센트(전문직으로 구분됨)에 이르렀으며 2009년에는 9퍼센트까지 줄어들었다. 이후 외교부 자료에서 직업적인 분류에 따른 비중을 발표하지 않고 있지만, 현재 선교사의 비중은 더욱 감소했을 것으로 예상된다.

2) 관광업 이주자

1990년대 후반부터 앙코르와트가 소재한 씨엠립을 중심으로 관광

업 거주자의 이주가 시작되었다. 이필승 씨엠립 한인회 초대회장은
초창기 한인 사회를 다음과 같이 증언했다.

이필승 교민 1997년 당시 씨엠립에는 한국인 세 가정이 거주하고 있었다. 여관
겸 식당 관리인, 게스트하우스 운영자 그리고 선교사 가정이 살았다고 한다.
한국인 여행사는 프놈펜에 세 군데 있었는데, 프놈펜에 본사를 두고 씨엠립
으로 출장을 다녔다고 한다. 1998년 씨엠립에 국제공항이 건립된 이후에는
여행사도 프놈펜에서 씨엠립으로 이동하게 되었다.

2000년 이후 씨엠립에 여행업 관계자가 본격적으로 증가하기 시
작하였다. 한국과 씨엠립 간에 직항이 없었지만, 한국 관광객이 방
콕에서 육로로 씨엠립으로 이동하여 앙코르와트를 관광하고 다시
태국의 파타야로 가는 관광 코스가 개발되었다. 당시 대부분 태국
을 근거지로 하고 캄보디아가 패키지 일부로 참여하는 방식의 관광
상품을 운용하였다. 2000년대 초 씨엠립에 약 50명의 여행업 관계
자가 거주하였고 관광객을 대상으로 한 단체 식당, 라텍스 등 현지
물품 판매자가 생겨나기 시작했다(조영호 교민). 캄보디아는 외국인
도 통역관이라는 형태로 현지에서 가이드가 가능하다는 이점도 한
인 여행업 관계자의 이주를 증가시키는 요인이었다. 2001년 4월 시
행된 관광법 선언문proclamation에 따르면 외국인도 명시한 절차를 거
치면 여행업을 시작할 수 있었다(채현정 2009: 152).
2005년에는 인천-씨엠립 직항 노선이 개설됨에 따라 앙코르와

트를 중심으로 한 한국인 관광객이 급증하였다. 태국 여행 패키지 중 일부가 아닌 프놈펜-앙코르와트-시아누크빌의 캄보디아 패키지가 인기를 얻었으며 이는 씨엠립은 물론 프놈펜 지역의 교민 규모까지 확대시키는 요인이 되었다. 외교부 자료에 따르면 2005년 프놈펜의 교민 수는 685명에서 2007년 2,154명으로 세 배 이상 증가하였고, 씨엠립의 교민 수는 2005년 195명에서 2007년 879명으로 네 배 이상 폭증하였다. 한국인 관광객 급증에 따라 여행사·식당·기념품점·마사지업소·숙박업소 등 한국인이 운영하는 사업체가 많이 늘어났다. 그러나 앙코르와트를 방문하는 한인 관광객이 2013년 정점을 찍은 이후 2017년에는 정점 대비 약 30퍼센트 감소하였다. 대한항공·아시아나·이스타나와 같은 국적기가 씨엠립 직항 노선에서 철수하였으며, 2019년 5월 현재 에어서울Air Seoul과 에어부산Air Busan만이 직항을 운영하고 있다.

현재 씨엠립에 거주하는 한인은 2,147명으로 추정된다(외교부 2019). 그리고 관광객이 증가하는 성수기(겨울)에는 여행 가이드의 증가로 규모가 더 늘어난다. 상주하는 여행사 협회는 50여 곳이며 성수기에는 70여 곳으로 증가한다. 성수기의 관광업자 증가로 인해 일시적으로 현지에 거주하는 한인이 500명 증가하는 것으로 추정된다.

조영호 교민 2016년 현재 한인 관광업(여행사, 식당, 선물 가게 포함) 종사자는 약 80퍼센트이다. 투어식당 20여 개, 개인 한인 식당 10여 개, 게스트하우스 네

개, 보석판매점 두 개, 라텍스 판매점 한 개, 잡화 판매점 네 개 등이 있다.

2017년 캄보디아 정부의 라이선스 할당제license quota를 도입함에 따라 씨엠립 한인 관광업 이주자들은 큰 어려움을 겪었다. 캄보디아 정부가 한인에 대한 라이선스 발급을 150~200명으로 줄이면서 많은 한인 가이드들이 라이선스 연장에 실패했다. 이에 약 200명 이상의 한인 가이드가 베트남 다낭 등 주변국으로 빠져나가게 되었다(박승규 총영사). 가이드 쿼터가 매년 50명씩 감소하여 2020년에는 가이드 쿼터가 완전히 철폐됨으로써 한인 가이드의 미래와 씨엠립 한인 사회 전체에 큰 도전이 되고 있다.

4. 맺음말

캄보디아는 1990년대 초부터 한인 유입이 시작되어 다른 동남아 국가의 한인 이주사에 비해 역사가 짧다. 그럼에도 2019년 현재 1만 명이 넘는 대규모 한인 사회가 형성되었다는 점에서 주목할 만한 요소가 많다. 또한, 30년이 채 되지 않는 기간에 초기-성장기-침체기-재성장기 시기로 구분할 수 있을 만큼 많은 변화를 겪었다. 이는 캄보디아 이주가 한인에게 '기회'와 '위험'을 동시에 제공하고 있음을 의미한다.

캄보디아는 한인에게 기독교 선교의 자유가 있는 '선교지'로 시작하였다. 이후 앙코르와트가 한국인 관광객의 인기 지역이 됨에 따라 '관광지'로서 부상하였고, 이는 한인 사회의 급성장을 가져왔다. 또한, 저임금 노동력을 기반으로 하는 봉제 제조업의 '투자지'와 미개발 지역의 부동산 개발을 통한 '투기처'로서 주목받기도 하였다.

캄보디아가 한인에게 주는 여러 매력에도 불구하고 대내외적 환경에 따라 한인 사회의 불안정성이 커질 때가 많았다. 1997년 캄보디아의 내전(쿠데타) 발발은 한인 신규 유입을 막는 것은 물론 기존 교민의 이탈을 가져오는 변수였다. 또한, 2008년 발생한 금융위기는 한국 기업이 캄보디아에서 추진하던 대형건설 프로젝트를 좌초시킴으로써 한인 사회를 위축시키기도 했다. 또한, 씨엠립 한인 사회의 핵심 분야인 관광 분야마저 2015년 이후 한인 관광객의 감소와 한인 가이드에 대한 법적 제약으로 어려움을 경험하고 있다. 이는 한인 거주자에게 큰 도전이 되어왔고 현재도 진행 중이라 할 수 있다.

최근 한인 사회에서 긍정적인 요소는 캄보디아의 경제적 기회가 증가했다는 점이다. 개발도상국임에도 불구하고 높은 경제성장률을 지속하고 있다는 점에서 한국에서 치열한 경쟁을 피하여 새로운 블루오션을 찾아 캄보디아로 이주하는 한인들이 증가하고 있다. 과거 기독교 선교사와 여행 가이드 등 특정 직업 중심의 한인 사회에서 다양한 직업군으로의 분산이 이루어지고 있으며, 지역적으로도 기존의 프놈펜, 씨엠립뿐만 아니라 시아누크빌, 바탐방 등의 지역에서도 한인 사회가 출현하고 있다. 본문에서도 언급한 것처럼 최근의 이주는 IT, 물류, 방범 시스템 등 전문성을 갖춘 비교적 젊은 세대가 유입되고 있다는 점은 이전의 이주와 다른 부분이다. 또한, 한인 사회가 총 1만 명이 넘어감에 따라 '규모의 경제'가 가능해져 한인 자체를 대상으로 한 음식점, 편의점, 의료, 미용, 법무 등 관련 업종이 증가하고 있다는 점도 큰 변화이다. 이와 같은 한인 사회 규모의 경제와 자급 자족적 형태가 갖추어진다면 캄보디아 한인 사회의 안정성과 지속성에 긍정적인 영향을 미칠 것으로 보인다.

이와 같은 긍정적 요소에도 불구하고 캄보디아 한인 사회의 취약성 또한 혼재하고 있다. 한인 사회가 급성장하였지만, 규모의 증가에 비해 한인 기관의 역량이 그에 미치지 못하고 있다. 전술한 바와 같이 캄보디아 한인들은 한인회 등 주요 한인 기관에 대한 신뢰와 기대가 낮은 편이다. 따라서 외국인으로서 살아가는 한인이 맞이할 수 있는 불이익이나 불의不義의 상황에 대해 효과적으로 대응할 수 없다는 점이 불안요소로 남아있다.

캄보디아가 가지고 있는 내재적 취약성 또한 한인 사회에 여전히 도전 요소로 남아있다. 한인의 자녀 세대가 증가하는 상황에서 만족스러운 교육시스템을 아직 갖추지 못하고 있다는 점 또한 많은 한인에게 매우 불편한 요소 중 하나이다. 또한, 의료 서비스의 부족, 교통이나 통신 인프라의 열악함 또한 캄보디아 한인들이 살아가는 데 큰 도전으로 남아있다.

신의철. 2013. 『내일이 더 빛나는 나라 캄보디아』. 라이스메이커.

안진선. 2016. 『킴보디아의 소피아 선생님』. 한국국제협력단(KOICA).

염미경. 2013. "멕시코 이주와 현지 한인사회의 형성과 변화." 『재외한인연구』 제 30호: 77-116.

외교부. 2013. 『재외동포현황』. 9월.

_____. 2017. 『재외동포현황』. 3월.

_____. 2019. 『재외동포현황』, 10월.

외교통상부. 2008. 『캄보디아 개황』. 10월.

_____. 2011. 『캄보디아 개황』. 10월.

윤인진. 2014. "재외한인의 연속적 이주와 동포사회의 다원화." 전남대학교 세계 한상문화연구단 국제학술회의: 215-233.

이백만. 2014. 『엉클 죠의 캄보디아 인생 피정: 두 번째 방황이 가르쳐준 것들』. 메디치미디어.

이요한. 2009. "한국중소기업의 캄보디아 진출 동기와 경험." 『동남아연구』 제 20권 제1호: 126-160.

이증재. 2005. "타문화권 교회개척설립연구: 캄보디아 내 한국선교사 사역중심 으로." 총신대학교 석사학위논문.

주캄한인선교사회 선교역사연구분과. 2013. 『캄보디아 선교역사』. 첨탑.

채현정. 2009. "캄보디아 앙코르 유적지의 한국인 관광업 이주자." 『동남아시아
연구』 제19권 제1호: 149-184.

8장

라오스
'단기체류'에서 '장기체류' 중심으로 전환한 한인 사회

이요한

1. 머리말

라오스의 한인 사회는 다른 동남아 국가의 한인 역사에 비해 짧은 편이나 최근 들어 유입 규모가 급증하는 추세를 보여왔다. 1975년 라오스의 사회주의 정부 수립 이후 한국과 라오스의 인적 교류는 1980년대까지 불가능한 상황이었다. 그리고 라오스의 대외개방정책이 시행된 1990년대 초부터 한인의 라오스 입국이 시작되었다. 라오스는 국경을 마주한 태국·베트남 등 여타 동남아 국가와 비교하면 경제적 기회가 적고, 이민자들이 거주하기에 열악한 교육·의료·교통·통신 인프라를 가지고 있다. 따라서 다른 동남아 한인 이주에서 발생하는 은퇴이민, 조기유학과 같은 형태의 이주는 발생하기 어렵다. 특히 저임금 노동력을 기반으로 하거나 규모의 경제를 기대하고 진출하는 기업투자 역시 상대적으로 적은 인구(2019년 현재 670만)와 낮은 구매력(2019년 현재 1인당 GDP 2,000달러)으로 인해 한계가 있는 상황이다.

그렇다면 체제 전환의 불안정성이 여전하고 경제적 매력도가 낮은 환경에도 불구하고 '왜 한인들이 라오스를 이주지로 선택하였는가?'에 본고는 주목하고자 한다. 따라서 본고는 이주와 체류의 근간이 되는 라오스 비자제도가 한인 이주에 결정적 요인으로 작용했다고 본다. 본고는 라오스의 지난 20여 년 간의 한인 이주사와 시기별 특징을 정리하고 라오스의 비자제도가 한인을 유입하고 체류하는 데 미친 영향을 중심으로 기술하고자 한다. 라오스의 한인 이주사에서 2008년 한인 단기 체류(15일) 비자 면제가 커다란 전환점이 되었다는 고려하에 한인 이주 초기는 1990년대 초부터 2008년까지, 이주 확산기는 2009년부터 현재(2019년)까지로 각각 구분하였다.

2절은 이주 시기별, 즉 이주 초기와 확산기의 주요 특징들을 서술하였다. 라오스의 초기 한인 이주는 프로젝트 중심의 소규모 이주가 주를 이루었다. 또한, 라오스 거주 환경에 대한 사전 정보가 충분하지 않았기 때문에 주변 지인의 권유에 의한 이주나 주변 동남아 국가를 경유하는 '연속이민'(윤인진 2014)의 특징을 보였다. 한국과 라오스 양국의 정치외교적 관계 개선을 기점으로 한국인의 라오스 이주가 점진적으로 증가했다. 반면 이주 확산기 라오스의 한인 이주자들은 규모의 급증과 유형의 다양화라는 특성을 보였다. 무엇보다 라오스에 대한 정보로 어느 정도 인지도가 높아졌고, 현지에서 경제적 기회를 찾는 이주가 증가했다는 점에서 초기 교민들과는 다른 특성을 보인다.

3절에서는 라오스 한인 입국과 거주에 큰 영향을 미쳤던 비자제도에 대해 초점을 맞추었다. 특히 2008년 라오스의 한국인에 대한 단기 무비자제도 도입은 교민 증가에 큰 영향을 주었다. 단기 무비자제도의 도입으로 한국인 관광객이 크게 증가하였고, 한국·라오스의 직항노선이 개설되면서 한국인 체류자와 관광객이 늘어나는 선순환 과정이 있었다. 4절 결론에서는 라오스 한인 사회의 전망을 살펴보는 동시에 라오스 한인 사회가 가진 내재적 한계를 살펴보고자 한다.

2. 이주 시기별 특징

이주 초기(1990년대 초~2008년): 소규모, 우호성, 제한된 직군

탈냉전 이후 한국과 라오스 양국 간의 인적 교류가 가능한 상황이 되었으나 라오스가 내륙국인 데다가 작은 시장 규모로 인해 한국인의 라오스 진출은 미미했다. 1992년 삼환기업이 루앙프라방과

팍송을 잇는 11.3킬로미터에 이르는 도로 건설을 하면서 관련 직원들이 라오스에 상주하기 시작하였다. 한국과 라오스의 재수교 (1995년) 이전인 1993년 당시 라오스에 약 30명의 한인이 있었던 것으로 추정된다. 하지만 공산주의 국가라는 이미지, 협소한 시장, 열악한 사회경제적 인프라로 인해 한국인의 대규모 이주는 이루어지지 않았다.

1993년부터 라오스에 거주한 김문규 교민은 수도인 비엔티안의 간선도로는 비포장이었고, 시내에 신호등이 하나밖에 없었으며, 시장을 볼 만한 슈퍼마켓도 하나밖에 없었으며, 우정의 다리(라오스-태국을 잇는 교량)가 없어 배를 타고 태국을 넘어 다녀야 했다고 한다. 또한, 양국 재수교 전에는 라오스 내 한국 공관이 설치되지 않아 태국에서 비자를 받아야 하는 번거로움도 있었다.

1995년 한국과 라오스 간에 재수교가 이루어지고 한국 공관이 설립되면서 국교 수립 과정에 필요한 외교부 관계자와 인프라 프로젝트 수행자를 중심으로 한인 사회가 구성되었다. 수교 직후인 1996년 라오스에 거주했던 오명환 한국-라오스 친선협회Korea-Laos Friendship Association 회장은 라오스 교민의 수가 약 60명이었으며 주로 프로젝트 종사자로 구성되어있었다고 언급하였다. 아시아개발은행 ADB 프로젝트를 수행하는 삼환기업 직원이 17명, 댐 건설 관련 종사자인 대우건설 직원 20명, 비엔티안 우체국을 건설한 대원 건설 직원 3명, 동아건설 직원 등이 주요 구성원이었다. 당시 라오스로 이주한 교민들은 라오스에 대한 인지도가 높지 않은 상태에서 가족·친지·친구 등 지인의 권유로 이주를 한 경우가 많았다고 한 라오스로 온 계기에 대한 답변을 통해 확인할 수 있었다.

정우상 회장 친동생이 라오스에서 중고차 매매업을 하고 있었다. 이후 나도 비엔티안에 차량 정비업체를 차렸다.

김원분 교민 친지의 소개와 권유로 라오스에 남편, 두 자녀와 함께 2001년 이주했다.

홍정오 교민 개인적으로 친분이 있던 한국의 초대 라오스 대사의 권유로 1995년 오게 되었다.

비엔티안 A 교민 KOICA 선호지역을 지망할 때 라오스를 몰라서 다른 나라를 지원했는데, 지원한 나라의 여건이 좋지 않아 라오스로 배치되었다.

팍세 B 교민 2008년 결혼하면서 신혼일 때 남편을 따라 팍세에 거주하게 되었다.

이민자의 또 다른 유형은 라오스를 최초 정착지로 고려하기보다는 다른 나라에서 체류하다 라오스로 온 연속이민의 경우도 있었다.

김문규 교민 태국에서 사업을 하는 친구와 함께 무역업을 하던 중 라오스를 알게 되어 1993년 말부터 팍세에 거주하게 되었다.

김기주 교민 라오스에 오기 전 필리핀(1993~1995), 베트남 호찌민시(1996~2004)에서 선교사로 사역했다. 라오스 최초 한인 교회 설립자인 고 김정인 선교사님께서 지병으로 소천한 후 라오스 한인연합교회의 청빙에 따라 시무하게 되었다.

팍세 A 교민 한국외대에서 태국어를 전공했고, 건설 관련 일을 하다가 라오스 댐 프로젝트에 참여하게 되었다.

비엔티안 A교민 초창기에는 라오스에 바로 들어오신 분들보다는 태국, 캄보디아, 베트남과 같은 주변국에서 무엇인가 하다가 잘 안 되신 분들이 거쳐서 오시는 것 같았다. 여러 가지로 좋은 상황은 아니고 범죄의 경우나 빚 문제로 어쩔 수 없이 들어오는 경우가 많았다.

라오스는 공산화 이후 한국과의 교류가 전면 중단된 국가였고, 내륙국가로서 한국과 교류할 접점이 별로 없었다. 또한, 인구가 많은 국가도 아니었고 최빈국 중 하나로 시장으로서의 매력도 낮았다. 게다가 인구밀도가 동남아에서 가장 낮은 국가로 저임금 노동력을 활용한 제조업 투자지로서도 적합하지 않았다. 따라서 초기 이민의 특징은 라오스에 대한 정보가 충분하지 않은 상황에서 우연한 기회를 통해 거주하게 된 사례가 많았다.

정착 초기 시절 한인의 수가 매우 적은 편이어서 우호적이고 협력적인 관계를 유지하였다. 1995년 전후로 한 한국 교민 사회는 적은 숫자였기 때문에 상호 간 우호적인 유대감을 유지했다는 것이 공통적인 대답이었다.

김문규 교민 1995년 수교 이전에는 한국인이 몇 명 없었다. 한국인들끼리 서로 좋은 관계를 유지했다.

홍정오 교민 1995년 당시 한인 교민이 20명 정도 있었다. 그때는 내가 나이(당시 50세)도 제일 많고 해서 한인들 가운데 어른 역할을 했다. 교민들하고 공관(대사관) 사이가 좋았고, 한인들 사이도 좋았다. 추석이나 설에 참사나 영사가 한인들 숫자가 많지 않아 초청해서 식사도 했다. 초기(1995~1996)에 2년 정도는 그런 모임이 유지되었다.

1997년 동남아 경제위기 여파로 라오스에 예정된 대형 프로젝트들이 무산됨에 따라 한인 사회에도 영향을 주었다. 당시 한인 사회에서 큰 비중을 차지했던 대형 프로젝트 근로자들이 귀국하게 됨에 따라 한인 규모도 일시적으로 감소하였다. 동남아 경제위기 직후인 2001년 당시 한국인은 약 30여 명에 불과하여(김원분 교민) 1990년대 중반보다 절반 수준으로 감소하였다.

2000년대 초까지 라오스 한인의 직업군은 기독교 선교사, 중고

표1 **라오스 한인 추이(2003~2019)** 단위: 명

구분	이주 초기				이주 확산기				
연도	2003	2005	2007	2009	2011	2013	2015	2017	2019
영주권자	–	–	–	–	–	6	6	8	8
일반 체류자	194	366	446	545	685	960	1,849	2,930	3,022
유학생	–	4	4	2	148	167	35	42	20
총계	194	370	450	547	883	1,133	1,890	2,980	3,050

출처: 외교부 재외동포현황 각 호

자동차 판매 사업가 그리고 KOICA 봉사단원 등 제한된 직군을 중심으로 구성된 특징을 보였다. 가장 많은 비중을 차지했던 것은 기독교(개신교) 선교사로 정우상 한인회장은 2000년대 중반의 교민 중 약 20퍼센트가 기독교 선교사였다고 언급하였다. 기독교 선교사들은 라오스의 경제적 이익에 비교적 자유롭고 열악한 사회적 인프라를 감수하는 경향이 있었기 때문으로 보인다.

중고자동차 판매 사업은 초기 이민자의 주요한 사업으로 자리 잡았다. 라오스의 자동차 수요가 증가하였지만, 경제적인 부담으로 인해 신차보다는 중고자동차에 대한 수요가 많았고, 한국인 사업자들은 한국의 중고자동차를 수입하여 판매하는 형식으로 수익을 창출하였다. 2004년 한-라 정상회담을 통해 경제개발협력기금 EDCF 확대 등 한국의 대라오스 공적개발원조ODA에 따른 KOICA

단원 및 개발 협력 프로젝트의 파견 규모도 증가하였다.

　2000년대 중반 들어 교민 수는 지속해서 증가하였다(〈표 1〉 참고). 이는 2004년 ASEAN+3 정상회의 참석차 한국 대통령으로서는 처음으로 라오스 비엔티안에 참석한 것이 계기가 되었던 것으로 보인다. 2003년 설립한 KOLAO는 오토바이 사업을 개시하였으며 2000년대 후반 유통, 에너지, 금융 등으로 사업을 확장하였다. KOLAO가 라오스의 대표 기업으로 부상하면서 관련된 한인 채용 규모도 증가하였다. 또한, ODA 관계자들의 라오스 체류도 증가하였다. KOICA 단원 등은 임기를 마친 이후 다른 프로젝트에 합류하거나 개인 사업을 통해 라오스에 장기적으로 거주하는 사례가 늘어났다. KOICA 단원은 현지어에 능숙하고 현지 생활에 이미 충분히 적응 기간을 거쳤기 때문에 라오스 장기거주에 유리한 조건을 갖추었다고 할 수 있었다.

　2000년대 중반 이후 라오스 교민이 안정적이고 지속적으로 증가했음을 라오스 교민 인터뷰를 통해서도 확인할 수 있었다.

　정우상 교민 2004년 한인회 선거에 약 100명이 투표한 것 같고, 전체 교민은 약 200명 정도 되는 것 같다. 매년 100명 정도씩 꾸준히 늘어난 것 같다.

이주 확산기(2009~2019년 현재): 대규모, 비우호성, 지방 한인 사회

2000년대 후반부터 라오스 한인 이주가 급격히 증가하면서 2011년 한인 규모가 2009년에 비해 두 배 가까이 증가하였고 2010년대 후반까지 빠른 증가세가 유지되었다(〈표 1〉 참고). 특히 라오스가 한국인의 주요 관광지역으로 부상함에 따라 단기 여행객은 물론 관련 사업에 종사하는 교민도 증가하였다. 라오스 관광객은 2008년 1만 8,000명 규모로, 2011년 3만 9,000명으로 증가하였으며, 2014년에는 9만 6,000명까지 증가하였다.

2014년 9월 tvN의 〈꽃보다 청춘: 라오스 편〉 프로그램 방영은 한국인 관광객의 증가에 큰 영향을 미쳤다. 본 프로그램이 방영되기 전에는 한국인에게 라오스에 대한 인지도가 낮은 편이었고, 오지奧地 이미지를 갖고 있었다. 그러나 〈꽃보다 청춘〉 프로그램을 통해 라오스의 매력이 한국 대중에게 노출되었고, 한국인의 라오스 관광이 크게 증가하였다. 이에 따라 비엔티안·루앙프라방·방비엥 등 주요 관광지에 한인 음식점, 숙박업소 및 여행사가 늘어나게 되었으며 태국·캄보디아 등 인근 국가의 한인 가이드까지 유입되는 현상이 발생하였다. 한인 교민은 당시 상황을 다음과 같이 언급하였다.

정장후 교민 2014년 여행 붐이 시작되면서 여행사도 급증하고 거주 교민도 증가했다.

김원분 교민 2015년 여행 붐 이후 한국인 가이드가 늘어났다.

홍정오 교민 2014년 〈꽃보다 청춘〉 방송 이후에 많이 오게 된 것 같다. 그전에도 교민들이 늘어나고 있었지만, 그때 이후 더 많이 늘어났다. 한 번 여행 이후 두 번째, 세 번째 때는 사업을 하기 위해 들어오는 것 같다.

라오스 관광객의 증가 추세는 이후에도 계속되어 한인 방문객이 2015년에는 16만 5,000명, 2016년에는 17만 3,000명까지 증가하여 라오스 관광객 순위에서 태국, 베트남, 중국에 이어 4위를 기록하였다. 그러나 2017년부터 1919년까지 17만 명 대로 정체되었다.

비엔티안 A 교민은 2006년, 2010년, 2018년 각각의 교민 규모 변화에 대해 다음과 같이 설명하였다.

비엔티안 A 교민 처음 라오스에 왔을 때(2006년)는 라오스 한인연합교회에서 다 볼 수 있었던 것 같다. 2010년 두 번째 (기관) 부임했을 때는 약 1,000명의 교민이 있고, 왔다 갔다 하는 분들은 2,000명쯤 된다고 들었다. 현재(2018년)의 교민 수는 정확히 모르지만, 훨씬 더 많아진 것 같다. 처음에 왔을 때(2006년)는 교회 가면 다 만났던 것 같고 두 번째(2010년)도 상주하는 사람과 왔다 갔다 하는 사람 정도는 대충 구분할 수 있었다. 그런데 지금은 모르는 사람이 너무 많아졌다.

교민들의 답변을 종합해보면 교민의 증가 추세는 2010년대 이전까지는 점진적이었다가 2010년대 이후 급증한 것으로 보이며 이는 외교부의 라오스 교민 통계 〈표 1〉과도 일치한다.

교민공동체의 친밀도 측면에서 볼 때 2000년대 중반까지는 전체 행사를 열 수 있을 만큼 비교적 한인공동체 간의 우호적인 분위기가 유지되었다고 할 수 있다. 그러나 2010년대 이후 교민 수가 급증하면서 한인 상호 간 인지도와 친밀감이 약화된 것으로 해석된다. 이전에 한인 사회의 구심점이 되었던 한인 교회나 한인회의 역할도 한계가 있었다. 교민들은 전체적인 한인 행사보다는 필요에 따른 한인 관계를 형성하는 데 중점을 두었다. 특히 대면을 통한 공동체 활동보다는 SNS(단체 카톡방, 네이버 블로그 등)를 통해 필요한 정보를 교환하는 것을 선호하고 있다.

이민 확산기에 주요 직군도 변화를 보여왔다. 현재 라오스 거주 한인 중 가장 높은 비중을 차지하는 직군은 여행 가이드로 이민 초기에 가장 많은 비중을 차지했던 기독교 선교사와는 다른 형태를 띠고 있다. 즉, 현재의 라오스 이주는 관광 등 경제적 이익의 기회를 창출하기 위한 동기로 변모하고 있음을 유추할 수 있다.

정우상 회장 현재는 가이드의 규모가 가장 커서 약 400~500명 정도 되는 것 같다. 태국이나 캄보디아에서 활동하던 가이드가 라오스로 오는 경우도 많다.

2010년대 이후 이주자의 경우에는 라오스에 대한 정보를 어느 정도 확보한 상태로 들어온다. 과거보다 라오스에 대한 정보를 온라인으로 접할 수 있으며, 특히 관광 붐 이후 여행객으로 왔다가 매력을 느끼고 장기거주를 결정하는 사례가 늘어나고 있다. 라오스 한상韓商의 대표 기업인 KOLAO의 사업 확장도 교민 증가에 영향을 미쳤다. 2010년대 들어 남부지방의 팍세와 북부 지방의 루앙프라방 같은 지방의 한인 사회도 점차 형성되기 시작하였다. 팍세(참파삭주)의 경우 2000년대 중반에는 KOICA 단원과 사업자 등 소수의 한국인만 있었다(비엔티안 A 교민).

비엔티안 A 교민 2006년 팍세에 거주할 당시 KOICA 단원이 몇 분 있었고, 사업하는 몇몇 한국인들이 있었다. UN에서 근무하는 한국인들도 있었다. 팍세에 있는 한국인들을 우연히 알게 된 이후 자주 만났다.

특히 라오스 수력발전 댐 건설에 참여하는 한국인들이 팍세를 거점으로 거주하면서 팍세의 한인 규모가 급증하였다. 2007년 팍세에는 16명 규모의 한인이 거주하였지만 2016년에는 276명으로 크게 증가하였다. 다만 댐 건설 마무리 시점에 이른 2018년에는 한인 규모도 감소 추세를 보이고 있다(팍세 A 교민).

루앙프라방의 경우 이주 초기에는 필자를 포함하여 한국 ODA 프로젝트 관계자 중심으로 한인 사회가 형성되었다. 필자는 2007년부터 루앙프라방 지역에 거주하기 시작하였는데, 한국 ODA 프로젝트로 수파누봉Souphanouvong대학교가 건립된 이후 관련 봉사자를 중심으로 20명 이상의 한국인 공동체가 형성되었다. 10년 이상 루앙프라방에 거주한 손미자 교민은 당시의 교민 상황을 다음과 같

표 2 라오스 교민 현황 　　　　　　　　　　　　　　　　　　 단위: 명

구분		교민 총수	거주 자격별				재외 국민 등록 수
			재외국민				
			영주 권자	체류자		계	
				일반	유학생		
총계	남	1,625	8	1,603	14	1,625	850
	여	1,425	0	1,419	6	1,425	758
	계	3,050	8	3,022	20	3,050	1,608
지역별 비엔티안	남	1,327	8	1,309	10	1,327	782
	여	1,307	0	1,299	8	1,307	729
	계	2,634	8	2,608	18	2,634	1,511
루앙 프라방주	남	55	0	53	2	55	29
	여	44	0	44	0	44	18
	계	99	0	97	2	99	47
참파삭주	남	152	0	152	0	152	23
	여	32	0	32	0	32	5
	계	184	0	184	0	184	28
기타 지역	남	91	0	91	0	91	16
	여	42	0	42	0	42	6
	계	133	0	133	0	133	22

출처: 외교부 재외동포현황(2019)

이 기억하였다.

손미자 교민 루앙프라방 정착 초기 한국인은 약 20명 정도였고, 식당을 열었을 때 많이 도와줬다.

이후 루앙프라방이 라오스에 방문하는 한국인 관광객의 필수 코스에 포함되면서 관련된 한인 식당, 게스트하우스, 여행사 등이 설립되면서 한인 규모도 증가하였다. 외교부 자료에 따르면 루앙프라방 한인 거주자는 2007년 15명에서 2016년 76명으로 증가하였다.

2019년 자료에 따르면 라오스 내 한인 거주자는 3,050명으로 2015년과 비교하면 1,000명 이상 급증하였다. 이 중 영주권자는 8명이며, 일반 체류자가 3,022명, 유학생은 20명으로 추정된다(《표 2》 참고). 외교부 자료에 따르면 팍세가 있는 참파삭주의 경우 184명으로 비엔티안 다음으로 규모가 크고 루앙프라방도 99명의 한인이 있는 것으로 파악되었다.

3. 라오스의 비자제도와 한인 사회: 무엇이 라오스로 이주하게 하였는가?

비자클리어(비자런)

라오스의 한인 이주에 있어서 중대한 전환점은 라오스의 대외개방정책의 기조 속에 한국과 라오스의 외교관계 재개라고 할 수 있다. 라오스는 1986년부터 베트남의 도이머이Doi Moi 정책과 유사한 신경제정책New Economic Mechanism을 펼쳤다. 기존 공산주의 노선으로 인한 경제적 실패와 구소련과 동유럽의 사회주의 종식은 라오스가 대외개방을 불가피하게 하였다. 라오스는 사회경제적 재건을 위해 ODA와 외국자본 유입이 간절히 필요했고, 한국인을 포함한 외국인의 라오스 거주와 투자 유입이 원활하도록 제도를 새롭게 정비하였다(Oraboune 2010).

1995년 10월 25일 한국과 라오스 간 재수교가 이루어진 이후 무역·투자·관광·정부 간 협력 등 다양한 분야에서 양국 관계가 확산되었고, 관련 한국인들의 이주가 시작되었다. 1996년 주駐라오스 한국 대사관이 개설되었으며, 2001년 주한 라오스 대사관이 개설되었다. 양국은 또한 1996년 투자보장협정Investment Guarantee Treaty과 1997년 대외경제협력기금차관공여협정, 2004년 이중과세방지협정 Double Taxation Agreement, 2010년 항공협정agreement on air transport 체결로 한국인의 라오스 입국과 체류 여건이 우호적으로 형성되었다. 이와 같은 제도적 환경 속에서 2010년경 한국은 라오스의 제4대 무역국과 투자국이 되었다.

무엇보다 한인들이 여행비자로도 라오스 입국이 비교적 용이하고 체류 기간을 늘릴 수 있다는 점이 라오스 이주 초기에 큰 영향을 미쳤다. 한국인의 경우 소정의 금액(30달러)만 낸다면 1개월 (30일) 비자를 발급받을 수 있으며 두 번의 연장이 가능하여 최대

3개월(90일)까지 연장할 수 있다. 특히 한인이 주로 거주하는 비엔티안의 경우 태국의 국경과 인접하여 자동차로 30분 거리에 있었기 때문에 비자 연장이 용이하였다. 이를 비자런^{visa run} 또는 비자클리어^{visa clear}라고 하는데 비엔티안 거주 교민이 태국(농카이 또는 우돈타니)을 방문하고 돌아오면 여행비자를 새롭게 발급받을 수 있고, 다시 최대한 3개월을 연장할 수 있어 3개월에 한 번씩 비자를 안정적으로 받을 수 있었다. 태국 농카이나 우돈타니는 비엔티안과 비교하면 대형마트 등이 잘 갖추어져 있고, 특히 의료 수준에 있어서 라오스와 많은 차이를 보여 한국인들은 자주 태국을 다녀와야 하는 상황이었다. 따라서 라오스 한인으로서는 조건과 절차가 복잡한 사업비자나 노동비자보다는 여행비자를 통해서 장기적으로 거주할 수 있다는 장점이 있었다.

단기 무비자제도

비자제도는 국가별 이동과 여행에 영향을 미치는 요소로써 비자정책의 경직성 및 비자 발급의 용이성에 따라 외국인 관광객 수요에 차이를 발생시키는 경향이 있다(이성태 2015). 2010년대 들어 한국의 라오스 이주가 빠른 증가세를 보였는데 2008년 6월 라오스 정부의 한국인 일반여권 소지자에 대한 단기비자 면제 조치가 영향을 주었기 때문이다. 당시 (일방적) 비자 면제 조치는 매우 이례적이어서 양국의 상호 면제 조치가 아님에도 라오스에서 한국인의 관광 수요와 당시 급증한 ODA 프로젝트 관계자들의 입국을 위한 과감한 결정이었다. 당시 미국·일본 등 주요 선진국 일반여권에 적용하지 않은 면제 조치를 한국인에게 먼저 적용했다는 점이 파격적이었다.

한인들은 15일 무비자를 받아 입국한 후 기한 내에 비자클리어 또는 비자런을 하면 비용 없이 체류 연장이 가능하게 되었다. 라오스의 한인에 무비자 비자정책이 도입된 이후 한국인 교민 수가 2009년에 547명에서 2011년 883명으로 급증하게 되었다. 단기 무비자 도입 이후 한국인의 유입이 증가하였다고 교민들은 공통으로 언급하였다.

김기주 교민 라오스 정부의 한국인에 대한 (단기) 무비자 제공이 교민 증가에 영향을 주었다.

손미자 교민 한국인의 관광비자가 무비자가 된 이후 한인이 증가했다. 무비자 이후 '범법자'도 라오스로 넘어온 것 같다.

비엔티안 A 교민 여행업을 비롯해 많은 사람이 들어왔다. 비자가 2008년 (단기) 무비자로 바뀌었기 때문인 것 같다.

한국인에게 단기 무비자 적용의 또 다른 영향은 한인 관광객의 수요 증가와 인천-라오스 직항노선의 개설이다. 이전에는 한국에서 라오스에 입국하는 경우 태국 방콕이나 베트남 하노이를 경유해야 했지만, 라오스에 한인 규모가 어느 정도 형성되고 수요가 생기자 한국-라오스 직항이 개설되었다. 2011년 11월 18일 진에어Jin Air의 인천-비엔티안 전세기 운항을 시작했고 이듬해인 2012년 4월부터 정기운항노선이 개설되었다. 이후 2012년부터 라오스 국영회사인 라오에어라인LAO Airline도 인천-비엔티안 간 직항을 개설했다. 현재는 티웨이tway항공, 제주항공Jeju Air이 인천-비엔티안 노선을 추가로 개설하였고, 라오에어라인과 에어부산Air Busan이 부산-비엔티안 노선을 개설하는 등 한국인의 대라오스 접근성이 더욱 좋아졌다.

2012년 개설된 인천-비엔티안 직항은 한인 관광객을 더욱 증가시켜 '관광객 증가-교민 증가-직항노선 증가-관광객 증가-교민 증가' 추세가 수년간 지속되었다. 여행 가이드를 필두로 호텔·게스트하우스·민박 같은 숙박업, 관광객을 단체로 수용하기 위한 요식업, 여행 패키지를 운영하는 여행사 등이 동반 증가하면서 한인 사회 규모도 급증하였다.

단기비자로 처음 라오스에 입국하였다가 정착이 이루어지면서 장기비자로 전환하는 사례도 많아졌다. 라오스의 비자제도는 총 14개 형태지만 〈표 3〉과 같이 라오스 한인 교민이 가장 많이 활용하는 비자는 사업비자와 여행비자, 학생비자. 노동비자, 외교비자 등이다.

사업비자는 사업을 수행하거나 고용 계약 때문에 종사하는 외국

표 3 **라오스의 비자 종류**

비자 코드	D-A1	N1-B2	ST-B2	T-B3	LA-B2
비자 명	외교비자 (Diplomatic visas)	사업비자 (Business visas)	학생비자 (Student visas)	여행비자 (Tourist visas)	노동비자 (Labour visas)

출처: 라오스 이민국(The Department of Immigration of Lao PDR)

인에게 발급되며, 교육·의료 부문에 종사하는 자원봉사자에게도 발급된다. 사업비자의 경우 1년, 6개월, 3개월 비자로 구분되며 기간별 비자 발급 비용이 발생한다. 각 기간이 만료되면 추가 비용을 지급하고 갱신할 수 있다. 라오스 투자를 목적으로 입국하거나 라오스 내 회사에 근무하는 고용원, 요식업 및 관광 산업에 종사하는 한국 교민의 경우 사업비자를 활용할 수 있다. 사업비자의 경우 배우자·자녀·형제·자매의 경우에도 비자를 발급받을 수 있어 라오스에 사업비자로 거주하는 한인 네트워크를 활용하는 경우도 있다. 특히 선교 목적으로 거주하는 한국인의 경우에도 라오스 내 선교를 법적으로 허용하지 않기 때문에 사업비자를 활용한다.

노동비자는 노동복지부the Ministry of labour and welfare로부터 법적으로 고용허가work permit와 신분증identity cards을 얻었을 때 발급된다. 외교비자는 대사관에 근무하는 외교관과 그 가족에게 발급해준다. 비자 비용은 무료이며 복수비자multiple visa로서 1년에 한 번씩 갱신해야 한다. 한국의 대사관과 영사관 근무자와 가족들은 이 비자를 활용한다. 학생비자는 라오스 내 교육기관에 재학하는 외국인에게

1~5년간 비자를 발급하며, 매년 갱신해야 한다. 라오스에서 유학하는 한국 학생들이 활용하는 비자이다.

필자와 동반 가족의 경우 라오스에서 6년간(2007~2013) 노동비자를 취득하고 매년 갱신하는 과정을 직접 경험하였다. 필자는 당시 루앙프라방에 소재한 수파누봉대학교에 교원으로 재직 중이었는데, 비자 취득과 연장을 위해 총장의 추천서를 받아 매년 비엔티안의 교육부와 외교부를 방문해야 했고 비자 연장 절차를 위한 소요 시일과 비용이 많이 들어갔다. 이처럼 노동비자의 요건과 절차가 매우 까다로운 편이어서 당시 수파누봉대학교에 함께 근무하던 한국인 대부분과 그들 가족의 경우에는 대부분 여행비자를 연장해 체류하였다.

4. 맺음말: 정체와 확산의 갈림길에 서 있는 라오스 한인 사회

라오스 내 한인의 역사가 짧음에도 불구하고 빠른 규모로 증가세를 보여왔다. 라오스 이주 초기와 이주 확산기에는 시기별 특징이 차별화되고 있음을 본문에서 밝혔다. 이주 초기의 한인 거주자들은 라오스에 대한 정보가 충분하지 않은 상황에서 비경제적 동기로 유입되는 경우가 많았다. 동남아 등 주변 국가에 이주했다가 라오스로 유입되는 연속이민 형태가 많았으며, 대표적 유형으로는 선교사 등이 있다. 한인은 작은 규모를 유지하면서 친밀도를 유지

표 4 라오스 교민의 시기별 특징

	대 라오스 인지도	동기	한인 규모	친밀도	최대 구성원	유형
이민 초기	낮음	비경제적	소규모	높음	선교사	연속이민 중심
이민 확산기	높음	경제적	대규모	낮음	여행 가이드	직접이민 중심

했다고 할 수 있다. 반면 이주 확산기에는 라오스에 대한 충분한 정보를 보유하였고, 경제적 기회를 찾아 이주하는 사례가 늘어났다. 여행 가이드가 대표적인 사례로 직접 라오스로 이주하는 유형이 많아졌다. 한인 규모가 증가함에 따라 상호 간의 친밀도는 낮아지고 있다.

한국인에게 비교적 쉬운 비자 발급과 연장이 라오스 입국 규모를 크게 확대시켰고, 관련 직종의 한인들이 이주하게 하는 데 큰 영향을 미쳤다. 라오스 교민 대부분이 거주하고 있는 비엔티안의 경우 여행비자로 입국하여 3개월 연장 후 태국 출국을 통한 재연장이 가능해 한국인의 장기적인 거주에 큰 영향을 미쳤다. 2008년에 한국인에 대한 단기(15일) 무비자는 한국의 ODA 프로젝트 전문가와 한국 관광객을 유인하는 중요한 기점이 되었고, 그 이후 한국인 공동체 확대에도 큰 영향을 주었다.

2018년 라오스 정부는 관광 유입 3위인 한국인 관광객이 더 장기적으로 체류하면서 비엔티안과 루앙프라방과 같은 유명 관광지뿐만 아니라 라오스 지역 관광 활성화를 위해 한국인 관광객에 대해 단기 무비자를 15일에서 30일로 연장하였다. 라오스 정부의 의도대로 상대적으로 소외된 지역에 한국인 관광객이 증가한다면 호텔·여행사·식당 등 한인 사업체가 자연스럽게 조성되고 이는 라오스 교민을 증가시키는 역할을 할 것으로 보인다.

그럼에도 불구하고 라오스 내 한인 규모의 증가세가 향후 지속할 것인가에 대해서는 불확실성이 내포되어있다. 라오스 이주자의 경우 최근 들어 라오스의 경제적 기회를 찾아 한인 규모가 증가하였지만 '정착형 이주자settler'보다는 '일시 체류자sojourner' 형태를 보인다. 프로젝트 중심의 거주자가 많았던 팍세 지역의 교민이 감소하고 있고, 외부적인 변수에 변동성이 큰 관광업 종사자가 최대 구성원을 차지하고 있는 점은 라오스 교민의 '일시 체류자'의 모습을 반증한다. 캄보디아의 시엠립 교민 규모의 예에서 볼 수 있듯 한국인 관광객 감소는 한인의 체류 여건을 악화시킴으로써 한인 규모의 감소로 이어지고 있다. 즉, 라오스가 한국인의 관광 인기 지역으로서의 매력이 감소하거나 대체국이 부상하면 관광 분야는 쉽게 위축될 수 있고 관련 분야의 한인 사회 역시 침체에 빠질 가능성이 크다. 실제로 2017년과 2018년에 한국인 관광객 유입은 성장세가 멈춘 상황이고, 2017년에서 2019년까지의 한인 증가 역시 100명 미만에 불과해 2015년에서 2017년간 1,000명가량 증가한 것과 비교하면 증가세가 크게 감소하였다.

라오스 한인 사회의 성장에 대한 전망은 결국 라오스 내수시장 규모에 달려 있지만, 라오스의 시장 규모는 동남아에서 가장 작다. 라오스에서 가장 성공적인 한인 기업인 KOLAO마저 본사를 베트남으로 이동하는 등 베트남이나 인도네시아 같이 대규모 한인 투자가 현실적으로 불가능한 상황에서 한인 교민의 확대는 쉽지 않아 보인다.

김도혜. 2019. "환영할만한 은퇴 이주자의 탄생: 필리핀, 말레이시아, 태국의 비자 정책을 중심으로." 『동남아연구』 28(3): 123-154.

외교부. 2017. 『재외동포현황』. 11월 30일.

윤인진. 2012. "디아스포라와 초국가주의의 고전 및 현대 연구 검토." 『재외한인 연구』 28: 7-47.

_____. 2014. "재외한인의 연속적 이주와 동포사회의 다원화." 전남대학교 세계 한상문화연구단 국제학술회의: 215-233.

윤인진·김희상. 2016. "재외동포 귀환 이주민 공동체의 형성과 현황." 『한국민족 문화』 60: 37-81.

윤택림. 2009. "구술사 연구 방법론." 한국행정학회 학술발표논문집: 511-531.

_____. 2011. "구술사 인터뷰와 역사적 상흔 - 진실 찾기와 치유의 가능성." 『인 문과학연구』 30: 381-406.

이성태. 2015. "비자제도 개선의 국제적 영향." 한국관광정책 61: 120-125.

Cheng, J. 2008. "Korean's Economic Relations with CLMV countries." In Sotharith, C. (ed.). *Development Strategy for CLMV in the Age of Economic Integration*. ERIA Research Project Report. 2007-4, Chiba: IDE-JETRO:

262-297.

Jonathan Rigg. 2005. *Living with Transition in Laos: Market integration in Southeast Asia*. Routledge.

LEE. Y. H. 2011a. "Lao Perception of Korea." *Southeast Asian Perceptions of Korea*. Yoon Jinpyo (ed.). Seoul: Myung In Publishers: 163-205.

Oraboune, Syviengxay. 2010. "Lao PDR and its North East Asian Development Partners: China, Japan and Korea." in *Japan and Korea with the Mekong River Basin Countries*. ed. Mitsuhiro Kagami, BRC Research Report, No. 3. Bangkok Research Center. IDE-JETRO, Bangkok, Thailand.

9장

미얀마
'기회의 땅'에서 여는 새로운 삶과 위기들[1]

김희숙

1. 머리말

'동남아시아의 마지막 미개척지', '황금의 땅', '기회의 땅' 등의 수식
어구와 함께 2011년 이후 전격적 개혁개방정책과 함께 국제사회에
재등장한 미얀마. 그러나 한국 사회에서 미얀마는 비교적 최근까지

---

[1] 동남아 한인 사회에 관한 이 연구 프로젝트는 2019년 5월 31일에 종료되었고, 동년 11월 말에 최종 결과
   보고가 이루어졌다. 이후 미얀마에서는 2020년 코로나19 팬데믹 사태에 이어 2021년 2월 1일에는 쿠
   데타까지 발발하여 큰 혼란의 와중에 있다. 그 영향은 현지에 체류하고 있는 한인들에게도 미치고 있는
   것으로 확인되나 코로나19 사태 이후 미얀마 입국이 차단됨에 따라 구체적인 실상을 파악하기는 어려
   웠다. 따라서 이 글에서 다루는 내용의 시간적 범위를 마지막 현지 조사가 이루어진 2019년 1월 초까지
   의 상황으로 한정하여 집필하였음을 밝힌다.

도 먼 나라였다. 그 거리감의 정체는 단지 물리적 거리에서 오는 것만은 아니어서, 이 나라가 스스로 자처한 국제사회로부터의 오랜 고립이 그 첫 번째 이유일 것이요, 다음으로는 1962년 '버마식 사회주의Burmese Way to Socialism'를 표방하며 집권한 버마 군부의 체제 지향성이 한국보다는 북한에 더 가까웠던 것도 또 하나의 요인으로 작용했을 터다. 이념의 벽과 군부독재의 사회 분위기를 뼛속 깊이 체험했던 이들이 또한 한국의 대중이었으니, 한국과 미얀마의 거리는 역사적 경험이 배양해낸 의식의 거리이기도 했을 것이다. 하지만 강박적이리만큼 견고했던 이념의 더께를 걷어내고 보면 오랜 고립 끝에 빗장을 푼 미얀마는 기회의 땅이 분명했다. 중국 진출을 통해 이미 유사한 환경에 적응하는 법을 익힌 한인들이 미얀마에 발을 들여놓는 것은 그저 시간문제였을 따름이다. 베트남의 개혁개방정책에 가려져 한국 사회에선 거의 알려지지 않았지만 같은 시기 미얀마도 시장경제를 수용하여 경제의 문을 열었고, 곧 한인들이 미얀마에 진출하기 시작했다.

1987년 국제연합UN에 최빈국 지정을 요청할 정도로 경제 상황이 날로 곤두박질치고, 그에 따라 시민들의 불만과 분노가 절정으로 치닫는 가운데 미얀마 군부는 경제를 개방했다. 하지만 1988년의 민주화운동을 거치고 난 후로도 미얀마의 정치 개혁은 답보 상태에 머물렀다. 경제 상황도 갑자기 좋아지지는 않았다. 사회주의 시기 국유화되었던 산업체 대부분은 체제 전환 이후에도 여전히 군부의 통제 아래 놓여있었고, 외국인 기업이라야 국영기업이나 군인사가 소유한 현지 기업과의 합작회사 형태가 대다수였다. 이러한 형태는 자국 산업을 보호한다는 명분이었지만 체제 전환 이후 국가의 경제적 이권을 장악해 사유화해가는 군부의 이해관계가 실현되는 방식이기도 했다. "현지 사회의 정치 권력과 결탁하여 일정한 사례를 지급하는 대신 정치적 보호와 경제적 특혜를 제공받아 자본을 증식시키는"(신윤환 1993: 308) 동남아 진출 한국 기업의 경영 방식은 이러한 제도 환경의 산물로서 미얀마에 자리 잡아갔다. 합작회사를 설립할 정도의 규모가 아닌 소규모 기업체들이나 자영업자들 역시 대부분 외국인에게 불리하게 작용하는 법과 제도를 우회해 현지인 명의로 사업장을 꾸려갔다. 이와 같은 환경 속에서 미얀마 한인들의 삶은 인권 유린, 정치적 탄압, 민주주의에 대한 억압이 자행되는 세계와는 어느 정도 분리된 채 비교적 안정적으로 유지되었다.

그러나 미얀마 경제가 점점 더 세계 경제에 깊숙이 편입됨에 따라 현지 한인들의 삶 역시 외부로부터 오는 위기에 노출되었다. 미얀마 국내 정치 상황에 대한 서방세계의 경제제재, 개혁개방 이후의 급격한 사회 변동, 2017년의 로힝자Rohingya 사태가 유발한 긴장 국면을 잇달아 경험하면서 미얀마 한인들은 내부와 외부가 한 겹으로 맞붙어있는 현실 속에서 살아가고 있음을 실감한다. 미얀마를 둘러싼 국제관계의 변화와 미얀마 사회 내부의 크고 작은 변화에 촉각을 곤두세우며 각종 정보를 수집하는 한편 미얀마어를 익히는 데 적극성을 보이는 한인들의 태도는 이 나라에 이주한 지

12년이 지나도록 미얀마어로 적힌 자기 집 자동차 번호판조차 외우지 못했다던 과거와는 크게 대비된다.

개혁개방정책이 추진된 이래 미얀마 사회 전반에 걸쳐 압축적으로 진행되고 있는 일련의 변화는 미얀마 한인 사회의 외연과 내적 구성에도 영향을 미쳤다. 새로 들어오는 이들이 급승함에 따라 한인들 상호 간의 관계도 점차 세분화된 단위로 형성되는 경향이 나타나고 있다. 미얀마 한인 사회의 형성과정과 내적 변화를 시기별로 살펴봄으로써 점차 가시화되는 한인 사회의 분화가 어떠한 사회경제적, 문화적 맥락에서 이루어지고 있는지를 이해하는 것이 이 글의 첫 번째 목적이다.

아울러 이 글은 한인과 현지 사회가 접촉하는 단면의 성격과 그에 따른 관계 맺기 방식과 인식에 대해서도 살펴볼 것이다. 과거와 달리 한인들이 미얀마 현지 정보를 수집하고 현지어를 배우는 데 적극적인 태도를 보이는 데서 확인할 수 있듯이, 미얀마 사회의 변화와 함께 한인들이 현지 사회와 관계 맺는 방식에서도 이전과는 다른 양상이 나타나고 있다. 주요하게는 한인 기업 대다수가 거의 100퍼센트 미국, 유럽, 일본 등으로부터 외주를 받아 제품을 생산하고 수출했던 과거와 달리 미얀마 현지 내수시장 진출의 필요성이 커짐에 따라 생겨난 변화다. 하지만 단순히 사업상의 필요를 충족하기 위한 도구적 목적이라고만은 보기 어려운, 현지인과 현지 사회에 대한 한인들의 태도 변화 또한 감지된다. 미얀마 한인들이 보통 '로컬'이라고 지칭하는 현지인 또는 현지 사회를 개별 한인들이 어떻게 경험하고 인식하는지, 그리고 그 한계는 무엇인지를 살펴봄으로써 이러한 변화가 갖는 의미를 이해하는 것이 이 글의 또 다른 목적이다.

2. 한인의 미얀마 이주 역사와 한인 사회의 시기별 특징

미얀마에 도착한 한국인에 대한 최초의 기록은 1933년 말 『조선총독부통계연보』의 해외출국자 통계에서 '연구유학硏究留學'을 목적으로 한국인 한 명이 버마로 도항했다는 내용에서 확인된다. 하지만 그가 버마 땅에 무사히 도착했는지를 알려주는 기록은 남아있지 않다. 이후 미얀마 땅을 밟은 것이 확실한 최초의 한인들은 그로부터 약 10년 만인 1942년, '임팔Imphal 작전'으로 역사에 이름을 남긴 일본군의 미얀마 점령 전쟁 당시 버마전선에 배치된 한인 군인, 군속, 여성 위안부들이다. 일본군 주둔과 함께 한인 군인과 군속 4,061명이 이 '버마전선'에 배치되었으며, 이들을 따라 동원된 종군 위안부 3,200명 가운데 약 2,800명이 한인이었던 것으로 추산된다 (김도형 2014). 이와 반대로, 1943년 대한민국임시정부에서 파견한 광복군들이 버마전선에 파견되었다는 기록도 존재한다. 당시 임시정부는 미국, 영국, 중국, 소련 등의 열강에 임시정부에 대한 승인과 협조를 요청하는 활동을 전개했는데, 연합군과의 군사 합동작전으로 한지성 대장 등 여덟 명을 선발해 인도와 버마전선에 파견했다는 기록이 남아있다(국사편찬위원회 1988).

　나라를 잃은 채 적국의 국민으로서 한인들이 서로 총구를 겨누어야 했던, 그리고 위안부로서 모진 고통과 수치를 견뎌야 했던 전장에 관한 기록이 미얀마 땅에 머물렀던 한국인의 첫 자취라니 안타까운 역사다. 하지만 미얀마의 한인들은 이 역사를 끌어안아 2017년 9월, 한인회 사무실과 한글학교를 겸해 사용하는 코리아센터 앞마당에 버마전선 전몰자들을 기리는 추모비를 건립했다. 이 추모비는 미얀마 땅에서 목숨을 잃은 최초의 한인들을 일제에 의한 강제동원의 '희생자'로 지칭함으로써 미얀마 최초의 한인들이 적군으로서의 전쟁 가담 사실 대신 강제동원 희생자로서의 동질감을 미얀마 사회와 공유하는 상징물로서 그 의미를 새롭게 부여받는다.

　일제강점기 한인에 대한 기록을 한인 사회의 전사前史로 떼어놓고 보면, 현재와 연속성을 갖는 것은 미얀마 한인 사회의 역사는 독립국가로서 대한민국과 미얀마가 수교한 1975년부터로 볼 수 있다. 이후의 역사를 미얀마 한인 사회의 내적 구성과 성격 변화를 기준으로 하면 크게 세 시기로 구분할 수 있다.

　첫 번째는 수교 이래 미얀마의 개혁개방정책이 추진되기 전인 2010년까지로, 전체 한인 수가 200여 명 수준의 소규모 공동체로 한인 사회가 유지되었던 시기다. 미얀마가 사회주의체제를 공식적으로 포기하고 시장경제를 수용한 1988년 전까지는 대사관 직원과 그 가족, 상사 주재원과 개인 사업자를 포함해 20여 명 정도가 미얀마에 거주하는 한인의 전부였으니, 미얀마 한인 사회의 출발은 사실상 1988년 이후부터였다고 보는 편이 적절할 것이다.

두 번째는 2011년부터 2015년까지의 짧은 기간으로, 떼인세인Thein Sein 정부에 의해 일련의 개혁개방정책이 추진된 시기다. 2015년 이후로도 개혁개방정책들은 계속 추진되고 있지만, 한인 사회의 성격과 관련해서는 이후 시기와 일정 수준 구분되는 특징을 보여주는 시기라 할 수 있다.

세 번째는 2016년부터 현재까지로, 2015년 아웅산수찌Aung San Suu Kyi가 이끄는 민주주의민족연맹National League for Democracy, NLD이 총선에서 압도적 승리를 거두며 정권교체를 이루어 미얀마 사회 전반에 걸쳐 한층 변화에 대한 기대가 높아진 시기이기도 하다. 평화적 정권교체에도 불구하고 로힝자 사태를 비롯해 갖가지 위협 요인들이 산재해 한인의 경제활동 면에서는 오히려 이전 정부 시기보다 불안정성이 더욱 커졌다는 특징을 갖는다. 세 시기 미얀마 한인들의 삶이 어떠했는지를 간략히 살펴보는 것은 이후 전개되고 있는 한인 사회의 분화과정을 이해하는 데도 도움이 될 것이다.

1988~2010년: 한인 사회의 형성

1975년에 수교가 이루어지긴 했지만 2000년대에 들어서기 전까지만 해도 한국과 미얀마 양국 간의 교류에는 큰 진척이 없었다. 1962년 이래 사회주의체제를 채택해온 버마 정부는 남한보다는 북한과의 관계에 더 우호적이었고, 그에 따라 한국과 미얀마의 외교 관계는 이를 견제하는 차원의 형식적 수준에 머물렀다. 이런 이유로 초기 미얀마에 거주한 한인들이라야 대사관 공관원과 그 가족에 불과했고, 이후 삼성물산·현대건설·국제상사 등에서 파견한 주재원과 소수의 개인 사업자들과 그 가족을 합한 20여 명 정도가 1980년대 중반까지 미얀마에 머문 한인의 전부였다. 그나마도 1983년 10월 9일 발생한 '아웅산 사태'로 관계는 더욱 소원해졌다.

그러나 그로부터 얼마 지나지 않은 1988년, 훗날 '양곤의 봄'으로 불리게 된, 미얀마를 휩쓴 민주화운동을 계기로 미얀마 군부가 사회주의를 공식적으로 포기하고 시장경제체제로의 전환을 천명하면서 미얀마 한인 사회에도 변화가 나타났다. 해외 진출을 본격화한 대우의 공격적 투자가 그 마중물이 되었다. 이를 계기로 다른 한국 기업들의 투자도 잇따라, 1992년 2월경까지 대우, 세계물산, 삼성, 유공 등 아홉 개 업체가 자원(유전, 천연가스전 등) 개발, 봉제업, 가전제품 합작 생산 등의 산업부문에 진출했다. 1980년대 후반부터 본격화된 한국 기업의 해외 진출 붐이 아직 전면 개방 단계는 아니었던 미얀마에까지 확산되었고, 이러한 흐름은 30여 년 동안 거의 정체 상태에 머물렀던 미얀마 한인 사회에 새로운 구성원들을 충원시키는 계기가 되었다. 1990년대 초반까지만 해도 30여 명에 불과했던 미얀마 한인 수는 1990년대 중반이 되자 200여 명으로 늘어났다.

1988년의 민주화운동을 계기로 부분적이나마 경제가 개방되면서 미얀마로 유입된 한인 수는 이전에 비해 급증했고, 이와 같은 상황을 배경으로 1990년에는 '재미얀마 한인회'가 결성되기도 했다. 하지만 현 미얀마 한인 사회의 윤곽이 갖추어진 것은 1997년 동남아시아에서부터 시작되어 한국으로까지 파급된, 이른바 'IMF 사태'로 불린 아시아 금융위기 이후다. 봉제업체들이 미얀마 한인 사회의 주축을 형성하게 된 것이 이 무렵부터로, 1997년 말까지 여섯 개에 불과했던 봉제업체들이 IMF 사태 이후 연이어 미얀마로 들어오기 시작했다. 봉제업체의 진출과 함께 봉제 관련 설비와 부자재 생산업체들이 들어오고 디자인 샘플과 서류를 나르는 핸드캐리 등의 소규모 운송업체들이 뒤를 이었다. 공관원과 상사 주재원들의 친목 모임 수준에서 관계가 유지되었던 한인 사회는 봉제업체의 진출을 계기로 급속히 확장되었다.

시장경제체제로의 전환 이후 미얀마 경제는 연평균 7~8퍼센트대의 경제성장률을 보이며 '아시아의 차기 호랑이'로 부상할 것으로 관측되기까지 했다. 동남아시아의 주변국들에 비해 임대료와 인건비가 낮은 미얀마가 봉제업체들로서는 미얀마를 지칭하는 이름 그대로 그때까지 봉인되어있던 '황금의 땅'이나 다름없었다.

그러나 이 황금의 땅이 베푼 행운은 오래가지 않았다. 2001년 12월, 미얀마 군부가 아웅산수찌와 민주인사들을 체포하고 감금한 데 항의해 미국과 유럽이 미얀마에 대해 전면적 금수조치를 단행하자 주로 유럽과 미국의 의류 브랜드로부터 주문을 받아 제품을 생산해오던 미얀마 한인 봉제업체들은 큰 타격을 입었다. 위기를 견디지 못해 문을 닫거나 미얀마로부터 철수해 베트남이나 인도네시아로 공장을 옮겨가는 업체들도 생겨났다. 60여 개에 이르던 봉제업체는 이 시기를 거치면서 50여 개로 줄었고, 남아있던 공장들도 이후 10년 동안 고전을 면치 못했다. 미얀마 한인들에게서 종종 듣게 되는, "산전수전 다 겪었다"는 말로 압축되는 고생담은 대부분 이 기간에 집중된다. 이들의 미얀마살이는 '쌩션sanction', 즉 경제제재 이전과 이후로 극명하게 갈린다. 설상가상으로 2008년 5월 미얀마를 강타한 사이클론 나르기스Nargis의 충격까지 더해져 한인 업체들이 집중되어있는 양곤의 기반 시설 대부분이 파괴되고 미얀마 경제는 거의 마비 상태에 이르렀으니, 한인들은 이 10년이 아침에 눈을 뜨는 것조차 두려울 만큼 긴 악몽 속에서 살아가는 것 같았다고 당시의 경험을 회고한다.

2011~2015년: 개혁개방정책과 한인 사회의 팽창

'무늬만 민간정부'라는 국제사회의 비판은 있었지만 2010년 총선을 거쳐 이듬해 3월 출범한 떼인세인 정부의 개혁 정책은 미얀마 사회는 물론 한인 사회에도 큰 변화를 가져왔다. 경제가 더욱 폭넓게 열리고, 미국을 비롯한 서방국가들의 제재를 촉발했던 정치 영역에서의 개혁까지 가시화되자 국제사회는 다시금 미얀마를 주목했다. 아웅산수찌는 풀려났고, 시간은 걸리겠지만 민주화의 여정도 암울하지만은 않아 보였다. 떼인세인 정부는 외국자본의 유치에 열의를 보여 투자에 유리한 조건들을 구비해나갔다. 2012년, 유럽연합EU과 미국이 경제제재를 차츰 해제해가자 미얀마에 대한 국제사회의 관심은 더욱 뜨거워졌다. 한국의 관심도 마찬가지로 뜨거워져, 많은 한인이 마침내 열린 '동남아시아의 마지막 미개척지'로 향했다.

2009년까지 외교부에 정식으로 등록된 미얀마 한인 수는 888명에 불과했다. 이 수치는 2년 후인 2011년 말이 되자 1,408명으로 늘었고, 2015년에는 3,106명으로 두 배 이상 부쩍 증가했다. 한인의 수가 급증하는 것과 나란히 이 시기 한국 언론에 보도된 미얀마 관련 뉴스 건수가 같은 추세를 기록했다는 사실도 눈여겨볼 만하다. 〈그림 1〉을 보면 2011년 말부터 미얀마 관련 기사는 가파른 증가세를 보여 2015년 무렵 정점에 이르렀던 것을 확인할 수 있다. 아세안ASEAN이 미얀마를 회원국으로 받아들인 1997년 이래 동남아에서 멀어져있던 미국이 오바마 정부 들어 '아시아로의 회귀Pivot to Asia'를 선언하며 다시 돌아오자 미얀마와의 관계에서도 변화가 있을 것이라고 전망하는 기사들이 실렸고, 그 기세를 몰아 2011년 11월에 미 국무장관 힐러리 클린턴이 미얀마를 방문하자 기사 수는 더욱 급증했다. "美 '미얀마 지렛대'로 中 견제 … '아·태 올인 행보' 가속도"(세계일보 2011.11.25.), "'中 안방' 미얀마에 美 이어 日도 러브콜"(세계일보 2011.12.27.), "'전략적 요충지 미얀마 잡아라' 미·중 기싸움"(한국일보 2012.04.01.), "미국, '미얀마 제재 풀겠다'"(한겨레 2012.04.05.) 등 미·중·일 세 강대국의 행보와 관련해 '전략적 요충지'로서 미얀

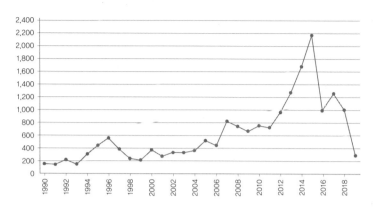

그림 1 1990~2018년까지 한국 언론을 통해 보도된 미얀마 관련 기사의 시기별 변화

출처: 한국언론진흥재단 빅카인즈(BIGKinds) 키워드 트렌드 분석 결과

마의 입지를 강조하는 기사들이 짧은 기간에 집중적으로 보도되었다.

오랫동안 미얀마에 거주한 한인들에게서 이 시기 미얀마 현지 상황이 어떠했는지를 들어보면, 실제 한인의 급증 시기는 이보다 1년 정도 빨라 2010년부터 2014년까지가 절정이었다. 당시 미얀마로 유입된 한인 수는 정식으로 대사관에 재외국민 등록을 한 한인 수치보다 훨씬 높아, 전체 한인 수는 5,000명을 넘어설 정도로 많았다고 한다. 이 시기 미얀마 한인회장 직을 맡았던 사람의 말에 따르면, 하루에도 두세 차례 한국에서 중소기업을 경영하는 이들이 찾아와 상담을 요청할 정도로 미얀마 진출을 희망해 들어오는 한인들이 많았다고 한다. 한국에서 보도된 미얀마 관련 기사 수가 급증한 것이 이러한 흐름에 어느 정도 영향을 미쳤는지는 알 수 없지만, 적어도 미얀마에 대한 기대감을 확산시키는 데는 일조한 바가 적지 않았을 것이다. 지구상 어느 위치에 있는 나라인지조차 알 수 없었던, 과거 '아웅산 사태'가 일어났던 나라와 같은 곳이라는 사실조차 모르는 이들이 많았던 미얀마는 '10만 개의 다이아몬드'라는 뜻을 가진 새 대통령의 이름처럼 화려하게 빛을 뿜어내며 한국인들에게도 그 존재를 뚜렷이 알렸다.

흥미롭게도 이 시기 미얀마로 유입된 한인이나 한인 업체들은 이전 10년 전과 비교할 때 그 성격 면에서 일정한 차이를 보인다. 2010년 이전 미얀마에 들어와 정착한 한인 업체들은 대체로 봉제업 등과 같은 제조업 분야가 대부분이었다. 그리고 이들을 대상으로 수익을 내는 소규모 운송업체나 식당 등이 있었다. 하지만 개혁개방 이후 비상하게 급증한 한인 업체의 성격은 이전과는 차이를 보인다. 제조업보다는 서비스업이 주를 이루어 요식업·숙박업 등이 크게 늘었고, 광물자원 개발이나 농업 부문 투자 등 한국과는 다른 미얀마의 조건들을 바탕으로 한 사업 아이템을 갖고 들어오는 이들도 많아졌다. 한국 언론을 통해 소개된 '미얀마의 막대한 잠재력'에 관한 기사들이라야 미얀마가 자원 부국이고 지정학적으로 요충지이며, 무엇보다 아직 외국기업들의 투자가 이루어지지 않은 미개척지라는 정도의, 정확한 분석에 기초하지 않은, 거의 '썰'에 가까운 내용이 대부분이었지만 많은 사람이 그 가능성과 잠재력을 좇아 미얀마로 들어왔다. "한국에서 잘하던 걸 여기 와서 해야

지 한국에서는 해보지도 않은 걸, 못 해본 걸 여기 와서 하려 해선 안 됩니다"라고 알려주는 오랜 경험자의 조언보다는 미얀마가 가진 '숨겨진 잠재력'에 대해 속삭이는 이들의 달콤한 말에 사람들은 더 쉽게 이끌렸던 것 같다. 미얀마에 오래 거주한 한인들은 "사람이 한번 홀리고 나면 싫은 소리는 피하고 좋은 얘기 해주는 사람 말만 들으려 하는 모양"이라며 당시 미얀마로 들어왔다 실패해 한국으로 돌아간 사람들에 관한 이야기를 들려주곤 한다.

순식간에 그 수가 급증한 탓에 서로 알지 못하는 한인들이 많아진 것도 사실이지만, 같은 한인들 간에 속고 속였다는 소식 또는 소문이 자주 떠돌면서 한인들 간에 불신도 팽배해지는 분위기다. 베트남, 태국을 거치며 한인을 상대로 사기를 치던 한인이 미얀마에 입국했다며 해당 인물의 사진을 카카오톡 단체대화방(이하 단톡방)에 공개하며 수배 협조를 요청하는 일도 생겼다. 이처럼 유동성과 다양성이 커짐에 따라 미얀마 한인 사회의 통합은 점점 더 어려워지고 있는 듯하다. 이에 관해서는 개혁개방 이후 한인 사회의 내적 분화를 다룬 절에서 좀 더 상세히 들여다보게 될 것이다.

2016년~현재: 불균등성의 증대

2015년 말, 미얀마는 또 한 차례 국제사회의 시선을 끌었다. 아웅산수찌가 이끄는 민주주의민족동맹National League for Democracy, NLD이 2015년 총선에서 압승하며 정권교체가 이루어진 것이다. 군부가 제정한 2008년 헌법에 따라 25퍼센트의 의석을 당연직으로 할당받는 군부의 거부권이 모든 사안에서 걸림돌로 작용할 것임은 너무도 빤했지만, 민주화에 대한 미얀마 국민의 열망과 기대가 응축되어 이루어낸 중요한 성과였다. 하지만 얼마 안 가 NLD에 표를 던졌던 사람들조차도 정권교체 이후의 변화에 대해 물으면 "변했다는 것만 변한 것", 즉 오랫동안 집권했던 군부가 아웅산수찌의 정부로 교체되었다는 것 외에 별다른 변화가 없다고 대답할 정도로 새 정부의 행보는 지지부진했다. 군부가 행사하는 권력은 여전히 도처에서 확인되었던 반면, 새 정부가 그린 로드맵들은 이를 돌파하지 못한 채 답보 상태에 머물렀다.

이런 가운데 미얀마 화폐의 가치는 줄곧 하락해 2018년부터는 5년 전인 2014년의 두 배로 달러화의 가치가 상승했다. 외국자본이나 기업 유치에는 유리한 조건이었지만 대부분의 생필품을 태국이나 중국 등 인근 국가에서 수입하는 처지였던 탓에 시중 물가가 전반적으로 치솟아 곳곳에서 불만이 터져 나왔다. 미얀마 한인들에게도 이러한 상황은 불리하게 작용하여, 수많은 한인 업체가 환율 상승으로 인한 손실과 어려움을 겪었다. 봉제업체만이 유일한 예외여서, 2015년 미얀마에 최저임금법이 도입됨에 따라 인상된 노동자들의 임금이 환율 인상으로 보전되는 예기치 않았던 행운을 얻었다. 대부분 미국, 유럽, 일본에서 주문을 받아 달러를 기반으로 거래가 이루어진 덕분이었다.

미얀마화의 가치 하락으로 "봉제업체들만 살판났다"라는, 즉 그

외 나머지 업체들은 모두 죽을 맞이라던 한인들의 푸념은 정권 변화 이후 불안요소가 커진 미얀마 상황을 고스란히 말해준다. 정권 교체에도 불구하고 2008년 헌법을 통해 여전히 정치적 힘을 유지하는 군부와 권력을 나누어가질 수밖에 없는 상황에서 출범한 민선 1기 정부의 국정 운영은 순탄하지 않았다. 군부 독재가 지속된 50여 년 동안 누적된 폐단과 불합리한 관행도 문제였지만 가장 큰 걸림돌로 작용한 것은 정치적, 경제적, 군사적 자율성을 유지하면서 독자적으로 행동하는 군부의 현존 자체였다. 2017년의 로힝자 사태는 그 폐해가 얼마나 심각한 것인지를 극단적으로 보여준 사건이었다. 이 사태를 일으킨 장본인은 군부였지만, 사건의 여파는 오히려 아웅산수찌와 NLD 정부, 그리고 미얀마 경제에 더 큰 타격을 안겼다. 개혁개방 이래 호시절을 만난 봉제업체도 이 사건에 대해선 긴장하지 않을 수 없게 되었다. 로힝자 문제로 인해 경제제재가 다시 부과될 움직임이 감지되고 있기 때문이다. 이는 단지 소문만이 아니어서, 2018년 말 로힝자족에 대한 미얀마의 탄압을 문제 삼아 유럽연합이 대미얀마 경제제재 해제 이후 미얀마 측에 제공해오던 관세특혜(Generalized System of Preferences, GSP 철회를 검토 중이라는 소식이 주미얀마 한국 대사관을 통해 한인 사회에 전달되었다. GSP의 철회가 결정되더라도 2년 정도의 유예 기간이 주어진다고는 했지만 한인 업체들은 바싹 긴장하지 않을 수 없었다. 미국까지 이런 흐름에 동참한다면 한인 업체들이 받는 타격은 더욱 커질 것이며, 일본 기업을 주로 상대하는 업체라도 가격 경쟁 상대가 사라진 후 일본

바이어들이 행사할 '갑질'을 예상해 긴장하기는 마찬가지였다. 아웅산수찌와 민주인사들에 대한 탄압이 10년 전 경험한 미얀마 경제제재의 배경이었다는 역사적 교훈이 있었건만 미얀마 한인들 가운데 로힝자 문제가 그와 유사한 수준으로 확대·전개되리라고 예상한 사람들은 거의 없었던 듯하다.

로힝자 문제에 대한 국제사회의 관심은 나날이 고조되어 한국에서도 이제는 미얀마와 로힝자를 함께 떠올릴 정도가 되었다. 떼인 세인 정부가 출범한 2011년부터 5년간 엄청난 기대를 불러일으켰던 미얀마 붐은 급속히 사그라져, 이후 미얀마로 유입되는 한인의 증가 속도도 이제는 거의 2010년 이전 수준으로 돌아가 큰 변화 없이 유지되고 있다.

2013년 박근혜 정부 출범 이후 미얀마는 공적개발원조Official Development Assistance, ODA를 통해 부활한 글로벌 새마을운동의 핵심 국가로서 거의 국가적 차원의 관심을 받으며 한국 사회에 자주 모습을 드러냈다. 동남아시아에서 마지막으로 문을 연 미개척지 미얀마에 대한 관심은 뜨거워 ODA 중점협력국이 아니었음에도 불구하고 2013년부터 미얀마는 새마을운동 세계화의 전초기지로서 거액의 지원을 받는 국가로 지정되었고(김희숙 2017), 그와 함께 미얀마를 찾는 한인의 발걸음도 부쩍 잦아졌다. 한국 사회를 큰 충격에 빠뜨렸던 국정농단 사태를 통해 드러난 '미얀마 K타운 프로젝트' 사건은 당시의 미얀마 열풍이 어느 정도였는지를 짐작케 한다. 이 사건이 터지고 나자 미얀마 열풍은 순식간에 사그라들었다. 하지만 미얀마에 오랫동안 거주해온 한인들은 이 시기에 대해서나 이때 들어온 사람들에 대해서나 별 관심을 두지 않는다. 로힝자 문제와 관련한 미얀마 정부와 국제사회의 움직임만을 세심하게 관찰하고 있을 뿐이다.

3. 한인 사회의 분화와 균열

각 시기 미얀마 한인 사회의 변화를 돌아보면 한 가지 두드러진 특징이 포착된다. 유입 시기에 따라 한인 사회를 구성하는 한인의 층위가 나뉜다는 점이다. 이는 단지 미얀마에 먼저 들어온 사람들과 나중에 들어온 사람들 간의 차이, 즉 체류 기간과 관련된 사회관계의 강도 차원에서의 차이만은 아닌 것 같다. 그보다는 유입 시기별 미얀마 이주 동기와 사회경제적 배경의 차이가 더욱 주된 요인인 것으로 보인다.

먼저 유입 시기별 한인들의 특성을 살펴보면, 앞서 시기별 한인 사회의 특징에서 일부 설명한 바와 같이 2010년 이전에 들어온 한인들은 봉제업을 비롯한 제조업 부문이 중심이었던 것과 달리 2010년 이후에 들어온 한인들은 서비스업종이 주가 되고 있다는 점이 큰 차이로 드러난다. 대기업보다는 중소기업 수준의 사업체들이 주가 되는 만큼 미얀마 한인 사회는 베트남이나 인도네시아 등 주변 국가의 사례에 비해 한인들 간의 사회경제적 격차가 아주 크지는 않은 편이다. 그렇지만 투자금 규모, 현지 고용 수준, 사업장 경영과 그와 관련된 한인 업체들 사이의 관계 등에서 제조업 부문에 종사하고 있는 한인이 한인 사회 내에서 주도적인 역할을 수행할 뿐 아니라 현지 사회와의 밀착도도 높은 반면, 이후 들어온 서비스업종 한인들은 대체로 영세할 뿐 아니라 수익 또한 다른 한인들과의 관계에 의존하는 경향이 크다.

온라인 커뮤니티의 한 형태인 단톡방의 대화 내용이 대부분 광고로 채워지고 있는 데서도 이러한 경향을 읽을 수 있다. 2019년 5월 기준 1,850여 명이 참여하고 있는 가장 큰 단톡방의 경우를 살펴보면, 미얀마 거주 한인들이 현지 생활에서 필요한 정보를 교류한다는 본래의 취지가 무색하게 대부분 업체 광고로 도배되다시피 한다. 이용자들이 광고 자제를 요청하는 글들을 지속적으로 올리고, 최근에는 요일별로 '광고 없는 날'을 지정해 이를 위반하는 업체들에 공개적으로 자제를 당부하는 것이 조금은 효과가 있긴 하지만 여전히 위반하는 사례가 많다. 음식점 광고가 주를 이루는데, 같은 업종이라도 최소 10년 이상 미얀마에 거주한 한인들이 단톡방에 업체 광고를 게시하는 일은 거의 없다. 대개 미얀마에 들어온 지 얼마 안 된 업체들이 주로 광고를 올리는데, 이들 중에는 처음 미얀마에 들어왔을 때 계획했던 사업이 잘 풀리지 않자, 결국 한인을 상대로 영업하는 쪽으로 업종을 전환한 예도 있다.

유입 시기별로 한인들이 운영하는 업종에 차이가 있고, 그에 따라 한인 상호 간의 관계 양상에서 차이가 나는 것도 사실이지만, 한인들 간에 비교적 강도 높고 지속적인 관계가 유지되는 한인 사회 '중심부'에서는 이와 다른 특징도 포착된다. 미얀마에 정착한 시기와 무관하게 먼저 안정적으로 정착한 한인들과의 관계를 바탕으로 유입된 한인들은 한인 사회 중심부로 자연스럽게 진입한다는 점이 그 특징 중 하나다. 봉제업체나 한국계 은행 등의 직원 등이 이미 정착한 한인들의 커뮤니티에 진입하는 경우가 그 일반적 사례에 해당한다.

이와 다른 사례도 발견되는데, 먼저 롯데, 포스코, CJ, LH 등과 같은 대기업이나 공기업 주재원들의 경우가 그 하나로, 이들 역시 기존 정착 한인 기업체의 직원들과 마찬가지로 한인 사회의 중심부로 쉽게 진입한다. 대기업이나 공기업 수준은 아니더라도 비교적 큰 자본금을 투자해 현지 사회를 주요 대상으로 사업체를 경영하는 경우도 이와 유사하면서 조금 다른 사례로 꼽을 수 있다. 식당업을 대표적인 예로 들 수 있다. 이 사례에 해당하는 몇몇 식당의 경우 2010년 이후 급증한, 거의 전적으로 한인을 대상으로 한 한국음식점들과는 달리 처음부터 미얀마 현지인을 대상으로 수익을 창출한다는 뚜렷한 목표를 정해 영업을 개시한 업체들이다. 이들 업체의 경영자들은 '비非한국인' 즉 미얀마인, 중국인, 일본인 등 현지 사회 모든 외국인을 단골로 만드는 것이 목표라고 말한다. 즉 한국인, 외국인을 막론하고 자신들이 판매하는 음식을 일상적으로 소비할 수 있을 정도의 구매력을 갖춘 사람들을 대상으로 한다는 뜻이다. 요컨대 분명한 계층 지향성을 띠고 있다는 것이 이런 업체들의 특징이며, 한인 사회의 중심부는 이들을 기꺼이 친교의 장으로 맞아들인다.

처음 미얀마에 한인 사회가 형성될 당시에는 주재원, 공장 경영자, 식당이나 운송업 등의 소규모 자영업자들이 서로의 이주 동기나 사회경제적 배경을 가리지 않고 친분관계를 형성해왔다. 한인 사회의 중심 구성원이라 할 수 있는 봉제업체 경영 한인들조차 오랜 기간 어려움을 겪었던 터라 비슷하게 고통의 시기를 경험했던 한인들 간에는 일정 수준 공감과 연대의식이 존재한다. 그렇지만 구성원 전원의 합의와 동의를 바탕으로 규칙과 제도를 갖춘 정치체로서 한인공동체의 존립 여부는 대개 규모의 문제가 되기 십상이다. 2010년 이후 미얀마 한인 수는 급증했지만, 하나의 조직화된 사회체로서 미얀마 한인 사회가 이들 모두를 구성원으로서 입회시키기에는 역량도 의지도 부족했던 것 같다. 미얀마 한인 사회의 대표 단체인 '재미얀마 한인회'(이하 한인회) 자체가 다수 한인으로부터 불만을 사고 있는 데서 이를 확인할 수 있다.

필자가 만나본 한인회의 현직 임원들은 미얀마 한인 사회가 전 세계 어느 곳의 한인 사회보다 결속력이 높고 한인회가 그 중심적 역할을 충실히 수행하고 있다고 자부한다. 한인 한 사람의 공금 횡령으로 무산될 뻔했던 미얀마 최초의 K-POP 콘서트를 한인들의 도움을 받아 성공적으로 개최한 일이나, 현지에서 한인들이 겪는 여러 형태의 사건·사고를 처리하고 추석이나 연말 송년회 등과 같이 한인들이 참여하는 공식행사 등을 개최한 일 등이 그 예로 거론된다. 실제 많은 노력과 비용이 투입되는 여러 형태의 행사와 현지 봉사활동을 수행하고, 대사관 및 다수의 한인 업체들과 연락망도 잘 구축하고 있는 점 등으로 볼 때 한인회가 미얀마 한인들의 대표 조직으로서 정상적으로 기능히고 있다는 점은 의심의 여지가 없어 보인다.

하지만 한인회가 전체 한인 사회의 '구심점'으로서 기능하고 있는지는 의문의 여지가 있다. 한인회 내부에서 적극적으로 활동하는 한인들과 이들을 연결하는 네트워크는 비교적 견고해 보인다. 이 네트워크는 연 50달러의 회비를 납부해 한인회 주소록과 비상 연락망에 등록한 한인 전체를 아우르는 것은 아니다. 그보다는 추석이나 송년회 같이 전체 한인을 대상으로 열리는 공식행사에 후원금을 내는 개인이나 업체들의 연결망에 가깝다. 출연 금액의 많고 적음을 떠나 미얀마 한인 사회의 공적 조직으로서 한인회에 지속적으로 관심을 갖고 여러 행사에 참여하는 한인들이 한인회의 중심에 자리하는 것은 이상한 일이 아니다. 항공권을 포함해 한인회 후원업체들이 내놓는 경품들은 다수 한인에게 적지 않은 도움이 된다. 다수의 불만은 한인회 조직과 운영 방식으로 향한다. 한인회장 선출과 관련해 제기된 불만이 그 대표적인 예다.

미얀마 한인회장의 임기는 2년으로 매년 말 송년회를 겸한 한인회 정기총회에서 신임회장이 선출된다. 미얀마 한인회가 구성된 이래 한인회장 자리는 무보수 봉사직이다. 각종 한인 행사에 적지 않은 비용을 출연하고 한인 관련 각종 사건·사고를 해결하는 데도 적지 않은 시간과 노력을 들여야만 하는 자리다. 오랫동안 서로 알고 지내온 한인들 사이에서 경제적으로 안정을 이룬 사람들을 추대해 한인회장 직을 부여했던 것이 오랫동안의 관행이었다.

그러나 최근 몇 년 전부터 상황이 달라졌다. 한인회장을 맡겠다고 자발적으로 나서는 사람들이 생겨난 것이다. 자원자가 한 사람일 때는 문제가 되지 않았다. 그런데 2017년에 세 사람이 한인회장 직 출마를 선언하고 나서면서 파란이 일었다. 결국엔 기존 한인회 임원들이 회의를 열어 두 사람에게 출마 포기를 요구해 나머지 한 사람이 신임회장으로 선출되었다. 선출이라기보다는 임원들의 지명에 따라 신임회장이 결정된 셈이다. 한인회에서는 "후보가 나뉘면 한인 사회가 분열될 수 있기 때문에"라며 이 같은 결정의 배경을 설명했다. 하지만 이 소식이 한인들 사이에 퍼져나가면서 한인회에 대한 불만이 여러 사안으로 확대되는 결과를 낳았다. 이전까지 한 사람당 연 30달러였던 한인회비를 2018년 한인회 송년회에서 갑자기 50달러로 인상하겠다고 공표한 것이나 한인회장 선출에 관한 안건 등 별도의 총회를 소집해 의결했어야 할 사안이 송년회에서 박수치기로 결정된 데 대한 비난이 단톡방을 통해 터져 나왔고, 이에 공감하는 한인들이 생겨났다. 한인 사회 통합이라는 한인회의 목표의식은 분명했지만, 이 목표를 달성하기 위해 사용된 방법은 오히려 분열을 조장하고 만 셈이다.

한인회에 대한 불만이 한인회 임원 전체에 대한 불만인 것은 아니다. 사람들은 "몇몇 완장 찬 사람들이 문제"라며 한인회 운영이 투명하게 이루어지지 않는 책임을 특정 인물들에게 돌린다. 한인회가 주재원이나 기업 경영자 등과 같이 일정한 경제적 배경을 갖춘 인물에 의해 꾸려지는 데 대해 사람들이 불만을 제기하는 것이 아니다. 오히려 재력과 역량을 갖춘 인물이 한인회를 이끌어줄 것을 한인들 다수가 희망하기도 한다. 그러나 한인회는 이른바 '노블레스 오블리주'가 아닌, 개인의 이해관계와 명예욕을 과시하는 수단이 되어서는 안 된다는 규범적 규칙(Bailey 1969)이 암묵적으로 요구되는 공적 조직이다. 그런데 근래 들어 몇몇 인물과 관련해 한인회 임원 활동 이력을 개인 사업의 자원으로 활용하고 있다는 비난이 한인 사회 내부에 떠돌고 있다. 이런 비난이 돌고 있는 현상 자체가 아직은 미얀마 한인들이 한인회가 수행해야 하는 규범에 대해 민감하다는 사실을 말해주기도 한다.

미얀마 한인 사회의 분화는 한인회 조직과 일반 한인들 간의 갈등 차원에만 국한되는 것은 아니다. 사실 한인회에 대한 불만은 한인 사회를 대표하는 공식 조직에 대한 기대로부터 나온 것이라는 점에서 오히려 한인회의 구심력이 약화되는 데 대한 불안의 표현이라고 해석할 여지도 있다. 그리고 이와 같은 불안은 미얀마 한인의 일상에서 이미 상당 부분 진행된 분화를 한인회가 통찰하지 못하고 있거나 아니면 오히려 강화하고 있는 점이 원인일 수 있다. 대한민국 국민의 정체성과 자부심을 배양하는 역할로서 한인회가 자신의 소임과 존재 이유를 인식하고 있을 뿐 개별 한인들의 실생활을 떠받치는 사회관계의 장이 세분화되는 데 대해서는 무관심하거나 어떤 측면에서는 스스로 이러한 분화를 조장하고 있는 측면이 있는 것이다. 한인회장이 자신이 다니는 교회의 교인이나 기독교인들을 중심으로 한인회 조직을 구성하고 있다는 주장이 후자의 예에 해당한다. 한인회 조직 전체로 보아서는 사실과 다른 주장이지만, 미얀마 한인 사회에서 종교가 소집단으로의 분화를 촉진하는 주된 힘으로서 작용하고 있다는 점에서 보자면 현상을 반영하는 것이기도 하다.

미얀마 한인들의 사회관계가 종교를 주 매개로 형성되고 있다는 점은 전체 한인 수에 비해 많다고 생각될 정도의 종교단체들이 존재하는 데서도 확인된다. 특히 기독교의 진출이 두드러져 현재 양곤에만도 다섯 개의 개신교회와 한 개의 가톨릭교회가 들어서 있어 상당수의 한인이 각기 나뉘어 종교활동을 하고 있다. 한인 사회의 구성원 가운데 선교사 집단이 큰 무리를 형성하고 있는 것도 특이한 점이다. '미선회'라는 약칭을 가진 미얀마 선교사회가 조직되어 있기도 한데, 가족 단위로 구성된 유닛unit이 현재 190여 개에 이르니, 4인 가족을 평균으로 보면 800여 명 가까이 되는, 미얀마 한인 사회에서 가장 큰 집단이라 할 수 있다. 일반 교인들까지 합하면 그 규모는 훨씬 더 커진다. 불교 법당 두 곳이 최근 문을 열긴 했지만 개인적인 수행을 위한 도량으로서의 성격이 더 커 사회적 교류의 장으로서 기능한다고 보기는 어렵다.

한인들의 종교활동, 특히 기독교 교회에 다니는 사람들의 관계에 주목할 필요가 있는 것은 교회의 분화가 곧 교인들의 분화로 이어진다는 점에서다. 처음 한 곳이었던 개신교회가 두 곳, 세 곳으로 늘어나 현재 다섯 곳이 들어섰고, 이에 따라 한인들도 나뉘었다. 교파 성격이 다른 경우도 있지만 같은 교파에서 갈려 나가거나 새로 들어선 경우도 있다. 교인들은 보통 거주지가 변경되어도 처음 다니던 교회를 계속 다니는 경향이 있긴 하지만 목사나 지인을 따라 교회를 옮겨가기도 한다. 단지 종교적 이유만이 아니라 미얀마 생활에 적응하는 과정에서 필요한 도움을 얻기 위해서나 사업상의 필요 등 현실적 이유로 교회에 다니는 한인들도 적지 않다는 점을 감안하면 교회의 분화가 한인 사회 분화의 주된 원인이라고 말할 순 없어도 한번 시작된 분화의 과정을 심화하는 요인 중 하나로 작용하고 있는 것은 분명해 보인다.

종교활동과 관련한 분화뿐 아니라 소득에 따른 거주공간의 분화도 근래 미얀마 한인 사회에서 가시화되는 움직임 가운데 하나다. 한인 사회 형성 초기에 한인은 대부분 양곤 공항 근처에 집중적으로 거주했다. 그러나 개혁개방 이후 양곤의 부동산 가격이 천정부지로 치솟으면서 한인 거주지가 분산되었는데, 최근엔 다시 소득별로 거주공간이 분화되는 양상이 두드러지고 있다.

4. 다층적 '로컬' 경험과 한인-현지인 관계

인도네시아나 베트남 등 대기업이 진출해있어 주재원 비율이 높은 주변국들의 한인 사회와 달리 미얀마 한인 사회는 중소규모의 기업이나 자영업자들이 주를 이룬다. 이런 이유로 대기업이나 공기업이 현지 정부나 기업을 상대로 교섭력을 확보할 수 있는 것과 달리 미얀마에 진출한 한인들은 거의 전적으로 개인의 노력과 역량만으로 현지에서 직면하는 어려움을 헤쳐나갈 수밖에 없다. 2012년에 미얀마 정부가 1988년 제정된 외국인투자법을 전면 개정해 외국계 기업들의 투자를 가로막아오던 여러 장애 요인을 제거해가고 있음에도 여전히 많은 기업이 차명 상태를 유지하는 것도 현지인과의 관계를 통해 얻을 수 있는 이점이 법과 제도를 통한 것보다 더 많다는 현실 인식에 기초한다. 미얀마 제조업의 핵심 부문이자 한인 업체가 전체 고용의 26퍼센트 정도를 창출해내고 있는 봉제업체의 경우만도 정식으로 등록한 업체는 실제로 운영되는 봉제업체의 절반에 못 미친다. 그나마 사정이 나은 봉제업이 이 정도이니, 한인 상당수가 종사하고 있는 다른 업종의 사정은 말할 것도 없다.

이처럼 외국인에게 적용되는 법과 제도에 근거하기보다는 현지인 명의를 계속 유지하는 것이 더 유리한 미얀마의 기업 활동 환경 때문에 미얀마 한인들은 현지인 파트너와의 관계를 매우 중시하는 경향을 보인다. 성공 사례가 많지 않은 미얀마 한인 사회에서 큰 성공을 거두었다고 손꼽히는 몇몇 한인에 대한 이야기에 "파트너를 잘 만나서"라는 말이 빠지지 않는 것도 이와 무관하지 않다. 사실 이 말은 미얀마에서 무엇인가를 하려는 사람들에게는 누구나 할 것 없이 현지인 파트너가 필요하지만 좋은 파트너를 만나 성공하기란 매우 드물다는 뜻도 동시에 함축한다. 현지인 파트너를 잘못 만나는 바람에 모든 걸 다 빼앗겼다는 한인들의 얘기도 심심찮게 나오는 등 좋은 현지인 파트너를 만나기 어려움에도 불구하고 현지인 파트너 없이 사업하기 매우 힘든 한인 업체들의 영세성이 여러 형태의 파트너 담론이 형성된 배경이다.

'좋은 현지인 파트너', '나쁜 현지인 파트너'와 같이 미얀마 한인들이 경제적 성공의 성패 요인인 양 다소 과장해 강조하는 현지인 파트너에 관한 담론은 한인 개개인이 쏟아부은 노력보다는 파트너의 역량 자체에 지나치게 큰 중요성을 부여한다는 점에서 다분히 문제적이다. 군부의 장기집권으로 군 출신 인사들이 막강한 부와 권력을 갖고 있고, 이들과의 인맥을 잘 활용할 수만 있다면 원하는 바를 손쉽게 얻을 수 있다는 것이 미얀마 사회에서는 상식에 가깝다. 하지만 미얀마 한인들 사이에서 '하이랭크high rank' 또는 '에이 그레이드A grade'로 지칭되는 특권층들의 비즈니스 네트워크에 접근하기란 매우 힘든 일이고, 실상 이들과 관계를 구축하는 것만으로 미얀마에서의 성공이 보장되는 것도 아니다. 때로는 한인들에게 득보다는 실이 더 많은 불균등한 관계가 되기도 십상이다. 그보다는 한인과 현지인 파트너가 서로의 기여도를 정당하게 인정하고 지분을 공정하게 나눔으로써 신뢰 관계를 공고히 구축하며 사업을 확장해간 파트너 관계가 더욱 안정적이고 지속 가능할 수 있다. 일례로 미얀마에서 인도계 미얀마인들과 파트너 관계를 맺어 성공한 한 한인의 사례를 들 수 있다.

영국 식민통치기 '칫띠 깔라chetti[chettiar] kala'라는 경멸적 표현은 대개 고리대금업에 종사하면서 본래 미얀마인들의 것이었던 재산을 부당하게 빼앗아간 인도인들을 가리키는 말이었다. 독립 이후로도 인도계 미얀마인들의 비상한 사업 수완에 대한 부정적 평가는 계속 이어졌고, 미얀마 한인들 사이에서까지도 이들과의 파트너 관계는 금기시되다시피 했다. 이에 아랑곳하지 않고 파트너 관계를 잘 유지함으로써 성공한 미얀마 한인의 사례는 주로 군부나 부패한 정부 관료와의 커넥션을 형성하는 데 주력하는 한인들의 파트너 담론이 가진 한계를 잘 보여준다.

미얀마 한인들의 파트너 담론에는 '하이랭크'로 불리는 권력자들에 대한 과도한 기대와 현지인 일반에 대한 저평가가 나란히 자리한다. 현지인들의 심성 구조를 가정하는 담론, 예컨대 미얀마 사회의 문화적 배경, 특히 불교가 현지인들의 '빌어먹는 문화'나 현세에서 성공하는 것에 크게 연연해하지 않는 태도를 길러냈다는 말 등이 대표적이다. 현지 사회의 문화적 관행들을 피상적으로 이해하고 일반화하는 경향은 이외에도 여러 문화 담론에서 드러난다. 이와 같은 담론에서 확인되는 모순은, 부유층에 대해서는 현지 문화와 관련해 부정적 평가를 하지 않는다는 점이다. 동일한 종교적 실천이라도 가난한 사람들의 그것은 불합리하기 짝이 없는 인습이라고 비난하는 반면 부유한 사람들의 그것은 열심히 노력한 대가로서 벌어들인 부를 관대하게 베푸는 행위로 보는 것이다.

'하이랭크'와 '일반'이라는 두 극단만이 존재하는 파트너 담론은 미얀마 현지 사회에 대한 일반적 인식으로까지 확장된다. 미얀마 한인들 사이에서 보통 '로컬'이라는 말로 표현되는 현지 사회 또는 현지인들은 대개의 경우 부정적 뉘앙스를 품고 있다. 일례로 미국의 경제제재 시기 일거리가 없어 "로컬 제품까지 만들어야 했다"라는 한 한인 봉제업 종사자의 말속에는 현지인들의 경제 수준과 구매력에 대한 저평가가 담겨 있다. 현지 제품의 단가가 서구 선진국들로부터 주문받아 제작하는 제품의 단가와 비교할 수 없을 만치 낮다는 액면 그대로의 의미보다는 그런 금액을 받고도 주문을 받을 수밖에 없었던 데 대한 모멸감이 감지되는 것이다.

그러나 다수의 한인이 미얀마에 와서 경험하는 '로컬'은 만만하기보다는 두려움의 대상인 경우도 적지 않다. 거주에서부터 경제 활동에 이르는 거의 모든 영역에서 외국인에게 불리하게 작용하는 법적, 제도적 제약이 일차적으로 두려움을 유발하는 환경으로 작용한다. 주로 외국인에게 차등적으로 부과되는 전기요금이나 세금 등의 부담을 회피하기 위한 수단으로 90퍼센트 이상의 미얀마 한인 업체들이 현지인 명의로 사업체를 등록하거나 현지인과의 합작 회사 형태로 사업체를 운영하고 있다. 그러다 보니 한인들이 현지인과의 관계에 의존할 수밖에 없는 처지에 놓이곤 한다. 현지법의 테두리 안에서 살아가기에는 형편이 여의치 않은 다수 한인의 사회경제적 처지가 이러한 현실에서 엿보인다. 한편으로는 외국인에게 불균등하게 적용되는 법적·제도적 규제 안에서 살아남기 위한 자구책으로서 현지인과의 관계가 활용되기도 하지만, 다른 한편으로는 법과 제도가 완비되어있지 않은 미얀마 현지 상황이 한국이나 다른 선진국에서라면 가능하지 않을 기회를 한인들에게 제공해주는 측면이 있기 때문에 적극적으로 법과 제도를 우회하는 전략을 취하기도 하는 것이다. 회피를 위한 목적에서건 현지 사회의 기회구조 안에 진입하기 위한 전략으로서건 현지인과의 관계에 의존할 수밖에 없는 상황은 한인들이 종종 문화담론을 동원해 '로컬'이라고 비하해서 표현하곤 하는 현지인들에 대해 불안과 두려움을 갖게 하는 요인으로 작용한다.

한인들이 '로컬'에 대해 두려움을 갖게 되는 또 다른 이유는 주로 사업상의 이유로 만나게 되는 현지인들이 한인들 자신보다 경제적으로 우위에 있다는 사실을 확인하게 되고, 그에 따라 양자 간의 위계관계가 역전되는 경험을 통해서다. 2018년 필자가 만났던 40대 중반의 한 한인은 미얀마에 와서 첫 번째로 극복해야 했던 것이 사업상 만나게 되는 현지인 앞에서 드는 주눅이었다고 토로한 바 있다. 미얀마 이주 초기 그가 만나본 미얀마 현지의 구매자들이 자신은 상상조차 해보지 못했을 정도로 부유한 사람들이었다고 했다. 이들 앞에서는 미얀마보다 몇 배는 잘사는 한국에서 왔다는 사실이 아무런 의미가 없었고, 오히려 이들이 자신을 속으로 조용히 탐색하면서 평가하고 있다는 느낌을 받으며 위축되는 기분을 떨치기 어려웠다고 한다. 거래를 위해 이들을 만날 때마다 그가 이들 앞에서 주눅 드는 것을 극복하기까지는 꼬박 1년이 걸렸다고 하는데, 그가 찾은 방법이란 이들이 가진 문화적 기준에 맞게 행동하는 것, 바로 영어를 사용하는 것이었다. 그가 상대한 미얀마 중상류층 현지인들이 가진 문화적 기준이란 한인들이 일반적으로 싸잡아 현지인들을 평가할 때 사용하는 기준, 즉 불교 바탕의 심성 구조와는 무관한, 일종의 계급문화였다. 달리 표현하면, 현지 관료나 기업인 등 미얀마 사회의 엘리트층이 공유하는 아비투스habitus(부르디외 1996[1979])가 그가 경험한 현지인들의 '문화적 기준'이었던 것이다.

한류 덕에 미얀마에도 잘 알려진 김밥, 떡볶이, 비빔밥 등의 한국 음식을 판매하는 식당을 냈다 실패한 자신의 경험이 "미얀마 사람들은 오래전부터 중국, 인도 음식문화의 영향을 받아왔기 때문에 이들의 식생활에 한국 음식이 파고들 여지는 없다"라고 결론 내린 한 한국 음식점 사장의 사례도 미얀마 사회에 대한 한인들의 일면적 이해를 보여준다. 미얀마 사람들의 음식문화에 파고든 중국과 인도의 영향은 그의 말대로 지대하다. 하지만 그의 결론은 한국 음식에 대한 소비가 순전히 '입맛'에 따라 이루어지는 것은 아니라는 사실을 간과하였다. 한류가 한국 음식에 대한 호기심의 배경의 하나인 것과 마찬가지로 그것이 소비될 수 있는 조건 역시 동일한 문화적 맥락에서 찾는 것이 논리적이겠으나, 그 원천으로 거슬러 올라가 음식문화의 뿌리를 언급하고 있는 것이다. 근래 새로 들어선

양곤 시내의 고급 쇼핑몰에 입점해있는 한국 음식점에 연일 넘쳐
나는 미얀마 사람들이 반드시 입맛 때문에 이곳을 찾는 것은 아니
라는 사실을 이들은 외면한 듯 보인다.

개혁개방 이후 미얀마에 진출한 한국 기업들이 미얀마 현지의
내수시장 확보에 주력하는 데서도 확인할 수 있듯이, 국내외적 불
안정성이 증대하고 있는 상황에서도 꾸준히 연 7~8퍼센트대의 경
제성장률을 보이는 미얀마 사회에서 다수의 한인들이 저평가하
는 '로컬'은 결코 만만히 볼 수 없는 대상이 되고 있다. 더는 "일거리
가 없어서 로컬 제품까지 만들어야 했"던 시절의 미얀마가 아닌 것
이다. 자본주의적 소비문화가 급속히 확산되고, 또한 로컬의 구매
력이 점차 높아지고 있다는 사실을 제대로 인식하지 않고서는 한
인들을 상대해서만 근근이 살아갈 수밖에 없는 처지에서 벗어나기
가 힘들다. '하이랭크' 파트너와 부정 관행에 의존해 성공의 기회를
잡으려 했다가 실패한 적지 않은 사례를 타산지석으로 삼아 현지
사회를 정확히 분석하고 현지인과의 관계를 올바르게 정립해가는
자세가 필요한 시점이다.

이를 위해 우선적으로 요구되는 것이 '하이랭크'와 '로컬'로 양
분된 현지 사회에 대한 인식을 바꾸는 일이다. 이와 같은 자세가
필요한 것은 한인 대부분이 그들이 '로컬'이라고 부르는 일반 현지
인들과의 관계를 통해 살아가고 있기 때문이다. 일례로 개혁개방
에 대한 높은 기대감으로 양곤의 부동산 가치가 천정부지로 치솟
았던 2011~2014년 동안, 외국인에게 접근이 허용되지 않는 부동

산에 투자해 성공한 한인들의 비결도 '하이랭크'가 아닌, 대부분 그들이 직원으로 두고 있는 현지인들의 명의를 빌린 덕분이었다. 그러나 고용 관계가 고용인과 피고용인 양자를 묶는 계약의 주된 양식인 까닭에 이런 관계를 파트너 관계로 인식하는 한인은 많지 않다. 한인들이 수익 원천이 '로컬'의 노동과 소비로부터 나온 것임을 상기하고 이들과 맺는 관계를 올바르게 정립하는 것이야말로 한인들의 경제활동은 물론 한인 사회의 지속을 위해서도 필요하다.

최근 들어 미얀마 한인 사회에서는 연 2~3차례 수재민 돕기 활동이나 고아원 지원 등 여러 형태의 지역사회 봉사활동을 펼치며 상보적 관계를 형성해가려는 모습을 보여주고 있다. 그러한 활동들에서조차 '빈곤의 문화' 담론이 여전히 유지되는 점은 유감이지만, 현지 사회와 한인의 삶이 불가분하게 엮여있다는 인식이 한인 사회 내부에서 확산되고 있는 점은 다행한 일이다. 한인의 미얀마 이주는 자본의 흐름을 따라 전개된 현상이었으되, 한인과 현지 사회의 관계는 그것과는 다른, 좀 더 인간적이고 도덕적인 규범을 바탕으로 구축될 필요가 있다. 미얀마 한인과 현지 사회 양자의 생존전략이 서로 접점을 찾아 조화를 이루는 관계의 규범이 요구되는 시점이다.

5. 맺음말

"한국은 장기판에서 사는 거 같고 여기는 바둑판에서 사는 것 같아요. 장기판은 딱 정해져 있잖아요? 상, 졸, 차, 마가 각자 가는 길이 정해져 있잖아요? 졸에서 마나 차로 넘어가기는 힘들잖아요, 인생이…. 신분 상 승을 하기가 되게 힘들어요. 근데 여기는 가능성이 더 많은 것 같아요. 돈이 좀 더 많고 적고의 차이지, 다 똑같은 돌이에요."

2019년 1월에 필자가 양곤에서 만났던 30대 초반의 한인 남성이 들려준 말이다. 갖은 노력을 다해도 처음부터 공정한 경쟁이 될 수 없는 한국 사회에 대한 절망적 인식이 안타까움을 자아내는 한편, 미얀마에 대해 그가 품고 있는 희망의 기운은 동석해있던 다른 한인들에게 힘을 북돋는 듯했다. 미얀마에 온 지 5년째로, 몇 년 전 현지인 아내와 결혼해 돌배기 딸도 하나 둔 젊은 가장으로서 이제 막 새로운 사업에 착수한 상태였던 그는 성공에 대한 큰 기대를 품고 있었다. 그런데 그 순간, "현재 미얀마에서는 대기업이 들어와할 수 있는 일 말고는 없다"던, 그에 앞서 만났던 코트라 직원의 말이 뇌리에 스쳤다. 그의 말대로 근래의 미얀마 상황은 대기업 수준까지는 아니더라도 일정 규모 이상의 자본금 없이 진출해서는 한인들을 상대로 하는 서비스업 말고는 할 일이 없는 것 같기도 하다. 같은 한국 음식점이라도 고급 쇼핑몰에 입점할 정도로 상당한 자본금을 투자해 '기업형'으로 경영하는 경우라야 현지 시장에서 살아남을 수 있다는 점을 한인들도 잘 알고 있다. 미얀마에서는 모두가 '다 똑같은 돌'이라는 젊은 가장의 생각과는 달리 소액 자본의 영세 자영업자들이 현지에서 살아남을 수 있는 수手는 그리 많지 않을지도 모른다는 생각에 걱정이 앞선다.

하지만 한국처럼 경쟁이 치열한 사회에서 '졸'로 태어난 사람도 살아남고 성공을 거둔다. 미얀마에서 살아가는 한인이나 현지인들 모두가 똑같은 바둑돌은 아닐 수 있지만, 장기판 같은 한국보다 더 많은 수를 가진 곳이 미얀마라는 인식은 분명 맞을 것이다. '쌩션'에 두들겨 맞고, 나르기스에 공장 지붕이 날아가고 내부가 침수되어 모든 것이 엉망진창이 된 상황에서도 살아남아 성공을 거둔 한인들의 사례가 이를 입증해준다. 그러니 미리부터 대기업과 자본의 힘에 잠식되는 상황을 두려워해 미래를 염려할 필요는 없을 것이다.

그보다는, 대다수 한인이 법과 제도의 미비를 거론하며 무법천지 미얀마살이의 어려움을 호소하는 것과는 모순되게 오히려 적극적으로 법적, 제도적 규제를 피해 이익을 찾는 방법을 모색한다는 점이 더욱 우려되는 지점이다. 이는 외국인 투자자로도 인정받지 못하는 소규모 자영업자들이 대부분인 미얀마 한인 사회의 영세성에서 기인하는 문제이고, 또한 미얀마로 향하는 수많은 한인이 기대하는 '기회'의 일부이기도 하다는 점에서 안타까운 일이다. 이와 같은 관행은 앞으로도 더 오랫동안 지속될 것이 분명하지만, 결과적으로는 한인들 자신이 그러한 부정적 관행의 희생자가 될 수 있다는 사실에 대한 자각이 필요하다. 미얀마 현지법이 자국의 잠재력을 이용하는 대가로서 요구하는 비용을 적법하게 지불하는 것이 이따금 빈민들이나 고아들을 찾아 한인들의 관대함을 보여주는 행위보다 미얀마를 위해서나 한인들 자신을 위해서 장기적으로 더욱 바람직한 미래를 만들어가는 방도일 것이다.

국사편찬위원회. 1998.『한민족독립운동사 4』. 과천: 국사편찬위원회.

김도형. 2014. "일제말기 필리핀·버마지역 한인 병사의 강제동원과 귀환."『한국 독립운동사연구』47: 153-196.

김희숙. 2017. "미얀마 새마을운동 ODA 사업 현장의 정치과정: '아흘루'와 '아흐 먀'의 정치." 전북대학교 박사학위논문.

막스 베버. 김덕영 옮김. 2010.『프로테스탄티즘의 윤리와 자본주의 정신』서울: 도서출판 길.

신윤환. 1993. "한국인의 제3세계 투자: 동남아 진출 기업의 '천민적' 행태에 대한 비판."『창작과비평』81: 303-323.

피에르 부르디외. 최종철 옮김. 1996.『구별짓기: 문화와 취향의 사회학』. 서울: 새물결[원본 초간 1979].

한국산업은행(KDB) 미래전략연구소. 2019. "미얀마 경제발전정책과 협력 확대 방안."『산은조사월보』762: 69-104.

Andrews, Tim. G. and Khin Thi Htun. 2017a. "Business Networks in Myanmar: Kjei zu, Corrosion and Reform." in *Business Networks in East Asian Capitalism: Enduring Trends, Emerging Patterns.* Jane Nolan, Chris Rowley, Malcolm

Warner (ed.). Cambridge: Chandos Publishing.

_____. 2017b. "Corruption in Myanmar: Insights form Business and Education." in *The Changing Face of Corruption in the Asia pacific.* Marie dela Ram, Chris Rowley (ed.). Amsterdam: Elsevier.

Bailey, F. G. 1969. *Stratagems and Spoils: A Social Anthropology of Politics.* Oxford: Blackwell.

Bissinger, Jared. 2014. "Myanmar's Economic Institutions in Transition." *Journal of Southeast Asian Economics* 31(2): 241-255.

Kyaw Yin Hlaing. 2002. "The Politics of Government-Business Relations in Myanmar." *Asian Journal of Political Science* 10(1): 77-104.

Pfanner, David E. 1962. "Rice and Religion in a Burmese Village." Ph. D. Thesis. Ithaca: Cornell University.

Pfanner, David E. and Jasper Ingersoll. 1962. "Theravada Buddhism and Village Economic Behavior: A Burmese and Thai Comparison." *The Journal of Asian Studies* 21(3): 341-361.

Shou, Zhigan · Rui Guo · Qiyuan Zhang · Chenting Su. 2011. "The Many Faces of Trust and Guanxi Behavior: Evidence from Marketing Channels in China." *Industrial Marketing Management* 40: 503-509.

Smart, Alan. 1993. "Gifts, Bribes, and Guanxi: A Reconsideration of Bourdieu's Social Capital." *Cultural Anthropology* 8(3): 388-408.

Speece, Mark, Phyu Phyu Sann. 1998. "Problems and Conflicts in Manufacturing Joint Ventures in Myanmar." *Journal of Euro-Asian Management* 4(3): 19-43.

Spiro, M. E. 1966. "Buddhism and Economic Action in Burma." *American Anthropologist* 68(5): 1163-1173.

_____. 1982[1970]. *Buddhism and Society: A Great Tradition and Its Burmese Vicissitudes,* (2nd Expanded Edition). Berkeley: University of California Press.

Tin Maung Maung Than. 2006. *State Dominance in Myanmar: The Political Economy of Industrialization.* Singapore: Institute of Southeast Asian Studies.

_____. 2015. "Myanmar's Economic Reforms: Hard Choices

Ahead." *Social Research* 82(2): 453-480.

대한무역투자진흥공사.『해외진출 한국기업 디렉토리』. 서울: KOTRA. 1994,
　2004, 2009, 2011, 2014, 2016, 2018년 자료.
미얀마한인봉제협회 소식지『실과 바늘』(https://issuu.com/myantrade).

찾아보기

김지훈   고려대학교 사회학과를 졸업하고, 싱가포르국립대학교 사회학과에서 석사, 옥스
퍼드대학교 지리환경학과에서 석사, 사회학과에서 사회학 박사를 받았다. 런던
대학교(SOAS)와 펜실베니아대학교에서 대학원생 교환학생으로 수학했다. 현재
인하대학교 사회교육과 교수로 재직 중이며, University of California, Irvine 사
회학과 Visiting Researcher이다. 한국동남아학회 연구이사와 편집이사, 한국사
회학회 총무이사를 역임했다. 한국동남아학회, 한국사회학회, 한국비교사회학
회에서 활동했고, 인도네시아 CSIS, Stockholm University, Columbia University,
New York University, NUS에서 방문학자로도 연구했다. 1999년부터 인도네시
아 자카르타의 빗장 도시화 연구, 싱가포르의 한인 연구, 하노이의 글로벌 도시
화와 한인타운 연구, 한국의 동남아 출신 국제결혼 가정의 청소년 자녀와 가족
관계를 연구해왔다. *Parenting From Afar and the Reconfiguration of Family Across
Distance*와 *South Korea's Education Exodus*에 공저자로 참여했으며, 주요 논문으
로는 "Becoming Multicultural: Kinship development of Korean adolescents with
Asian cross-border marriage migrant stepmothers"(공저), "Remitting 'Actual'
and 'Virtual' Co-residence between Korean Professional Adult Children
Couples in Singapore and Their Elderly Parents", "'Downed' and Stuck in
Singapore: Lower/Middle Class South Korean Wild Geese (Kirogi) Children in
Public School" 등이 있다.

김홍구   한국외국어대학교 태국어과를 졸업하고 같은 대학 대학원에서 정치학 석·박사
학위를 받았다. 태국의 치앙마이대학교와 까쎗쌋대학교 객원교수로 근무했다.
부산외국어대학교 동남아창의융합학부 교수로 재직했으며, 한국동남아학회
장, 한국태국학회장, 국제지역학회장, (사)한국동남아연구소장 등을 역임했다.

현재는 부산외국어대학교 총장이다. 저서로는 『태국문화의 즐거움』, 『태국 정치입문』, 『한국의 동남아시아연구』(공저), 『동남아불교사』(공저), 『문화로 배우는 타이어 강독』(공저), 『지역연구 방법론』(공역), 『아세안: 경제발전과 경제협력』(공역), 『동남아 정치변동의 동학』(공저), 『한국 기업의 현지화 경영과 문화적응: 말레이시아, 태국, 필리핀』(공저), 『동아시아아의 한류』(공저), 『한국 속 동남아 현상』(공저) 등이 있으며, 주요 논문으로는 "한국의 태국 연구: 동향과 과제", "태국의 왕위계승연구: 쟁점과 전망", "태국 승가법과 국가권력", "재태한인의 특성과 태국에 대한 인식", "태국의 경제위기와 정치적 선택", "태국의 선거제도 변화와 정당체제" 등이 있다.

채수홍 서울대학교 인류학과에서 학사와 석사, 뉴욕시립대학원(CUNY)에서 박사학위를 받고 현재 서울대학교 인류학과 교수로 재직 중이다. 1994년부터 베트남의 도시, 산업, 노동의 문화를 연구하고 있다. *Wounded Cities*, *Labor in Vietnam*, 『맨발의 학사들』 등의 공저를 출간하였고, 주요 논문으로는 "The Political Processes of the Distinctive Multinational Factory Regime and Recent Strikes in Vietnam", "호치민시 개혁과정에 대한 정치경제학적 연구", "한인 공장매니저의 초국적인 삶" 등이 있다.

홍석준 서울대학교 인류학과에서 학사와 석사, 박사학위를 받았으며, 한국동남아학회장과 (사)한국동남아연구소장, 역사문화학회장 등을 역임했다. 현재 목포대학교 고고문화인류학과 교수와 도서문화연구원 원장으로 재직 중이며, (사)한국문화인류학회 회장을 맡고 있다. 말레이시아를 연구하고 있는 지역전문가로서 『동남아의 이슬람화 1』(공편저), 『동남아의 이슬람화 2』(공편저), 『맨발의 학자들』(공저), *ASEAN-Korea Relations: 25 Years of Partnership and Friendship*(공편저), *Southeast Asian Perceptions of Korea*(공저) 등의 저서가 있고, 주요 논문으로는 "East Asian Maritime Silk Road, Cultural Heritage, and Cruise Tourism", "The Social Formation and Cultural Identity of Southeast Asian Frontier Society", "말레이인들의 일생의례의 문화적 의미", "말레이시아의 전통예술과 이슬람 부흥의 문화적 의미" 등이 있다.

엄은희 서울대학교 지리교육과에서 학사, 석사, 박사학위를 받았으며, 현재 서울대학교 사회과학연구원 선임연구원으로 재직 중이다. 동남아 지역전문가로 필리핀과 인도네시아를 주로 연구한다. 저서로 『여성 연구자, 선을 넘다』(공저), 『흑설탕이 아니라 마스코바도』, 『말레이 세계로 간 한국 기업들』(공저)이 있으며, 주요 논문으로는 "재외동포의 사회운동과 정치적 역동: 416자카르타 촛불행동의 활동을 중심으로", "재난관리 관점에서 본 필리핀의 코로나19 대응에 관한 비판적 분석" 등이 있다.

김동엽   필리핀국립대학교 정치학과에서 1990년대 한국과 필리핀의 통신서비스산업자유화정책에 대한 비교연구로 박사학위를 받았으며, 현재 부산외국어대학교 아세안연구원 부교수로 재직 중이다. 한국동남아학회 부회장이며, 등재 학술지 『아시아연구』 편집위원장으로 활동하고 있다. 저서로는 『총체적 단위로서의 동남아시아의 인식과 구성』(공저), 『동남아의 이슬람화 2』(공저), 『민주화운동의 세계사적 배경』(공저), 『나를 만지지 마라 1, 2』(역서), 『동남아의 역사와 문화』(공역) 등이 있다.

이요한   한국외국어대학교에서 정치학 박사학위를 받았으며 현재 부산외국어대학교 아세안연구원 연구교수로 재직 중이다. 라오스 수파누봉대학교에서 재직한 바 있으며, 라오스·캄보디아와 관련한 다수의 저서와 보고서를 발간하였다. 대표 저서는 『메콩강의 진주: 라오스』가 있으며, 주요 논문으로는 "라오스 2019: 메콩 내륙국가에서 연계국가로의 전환", "일본의 대 메콩 외교 전략과 협력 거버넌스" 등이 있다.

김희숙   전북대학교 고고문화인류학과 대학원에서 미얀마 새마을운동 ODA 사업에 관한 연구로 인류학 박사학위를 받았다. 부산외국어대학교 인문한국(HK) 연구교수를 거쳐, 현재 전북대학교 동남아연구소 전임연구원으로 재직하며 미얀마를 비롯한 동남아시아 각국의 '사람'에 초점을 맞춰 노동·보건·복지 관련 연구를 수행하고 있다. 저서로는 『코로나19에 맞서는 동남아시아』, 『아시아 체제 전환국 사회보장체계 연구』, 『동남아 문화 돋보기』, 『총체적 단위로서의 동남아시아의 인식과 구성』 등을 공저로 출간하였고, 주요 논문으로는 "국제개발프로젝트를 둘러싼 미얀마 농촌마을의 정치과정", "미얀마 2019: 로힝자 위기 이후 국제관계의 변화와 총선을 향한 정치과정", "위기와 기회: 미얀마의 코로나19 대응 특징과 정치적 함의", "싱가포르의 이원적 코로나19 방역 전략과 그 함의" 등이 있다.

동남아 한인 연구 총서 8

동남아시아 한인: 도전과 정착 그리고 미래

1판 1쇄 찍음 2022년 5월 13일
1판 1쇄 펴냄 2022년 5월 20일

지은이   김지훈·김홍구·채수홍·홍석준·엄은희·김동엽·이요한·김희숙
펴낸곳   정성원·심민규
펴낸곳   도서출판 눌민

출판등록 2013. 2. 28 제25100-2017-000028호
주소   서울시 은평구 가좌로11가길 30, 301호 (03439)
전화   (02) 332-2486   팩스   (02) 332-2487
이메일   nulminbooks@gmail.com
인스타그램·페이스북   nulminbooks

Printed in Seoul, Korea

ISBN 979-11-87750-58-1 94910
ISBN 979-11-87750-45-1 94910 (세트)

이 저서는 2016년 대한민국 교육부와 한국학중앙연구원(한국학진흥사업단)을 통해
해외한인연구사업의 지원을 받아 수행 중인 연구임(AKS-2016-SRK-1230004)